Exilforschung · Ein internationales Jahrbuch · Band 29

I0130628

Exilforschung
Ein internationales Jahrbuch

29/2011

Bibliotheken
und Sammlungen
im Exil

Herausgegeben im Auftrag der
Gesellschaft für Exilforschung/Society for Exile Studies
von Claus-Dieter Krohn und Lutz Winckler

et+k

edition text + kritik

Redaktion der Beiträge:

Prof. Dr. Claus-Dieter Krohn
Scheideweg 28
20253 Hamburg

Prof. Dr. Lutz Winckler
Bundesratufer 7
10555 Berlin

Bibliografische Information der Deutschen Nationalbibliothek

Die deutsche Nationalbibliothek verzeichnet diese Publikation
in der Deutschen Nationalbibliografie; detaillierte
bibliografische Daten sind im Internet über
http://dnb.de abrufbar.

ISBN 978-3-86916-143-3

Umschlaggestaltung: Thomas Scheer, Stuttgart

© edition text + kritik im Richard Boorberg Verlag GmbH & Co KG, München 2011
Levelingstraße 6a, 81673 München
www.etk-muenchen.de

Satz: Dörr + Schiller GmbH, Stuttgart
Druck und Verarbeitung: Laupp & Göbel GmbH, Talstraße 14, 72147 Nehren

Inhalt

Vorwort

Private Bibliotheken und Sammlungen sind Spiegelbilder der Interessen, Leidenschaften und des Besitztriebs ihrer Eigentümer; als Artefakte des Prestiges und der Repräsentation dokumentierten sie einst sozialen Aufstieg und Ansehen in der bürgerlichen Gesellschaft. Werden sie als Arbeitsbibliotheken genutzt, so konkretisieren Unterstreichungen, Marginalien, Einlagen etc. den aktiven, Erkenntnis formenden Umgang, die Intentionen und das intellektuelle Profil des Sammlers. In den Büchern enthaltene Widmungen verweisen auf seine soziale Zugehörigkeit oder Netzwerkverbindungen.

Der Nationalsozialismus hat wesentliche Teile dieser Kultur in Deutschland zerstört, ein Prozess, der durch Erinnerungsverlust im Nachkriegsdeutschland lange fortgesetzt wurde. Während in der Bundesrepublik das »kommunikative Beschweigen« der Vergangenheit (Hermann Lübbe) den materiellen Wiederaufbau beförderte, registrierte der staatlich verordnete »Antifaschismus« in der DDR jene zerstörten Traditionen nur soweit sie in das Parteikonzept der SED passten. Der junge Zweig der Exilforschung, die von Gelehrten in den USA und Skandinavien ab Ende der 1960er Jahre begonnen und hierzulande von einer jüngeren Generation – gegen den Widerstand der etablierten älteren Wissenschaftler – übernommen wurde, hatte sich wenigstens den Überlebenden der NS-Vernichtung zuwenden können.

Diese Forschungen haben seitdem zu profunden Ergebnissen über die Verluste des vertriebenen »anderen Deutschland« und seine Wirkungen in den Zufluchtsländern, besonders in den Künsten und Wissenschaften, geführt. Angesichts der häufig prekären oder gar ganz fehlenden Mitnahmemöglichkeiten eigener Sammlungen und Überlieferungen auf der erzwungenen Flucht, nicht selten durch mehrere Länder, hatte die Forschung bis vor kurzem immerhin überlebende Zeitzeugen befragen können. Durch deren Ableben ist diese Informationsquelle inzwischen jedoch versiegt, sodass »Archive« zur künftigen Basis der Forschung werden müssen. Die bisherige Grundforschung hat im Bereich der Nachlassermittlung schon zu erfreulich dichten systematischen, allerdings nur deskriptiv-formalen Kenntnissen geführt. Weniger entwickelt ist dagegen das qualitative Wissen über die verlorenen, zerstörten oder geretteten Bibliotheken. Der Informationsbedarf hier wie die Qualitätsanalyse beider Überlieferungssegmente zu ihrer Bedeutung, Struktur und Funktion sowie die Entwicklung dafür angemessener Methoden sind deshalb weiterhin wichtige Desiderata der Forschung.

Dazu hat im März 2011 eine Tagung der Gesellschaft für Exilforschung und des Deutschen Literaturarchivs Marbach a. N. in Kooperation mit der Herbert und Elsbeth Weichmann-Stiftung in Hamburg und dem Zukunftsfonds der Republik Österreich stattgefunden. Die hier abgedruckten Beiträge beschäftigen sich exemplarisch mit geretteten Buchsammlungen, etwa der 1933 nach London transferierten Warburg-Bibliothek und ihren Impulsen auf die Forschung dort und international aus der Sicht eines ihrer Angehörigen, ferner mit von den Nationalsozialisten konfiszierten Bibliotheken und ihrem Verbleib sowie mit dem Schicksal einiger Sammlungen von Exilanten, die auf den Fluchtstationen verlorengingen und mehrfach neu aufgebaut wurden (Lion Feuchtwanger), schließlich mit den Rettungs- und Rekonstruktionsbemühungen von unterschiedlichen öffentlichen Trägern in den Nachkriegsjahren.

Kurz wurde dabei auch ein Blick auf die Restitutionsprobleme geworfen, die nach dem Washingtoner Abkommen von 1998 auf Archive, Museen und andere Institutionen zugekommen sind. Im Blickfeld der Öffentlichkeit standen dabei bisher die spektakulären Rückgaben von Kunstwerken und -sammlungen, während die von Büchern eher eine Randerscheinung blieben. Auf der Tagung wurden die Schwierigkeiten diskutiert, die sich daraus ergeben, dass Bücher in der Regel keine unverwechselbaren Einzelstücke darstellen und dass Identifikationen ohne Exlibris, Besitzerstempel oder handschriftliche Marginalien nicht ohne weiteres möglich sind. Bisherige Ergebnisse der seit Jahren auf diesem Gebiet intensiv geführten Diskussionen in den Bibliothekswissenschaften wurden deshalb dazu herangezogen.

Nicht zuletzt konnte die Tagung etwas zu der gegenwärtig in der Öffentlichkeit stattfindenden Auseinandersetzung um die sogenannte »ebook«-Kultur beisteuern. Auffallend hierbei ist das jenseits konservatorischer und kapazitärer Belange geäußerte Unbehagen an der digitalen Normierung von Texten und Lektüren, worauf die wachsende Zahl von Symposien über Sammler, Bibliotheken oder die Zukunft des Buches verweist. Denn dort geht es nicht nur um Texte, sondern auch um die Materialität, Ästhetik und haptische Bedeutung von Büchern als Semiophoren, Gegenständen von Bedeutung und verborgenem Sinn jenseits der Nützlichkeit (Krzysztof Pomian). Dieses Verhältnis findet man gerade bei vielen Exilanten, deren geretteter Buchbesitz, in welchem Umfang auch immer, zur kulturellen Identität ihres äußeren unsteten oder entwurzelten Lebens gehörte.

Aus ihrer Sicht bekamen Bibliotheken und Sammlungen – soweit sie gerettet werden konnten – eine zusätzliche Tiefendimension, die in Bereiche hineinführt, welche über den bildungsbürgerlichen Horizont weit hinausweisen. Emigrantenbibliotheken spiegeln nicht allein das übliche Universum von Sammlern wider, in denen sich der individuelle Lebensweg, die Weltwahrnehmung des Eigentümers mit ihren Wandlungen im Verlauf der Zeit verdichtet haben. Sie sind aufgrund ihrer fluchtbedingten relativen Seltenheit zugleich transitorische Erinnerungsorte und Zeugnisse eines kulturellen Gedächtnisses, das sich je nach Akkulturationsintensität entweder als hermetische Insel in einer fremden Welt erweist oder das über dynamische Wandlungen und Hybridisierungsprozesse Rechenschaft ablegt. Zahlreich sind daher die von Emigranten selbst geführten Auseinandersetzungen um das Schicksal ihrer Bibliotheken. Erst im Exil wurde deren Verlust deutlich und vielfältig sind die Stimmen, wie sehr man sich in der Einsamkeit des Entkommenen gewünscht hätte, so zum Beispiel Walter Mehring, seine Bücher um sich zu haben, die die Seele hätten wärmen können. Andererseits war der an der Ortlosigkeit des Exils zugrunde gehende Joseph Roth nur noch desillusioniert; schon früh sah er mit »Schauder« auf die vielen »bunten Leichen«, die man in Archiven aufbewahrt und in Museen an die Wand gehängt hatte. Das extremste Bild allerdings stammt wohl von Elias Canetti, der in seinem Roman *Die Blendung* 1936 in der zentralen Figur des Peter Kien einen bedeutenden Sinologen vorstellt, der nie in China war, sondern in und aus der Welt von Büchern lebte. Seine Bibliothek war kein Instrument, sie hatte keine bestimmte Funktion, sondern war Lebens- und Gegenwelt zur realen Welt.

In das Rahmenthema fallend widmet Sylvia Asmus ihren Beitrag der Kollegin Brita Eckert zum bevorstehenden Ruhestand. Die langjährige Leiterin des Exilarchivs 1933–1945 in der Deutschen Nationalbibliothek in Frankfurt/Main hat mit der Sammlung zum dortigen Buchbestand sowie mit der Erarbeitung bedeutender Nachschlagewerke und Ausstellungskataloge wichtige Impulse für die Forschung gegeben. Die Jahrbuch-Redaktion wünscht ihr, auch künftig noch Zeit zu Rat und Tat für die gemeinsame Sache zu finden.

Günter Häntzschel

Sammeln, Sammler, Sammlungen

»Der Trieb (zum Sammeln) regt sich früh im Kinde, er dauert bis ins
höchste Lebensalter, er wechselt nach Zeit, Mode, Bildung, und wer eine
Geschichte des Sammelns schreiben wollte (...), der könnte manches
Traurige und vieles Heitere aus dem Gemüthsleben der Menschheit zur
Anschauung bringen.«[1] So äußert sich 1887 Gustav Freytag, der bekannte Autor des 19. Jahrhunderts, über die Sammeltätigkeit, die nach
den Erkenntnissen der Anthropologie ein Grundbedürfnis des Menschen ist: Denn auch als das Sammeln nicht mehr wie am Anfang le-
bensnotwendig war, befriedigte es doch generell den Wunsch nach
Schutz, Sicherheit, Ordnung und Übersicht. Es trägt zu einer stabilen
Identitätsbildung bei oder ermöglicht diese erst. Im Rahmen dieses Buches wird es mehr um das Traurige als um das Heitere gehen, es wird
zeitbedingt viel von geraubten und zerstörten und nur wenig von einigen mit Mühe geretteten Sammlungen zu lesen sein. Um Trauer oder
Zorn über den Raub und Enteignung oder in wenigen Fällen die Freude
über einige dennoch erhaltene oder rekonstruierte Sammlungen nachvollziehen zu können, mag es förderlich sein, zu Beginn in der gebote-
nen Kürze ein paar Worte über Wesen und Geschichte des Sammelns,
über Sammlertypen und über die Art und Weise ihrer Sammlungen zu
verlieren.

Bis gegen Ende des 18. Jahrhunderts gehörte das Sammeln zu den be-
liebten Tätigkeiten der dynastischen Gesellschaft. Könige, Herzöge,
Fürsten, Grafen statteten aus Prestige- und Repräsentationsverlangen
und zur Demonstration ihrer Macht gerne ihre Schlösser mit Schatz-
kammern, Kunstgalerien, Wunder- und Raritätenkabinetten, Natu-
ralien- und Kuriositätensammlungen aus. Einer der bekanntesten
Sammler, der Habsburger Kaiser Rudolf II., scheiterte über seiner Leidenschaft in seinen Regierungsaufgaben. Sammeln war gleichzeitig eng
mit der Entwicklung der Wissenschaften verbunden, Naturwissen-
schaftler bauten sich aus ihren Funden einen Mikrokosmos als Grundlage ihrer Forschungen auf. Seit dem Ende des 18. Jahrhunderts beginnt
die Sammeltätigkeit dann aber allgemeiner zuzunehmen. Wohlhabende
bürgerliche Kreise folgen der vom Adel gelernten Mode und ahmen sie
in bescheidener Weise in häuslichen Gemälde- und Antikensammlun-
gen nach. Ein Beispiel bildet die Frankfurter Honoratiorengesellschaft,

deren Sammlungen Goethe im Hause seines Vaters und in denen anderer begüterter Bürger in *Dichtung und Wahrheit* eingehend beschreibt und damit zeigt, wie er schon seit früher Kindheit mit dem Sammeln von Gemälden, Kupferstichen, antiken Plastiken, Grafiken, Porträts, Marmor und Naturalien und nicht zuletzt Büchern vertraut gewesen ist.

Überhaupt erwacht nun ein sehr viel stärkeres Interesse an Vergangenheit und Geschichte, das sich aus der besonderen Situation jener Epoche erklärt, die man seit Reinhart Kosellecks Forschungen als »Sattelzeit« charakterisiert.[2] In dieser Übergangzeit zwischen Früher Neuzeit und Moderne von etwa 1750 bis 1850 mit ihrem Zentrum der Französischen Revolution und der Napoleonischen Kriege kollidieren nicht nur die Normen des Ancien Regime mit denen moderner Staatsformen; im Zuge der politisch-gesellschaftlichen Umwälzungen entwickelt sich auch eine veränderte historische Zeiterfahrung, eine Beschleunigung im Übergang von Statik zu Dynamik, von Überzeitlichkeit in zukunftsgerichtete Antizipation. Das genetische Denken mit seiner Vorstellung von Entwicklung und Fortschritt führt gemeinsam mit den jetzt entstehenden technischen Neuerungen dazu, die gesamte Traditionswelt zu Vorstufen der gegenwärtigen Fortgeschrittenheit zu ernennen. Den Veränderungen in Familie und bürgerlicher Gesellschaft, in Nation und Staat entsprechen Veränderungen in Religion und Philosophie, in Kunst und Literatur. Die derartige zeitliche Beschleunigung bewirkt jedoch nicht nur, dass das jeweils Neue immer schneller veraltet, sondern erzeugt zugleich das kompensatorische Verlangen, das Alte zu bewahren. »Die moderne Fortschrittswelt wird (…) zugleich Bewahrungskultur.«[3] Sammeln bürgert sich ein.

Seit dem ausgehenden 18. Jahrhundert werden die ersten bürgerlichen Historischen- und Kunstmuseen gegründet, die, oft aus privaten adligen Kunstkabinetten hervorgegangen, in den folgenden Jahren für ein größeres Publikum zugänglich werden. Da infolge der Französischen Revolution große Teile des monarchischen Kunstbesitzes in die Öffentlichkeit übergehen, wobei sie verkauft oder versteigert werden, können überhaupt erstmals größere Gruppen der Gesellschaft Kunstgegenstände und Altertümer kennenlernen und Interesse am Sammeln gewinnen. In noch größerem Ausmaß beleben die Auswirkungen der Säkularisation seit 1803 den Kunst- und Antiquitätenmarkt. Die von den Katholiken als »Wandalismus«[4] bezeichnete Aufhebung der geistlichen Staaten, Residenzen und Universitäten, der Abriss von Klöstern, Kirchen und Kapellen, die Zerstreuung kirchlicher Besitztümer durch die Säkularisation bringen wertvolles Kircheninventar, Kirchenschmuck, Kunstschätze, Kultgegenstände, Reliquien und Pretiosen in Umlauf. Münzen und Objekte aus geistlichen Naturalienkabinetten können bil-

lig erworben werden; historische Altertümer, Gemälde, Kupferstich-
sammlungen werden an Sammler, Händler und Trödler abgestoßen; Bi-
bliotheks- und Handschriftenschätze finden neue Besitzer.

Zu Beginn des 19. Jahrhunderts verstärkt sich besonders in Deutschland das Begehren, Objekte und Zeugnisse der eigenen Vergangenheit
zu sammeln, hat man doch zu befürchten, dass die Napoleonische Be-
setzung die deutsche Kultur überfremden und in Vergessenheit bringen
werde. Massive Gegenwehr entwickelt sich besonders in Heidelberg,
das mit seiner reorganisierten Universität im Zuge der altdeutschen Tra-
ditionspflege und der politischen Konfrontation mit Napoleon zur
Keimzelle der nun überall in Deutschland erwachenden vaterländischen
Bewegung und des Verlangens nach nationaler Befreiung wird. Neben
Kunstgegenständen werden jetzt auch literarische Altertümer, handschriftliche und gedruckte Quellen wie mündlich tradiertes, volkstüm-
liches Kulturgut in hochgeschätzten Sammlungen erfasst und vor Verlust und Vergessen bewahrt.

Die wichtigsten Sammlungen aus dem Heidelberger Umkreis sind die
unter dem Titel *Des Knaben Wunderhorn* von Achim von Arnim und
Clemens Brentano gesammelten *Alten deutschen Lieder*, 1805 bis 1808,
die auf Quellen basierende Untersuchung von Johann Joseph von Görres über *Die teutschen Volksbücher* von 1807, die von Jacob und Wilhelm Grimm gesammelten *Kinder- und Haus-Märchen* 1812–1815 und
die berühmte Sammlung altdeutscher und altniederländischer Gemälde
der Brüder Sulpice und Melchior Boisserée. Ohne hier auf Einzelheiten
eingehen zu können, sei für unseren Zusammenhang festgestellt, dass
die Sammeltätigkeit, bisher von einzelnen Personen privat betrieben,
von jetzt an breitere Dimensionen bekommt und idealiter sogar eine
Angelegenheit des ganzen Volkes werden sollte. Was Herder begonnen
hatte und von einzelnen interessierten Zeitgenossen begeistert aufgenommen worden war, gerät in Heidelberg zu einer Aktion größeren
Stils. Arnim und Brentano greifen nicht nur auf zuvor schon publizierte
Sammlungen zurück, sondern fordern öffentlich zu allgemeiner Mitarbeit beim Sammeln von Volksliedern auf, die in den verschiedenen deutschen Regionen noch im Schwange sind, aber bisher noch nicht erfasst
wurden. Im Anhang des ersten *Wunderhorn*-Bandes spricht Arnim angesichts der Napoleonischen Gefahr und der Zersplitterung Deutschlands das gesamte Publikum an: »Jeder kann da, was sonst nur wenigen
aus eigner Kraft verliehen, mächtig in das Herz der Welt rufen, er sammelt sein zerstreutes Volk, wie es auch getrennt durch Sprache, Staats-
vorurtheile, Religionsirrthümer und müßige Neuigkeit, singend zu einer neuen Zeit unter seiner Fahne.«[5] In einer anderen *Aufforderung*
zum Sammeln in Beckers *Reichanzeiger* heißt es in patriotischem Tenor:

»Wären die deutschen Völker in einem einigen Geiste verbunden, sie bedürften dieser gedruckten Sammlungen nicht, die mündliche Ueberlieferung machte sie überflüssig; aber eben jetzt, wo der Rhein einen schönen Theil unseres alten Landes los löst vom alten Stamme, andere Gegenden in kurzsichtiger Klugheit sich vereinzeln, da wird es nothwendig, das zu bewahren und aufmunternd auf das zu wirken, was noch übrig ist, es in Lebenslust zu erhalten und zu verbinden.«[6]

Arnims und Brentanos Aufrufe bilden wie die systematisch betriebenen Sammelaktionen von Jakob und Wilhelm Grimm Auslöser für viele weitere systematisch organisierte Sammelunternehmen. In der Biedermeierzeit und der Epoche des Historismus, noch intensiver in den Gründerjahren, entwickelt sich das Sammeln zu einem Signum der Zeit, denn die um 1800 empfundene Zeitbeschleunigung nimmt ja in der Folgezeit immer weiter zu. Die prosperierenden Geschichts- und Altertumsvereine laden zum Sammeln ein, Großunternehmen werden staatlich gefördert – man denke an die »Monumenta Germaniae Historica«, die Sammlung historischer Dokumente –, Museen und Bibliotheken entstehen in immer größerem Ausmaße, und gleichzeitig wird Sammeln zu einer Art Volkssport, privat und in Vereinen betrieben, von Sammlerorganen mit Tausch- und Kaufangeboten begleitet. Die Industrie entdeckt hier einen neuen Markt und reagiert mit massenhafter Herstellung von Sammelprodukten; Philatelie und Numismatik werden Lieblingsbeschäftigungen; Zigarettenfirmen werben mit Sammelbildern und Alben; der Buchhandel fängt Bücherliebhaber mit ausschließlich für sie bestimmten limitierten bibliophilen, textlich oft uninteressanten Ausgaben oder Reihen ein. Solch künstlich aufbereitetes Sammeln spielt sich immer nur in stereotypen, standardisierten Grenzen ab und ermöglicht komplett abschließbare Sammlungen, von denen Tausende einander gleichen.

Die »echten« Sammler, zu denen die auf dieser Tagung behandelten, von den Nationalsozialisten Verfolgten oder Ermordeten gehören, haben sich nicht mit Derivaten zufrieden gegeben. Sie haben weniger nach dem Katalog als aus persönlichem Verlangen und Interesse oder Wissensdrang Bücher, Kunstwerke, Manuskripte zusammengetragen. Dass unter ihnen in Deutschland gerade viele jüdische Sammler hervorgetreten sind, erklärt sich wohl ebenso durch die den Juden eigene Liebe zum Buch überhaupt wie durch ihren Willen, der deutschen Kultur anzugehören oder sich in sie zu integrieren. »Grund, Mitte und Umfang seines Daseins ist für den jüdischen Menschen seit drei Jahrtausenden das Buch«, resümiert der deutsch-jüdische Schriftsteller Karl Wolfskehl 1933, selbst ein leidenschaftlicher Sammler. »Einen Juden ohne Bücher kann man sich gar nicht vorstellen. Lesen gehört zum Juden so gut wie die leibliche Nahrung, wie alle sonstige Lebensnotdurft. Und auch der Ärmste oder der ganz aussen Gerichtete strebt nach Buchbesitz. Nirgends ist die Freude an eignen Büchereien verbreiteter als unter den Juden. Und viele in alte Zeiten zurückreichende Anekdoten berichten davon, wie schwer sich Juden selbst auf ihren Wander- und Leidensfahrten von geliebten Leseschätzen trennen.«[7]

Diese die Juden in ihrem Verhältnis zum Buch allgemein charakterisierenden Worte, die so unheilvoll-prophetisch ausklingen, kennzeichnen auch Karl Wolfskehl und seine Sammeltätigkeit selber. Diese manifestiert sich in dreifacher Weise: im Sammeln poetischer Texte für die Herausgabe von gedruckten Sammlungen, Anthologien; im Sammeln von Büchern für seine Bibliothek und in Vorträgen und Essays über das Phänomen des Sammelns und seine eigenen Erfahrungen dabei.

Wolfskehls Sammeln poetischer Texte bildet eine Opposition gegen das genannte populäre, trivial gewordene Sammeln seiner Zeit, das sich auch im verbreiteten Anthologiewesen seit 1871 auswirkte. Im Gegensatz zu den üblichen massenhaft verbreiteten, meist minderwertigen, oft illustrierten Blütenlesen, poetischen Hausschätzen und erbaulichen Lebensbegleitern mit Gedichten der Klassik- und Romantikepigonen sucht Wolfskehl in München gemeinsam mit Stefan George, seinem verehrten Vorbild, mit der Sammlung anspruchsvoller Texte in eigenwilliger Buchgestaltung der Lyrik wieder neue Würde zu verleihen und für sie ein elitäres Publikum zu gewinnen. Die 1902 erschienene Sammlung *Das Jahrhundert Goethes* enthält sorgfältig ausgewählte, den üblichen Kanon vermeidende Gedichte von Klopstock, Schiller, Hölderlin, Novalis, Brentano, Eichendorff, Platen, Heine, Lenau, Hebbel, Mörike und Meyer. Wolfskehl sieht sich zwar nicht imstande, die »geschmacklosen prachtausgaben« zu verdrängen, er möchte aber »einem kreise von künstlern« und »schönheitsliebenden« zu Gefallen »seine verehrten meister-dichter in einer ausstattung zu lesen (geben,) die dem gehobenen geschmack entspricht. Eine solche gibt es bisher nicht.«[8] Einige Jahre später ediert er, neben weiteren Bänden, mit dem Germanisten Friedrich von der Leyen und dem renommierten Hölderlin-Forscher Norbert von Hellingrath die lange Zeit maßgebliche und mehrfach aufgelegte *Sammlung Älteste deutsche Dichtungen*[9], deren Texte Wolfskehl ins Neuhochdeutsche übersetzt.

Wolfskehls mehr als 8.000 Titel umfassende Büchersammlung zeigt ganz besonders seine innige Verbindung von jüdischer mit deutscher Kultur. Seinen Judaica und Hebraica reihen sich gleichrangig reiche Bestände aus der deutschen Literatur in vielen Raritäten und Erstausgaben aus Barock, Klassik und Romantik ein. Beide Gebiete ergänzen sich gegenseitig.

Seine Essays über das Sammeln offenbaren, wie Wolfskehl sich im wahrsten Sinn des Wortes Bücher geradezu geistig und körperlich einverleibt. Er lebt mit ihnen in sinnlich-erotischer Symbiose. In seinen *Münchner Sammler-Erinnerungen* äußert er: »Besteht doch für den wirklichen Sammler, den wahrhaftigen Liebhaber des Gewesenen, der intimste Reiz eines jeden Objekts in seiner Einzigkeit darin, dass es unabhängig von allem anderen eine eigene Vorgeschichte, gewissermassen ein eigenes Leben hinter sich hat. (…) Jedes einzelne Exemplar ist eben dadurch, dass es schon durch Menschenhände ging, Menschenschicksale teilte, irgendwie menschennah geworden, ein Stück durchpulstes Dasein. (…) Das Gewesene ist hier nicht vergangen, es wirkt weiter, bleibt uns in seinen Zeugnissen und Denkmälern vertraut.«[10] In dem Essay *Finderglück* heißt es: »Ein wirklicher Sammler ist ein Werbender des Geistes um geistgeborenen, geistgewordenen Stoff, alleweil auf Brautschau. (…) Die Dinge wollen ihn, drängen sich zu ihm, wollen teilhaben an ihm, im Dasein bleiben durch ihn. Es ist wie eine gegenseitige Befruchtung, Wiederbelebung.«[11] Daher kann er sich ein gelehrtes Werk ohne Randnotizen nicht vorstellen. »Erst die Marginalien, die Verweise, Zustimmungen, Ablehnungen, Erweiterungen, geben einem solchen Exemplar seine Existenzberechtigung, reihen es ein in die Welt, für die es bestimmt war (…).«[12] Sich in der Tradition bedeutender Bibliotheken sehend, wie sie Karl Hartwig Gregor von Meusebach, Clemens Brentano, Heinrich Klemm, Karl Wilhelm Ludwig Heyse oder Friedrich Gundolf zusammengetragen haben, tönt auch ihm »aus dem grossen Wissen der Vergangenheit wie aus Bräuchen und Mären (…) das Gebot zu uns, Leben zu erhalten, bei uns zu hegen auch was nur noch in Wirkungen oder aus der Ferne dunkel und stammelnd raunt. (…) So haben wir Bibliophilen denn geradezu einen heiligen Auftrag, einen Auftrag, der über die gesteckten Grenzen hinaus Heil bringen, Unheil verhüten kann.«[13]

Bekanntlich blieb das ein Wunschtraum. Seine Sammlung wurde in der Zeit des Unheils zwar nicht geraubt oder zerstört, Wolfskehl musste sich jedoch nach seiner Emigration, zunächst nach Italien, dann nach Neuseeland, aus finanziellen Gründen von ihr trennen und fand 1936 in Salman Schocken einen Käufer, der sie seiner eigenen Bibliothek einfügte und Wolfskehl eine Leibrente zahlte.[14]

Auf diese Weise ist sie wenigstens einem ebenso begeisterten Sammler und Bibliophilen in die Hände gelangt. Salman Schocken, Inhaber einer großen Warenhauskette und seit 1931 eines Verlages jüdischer Bücher, der in Deutschland bis 1938 bestehen konnte, besaß eine Sammlung von Büchern, Autografen und Grafiken, die schon 1933 in seiner Berliner Zeit so umfangreich war, dass er sie in einem eigenen Gebäude unterbringen musste. Seine 60.000 Bände zählende Bibliothek bestand wie Wolfskehls Sammlung aus Judaica und Hebraica und umfasste zugleich deutschsprachige Literatur, neben deutscher Dichtung auch Philosophie, Literatur- und Kunstwissenschaft, Geschichte, Wirtschaft und Politik. Schocken konnte 1934 bei seiner Emigration nach Jerusalem und 1940 in die USA große Teile seiner Bibliothek retten, von denen dann die meisten Bände in den 1970er Jahren von Hauswedell in Hamburg versteigert wurden. Eines seiner Hauptziele galt der Förderung einer neuen jüdischen Wissenschaft und dem Schaffen populärwissenschaftlichen Schrifttums sowie der Veröffentlichung literarischer Texte jüdischer Autoren oder jüdischer Thematik. In seinem Verlag konnte er eine große Anzahl entsprechender Werke publizieren.[15]

Hinsichtlich seiner Sammeltätigkeit sind gewisse Analogien zu den anfangs genannten deutschen Sammlern der Romantik, Arnim, Brentano, Görres und den Brüdern Grimm, auszumachen. Ebenso wie diese mit Volksliedern, Volksbüchern und Märchen Zeugnisse deutscher Vergangenheit systematisch gesammelt und veröffentlicht haben, widmet sich ein von Schocken 1929 gegründetes »Forschungsinstitut für hebräische Dichtung« den von ihm gesammelten alten handschriftlichen und gedruckten Quellen, um zu einer Zeit, in der die jüdische Kultur verloren zu gehen droht, daraus fundierte Editionen und Forschungen zu veröffentlichen, von denen dann einige im Schocken Verlag erscheinen.[16]

Sammlungen deutscher Juden gelten natürlich nicht nur Büchern. Ich erinnere nur an die berühmte Majolika-Sammlung des Mathematik-Professors Alfred Pringsheim, Schwiegervater Thomas Manns, der bedeutendsten Privatsammlung dieser Art. Sie wurde 1933 beschlagnahmt und in einem Depot gelagert, um sechs Jahre später in London zu einem geringen Preis zwangsversteigert zu werden, wovon Pringsheim nach Abzug der willkürlich festgesetzten Steuern und Abgaben nur einen Bruchteil erhielt, von dem er sich von den Nationalsozialisten gerade noch die Ausreise in die Schweiz erkaufen konnte.[17]

Zum Abschluss soll wieder ein bekannter literarischer Autor zu Wort kommen. In seiner 1942 erschienenen Autobiografie *Die Welt von gestern* spricht Stefan Zweig von seiner Autografensammlung, die er nach zunächst wahllosem Sammeln »in ein wirkliches Kunstwerk verwandelt.«[18] Er richtete die Sammlung nach seinem speziellen Interesse aus: Manuskripte, »die den schöpferischen Geist im schöpferischen Zustande zeigen, also ausschließlich Handschriften von oder aus künstlerischen Werken.«[19] »Solche Blätter von allen großen Dichtern, Philosophen und Musikern, solche Korrekturen und somit Zeugen ihres Arbeitskampfes zu vereinigen, war die zweite, wissendere Epoche meines Autographensammelns. (Und) allgemach war neben meiner Sammlung von Autographen eine zweite entstanden, die sämtliche Bücher, die je über Autographen geschrieben worden sind, umfaßte. (...) Was ich in den letzten Jahren meines Sammelns vornahm, war eine ständige Veredelung. (...) Ich suchte also von einem Dichter nicht nur die Handschrift eines seiner Gedichte, sondern eines seiner schönsten Gedichte und womöglich eines jener Gedichte, das von der Minute an, da die Inspiration in Tinte oder Bleistift zum erstenmal irdischen Niedergang fand, in alle Ewigkeit reicht. Ich wollte von den Unsterblichen (...) in der Reliquie ihrer Handschrift gerade das, was sie für die Welt unsterblich gemacht hat. So war die Sammlung eigentlich in ständigem Fluß (...).«

Stefan Zweig stellte die Sammlung in mancher Beziehung sogar über seine Dichtung, war er sich doch »bewußt, mit dieser Sammlung etwas geschaffen zu haben, was als Gesamtheit des Überdauerns würdiger war als meine eigenen Werke.« Er beabsichtigte daher, die Sammlung nach seinem Tode einem Institut zu überlassen unter der Bedingung, sie zu vervollständigen. Acht Jahre nach seiner Emigration, 1942 musste er dann jedoch resigniert feststellen: »Aber unserer Generation ist es versagt, über sich hinaus zu denken. Als die Zeit Hitlers einsetzte und ich mein Haus verließ, war die Freude an meinem Sammeln dahin und auch die Sicherheit, irgend etwas bleibend zu erhalten. Eine Zeitlang ließ ich noch Teile in Safes und bei Freunden, aber dann entschloß ich mich, gemäß Goethes mahnendem Wort, daß Museen, Sammlungen und Rüstkammern, wenn man sie nicht fortentwickelt, in sich erstarren, lieber Abschied zu nehmen von einer Sammlung, der ich meine gestaltende Mühe weiter nicht mehr geben konnte.«[20]

Seine Sammeltätigkeit ist auch für den Schriftsteller Zweig von Bedeutung. Er läßt sich von den Autografen in seiner Fantasie als Erzähler anregen und erkennt in ihnen den Schlüssel zu Persönlichkeiten, die er in seinen Biografien porträtiert.[21] Zudem diszipliniert ihn der Umgang mit seiner Sammlung beim Schreiben überhaupt, denn die dort praktizierte »ständige Veredelung« ist auch ein typisches Verfahren der Genese seiner Texte. Verwendet er zunächst »alle nur denkbaren dokumentarischen Einzelheiten,« so beginnt für ihn, kaum hat er »die erste ungefähre Fassung eines Buches ins Reine geschrieben, (...) die eigentliche Arbeit, die des Kondensierens und Komponierens (...). Es ist ein unablässiges Ballast-über-Bord-werfen, ein ständiges Verdichten und Klären der inneren Architektur (...). Dieser Prozeß der Kondensierung und damit Dramatisierung wiederholt sich dann noch einmal, zweimal und dreimal bei den gedruckten Fahnen (...).«[22] Und schließlich hat er 1925 mit der Erzählung *Die unsichtbare Sammlung*, einer *Episode aus der deutschen Inflation*, in der Schilderung eines erblindeten Sammlers, der beglückt seine Kupferstiche einem Experten zu zeigen vermeint und nicht bemerkt, dass seine Familie die Originale verkaufen musste und sie durch wertlose Papiere ersetzt hat, vielleicht vorausahnend eine Parallele zu seinem eigenen Schicksal gestaltet, dem eines leidenschaftlichen Sammlers, dem seine Sammlung genommen ist.

Zweigs Erfahrungen treffen mehr oder weniger für alle ernsthaften Sammler zu. Indem sie die Objekte aus ihren vorigen Zusammenhängen herauslösen – Handschriften, Gemälde, Porträts und Bücher als Ware aus den Auktionen, Galerien und Antiquariaten oder aus früheren Sammlungen – und sie liebevoll ihrem eigenen Sammlungssystem einfügen, spielt sich ein doppelter Prozess ab: »Nicht nur die Sammlung lebt für den Sammler; er lebt auch in ihr und durch sie, im selben Maße, in dem sie zum Spiegelbild der Sammlerpersönlichkeit wird und beide sich einander angleichen. Subjekt und Objekt verschmelzen« zu einer neuen Einheit.[23] Von solcher Interdependenz zeugen – soweit vorhanden – entsprechende Notizen, Randbemerkungen und Lesespuren in Büchern, Exlibris, Besitzvermerke, einliegende Fotos, Korrespondenzen mit den früheren Besitzern oder befreundeten Sammlern. Walter Benjamin nennt die Büchersammlung eine »magische Enzyklopädie« und sieht in ihrem »Besitz das allertiefste Verhältnis (…), das man zu Dingen überhaupt haben kann.«[24] Seine schon 1931 formulierte Aussage: »Der Sammler wird ganz ursprünglich von der Verworrenheit, von der Zerstreutheit angerührt, in dem die Dinge sich in der Welt vorfinden«[25], wirkt angesichts der bald erfolgenden politischen Katastrophe prophetisch. Schon bei den nationalsozialistischen Umtrieben vor 1933 und wie viel mehr noch nach dem Machtantritt und der Bücherverbrennung wird es notwendig, sowohl die in Gefahr geratenden Kulturgüter als auch besonders die eigene Identität vor Chaos und Brutalität zu retten. In dieser Situation des politischen und geistigen Unheils konnte eine Sammlung noch Trost, Zuversicht, Schutz und zumindest im Privaten vielleicht ein Glücksgefühl bieten und so die geistige Leere auffüllen.

Wie hilfreich, wie dringend notwendig wäre den aus Deutschland vertriebenen jüdischen Sammlern ihre kontinuierlich aufgebaute Sammlung aber erst im Exil gewesen. Wie intensiv hätten die Bücher und Kunstwerke den aus ihrer vertrauten Umwelt Gestoßenen die Erinnerung an die verlorene geistige Heimat wachgehalten, waren doch gerade die jüdischen Bürger oft am engsten mit der deutschen Kultur verbunden. Die materielle Sammlung hätte im übertragenen Sinn eine innere Sammlung des Gemüts bewirken und zur Stärkung der beschädigten Persönlichkeit beitragen können. Wie dringend die Betroffenen danach verlangten, zeigt paradigmatisch Kurt Pinthus, der unter höchster Lebensgefahr 1937 aus seinem New Yorker Exil noch einmal nach Berlin zurückkehrte, sich als Naziagent ausgab und tatsächlich erreichen konnte, dass seine Bibliothek von 8.000 Bänden nach Amerika geschickt wurde.[26] Heute wird sein Nachlass in Marbach verwaltet.

So wichtig es ist, die geraubten und zerstörten Sammlungen im Nachhinein zu retten oder zu rekonstruieren, kann doch meist nur deren materielle Substanz wieder hergestellt werden, während der fundamentale subjektive Anteil an der Sammlung, Leben und Geist, Hoffnung und Angst ihrer ehemaligen Besitzer, sofern schriftliche Spuren fehlen, unwiederbringlich verloren ist.

1 Gustav Freytag: *Erinnerungen aus meinem Leben.* Leipzig 1887, S. 270 f. — **2** Vgl. Reinhart Koselleck: *Vergangene Zukunft. Zur Semantik geschichtlicher Zeiten.* Frankfurt/M. 1979. — **3** Odo Marquard: »Wegwerfgesellschaft und Bewahrungskultur«. In: Andreas Grote (Hg.): *Macrocosmos in Microcosmo. Die Welt in der Stube: Zur Geschichte des Sammelns 1450–1800.* Opladen 1994, S. 909–918, hier S. 915. — **4** Heribert Raab: »Auswirkungen der Säkularisation auf Bildungswesen, Geistesleben und Kunst im katholischen Deutschland«. In: Albrecht Langner (Hg.): *Säkularisation und Säkularisierung im 19. Jahrhundert.* München u. a. 1978, S. 63–95, hier S. 80. — **5** *Des Knaben Wunderhorn. Alte deutsche Lieder.* Gesammelt von L. A. v. Arnim und Clemens Brentano. Teil I. Hg. von Heinz Rölleke. Stuttgart 1975–1978 (= Clemens Brentano: *Sämtliche Werke und Briefe. Historisch-Kritische Ausgabe.* Hg. von Jürgen Behrens, Wolfgang Frühwald, Detlev Lüders. Bd. 6), S. 441. — **6** Ebd. Band 8, S. 347. — **7** Karl Wolfskehl: »Die Juden und das Buch«. In: Ders.: *Gesammelte Werke.* Hg. von Margot Ruben und Claus Victor Bock. Bd. 2. Hamburg 1960, S. 334–337, hier S. 334, 336. — **8** Stefan George und Karl Wolfskehl (Hg.): *Deutsche Dichtung. Dritter Band: Das Jahrhundert Goethes.* Berlin 1902, S. 5. — **9** Karl Wolfskehl und Friedrich von der Leyen (Hg.): *Älteste deutsche Dichtungen.* Leipzig 1909. — **10** Karl Wolfskehl: »Heilige Narretei. Münchner Sammler-Erinnerungen«. In: Ders.: *Gesammelte Werke* (s. Anm. 7), S. 474–485, hier S. 483 f. — **11** Karl Wolfskehl: »Finderglück«. In: Ders.: *Gesammelte Werke* (s. Anm. 7), S. 504–507, hier S. 504. — **12** Karl Wolfskehl: »Erhaltungsfetischismus«. In: Ders.: *Gesammelte Werke* (s. Anm. 7), S. 511–514, hier S. 512. — **13** Karl Wolfskehl: »Beruf und Berufung der Bibliophilie in unsrer Zeit«. In: Ders.: *Gesammelte Werke* (s. Anm. 7), S. 549–556, hier S. 555. — **14** Friedrich Voit: *Karl Wolfskehl. Leben und Werk im Exil.* Göttingen 2005, S. 169–172. — **15** Volker Dahm: *Das jüdische Buch im Dritten Reich.* München. 2. Auflage 1993, S. 203–501. — **16** Ebd., S. 290 f. — **17** Rudolf Fritsch und Daniela Rippl: »Alfred Pringsheim«. In: *Schriftenreihe der Sudetendeutschen Akademie der Wissenschaften und Künste* 22 (2001), S. 97–128. — **18** Stefan Zweig: *Die Welt von gestern. Erinnerungen eines Europäers.* Frankfurt/M. 1952, S. 317. — **19** Stefan Zweig: »Meine Autographen-Sammlung«. In: Oliver Matuschek (Bearb.): *»ich kenne den Zauber der Schrift.« Katalog und Geschichte der Autographensammlung Stefan Zweig. Mit kommentiertem Abdruck von Stefan Zweigs Aufsätzen über das Sammeln von Handschriften.* Wien 2005, S. 128. — **20** Zweig: *Die Welt von gestern* (s. Anm. 18), S. 318 f., 321 f. — **21** Matuschek: *»ich kenne den Zauber der Schrift.«* (s. Anm. 19), S. 86. — **22** Zweig: *Die Welt von gestern* (s. Anm. 18), S. 292 f. — **23** Philipp Blom: *Sammelwunder, Sammelwahn. Szenen aus der Geschichte einer Leidenschaft.* Frankfurt/M. 2004, S. 247, 327. — **24** Walter Benjamin: »Ich packe meine Bibliothek aus«.

In: Ders.: *Ausgewählte Schriften*. Bd. 2. Frankfurt/M. 1966, S. 169–179, hier S. 170, 177 f. — **25** Walter Benjamin: *Das Passagenwerk*. Hg. von Rolf Tiedemann. Frankfurt/M. 1983, S. 279. — **26** Ward B. Lewis: »Kurt Pinthus«. In: *Deutschsprachige Exilliteratur seit 1933*. Hg. von John M. Spalek, Joseph Strelka u. a. Bd. 4.2. Bern – München 1994, S. 1711–1722.

Caroline Jessen

Bücher als Dinge

Funktionen emigrierter Bücher und Büchersammlungen für deutsch-jüdische Einwanderer in Palästina/Israel nach 1933 aus Perspektive der Kanonforschung

I Einführung

Literarische Kultur – ob dokumentiert in literaturkritischen und autobiografischen Dokumenten (Texten) oder ob materialisiert in Büchern und Büchersammlungen (Dingen) – ist eine wichtige Quelle für die Erforschung von Funktionen kultureller Erinnerung und Konstruktionen kultureller Identität. Unzählige Bücher und ganze Büchersammlungen begleiteten jüdische Emigranten bei ihrer Auswanderung oder Flucht aus dem nationalsozialistischen Deutschland. Insel-Bändchen mit den »Nachdichtungen chinesischer Kriegslyrik« von Klabund, Emil Ludwigs *Bismarck*, Friedrich Gundolfs *Goethe* oder auch Max Brods *Tycho Brahe*[1] – die zerlesenen, fleckigen oder aber unbeschnittenen Bücher stehen ein für eine Kultur, die mit dem Tod ihrer Besitzer zu Ende ging. So stellt sich die Frage nach der Relevanz literarischer Kultur und, ganz konkret, nach der Relevanz »mitemigrierter« Büchersammlungen für die kulturelle Erinnerung deutsch-jüdischer Einwanderer und Flüchtlinge nach 1933 in Palästina zur Zeit des britischen Mandats und in Israel. Zwei Fragen drängen sich auf: 1) Wie zeigt sich in der literarischen Kultur die »innere Geschichte«[2] der deutsch-jüdischen Einwanderung nach Israel? 2) Welche Funktionen übernimmt der Kanon in dieser Situation? Im Fokus beider Fragen steht der Funktionszusammenhang von literarischem Feld, Kanon und kulturellem Gedächtnis.[3]

Die wichtigsten Quellen, die Auskunft über diesen Funktionszusammenhang geben, sind Literaturkritiken, literaturbezogene Essays und Notizen in deutschsprachigen Periodika, die in Palästina und Israel seit den 1930er und 1940er Jahren erschienen. Während sich beispielsweise im *Mitteilungsblatt der Organisation der Einwanderer aus Mitteleuropa*, kurz *MB*, zur Mandatszeit vor allem eine Literaturkritik unter zionistischem Vorzeichen und deren Kanonpostulat konkretisierte, finden sich in der kurzlebigen Wochenschrift *Orient*, die von zeitgenössischen Lesern für ihre vermeintliche »Weltbühnenmentalität« kritisiert wurde, auch Rezensionen und Essays, die die Benennungsmacht zionistischer Literaturkritik relativierten.[4] Ferner geben autobiografische Dokumente und Briefwechsel, in denen sich explizite und implizite Werturteile über literarische Texte finden, Auskunft über Aneignungen und Infragestellungen eines gesellschaftlich »legitimierten« Kanons in einzelnen Leserbiografien. Selbst Bibliotheksinventare, Kleinanzeigen und ähnliche Ephemera sind aussagekräftige Dokumente, da sie über den Kanon hinaus auf die Dynamik des literarischen Felds weisen.

Das Deutsche Literaturarchiv in Marbach bewahrt beispielsweise im Nachlass des 1933 aus Görlitz nach Haifa immigrierten Rechtsanwalts und Dichters Paul Mühsam (1876–1960)[5] Handschriften auf, in denen sich in ungewöhnlicher Deutlichkeit und Ausführlichkeit sozial relevante Faktoren für Kanonisierungsprozesse ebenso wie kanonrelevante Handlungen einzelner Leser abzeichnen: die oft unvermeidbare Verkleinerung der Büchersammlung vor dem Ortswechsel, Schwierigkeiten beim Erwerb literarischer Neuerscheinungen aus Deutschland nach der Emigration, die Relektüre von Werken, an die sich Erinnerungen an Personen und Orte banden, eine diffuse Angst um den Verlust kultureller »Identität« und der zumindest in den 1930er und 1940er Jahren enorme Einfluss politischer bzw. ideologischer Werte auf die Wertung zeitgenössischer Literatur – um nur einige Stichpunkte zu nennen. Eine im Nachlass überlieferte, unpublizierte Lyrikanthologie von Paul Mühsam bestätigt beispielsweise nicht nur die »beinahe stereotype (…) Assoziation jüdischer Goethe-Verehrung«[6], sondern unterstreicht auch die Spannung zwischen konservativem Festhalten an der literarischen Tradition einerseits und dem Bewusstsein um das eigene, spätestens durch die Emigration offengelegte Paria-Dasein in Bezug auf diese Tradition.[7]

So beschwört die Anthologie aus dem Jahr 1957 einerseits noch einmal einen bildungsbürgerlichen Literaturkanon, der sich in Goethe und Schiller, den durch Kunstlieder besonders exponierten Romantikern und Dichtern der klassischen Moderne verdichtet – und auch deutsche Bildungskultur in ihren trivialen Facetten mit einschließt (mit Lyrik von Hermann Löns und Trinkliedern wie Rudolf Baumbachs »Keinen Tropfen im Becher mehr«). Aber er weist andererseits mit Strophen aus Heines *In der Fremde* und *Deutschland. Ein Wintermärchen*[8], die dem Korpus der Anthologie »zum Geleit«[9] vorangestellt sind, auf das Vorzeichen des Exils hin, unter dem die *Perlen deutscher Dichtung* zusammengestellt wurden und zu lesen sind. Vor diesem Hintergrund erst zeigt sich die krasse Ambivalenz des Titels *Perlen deutscher Dichtung*, der zunächst nur einen nahtlosen Anschluss Mühsams an die Tradition populärer Auswahlbändchen suggeriert, die vor allem Ende des 19. Jahrhunderts in Deutschland *en vogue* waren und retrospektiv auf den Verfall des emanzipatorischen Bildungsideals im Kaiserreich hindeuten.[10] Die exponierte Stellung Heines in der Anthologie lässt die Einschreibung in diese Tradition subtil in Abgrenzung umschlagen, ohne sie als Fixpunkt aufzugeben. In dem knapp skizzierten Beispiel deutet sich bereits an, dass gerade solche im Exil zusammengestellten Anthologien als Blütenlese und wertende Auswahl eine besondere Quelle für die Erforschung literarischer Kultur im Exil sein können, da sie nicht nur Fabrikat einer Kanonkultur sind, sondern Kanonreflexion und Kommentar auf diesen Kanon.

Doch zurück zur Funktion des Kanons. Ein Kanon dient als Orientierungspunkt, repräsentiert in verdichteter Form gesellschaftliche Wertvorstellungen und prägt so wiederum Wahrnehmungsmuster und Wertungsakte, die weit über das literarische Feld hinausreichen. Die Beschäftigung mit dem literarischen Kanon von deutschsprachigen Einwanderern in Israel zeigt, inwiefern sich für das deutsche Bürgertum prägende Bildungsideale und kulturelle Impulse der Weimarer Republik in der literarischen Kultur in Israel fortschrieben, in anderen Zusammenhängen aufgingen oder zur Negativfolie angesichts neuer, zionistischer Wertesysteme wurden. Im besonderen Fall der Emigration – der Aufgabe eines sozialen und kulturellen Umfelds und der Konfrontation mit einem neuen Wertekanon – waren kulturelle Werthaltungen einerseits zur Anpassung herausgefordert, sie sicherten andererseits jedoch ein Gefühl von »Identität«.[11] Ein Reisebericht des Journalisten Erich Gottgetreu über die landwirtschaftlichen Siedlungen junger Zionisten in Palästina mit dem treffenden Titel *Im Land der Söhne* illustriert sehr gut den empfundenen Aufeinanderprall verschiedener Wertesysteme, der von vielen Einwanderern unter Bezug auf den Bereich der Literatur ausgedrückt wurde:

»Die Wohnung, als ausgebautes Dach ein Juwel an idyllischer Architektur, lag höher als die meisten anderen am Kurfürstendamm; außen sah man allermodernste Großstadt (...), innen sah das Auge in Dokumenten gesammelte beste deutsche Vergangenheit, sah an den Wänden tausende von Büchern, viele seltene Klassiker-Erstausgaben, den ersten Kleist neben dem ersten Heine, sah alte Kupferstiche und, unter Glas und Rahmen, ein vollendet schönes Goethe-Autogramm. Es war einmal ... Und es war nicht einmal ein Märchen. Die Goethe-Handschrift machte die Reise nach Palästina mit. Auch im neuen Heim sollte sie einen Ehrenplatz haben. Aber das neue Heim ist nur ein Zelt geworden; wie soll sich Goethe an seiner wackelnden, windgeschützten Wand halten? Wer in so gewaltiger Natur lebt, entbehrt keinen Schmuck. (...) Einzelheiten der Umgebung lernt man am Schabbath kennen. Jeder hat überall Bekannte, man besucht sich untereinander, auf den Wegen ist viel Singen und Fröhlichkeit; solche Bilder sah man früher nur in Russenfilmen. Und Goethe bleibt im Koffer.«[12]

Wie spätere Arbeiten Gottgetreus zeigen, blieb Goethe nicht im Koffer; der Kanon deutschsprachiger Literatur verlor nicht seine Relevanz für jüdische Flüchtlinge und Einwanderer in Palästina bzw. Israel. Die Frage nach Gründen für die anhaltende Bedeutung bestimmter Autoren und Werke ist daher ein evidenter Ausgangspunkt für die Frage nach Existenz und Funktionen eines »Kanons im Exil«.

II Eigenheiten eines Kanons im Exil

Robert Alter hat den literarischen Kanon zu Recht als trans-historische Gemeinschaft von Texten beschrieben.[13] Auf den Kanon im Exil trifft diese Beobachtung nur eingeschränkt zu. Revisionen und Erweiterungen durch seine Isolation vom literarischen Feld in Deutschland weitgehend entzogen, ist dieser Kanon zur abgeschlossenen »Ganzheit« erstarrt.[14] Das rückt ihn in die Nähe religiöser Kanons.[15] Doch die Funktion ist eine andere: Der dem zeitlichen Wandel entzogene Kanon weist mit der Geste des Abschlusses auf die Emigration und Flucht aus Deutschland und letztlich auf die Shoah als katastrophales Ereignis.

Mehr noch: Der Kanon im Exil ist in zeitlicher Distanz und in räumlicher Entfernung zu seinem originären Geltungsbereich ein Erinnerungskanon, ein Kanon aus Erinnerungen (Gedichte wurden erinnert, weil Eltern sie auf Samstagsspaziergängen rezitiert hatten, Dramen wurden erinnert, weil Freunde in der Schule Parodien zu ihnen verfasst hatten). Er ist ein Monument abwesender Menschen und abwesender Orte, einer vor dem Machtantritt der Nationalsozialisten in Deutschland lebendigen Kultur. Nur wenige in Deutschland nach 1945 erschienene Texte haben die Schwelle zu diesem Kanon übertreten können. Das Zusammenwirken der in diesem Kanon formierten Texte im Sinne eines Wertesystems ist offensichtlich anderen Gesetzen verpflichtet als das »regulärer« literarischer Kanons. Das scheint seine Funktion als Referenzsystem noch nicht unterbunden zu haben.

Unter den Einwanderern und Flüchtlingen in Palästina bzw. Israel hat es zunächst zwar öffentlich ausgefochtene, politisierte Kämpfe um einen legitimen Kanon deutscher Literatur gegeben, sowohl um den Kanon der Werke als auch um Kontinuität und Veränderung des Deutungskanons im Zeichen zionistischer Wertung, doch diese Auseinandersetzungen verloren in Israel in dem Maße an Vehemenz, wie die ideologischen Spannungen zwischen den – zionistischen und nicht-zionistischen, kommunistischen und bürgerlichen, freiwillig gekommenen und gestrandeten – Einwanderern in Bezug auf einen legitimen Umgang mit dem kulturellen Gepäck aus Europa im Verlauf ihrer Akkulturation nachließen. Während die im Kanon mehr und mehr versammelten, polyvalenten Werke mit ihrer Offenheit für Relektüren und Neuinterpretationen, und ihrer prinzipiellen Anschlussfähigkeit an neue Wertesysteme des Einwanderungslands zunächst eine flexible Brücke zwischen *Erez Israel* und einer verlorenen Vergangenheit waren[16], wandelte der Kanon sich im Lauf der Zeit zu einem Monument, das in wachsender Distanz zum alten Kanon deutscher Literatur in Deutschland weniger Kontinuität und Präsenz markierte als einen Bruch, als Abwesenheit und Verlust.[17]

Ohne diesen Aspekt hier genauer darzustellen, möchte ich die Bedeutung von Büchern und Buchsammlungen für die Wirkungsmacht des Erinnerungskanons skizzieren. Die Wandlungsresistenz des Kanons als Voraussetzung *und* Effekt seiner Erinnerungsfunktion findet ihr Gegenstück in der Erinnerungsfunktion konkreter Bücher und Büchersammlungen.[18] Lesekultur und materielle Kultur sind stärker aneinandergebunden als viele Kanontheorien suggerieren, auch wenn sie der ganzen Bandbreite der kulturellen Praxis im Hinblick auf unterschiedliche Kanonisierungsstile Platz einzuräumen scheinen.[19] Während der Kanon deutschsprachiger Literatur in Israel, ein sich deutlich abgrenzender Kosmos literarischer Texte, verbindlicher Deutungsmuster und Werte, ein immaterielles Monument ist, scheinen konkrete Bücher und Sammlungen eine Memorialfunktion gerade durch ihre materielle Präsenz – durch ihre augenfällige, spürbare Zeugenschaft, durch den in ihnen anwesenden anderen Ort, die von ihnen arretierte, eingefangene andere Zeit – zu übernehmen. Eine Entsprechung *ex negativo* findet die durch Präsenz verbürgte Erinnerung in der gespürten Abwesenheit, im Wissen um den Verlust oder die Zerstörung von Büchern. Paul Mühsam konnte beispielsweise nur einen Teil seiner Bücher retten: »Alles, was an Bildern, Büchern und Kunstgegenständen noch da war, wanderte, soweit wir es nicht an uns nahestehende Menschen verschenkten, unter dem Hammer des Auktionators in unbekannte Hände. Weit über der Hälfte unserer Bücher, zum größten Teil für einen lächerlich geringen Preis dem Meistbietenden zugeschlagen, trauerten wir nach. Viele waren dabei, deren Verlust mir auch jetzt noch schmerzlich ist, wie z.B. der siebenbändige Briefwechsel zwischen Wilhelmine und Karoline von Humboldt.«[20]

Diese Liaison der jeweiligen Funktionen von immateriellem, überindividuell verbindlichem Kanon und von konkreten Objekten bzw. Sammlungen scheint Literatur zu einem wesentlichen Medium des kulturellen Gedächtnisses in Israel gemacht zu haben. Die Beschäftigung mit dem »Außen« des literarischen Texts könnte also keine Bewegung weg vom literarischen Feld bedeuten, sondern als Beschäftigung mit der Schwelle des literarischen Felds zu verstehen sein, durch die sich die Lebensbedeutsamkeit der Literatur erst ganz erschließt.

III Zur Rolle von Büchern während und nach der Emigration

In den 1930er Jahren gelangten unzählige deutschsprachige Bücher zusammengepfercht mit Möbelstücken, Geschirr, Arbeitsgeräten und Haushaltswaren in sogenannten Lifts, sperrigen Umzugsgut-Containern, nach Israel.[21] Doch hatten sie, sofern es sich nicht um Wörterbücher, landeskundliche oder landwirtschaftliche Ratgeberlektüre handelte, im Gegensatz zu vielen anderen eingewanderten Dingen kaum unmittelbar praktischen Wert für ihre aus dem nationalsozialistischen Deutschland oder Österreich geflüchteten Besitzer. Selbst der materielle Wert der Bücher war in diesen Jahren alles andere als sicher.[22]

Der rapide ökonomische Wertverlust des in Deutschland Gedruckten mag durch die prekäre Situation deutscher Literatur im Jischuw, dem jüdischen Teil Palästinas, bekräftigt worden sein. Bücher waren nicht nur als Medien von Literatur, sondern auch in Typografie und Ausstattung durchdringende Symbole eines Wertesystems, das spätestens nach dem Machtantritt der Nationalsozialisten in Verruf geraten war. Trotzdem trennten sich nur wenige Einwanderer freiwillig von ihren Büchersammlungen. Es gab Gründe, an ihnen festzuhalten: Sie waren ökonomisches Kapital, auch wenn ihr Wert auf dem Buchmarkt im Palästina der 1930er und 1940er Jahre nicht anerkannt wurde. Bücher waren kulturelles Kapital; in ihnen zeigte sich die Bildung des jeweiligen Besitzers. Sie waren Teil einer vertrauten Inneneinrichtung und als Erbstücke Teil der Familiengeschichte, deren Kontinuität sie über die Bruchstelle der Emigration hinweg bekräftigten. Sie vermittelten Wissen und ästhetischen Genuss. Und selbst die nicht von Widmungen oder Inschriften gezeichneten Bücher bargen oftmals Erinnerungen, die es festzuhalten galt. Insbesondere der zuletzt genannte Punkt ist interessant.

III.1 Zur Bedeutung von Büchern in autobiografischen Quellen

Bücher figurieren bisweilen als Metaphern bzw. Metonymien oder Symbole kultureller Phänomene und Werte (Bildung, Emanzipation, Wissen etc.), insbesondere werden Bücher und Bibliotheken oft als Metaphern des Gedächtnisses in Anspruch genommen.[23] Diese Metaphern sind reziprok: Wir sprechen von Bibliotheken als Gedächtnisspeichern, und wir stellen uns das Gedächtnis als Bibliothek oder Archiv vor. Beide

Bilder sind problematisch, überblenden die verschiedenen Selektions-
verfahren und Spezialisierungen jeder noch so umfassenden Bibliothek
und sprechen ihnen zu, auch das zu bewahren, was im Funktionsge-
dächtnis einer Gesellschaft keinen Platz findet. Dennoch sind die Metaphern einprägsam und weitverbreitet.[24] Dem metaphorischen Pfad
folgend, ist das Festhalten an Büchern ein Festhalten an der Erinnerung.
Es geht mir jedoch zunächst nicht um den Tropengebrauch, obschon er
die besondere Funktion von Buch und Schrift in einer Bildungskultur
bezeugt, die Metaphern und Metonymien als Code nutzt. Erinnert sei
nur an Erich Gottgetreus Ausführungen zu seinem gerahmten Goethe-
Autografen, das so schlecht in das Zelt der jüdischen Pioniere in Palästina passen wollte. Gottgetreu schrieb über Dinge, doch kontrastierten
letztlich die scheinbar unvereinbaren Wertesysteme des deutschen Bil-
dungsbürgertums und des Zionismus. Ähnliche, oft metonymisch zu
verstehende Bilder finden sich in zahlreichen autobiografischen Texten.

Bücherregale, Bücher, Autografen und ähnliche »Dinge« sind jedoch
mehr als bloße Metaphern für Bildung, Erinnerung und Gedächtnis,
gerade im Kontext der Exilgeschichte.[25] In vielen autobiografischen
Narrativen finden Bücher als gerettetes, verlorenes oder wiederzuge-
winnendes Eigentum Erwähnung – so z. B. bei Paul Mühsam die
schwergewichtigen Bände von Oskar Walzels *Handbuch der Literaturwissenschaft*[26], immerhin »14 Bände in Halbleder gebunden, 5 Bände
lose Hefte mit Decken und 19 Hefte«[27], für deren Rückgewinnung –
»den Transport der Literaturwissenschaft«[28] – der Schriftsteller nach
dem Zweiten Weltkrieg angesichts strenger Einfuhrauflagen den Erlös
der ebenfalls wieder aufgetauchten juristischen Fachbücher einzusetzen
bereit war.

Bücher wurden von jeher gehandelt und ausgetauscht, importiert und
exportiert, gesammelt und verschenkt. Im besonderen Fall der Emigration mussten sie für aufbewahrenswert erklärt werden, denn unter dem
Vorzeichen des Wohnungswechsels verwandelte sich angesammelter
Besitz zwangsweise in Ballast. Bücher mussten vor der Auswanderung
verpackt, registriert und verschifft werden. Sie mussten, vorausgesetzt
man konnte für Fracht und Lagerung zahlen, an einem noch fremden
Ort abgeladen, transportiert und in einem neuen Zuhause aufgestellt
werden, sofern es dieses Zuhause gab.[29] Es konnte sein, dass die mühsam mitgeschleppten Gegenstände letztendlich doch verkauft oder weg-
geworfen werden mussten. In jedem Fall forderten die Gegenstände ihre
Besitzer zu Entscheidungen auf, die ohne den Ortswechsel umgehbar
gewesen wären, und so bedingte die Emigration nicht zuletzt Auswahl-
prozesse, die wiederum Kanonisierungsprozesse in Israel bestärkten.
Deutlich wird dabei: Die Bücher von Emigranten haben eine eigene

Emigrationsgeschichte, sind aufgeladen mit Bedeutung, die weder unmittelbar an den literarischen Wert noch die ästhetische Erfahrung eines Texts gebunden ist.[30]

In autobiografischen Texten von Emigranten sind Bücherbeschreibungen als Ekphrasis oftmals ein Stilmittel, um die Erzählung lebendiger, greifbarer, farbiger zu machen. Hinweise auf Qualität und Aussehen von Büchern unterstreichen zudem den Habitus erzählend charakterisierter Personen entsprechend dem Bild, das der Verfasser eines Textes entwirft oder mitzuteilen bereit ist. So heißt es, das geringe Interesse an neuer hebräischer Literatur entschuldigend, 1936 in der Zeitschrift *MB*, »die deutschen Juden« seien »gewohnt, nicht nur auf den Inhalt, sondern auch auf die äussere Erscheinung eines Buches zu achten.«[31] Zudem gewinnt die narrative Fokussierung auf Gegenstände, auf den Besitz von Dingen und gerettete Habseligkeiten besondere Relevanz in Erzählungen, die Enteignung, Raub, Verlust, Vertreibung thematisieren. Bücher waren Zeugnisse einer bewusst – gegen Widerstände, unter Mühe – durchgehaltenen »Identität«. Als das Nichtzurückgelassene weisen die mitemigrierten Dinge auf Strategien und Hoffnungen, Kontinuität zu wahren, allen der Emigration geschuldeten Veränderungen zum Trotz, insbesondere der radikalen Infragestellung von internalisierten Werten durch die kulturellen Normen des Einwanderungslands.

III.2 Spuren von Büchern in nicht-narrativen Quellen und Spuren in Büchern

Die Frage nach der Bedeutung von Büchern im Alltag von Lesern wird zu einer komplexen Angelegenheit, verlässt man das relativ sichere Quellenterrain der narrativen Texte. Bücher finden in Quellen Erwähnung, deren Heterogenität jeden methodischen Forschungsrahmen zu sprengen droht, zum Beispiel in Bibliotheksinventaren, Zolllisten, Kleinanzeigen und Bildquellen. Diese möglichen Quellen sind als Überreste, Spuren oder Abfall unscheinbar, doch aufschlussreich.[32] Selbst einzelne Buchexemplare geben Auskunft über die literarische Kultur und den Kanon, seine Akzeptanz und Funktionalisierung. In Anmerkungen, Unterstreichungen und Widmungen materialisieren sich Werturteile, ästhetische wie ethische Wertungen. Diese Quellen bezeugen individuelle Aneignungen des Kanons und dokumentieren zuweilen seine Funktion als Mittel ideologischer und kultureller Distinktion. So sind sie trotz ihrer problematischen Überlieferung zumindest ein wichtiges Gegenstück bzw. Korrektiv von Literaturkritiken und Presseartikeln, in denen sich vor allem der offiziell legitimierte Kanon spiegelt. Rücken die Bücher mit ihren Gebrauchsspuren ins Blickfeld der Kanonanalyse, weisen sie auf kanonrelevante Handlungen und zugleich über den offiziellen Kanon hinaus. Sie verweisen auf Aneignungen, die nicht selten untrennbar verbunden sind mit der Bedeutung von Büchern als Souvenirs, als Gaben oder Erinnerungszeichen.

IV Die Gedenk- und Erinnerungsfunktion von Büchern

Während viele Erinnerungen an literarische Texte bzw. deren Lektüre gebunden sind, mögen andere von den Objekten selbst ausgelöst werden.[33] Bücher sind greifbare Zeugnisse oder Spuren vergangener Ereignisse und Erlebnisse und können für ihre Besitzer ebenso Ballast als auch Rückhalt und Stütze sein. In ihnen bewahrten sich nach dem Tod ihrer Besitzer, von denen sie unter Mühe mitgenommen worden waren, plötzlich Erinnerungen, die andernfalls nicht an Dritte weitergegeben worden wären, aber auch Spuren des literarischen Felds, dem sie angehörten.[34]

Die Bücher haben daher persönliche Bedeutung für einzelne Leser bzw. Besitzer als auch eine kulturelle Bedeutung, selbst wenn diese Bedeutungen ohne einen narrativen Kontext für Forscher oft fragmentarisch bleiben. Sie bezeugen Facetten einer Kultur so wie die Existenz konkreter Leben vor 1933, insbesondere die gewaltsam aufgekündigte Eingebundenheit in die deutsche Kultur, von der im nationalsozialistischen Deutschland nur eine bizarre Karikatur zurückblieb. Die bei allen Unterschieden in der Ausstattung wiederkehrenden Eigenheiten deutschsprachiger Bücher in emigrierten Sammlungen konnten sie zum Symbol der Galuth bzw. einer Kultur machen, der die räumlich und zeitlich von ihr Getrennten emphatisch, nostalgisch, kritisch oder in Hassliebe gewollt oder gegen ihren Willen verbunden blieben. Das Changieren der Objekte zwischen individueller und kultureller Bedeutung ist so unmerklich wie vielsagend. Es mag eine Voraussetzung für die anhaltende Aussagekraft der emigrierten Bücher in Israel über den Tod ihrer ehemaligen Besitzer hinaus sein. Erst wenn ihnen der literarische Wert beziehungsweise ein Erkenntniswert abgesprochen und die in den Büchern geborgenen persönlichen Erinnerungen und ihre kulturelle, symbolische Bedeutung nicht mehr entzifferbar sind, können die Bücher ihre Daseinsberechtigung in privaten wie öffentlichen Sammlungen verlieren.

Ein Buch mag bewusst zum Memento auserkoren worden sein oder sich als Erinnerungsobjekt gegen den Willen des Betrachters aufdrängen. Wie literarische Texte entziehen sich die Bücher dem Festzurren von unmittelbarem Sinn.[35] Nicht nur wechseln sie ihre Bedeutung für jeden Betrachter (beispielsweise als *postmemory* für die Nachkommen von Einwanderern)[36], ihre Funktionen sind auch an Zeit und Ort gebunden, die gemeinsam den wahrnehmbaren Sinn für einen Betrachter verändern können.[37] Hierin ähneln Bücher anderen Dingen, seien dies nun Porzellanfigürchen, Möbel- oder Kleidungsstücke.[38] Gleichwohl zeichnen sich Bücher dabei allerdings gegenüber den erwähnten Gebrauchsgegenständen durch ihre mediale Funktion aus, die bei der Wahrnehmung des Objekts niemals ganz ausgeblendet ist. Das bedeutet, Bücher sind auf zwei unterschiedlichen, doch korrespondierenden Ebenen, Werkebene und Objektebene, aufgeladen mit persönlicher und kultureller Bedeutung. Dies erklärt vielleicht den besonderen Status, den viele aus Deutschland emigrierte Juden ihren Büchern beziehungsweise ihrer Literatur zugestanden, sozialen Sanktionen gegen kulturelle Produkte aus Deutschland in Palästina bzw. Israel zum Trotz.

V Zur Sammlung als Exil-Kosmos

Der Gebrauchswert deutschsprachiger, teilweise in Frakturschrift gesetzter und abgenutzter Bücher ließ nach der Emigration mit der Zeit nach; die als Büchersammlung in israelischen Wohnungen aufgestellten deutschsprachigen Bücher wurden zum Erinnerungsort.[39] Die emigrierte Sammlung verweist auf Abwesendes – abwesende Menschen, abwesende Dinge, abwesende Räume und Situationen – als etwas, das es für die Zukunft zu erinnern gilt.[40] In ihr fügen sich einzelne, konkrete Erinnerungen und Spuren der Vergangenheit zum symbolischen System. Abhängig vom Betrachterstandpunkt ist sie Denkmal und Mahnmal. Sorgfältig aufgestellt und geordnet sind Bücher mehr als bloße Diasporaspuren. Als Sammlung bilden sie einen eigenen Kosmos, ein kondensiertes Wertesystem, das sich bewusst oder unfreiwillig abgrenzt gegen die Umgebung, in die es durch die Emigration gelangt ist.

Öffentliche Bibliotheken und Archive belassen bisweilen gestiftete Büchersammlungen, die ihren Sammler verloren haben, in ihrem ursprünglichen räumlichen Zusammenhang oder grenzen sie doch zumindest durch Etikettierungen und Exlibris ab, um an den ursprünglichen Besitzer der Bücher zu erinnern und Spuren seines Lesens und Denkens für Dritte zu erhalten. Ernst Fischer betont zutreffend: »Wenn Büchersammlungen neben dem Wandel der äußeren Lebens- und Sammelbedingungen auch die inneren Erlebnisse des Besitzers widerspiegeln, dann sind Sammlungen von Emigranten in dieser Hinsicht sicherlich besonders aussagekräftig.«[41] Öffentliche Institutionen wie das Deutsche Literaturarchiv Marbach schaffen dabei nicht nur Voraussetzungen für eine wissenschaftliche Erforschung von Gelehrten- oder Autorenbibliotheken. Die bewahrten Sammlungen können zu Erinnerungsorten werden wie in der Jüdischen Nationalbibliothek Jerusalem zum Beispiel die in einem separaten Raum ausgestellte »Scholem Collection«. Sofern in den Büchern Gershom Scholems mit seinen Lesespuren etwas von seiner Persönlichkeit aufzuscheinen scheint, könnte man sogar von einer Aura der ausgestellten Sammlung sprechen, die jede kommemorative Funktion durch Unmittelbarkeit transzendiert. Ohne in diesem knappen Überblick mit angemessener Vorsicht über die Aura von Büchern und Büchersammlungen sprechen zu können, mag doch deutlich sein, wie dicht das Netz von Bedeutungen und Funktionen ist, das Bücher und die in ihnen bewahrten literarischen Texte umgibt.

Es ist daher nicht trivial, dass viele Bücher und Büchersammlungen in deutscher Sprache aus Wohnungen und öffentlichen Sammlungen in Israel aussortiert und entsorgt wurden bzw. werden. Platzmangel und Nutzlosigkeit sind triftige Gründe, sich sperriger, unbequemer Gegenstände zu entledigen, die so wenig in das israelische Leben zu passen scheinen. Man rangiert Kram aus, um Platz für neue Dinge zu schaffen.[42] Allerdings gibt es durchaus schwerer wiegende Gründe für das Aussortieren, Entsorgen und sogar für die Zerstörung von Büchern. Dinge, geliebt, weil sie an die eigene Jugend, die Eltern oder ein bestimmtes Erlebnis erinnern, können von anderen Menschen oder zu einem anderen Zeitpunkt als verletzende Mahnzeichen oder Symbole der Vertreibung und des Verlusts wahrgenommen werden. Die »deutschen Bücher« als Platzhalter des literarischen Kanons und des in ihm kondensierten Wertesystems geben sich unverhohlen als Fremdkörper in guter Gesellschaft mit Meissner Porzellanfigürchen, bauchigen Apfelweinkrügen und anderem Strandgut des Exils zu erkennen und verweisen auf den Entschluss ihres Besitzers, sich frei zwischen zwei Kulturen zu bewegen – oder aber auf dessen Nichtangekommensein in der neuen Heimat. So kristallisieren sich an den nach Israel eingewanderten Büchersammlungen auch Erfahrungen von Übergang, Exil, Verlust, Trauer, Neuorientierung und Hybridität. Und so gewinnt bei der Bewertung des Aussortierens und »Entsorgens« von Büchern und Sammlungen vielleicht eine Überlegung Geoffrey Hartmans an Gewicht, der im Hinblick auf traumatische Erlebnisse und auf die Bedeutung, die das Vergessen gewinnen kann, bemerkte: »As we try to survive, the main question always becomes what presence the past should have.«[43]

VI Schlussbemerkung. Zur Bedeutung von »Dingen« für die Kanonisierungsforschung

Kanonforschung konzentriert sich auf literarische Texte, ihre Rezeption und Wertung auf den Bühnen einer literarischen Öffentlichkeit. Konkrete, einzelne Buchexemplare stehen quer zu Konzepten der Kanonforschung, die nach wie vor auf der Idee des literarischen Werks basieren. Funktionen und Bedeutungen des Buchs, die nicht abhängig von der Lektüre sind, sind nach wie vor kaum systematisch erschlossen.[44] Dabei ist es in der Praxis unmöglich, die Wahrnehmung, Wertung und die Gebrauchsweisen eines literarischen Textes von der Wahrnehmung, Wertung oder dem Gebrauch eines Buches zu trennen.

Es ist zwar naheliegend und verführerisch, sich gerade in der Beschäftigung mit einer Kultur, die untrennbar an kanonische Texte und deren Überlieferung gebunden ist, auf Texte und Textanalysen zu konzentrieren. Aber der Einbezug von Dingen, die auf die soziale Alltagspraxis von Individuen verweisen, könnte demgegenüber ein wichtiges Gegengewicht sein.[45] Der Einbezug dieser »profanen« Quellen könnte unter Umständen Zirkelschlüsse verhindern, die in sich die Gefahr essenzialistischer Statements über das »Volk des Buches« bergen.

Eine Analyse individueller Aneignungen und Gebrauchsweisen von literarischen Werken und Büchern kann neue Einblicke in die Funktionsweisen und das Wesen des Kanons geben. Der Kanon mag deutlicher als Brücke zwischen individuellen und kollektiven Identifikationen innerhalb eines sozialen Systems erscheinen. Der Kanon ist immer nur vor dem Hintergrund und im Zusammenspiel mit dem Unkanonischen, dem Chaos individueller Lektüren zu denken. Als ausschließliche Funktion öffentlicher, politischer bzw. ideologischer Machtdiskurse bleibt der Kanon ein dubioses Phänomen. Schaut man auf Funktionen eines aufrechterhaltenen Kanons außerhalb seines originären Geltungsbereichs (im Exil), zeigt er sich als Zufluchtsstätte. Er bietet Menschen, die sich Appellen kollektiver Gemeinschaft gegenübergestellt sehen, Rückzugsmöglichkeiten und einen Freiraum, einen Freiraum auch und vor allem für die Erinnerung; zumal das Lesen im Kern eine private Angelegenheit ist, die zumindest teilweise dem Zugriff und der Kontrolle der Öffentlichkeit entzogen bleibt.[46] So mag eine Analyse der Rezeption kanonischer Werke und ihrer fassbaren Platzhalter neben Facetten einer spezifischen Kanonkultur in Israel das negative Bild vom Kanon, das zuweilen noch den öffentlichen Diskurs bestimmt, relativieren.[47]

1 Max Brod: *Tycho Brahes Weg zu Gott.* Leipzig 1915; Friedrich Gundolf: *Goethe.* Berlin 1916; Klabund: *Dumpfe Trommel und berauschtes Gong. Nachdichtungen chinesischer Kriegslyrik.* Leipzig: [1915] (= Insel-Bücherei 183); Emil Ludwig: *Bismarck.* Berlin 1926. — **2** Joachim Schlör: »›Alija Chadascha und die öffentliche Meinung‹. Das Mitteilungsblatt des Irgun Olei Merkas Europa (Tel Aviv) als historische Quelle«. In: *Menora. Jahrbuch für deutsch-jüdische Geschichte* 8. Jg. (1997), S. 70–97, hier S. 76. — **3** Methodisch orientiere ich mich dabei an Arbeiten von Aleida und Jan Assmann zu diesem Themenkomplex, an Simone Winkos Forschung zur literarischen Wertung und an Pierre Bourdieus Konzeption des literarischen Feldes. – Vgl. u. a. Aleida Assmann und Jan Assmann (Hg.): *Kanon und Zensur. Archäologie der literarischen Kommunikation II.* München 1987; Aleida Assmann und Dietrich Harth (Hg.): *Mnemosyne. Formen und Funktionen der kulturellen Erinnerung.* Frankfurt/M.1991; Pierre Bourdieu: *Die feinen Unterschiede. Kritik der gesellschaftlichen Urteilskraft.* Frankfurt/M. 1982; ders.: *Praktische Vernunft. Zur Theorie des Handelns.* Frankfurt/M. 1998; ders.: *Die Regeln der Kunst. Genese und Struktur des literarischen Feldes.* Frankfurt/M. 2001; Astrid Erll: »Literatur als Medium des kollektiven Gedächtnisses«. In: Astrid Erll und Ansgar Nünning (Hg.): *Gedächtniskonzepte der Literaturwissenschaft.* Berlin – New York 2005, S. 249–276; Renate von Heydebrand und Simone Winko: *Einführung in die Wertung von Literatur. Systematik – Geschichte – Legitimation.* Paderborn u. a. 1996; Simone Winko: »Literatur-Kanon als *invisible hand*-Phänomen«. In: Heinz Ludwig Arnold (Hg.): *Literarische Kanonbildung.* München 2002 (= Text+Kritik. Zeitschrift für Literatur; Sonderband), S. 9–24. — **4** Zum *MB* vgl.: Schlör: »›Alija Chadascha und die öffentliche Meinung‹« (s. Anm. 2), S. 70–97. – Über den *Orient* informiert: Adi Gordon: »German Exiles in the ›Orient‹. The German-language Weekly *Orient* (Haifa, 1942–1943) between German Exile and Zionist Aliya«. In: Bernhard Greiner (Hg.): *Placeless Topographies. Jewish Perspectives on the Literature of Exile.* Tübingen 2003, S. 149–159. Im *MB* wurde die vermeintliche Nähe des *Orients* zur Berliner *Weltbühne* wiederholt stark angegriffen und dabei konstatiert: »In unserem Zeitalter empfanden wir das Problematische von jüdischen Figuren wie Tucholski [sic], Alfred Kerr oder Emil Ludwig (…).« [Red.]: »Zur Klärung. Nachwort zu einer Diskussion«. In: *MB. Mitteilungsblatt des Irgun Olei Merkas Europa* 1942, Nr. 38, S. 3 f. — **5** Einen guten Einblick in die Biografie Paul Mühsams mit Hinweisen zu weiterführender Literatur und publizierten Werken Mühsams geben folgende Bücher: Paul Mühsam: *Ich bin ein Mensch gewesen. Lebenserinnerungen.* Hg. v. Ernst Kretzschmar. Gerlingen 1989; Paul Mühsam: *Mein Weg zu mir. Aus Tagebüchern.* Hg. v. Else Levi-Mühsam. Konstanz 1978. — **6** Markus Kirchhoff: *Häuser des Buches. Bilder jüdischer Bibliotheken.* Leipzig 2002, S. 110. — **7** [Paul Mühsam:] »Perlen deutscher Dichtung. Zur Kette gereiht von Paul Mühsam«. Jerusalem 1957 [gebundenes Manuskript]. In: *Deutsches Literaturarchiv Marbach,* A: Mühsam Signatur 71.227. — **8** Heinrich Heine: »In der Fremde«. In: Ders.: *Historisch-kritische Gesamtausgabe der Werke.* Hg. v. Manfred Windfuhr. Bd. 2, bearbeitet von Elisabeth Genton. Hamburg 1983, S. 71 f.; Heinrich Heine: »Deutschland. Ein Wintermärchen«. In: Ders.: *Historisch-kritische Gesamtausgabe der Werke.* Hg. v. Manfred Windfuhr. Bd. 4, bearbeitet von Winfried Woesler. Hamburg 1985, S. 89–157, hier S. 91. Vgl. Gerhard Höhn: *Heine-Handbuch. Zeit, Person, Werk.* 3., überarbeitete u. erweiterte Aufl. Stuttgart – Weimar 2004, S. 99–102 (zu: »In der Fremde«), S. 116 f. (zum Caput I von »Deutschland. Ein Wintermärchen«). — **9** [Mühsam:] »Perlen deutscher Dichtung« (s. Anm. 7), Zum Geleit [S. I]. — **10** Vgl. Günter Häntzschel: [Art.] »Anthologie«. In: *Reallexikon der deutschen Literaturwissenschaft. Neubearbeitung des Reallexikons der deutschen Literaturgeschichte.* Bd. 1. In Zusammenarbeit mit Harald Fricke und Jan-Dirk Müller. Hg. v. Klaus Weimar. Berlin – New York 1997, S. 98–100; Günter Häntzschel: *Die deutschsprachigen Lyrikanthologien 1840–1914. Sozialgeschichte der Lyrik des 19. Jahrhunderts.* Wiesbaden 1997 (= Buchwissenschaftliche Beiträge aus dem deutschen Bucharchiv München; 58), bes. S. 160–179. In mehreren Auflagen waren im Wilhelminischen Kaiserreich beispielsweise folgende Anthologien erschienen: Karl Thiedig (Hg.): *Perlen deutscher Dichtung* [in Kurzschrift]. 2. Aufl. Berlin [ca. 1900]; Otto Bräunlich (Hg.): *Perlen deutscher Dichtung.* Leipzig 1898; Wilhelm Reuter (Hg.): *Perlen aus dem Schatze deutscher Dichtung.* Proben zur Literaturkunde. Freiburg im Breisgau 1890. — **11** Zum Begriff »Identität« und zur problematischen Verwendung des Begriffs im wissenschaftlichen Diskurs vgl. Jürgen Straub: »Identität«. In: Friedrich Jaeger und Burkhard Liebsch (Hg.): *Handbuch der Kulturwissenschaften. Bd. 1: Grundlagen und Schlüsselbegriffe.* Stuttgart – Weimar 2004, S. 277–303, insbes. S. 279f. (»Identität als Aspiration«), S. 283–287 (»Kontinuität, Konsistenz und Kohärenz: diskursiv, narrativ und praktisch«); Roger Brubaker und Ferdinand Cooper: »Beyond ›identity‹«. In: *Theory and Society* 29. Jg. (2000), Nr. 1, S. 1–47, bes. S. 4–6. — **12** Erich Gottgetreu: *Das Land der Söhne. Palästina nahe gerückt.* Wien 1934, S. 7f. — **13** Obschon er sich durch Kontinuität über lange Zeiträume hinweg auszeichnet, ist der Kanon prinzipiell offen für neue Texte, die durch ihren Eintritt in den Deutungskosmos des Kanons dessen Fortbestand sichern, indem sie seine Autorität unterstreichen: »A canon, after all, constitutes itself as a trans-historical community of texts, and it lives its cultural life through a constant dynamic interplay between each new text and an unpredictable number of antecedent texts and formal norms and conventions.« Vgl. Robert Alter: »Introduction«. In: Frank Kermode (Hg.): *Pleasure and Change. The Aesthetics of Canon.* Oxford. 2004, S. 3–12, hier S. 7. — **14** Aleida Assmann beschreibt »Medien zweiten Grades« wie den Kanon als Monumente, als »fest«, der Alltagspraxis weitgehend entzogen. Der Kanon ist aber zugleich ein konstitutiver Teil der *Lebenswelt.* Er ist kein »Museum«, entzieht sich somit u. U. binären Denkmodellen von »fest« und »flüssig«. Vgl.: Aleida Assmann und Jan Assmann: »Das Gestern im Heute. Medien und soziales Gedächtnis«. In: Klaus Merten, Siegfried J. Schmidt und Siegfried Weischenberg (Hg.): *Die Wirklichkeit der Medien. Eine Einführung in die Kommunikationswissenschaft.* Opladen 1994, S. 114–140. — **15** Vgl. Hermann Korte: »K wie Kanon und Kultur. Kleines Kanonglossar in 25 Stichwörtern«. In: Arnold (Hg.): *Literarische Kanonbildung* (s. Anm. 3), S. 25–38, hier S. 28. — **16** Neue Lektüren klassischer oder kanonischer Werke und ein »Gegen-den-Strich-Lesen« ermöglichten eine Funktionalisierung dieser Werke für die Legitimation zionistischer Werte und Normen. So konnte sich beispielsweise Kurt Blumenfeld, wie Hannah Arendt berichtete, als »Zionist von Goethes Gnaden« charakterisieren. Vgl. Hannah Arendt an Karl Jaspers, 6.10.1954 (Brief 160). In: Lotte Köhler und Hans Saner (Hg.): *Hannah Arendt/Karl Jaspers. Briefwechsel 1926–1969.* München – Zürich 1985, S. 284–286, hier S. 285. — **17** »Memory, for migrants, is almost always a memory of loss.« Arjun Appadurai: »Archive and Aspiration«. In: Joke Brouwer und Arjen Mulder (Hg.): *Information is alive.* Rotterdam 2003, S. 14–25, hier S. 21. — **18** Es drängen sich zwei Fragen auf, auf die ich hier nur hinweisen kann: Handelt es sich um einen Kanon mit größtmöglicher Autorität? Oder ist das Ausbleiben von Infragestellungen und Wandlungen des Kanons ein Symptom für den »Tod« des Kanons, seine Irrelevanz oder seinen Wechsel ins Museale? Nur eine differenzierte Analyse von Quellen der letzten Jahre und Jahrzehnte könnte Antworten auf diese Fragen geben. — **19** Korte: »K wie Kanon und Kultur« (s. Anm. 15), bes. S. 32f. — **20** Paul Mühsam: »Ich bin ein Mensch gewesen«. Teil III [Manuskript; Teil 3 der fünfteiligen Originalfassung der stark gekürzt publizierten Autobiografie]. In: *Deutsches Literaturarchiv Marbach*, A: Mühsam, Signatur 71.222, S. 91f. — **21** Vgl. hierzu Mühsam: *Ich bin ein Mensch gewesen.* (s. Anm. 5), S. 249. — **22** Dies deutet sich auch in fiktionalen Texten über das Palästina der 1930er Jahre an: »Seit die Nazis an die Macht kamen, wurde Jerusalem ein Zentrum für deutsche Bücher (...). Die Einwanderer aus Deutschland kommen immer mehr herunter, jedes Jahr beziehen sie eine kleinere Wohnung; wer Schränke voll Bücher mitgebracht hat, findet keinen Platz dafür in seiner eingeengten Behausung, lädt die Händler ein und verkauft ihnen einen Sack voll Bücher für einen Schilling, nur um Platz für sich selbst zu haben. Jede Straßenecke in Jerusalem ist jetzt voll von wertvollen Büchern, und es ist anzunehmen, daß wertvolle deutsche Bücher nicht in Deutschland, sondern in Jerusalem zu finden sind.« Schmuel Josef Agnon: *Schira.* Frankfurt/M. 1998, S. 188. Das Zitat ist eine Bemerkung des Protagonisten Manfred Herbsts, den Agnon in Schira als Büchersammler, melancholischen Gelehrten, Byzantinischer Geschichte und defätistischen Außenseiter porträtiert. — **23** Vgl. z. B. Douwe Draaisma: *Metaphors of Memory. A History of Ideas about the Mind*. Cambridge 2000, S. 32. — **24** Vgl. Kirsten Dickhaut: »Das Paradox der Bibliothek. Metapher, Gedächtnisort, Heterotopie«. In: Günter Oesterle (Hg.): *Erinnerung, Gedächtnis, Wissen. Studien zur kulturwissenschaftlichen Gedächtnisforschung*. Göttingen 2005 (= Formen der Erinnerung; 26), S. 297–331. — **25** Die Grenzen zwischen Symbol und Metapher verschwimmen im Bildbereich von Buch und Bibliothek häufig. — **26** Oskar Walzel (Hg.): *Handbuch der Literaturwissenschaft*. 27 Bde. Wildpark – Potsdam u. a. 1923 [- 1941]. — **27** Paul Mühsam an Else Levi-Mühsam, Haifa, 23.1.1947. In: *Deutsches Literaturarchiv Marbach*, A: Mühsam, Signatur 93.64.30/4. — **28** »Es war mir eine große Freude, zu hören, daß Sie mein Handbuch der Literaturwissenschaft haben retten können. Ist Ihnen über Möglichkeit und Kosten des Transportes etwas bekannt? Ich habe mich auch hier erkundigt, und es wurde mir gesagt, daß Transporte von Deutschland nach hier noch nicht angängig sind, nur von Österreich. Dieses Standardwerk möchte ich natürlich auf jeden Fall hierher bekommen. Anders ist es mit den juristischen Büchern. (…) Ich möchte gern den Erlös (Anm. d. Verf.: aus dem Verkauf der juristischen Bücher) abzüglich Ihrer Unkosten und Kommmission für den Transport der Literaturwissenschaft verwenden.« Paul Mühsam an den Buchhändler Alfred Meißner, Haifa, 10.2.1947. In: *Deutsches Literaturarchiv Marbach*, A: Mühsam, Signatur 78.392/10. — **29** Nicht immer konnten Einwanderer mit ihnen »emigrierte« Bücher behalten. Die 1938 aus Wien geflüchtete Journalistin Alice Schwarz-Gardos berichtet, dass ihre mühevoll geretteten Bücher kurze Zeit nach der Ankunft in Haifa »bei einem der damals zahlreichen Antiquariate landeten.« Zurückblickend beschreibt sie, wie schwer der Entschluss wog, die geliebten Bücher *nach* deren mühevoller Odyssee aus Europa Ende 1939 aufzugeben: »Es zerriß mir das Herz, als ich die etwa 200 mitgeschleppten Klassiker, meinen Goethe und Schiller, Theodor Storm und Gottfried Keller, Thomas Mann und Stefan Zweig verscherbeln mußte. Aber der Aufbau einer Existenz hatte Vorrang.« Alice Schwarz-Gardos: *Von Wien nach Tel Aviv. Lebensweg einer Journalistin*. Gerlingen 1991, S. 139. — **30** Vgl. besonders Joachim Schlör: »›Take down the Mezuzahs, remove name-plates‹. The emigration of objects from Germany to Palestine«. In: Simon J. Bronner (Hg.): *Jewishness. Expression, Identity, and Representation*. Oxford – Portland, Oregon 2008, S. 133–150. — **31** Dr. G. Stulz: »Die deutschen Olim und das hebräische Buch«. In: *MB. Mitteilungsblatt der Hitachduth Olei Germania* 1936, September-Nr. I, S. 16. — **32** »Der Vergangenheitsbezug ist keineswegs und zu keinem Zeitpunkt einheitlich; vielmehr kommt es zu einer immer komplexeren Struktur der Überlagerung und Durchkreuzung unterschiedlicher Gedächtnisschichten: der Schicht der Texte, der Relikte, der Spuren und des Abfalls.« Aleida Assmann: *Erinnerungsräume. Formen und Wandlungen des kulturellen Gedächtnis*. München 1999, bes. S. 216. — **33** Vgl. z.B. die Bemerkung Karl Wolfskehls, der nach seiner Emigration gezwungen war, einen Großteil seiner umfangreichen Büchersammlung an Salman Schocken zu verkaufen: »Wie zerlesen, wie fleckig, wie eingerissen, wie kurzrandig vom häufigen Umbinden sind die Blätter, wie bekritzelt ist der Vorsatz, wie kümmerlich, wie verschabt der Einband. (…) Sind diese Spuren nicht rührende Narben des Lebenskampfes, selten genug, etwa bei den vielberufenen Weinspritzern in einer von den Altvordern vererbten Haggada, der Lebensfreude? Wie oft mußten diese Seiten umgewendet werden, bis sie zu solcher Patina gediehen oder entarteten? Wem es gegeben ist, der Sprache zu lauschen, die einem solchen Bande lautlos innewohnt, der erhält viel Aufschluß, und ihm selber wird stiller zumute, er wird frömmer, ehrfürchtiger, lernt sich bescheiden.« Karl Wolfskehl: »Die Juden und das Buch«. In: Fritz Homeyer: *Deutsche Juden als Bibliophilen und Antiquare*. Tübingen 1963, S. 1–4, hier S. 4. — **34** Die Rolle von Objekten ist hier zweideutig, denn die »Kehrseite der trostreichen Andenken, Reste und Souvenirs, die man vom Leben anderer aufbewahrt, zeigt sich in der unguten Gewissheit, dass man selbst von seinen Gegenständen überlebt werden wird.« Peter Greiner: »Nur der Wasserhahn war Zeuge«. In: *Frankfurter Allgemeine Zeitung*, 17.2.2007, Nr. 41, S. Z3. — **35** Vgl. Hans Peter Hahn: *Materielle Kultur. Eine Einführung*. Berlin 2005, bes. S. 37–40. — **36** Vgl. Marianne Hirsch: *Family frames. Photography, narrative, and postmemory*. Cambridge 1997, S. 22. — **37** Vgl. Annemarie Money:

»Material Culture and the Living Room. The appropriation and use of goods in everyday life«. In: *Journal of Consumer Culture 7.* Jg. (2007), Nr. 3, S. 355–377, hier S. 371: »Goods appear to go through processes of appropriation by their owners so that they come to embody a combination of meanings.« Doch mitunter scheinen Dinge durchaus ein »Eigenleben« zu besitzen, das sich der Aneignung entzieht. Vgl. hierzu Peter Greiner: »Nur der Wasserhahn war Zeuge« (s. Anm. 34), S. Z3. — **38** Vgl. Schlör: »›Take down the Mezuzahs, remove name-plates‹« (s. Anm. 30), bes. S. 143 f. — **39** Als ambivalenten Erinnerungsort beschreibt z. B. Walter Mehring, der nach 1933 zunächst nach Österreich, von dort nach Frankreich und schließlich in die USA emigrierte, in *Die verlorene Bibliothek* die zunächst noch nach Wien gerettete Büchersammlung seines Vaters: »Es dauerte ungefähr eine Woche, um das ursprüngliche Bibliotheksmosaik wieder zusammenzusetzen; und oft musste ich mein optisches Gedächtnis zu Hilfe nehmen, dort wo sich meine Kenntnis auf ein Weinrotsamt oder einen gold gebräunten Glanzlederrücken beschränkte. (…) Sobald das Ganze fertig war und drei Wände bedeckte, schien es mir, als ich abends zurückkehrend die Stehlampe einschaltete, ein mächtiges Pentagramm und andere Nekromantenmuster zu formen, um Verstorbene damit zu zitieren – anheimelnd und unheimlich zugleich.« Walter Mehring: *Die verlorene Bibliothek. Autobiographie einer Kultur.* Frankfurt/M. – Berlin – Wien 1980, S. 194. — **40** Vgl. Bernd Jürgen Warneken: »Einleitung«. In: *Bewegliche Habe. Zur Ethnographie der Migration.* Tübingen 2003, S. 7–15, hier S. 9. — **41** Ernst Fischer: »Zerstörung einer Buchkultur. Die Emigration jüdischer Büchersammler aus Deutschland nach 1933 und ihre Folgen«. In: *Imprimatur. Ein Jahrbuch für Bücherfreunde,* N. F., 17. Jg. (2002), S. 176–195, hier S. 186. — **42** Vgl. Hartmut Böhme: *Fetischismus und Kultur. Eine andere Theorie der Moderne.* 2. Aufl. Reinbek bei Hamburg 2006, bes. S. 126–136. — **43** Geoffrey Hartman: »Public Memory and Modern Experience«. In: Ders.: *A Critic's Journey. Literary Reflections 1958–1998.* New Haven – London 1999, S. 262–271, hier S. 265. — **44** Vgl. Jürgen Nelles: *Bücher über Bücher. Das Medium Buch in Romanen des 18. und 19. Jahrhunderts.* Würzburg 2002, S. 65. — **45** Vgl. Hermann Korte: »*Meine Leserei war maßlos«. Literaturkanon und Lebenswelt in Autobiographien seit 1800.* Göttingen 2007, bes. S. 13 (unter Bezug auf Eckhard Lobsien: *Das literarische Feld. Phänomenologie der Literaturwissenschaft.* München 1988). — **46** Vgl. z. B. den ironischen Kommentar eines Einwanderers in Palästina zum vermeintlichen »Sprachchauvinismus« seiner neuen Heimat: »Wenn ich je Kinder habe, werden sie als Muttersprache Ivrith lernen, und daneben Englisch, vielleicht noch Französisch. (…) Aber ab und zu, wenn sie nicht zu Hause sind, (…) werde ich mich verstohlen in einen Winkel schleichen und heimlich wieder ein wenig Goethe oder Karl Kraus lesen.« Tristan Leander [d. i. Herbert Stein]: »Bekenntnisse eines Ex-Assimilanten«. In: *Jüdische Welt-Rundschau* 28. Juli 1939, Nr. 30, S. 6. — **47** »Die Kanonbiographie entwickelt sich in der Spannung zwischen individuellen Leseinteressen und Lektürepräferenzen auf der einen und der kulturellen Wirksamkeit literarischer Kanonisierungsprozesse auf der anderen Seite.« Korte: »*Meine Leserei war maßlos«* (s. Anm. 45), S. 20.

Manuela Günter

Das Exil der Bücher

Walter Mehrings »Lebensgeschichte einer Literatur«

Die Bibliothek als materiales Speichermedium kulturellen Wissens und als – wie immer problematische – Metapher kultureller Ordnung spielt seit der Antike eine bedeutende Rolle, man denke nur an die Utopie einer das gesamte Weltwissen umschließenden Universalbibliothek wie die von Alexandria. Die bestürzenden Dimensionen des Bibliotheksbrandes sind erst 2004 anlässlich des Brandes der Herzogin Anna Amalia Bibliothek in Weimar noch einmal schmerzlich ins öffentliche Bewusstsein getreten.

Ihre literarischen Perspektivierungen erscheinen schier unerschöpflich: Sie fungiert als Kulisse, vor der die Narrheiten des Wissens inszeniert werden (wie in Flauberts *Bouvard et Pécuchet*), oder als Versteck des Ich, das am Ende mit diesem in Flammen aufgeht (wie in Canettis *Blendung*); sie erscheint als harmonischer Raum einer intakten Ordnung (wie in Stifters *Nachsommer*) oder aber als Tatort, an dem die Störung dieser Ordnung besonders sinnfällig wird (in Ecos *Il Nome della Rosa*). Sie gerät zum Schlachtfeld, auf dem der Streit zwischen Antike und Moderne ausgetragen wird (bei Swift), oder auch zum ironischen Zeichen der Selbstreferenzialität von Literatur, wenn Jean Pauls armes Schulmeisterlein Wuz sich seine Wunschbibliothek mangels anderer Möglichkeiten kurzerhand selbst schreibt. Bei Borges löst sie sich in ein virtuelles und unendliches Textuniversum auf, in dem der Traum von der Universalbibliothek mit einer alptraumhaften Unauffindbarkeit der Bücher zusammenfällt: »Als verkündet wurde, daß die Bibliothek alle Bücher umfasse, war der erste Eindruck ein überwältigendes Glücksgefühl. (...) Es gab kein persönliches, kein Weltproblem, dessen beredte Lösung nicht existierte: in irgendeinem Sechseck.« Doch zugleich erweist sich das Auffinden dieser Lösungen als höchst unwahrscheinlich, denn »die Sucher bedachten nicht, daß die Möglichkeit, daß ein Mensch die seine oder eine tückische Variante der seinen findet, gleich Null ist.«[1]

In diesem breiten Spektrum vom »Ort des Unbehagens« bis zum »Ort des Jubels«[2] erscheint der private Bücherschrank spätestens seit dem 19. Jahrhundert gleichsam als »Schrein«, der weit mehr als den »bildungsbürgerlichen Kanon«[3] umschließt, man denke nur an Walter Benjamins »Rede über das Sammeln« (1931 in der *Literarischen Welt* unter dem Titel *Ich packe meine Bibliothek aus* veröffentlicht), in der er nicht nur die »Regellosigkeit einer Bibliothek« mit der »Regelrechtheit ihres Verzeichnisses«[4] konfrontiert, sondern darüber hinaus die Magie des Sammelns sowie die sinnlichen »Schauer« des Büchererwerbs detailliert dargelegt hat. Während jedoch Benjamins Essay noch das Behagen und die Gewissheit des Sammlers um seinen Besitz verströmt, ist Walter Mehrings autobiografischer Roman *Die verlorene Bibliothek*, der 1951 zunächst in New York, ein Jahr später im deutschen Original im Rowohlt-Verlag publiziert wurde, von Enteignung und Zerstörung gezeichnet. Bei Mehring spielt die von Bildungsstreben und aufgeklärter Humanität geprägte, mehrere tausend Bände umfassende Privatbibliothek seines Vaters, des Publizisten und Übersetzers Sigmar Mehring, die Hauptrolle. Sie erscheint im Roman als Heterotopos im Foucault'schen Sinn, als »Widerlager«, in dem »die wirklichen Plätze innerhalb der Kultur gleichzeitig repräsentiert, bestritten und gewendet sind«,[5] weshalb sie sich zur Reflexion der historischen Katastrophen des 20. Jahrhunderts geradezu aufdrängt.

Zur Analyse dieser Reflexion wird im Folgenden zunächst Mehrings Roman kurz vorgestellt und in einem zweiten Schritt das ihn charakterisierende Verfahren des Zitats und der Montage erläutert. Drittens soll die spezifische Intertextualität mit den Gedächtnismodellen in Beziehung gesetzt werden, die der Text entfaltet, um auf diesem Weg das Verhältnis von Überlieferung, individueller Erinnerung und Vergessen zu erörtern. Wie bei Benjamin heißt historische Vergegenwärtigung, »sich einer Erinnerung bemächtigen, wie sie im Augenblick einer Gefahr aufblitzt«.[6] Deshalb möchte ich abschließend am Verhältnis Buch – Bibliothek zeigen, dass Mehrings Roman nicht auf eine Restitution des verlorenen Erbes, wie es der Text auf den ersten Blick zu suggerieren scheint, zielt, sondern auf ein Eingedenken, das die Bibliothek *und* ihre Auslöschung bewahrt.

I »Die verlorene Bibliothek«: Autobiografie oder Ich-Roman?

Walter Mehring – Lyriker und Romancier, Dadaist, Mitglied in Herwarth Waldens *Sturm*-Kreis und einer der Hauptvertreter des politischen Kabaretts in der Weimarer Republik – wurde nach 1945, wie viele andere exilierte Autoren, in Deutschland weitgehend ignoriert: »Für die literarische Verstörung durch die Exilautoren war (…) wenig Raum bei einer Leserschaft, die dem Tausendjährigen Reich des ›Phänomens aus Berchtesgaden‹ genügend eigene Verstörung verdankte.«[7] Die Monografie von Frank Hellberg sowie ein TEXT+KRITIK-Band Anfang der

1980er Jahre konnten von wenigen Ausnahmen abgesehen keine kontinuierliche Forschung anregen; in neueren Arbeiten zur Moderne und zu den Avantgarden – wie in Helmuth Kiesels *Geschichte der literarischen Moderne*[8] oder in dem Sammelband *Modern Times?* aus dem Jahr 2005[9] – sucht man vergeblich nach seinem Namen.[10] Diese Tatsache scheint mir angesichts der Vielfalt des Werks im Allgemeinen sowie der luziden Auseinandersetzung mit dem »angelesenen, geplünderten, auf zweimaliger Flucht endgültig verlorenen Büchererbe« und der hier aufbewahrten, »historisch, ästhetisch, philosophisch einmalige(n) Konfiguration«[11] in der *Verlorenen Bibliothek* im Besonderen recht erstaunlich.

Die erzählte Zeit des Romans umfasst im Wesentlichen drei Abschnitte, die über die Erinnerung an Bücher stets ineinandergeblendet werden. Zunächst geht es um die nicht immer konfliktlose Sozialisation des Kindes und Jugendlichen im väterlichen Bücherzimmer, aus dessen Ordnung ganz der aufgeklärte, emanzipierte, kosmopolitische Bildungsbürger des ausgehenden 19. Jahrhunderts hervortritt. Das Ende dieser Sozialisation wird mit dem Ausbruch des Ersten Weltkrieges, spätestens aber mit dem Tod des Vaters 1915 besiegelt. Es folgen fast 20 Jahre der »Veruntreuung«, in denen der Sohn der Bibliothek den Rücken kehrt und sich in den Cafehäusern den Avantgarden verschreibt. »Alkoholisiert von (...) der Alchimie des Wortes, schwor ich wie so viele meines Jahrgangs: Zum Teufel mit der Literatur! Mit dem XIX. Jahrhundert! Mit seiner ganzen Hinterlassenschaft.« (VB 122) Dabei avancieren die Institutionen der Verwaltung der kulturellen Ordnung zum Hauptfeind, dem mit radikalen Parolen begegnet wird. Die Vehemenz der Auflehnung gegen die bürgerliche Kultur, die in Marinettis Schlachtruf »Legt Feuer an die Regale der Bibliotheken!«[12] sehr gewaltsam zum Ausdruck gelangt, findet sich, bei aller Abgrenzung vom Futurismus, in der dadaistischen Forderung des »brutalsten Kampf[es] gegen alle Richtungen sogenannter geistiger Arbeiter«[13] wieder.

Mit den nationalsozialistischen Bücherverbrennungen im Mai 1933 kehrt sich diese antibürgerliche Parole gespenstisch gegen ihre avantgardistischen »Erfinder«. Der zunehmend Gefährdete, der bald gleichfalls auf der schwarzen Liste steht und deshalb 1934 zunächst ins Wiener Exil flieht, bekommt Heimweh nach der väterlichen Bibliothek, die er 1938 – teilweise und unter Lebensgefahr aller Beteiligten – noch nach Wien retten kann. Nach dem »Anschluss« Österreichs muss der Protagonist wiederum flüchten, die Bibliothek bleibt zurück und wird von den Nationalsozialisten geplündert, sie wird, um im literarischen Bild zu bleiben, vom Teufel geholt.[14]

In einem dem Roman vorangestellten *Post Scriptum an den Leser* erfährt dieser, dass der Protagonist sich in seiner Konfrontation mit den

Büchern und Autoren strikt an sein Gedächtnis gehalten und sich ausschließlich mit denjenigen beschäftigt habe, »die im Augenblick der
Niederschrift mir wahrhaftig, erinnerungsgetreu dazu einfielen.« (VB
12) Als »Vorübung« diente ihm, dass er in einem Internierungslager in
Südfrankreich im Jahr 1941 einem Mithäftling von den Erinnerungen an
diese Bibliothek erzählte, die er dann im US-amerikanischen Exil auf-
geschrieben habe.

Andreas Kilcher hat diese paratextuelle Lektüreanweisung zum Anlass genommen, den Roman als kritisch-kommentierenden und zugleich
historisch-narrativen Bibliothekskatalog zu rekonstruieren, der in der
mündlichen Erzählung im Internierungslager St. Cyprien seinen ersten – und damit authentischen – Niederschlag gefunden habe. Es handle
sich bei dieser mnemotechnischen Meisterleistung um eine Restitution,
»in der die *narratio* sich förmlich entlang der alten Bücherregale tastet
und Buch für Buch die verlorene Bibliothek aufruft«, während die Niederschrift des Buches im Exil nur noch die schriftliche Wiederholung
des mündlichen Erinnerungsaktes darstelle. Das Resultat sei eine gelungene Übersetzung der Bibliothek in die »immaterielle Schrift der memoria«[15], eine erfolgreiche Wiederholung und Durcharbeitung, an deren Ende nicht nur eine individuelle, sondern auch die annoncierte
kollektive Autobiografie stehe. In dieser Einschätzung folgt Kilcher
Aleida Assmann, die für Mehrings Text gleichfalls eine Wiederaufers-
tehung der Bibliothek aus dem Gedächtnis konstatiert: »Angesichts der
ihn umgebenden wachsenden Gewalt konzentrierte er alle Kräfte auf die
Rekonstruktion des väterlichen Erbes. (…) In Mehrings Fall kann man
von der Wiedergeburt des Kanons aus der Erfahrung der Zerstörung
sprechen.«[16]

Diese Interpretation aber vernachlässigt die spezifische Konstruktion
des Romans und reduziert ihn tendenziell zum autobiografischen Dokument. Zwar hat schon Käte Hamburger auf die prekäre Grenze zwischen Ich-Roman und Autobiografie – in Lejeunes Sinn als »rückbli-
ckende Prosaerzählung einer tatsächlichen Person über ihre eigene
Existenz«, die »den Nachdruck auf ihr persönliches Leben und insbesondere auf die Geschichte ihrer Persönlichkeit legt«[17], – hingewiesen[18],
die von der neueren Forschung bestätigt wird. Dennoch führt die Ak-
zentuierung als Ich-Roman im vorliegenden Fall auf die spezifische
Konstruktion des Ich-Erzählers als intertextuelle »Schnittstelle«, wo
der »Raum der Intertextualität« sich als »Exotopie des Subjekts« entfalten kann.[19] Individuelle Erfahrung erscheint im Roman immer schon
von fremdem Text überschrieben, schließlich sieht und hört der Protagonist »überhaupt nur Schönes, nur Häßliches, sofern (er) es vorher gelesen hatte.« (VB 121) Dass der intertextuelle Textraum ein fiktionaler

ist, wird im Epilog ausdrücklich betont, wo ganz aristotelisch der Vorrang der Dichtung vor der Geschichtsschreibung entfaltet wird: »Die Geschichte ist nie dabei gewesen (...). Der Schriftsteller jedoch ist bei der Handlung anwesend; und es schert ihn einen Dreck, ob sie mythologisch, historisch, in der Gegenwart oder utopisch zum Ereignis wurde. Er ertappt sie auf frischer Tat, coram publico (...).« (VB 118) Am Ende wird deshalb das Buch explizit als »die Fabel einer mir verwandten Bibliothek« (VB 291) bezeichnet, in der sich die eigene Lebensgeschichte nicht verdichtet, sondern zunehmend verliert. So wird der Roman Mehrings als avantgardistisches Experiment lesbar, das an eine untergegangene Kultur im Zeichen des Verlusts erinnert.

II Textverfahren: Zitat, Montage

In Leo Tolstois Parabel *Wieviel Erde braucht der Mensch um zu leben?* bekommt der gierige Bauer die Antwort am Ende vom Tod: »Soviel wie für dein Grab«. Daran schließt der Ich-Erzähler die Frage, die für sein Erzählexperiment entscheidend ist: »Wieviel Platz braucht ein Buch?« (VB 85) Die Antwort besteht in der größtmöglichen Verkürzung, die jedes Buch auf drei Seiten und diese drei Seiten auf drei Zeilen reduziert. Mithin kommt dem Zitat als eigentlichem dialektischen Modell und Schema des Erinnerns in Mehrings Text eine herausragende Bedeutung zu, auch weil nur auf diese Weise – so hat es Benjamin in seinen verstreuten Anmerkungen zum Zitat deutlich gemacht – ein Nachleben des Toten, Abgeschiedenen, Verlorenen gewährleistet werden kann. Das Zitat zerstört den ursprünglichen Zusammenhang und garantiert zugleich die vergegenwärtigende Konservierung in einer neuen Konstruktion. Indem das Ganze des Büchererbes in der Erinnerung radikal zerlegt wird, wird es im neuen Kontext des eigenen Buches verwendbar. Dabei ist Mehrings Verfahren von der Einsicht geprägt, dass die Verbrennung der Bücher auch die Autorität des jederzeit reproduzierbaren Textsubstrats affiziert, auf die der Zitierende sich verlassen können muss.

Wiederholung als Prinzip des Zitats räumt auf mit der Herrlichkeit der Echtheit, der Einmaligkeit des Kunstwerks. Im Text selbst gibt es nur Kopien in äußerster Abbreviatur, die im raschen, oft abrupten Wechsel miteinander verkettet werden. Mit dieser »fragmentierte(n) Integration disparaten Materials«[20] stellt Mehring sich offensiv in die Tradition der Avantgarden, welche die Montage zu einem demonstrativen, irritierenden Spiel mit textuellen Fertigteilen perfektionierten. Dieses Spiel galt der Durchbrechung der Illusion vom organischen Werk, der

Ausstellung der Schnitte und Grenzen, die einen literarischen Text grundsätzlich als offenen intertextuellen Raum auswies.

In der Erinnerung des Protagonisten an Literatur, deren Medium das Zitat darstellt, wird die Ordnung der Bibliothek des 19. Jahrhunderts nicht wiederhergestellt, sondern disloziert und dissoziiert. Nur so können deren Ausschlüsse sichtbar gemacht und ihr verborgenes Wissen um die späteren Katastrophen freigesetzt werden. Den französischen Heroen der Moderne – Verlaine, Baudelaire, Mallarmé, die der Vater übersetzte – stellt der Sohn deshalb nicht nur den Rebellen Rimbaud, sondern auch Joris Karl Huysmans zur Seite, der in seinem Roman *À rebours* (1884) bereits den antibürgerlichen Bücherkult als narzisstischen Selbstgenuss entlarvt; dem Lieblingsbuch des Vaters, Oskar Panizzas antikatholischer Groteske *Das Liebeskonzil*, gesellt er ein »schmieriges Exemplar« des vom Vater verbannten Unholds Marquis de Sade bei, der, früher und radikaler als Panizza, »jeden moralischen Vorwand (zerstörte), den religiösen wie den menschlich sozialen.« (VB 74)

Dieser Praxis subversiver Supplementierung entsprechen die Verbindungen von Autornamen und Textfragmenten zu Konstellationen. Die Zitate in der *Verlorenen Bibliothek* wirken rastlos und flüchtig, so, als müsse man sie gerade noch einfangen, bevor sie für immer verschwinden. Ihr Konstruktionsprinzip ist das des Schocks: Man sieht ihnen die Gewalt an, mit der sie aus ihrem Zusammenhang gerissen wurden, weil sie selbst immer wieder den Zusammenhang unterbrechen, in den sie montiert sind. Nur an den Schnittstellen – in der Unterbrechung des Zusammenhangs der Bibliothek einerseits und der Unterbrechung des Textes andererseits – berühren sich die Bücher der Bibliothek mit dem Buch über die Bücher der Bibliothek.

Das Problem, das die narrative Verknüpfung der Zitate vorantreibt – wie es dazu kommen konnte, dass »aus meinen Konpennälern [sic!] ein Geschlecht von Praetorianern, Folterknechten, Rekordamokläufern, Progromopfern [sic!] heranwuchs?« (VB 21) – macht es unumgänglich, die Bibliothek zu konfrontieren mit der historischen Gegenwart, die ihre Auslöschung verursacht hat. »In den Tantalos- wie in den Hiobsqualen erschöpft sich der höchste Grad der Versuchsfoltern; – in den *Liaisons dangereuses* des Berufsmilitärs Choderlos de Laclos die Tartufferie und ›Strategie der Verführung‹; in Dostojewskijs (…) *Die Dämonen* die Infamie, Diffamation, Korruptheit jeder zweckgeheiligten Politik, deren das Menschenherz und die Volksseele fähig sind.« (VB 129) Die Art der Auswahl und Verknüpfung der Autornamen, Titel und Zitate dekonstruiert die Ordnung der Bücher und nutzt die Bruchstücke – jenseits ihres Kontextes – als Zeugen in einem Prozess, der die Tradition als Teil des Problems lesbar macht. »Die Diskontinuität von Vergessen und Erinnern, die in jedem erinnernden Wieder-Holen unüberholbare Abscheidung macht einen anderen Begriff der Wiederholung nötig, demzufolge › Wiederholung‹ mit posthumer Lesbarkeit zu tun bekäme; diese ereignet sich im/*als* Zitat.«[21] Dem erinnerten Zitat bleibt die Distanz eingeschrieben, die auch in Mehrings Roman die Bedeutungen des Herkunftstextes aufsprengt. Rudolf Virchows Bonmot, er habe so viele Leichen seziert und nie eine Seele gefunden, wirkt vor dem Hintergrund der Leichenberge des 20. Jahrhunderts ebenso obszön wie der Kant'sche Imperativ, der dem Vater noch der Maßstab allen Denkens und Handelns war, lächerlich, wohingegen ausgerechnet Oswald Spenglers konservative Diagnose vom *Untergang des Abendlandes* das Zeitalter, wenn auch in einem ganz anderen Sinne, treffend charakterisiert.

Wie der Vater Bücher sammelte, so sammelt der Sohn Zitate. Der Bibliothek selbst fügte er, so wird betont, nur wenige Stücke hinzu. Denn der junge Avantgardist bricht programmatisch mit der Sammlung wie mit dem Sammeln von Büchern – »alles, was man gelesen haben mußte, hatte sich in Hotelschränken, auf Pensionskaminen, in Eisenbahngepäcknetzen verzettelt« (VB 193) – und setzt nach der Katastrophe des Ersten Weltkriegs seine »ganze Hoffnung auf die Niederlage der Tradition«. (VB 195) Zur Bibliothek kehrt er erst zurück, als sie durch die Nationalsozialisten von der Auslöschung bedroht ist. Erst jetzt tritt er sein Erbe an, erst jetzt wird auch er zum Sammler. Doch während der Vater papierne Entitäten versammelte, sammelt der Sohn geistige Fragmente; während der Vater die verschiedenen Ausgaben der Heiligen Schrift »aus der Anonymität des Einzigen« reißt und in die verschiedenen Fächer Belletristik, Soziologie und Sittengeschichte verteilt (VB 43), reißt der Sohn seine Objekte – Sätze, Titel, Namen – aus den Texten und montiert sie zu einem neuen. Während für den Vater die Bibliothek noch »eine Heimat (ist), die Boden, Arbeit, Freunde, Erholung, geistigen Fassungsraum zu einem natürlichen, wohlgeordneten Ganzen, zu einem eigenen Kosmos zusammenschließt«[22] und ihm so erlaubt, die Geschichte als eine des Fortschritts, der Humanität und der Emanzipation des Subjekts zu konstruieren, offenbart sich im Zitatroman des Sohnes die *Unheimlichkeit* dieses wohlgeordneten Ganzen. »Das ganze pantheistische, nihilistische Pandämonium: Dostojewskijs *Vom Teufel Besessene*, Zolas *Bète Humaine*, Strindbergs *Inferno* – alle *Stahlgewitter*, eine außer Rand und Band geratene Bibliothek war los und gehorchte nicht mehr dem Buchstaben ihrer *Zauberlehrlinge*.« (VB 279) Solchermaßen wird die »Regelrechtheit des Verzeichnisses« gleichsam überschrieben von der zügellosen Unordnung der Zitatensammlung. Im Textkontakt verknüpft sich die Überlieferung mit der Gegenwart in einer Weise, dass die »bedrohlichen Frühdiagnosen« (VB 197) auf die Katastrophen des 20. Jahrhunderts hin lesbar werden. So erscheint in der assoziativen Verbindung des *Hexenhammers* mit den *Protokollen der Weisen von Zion* der »Gestank von der Einäscherung Deutschlands und des umliegenden Abendlandes« (VB 68) aktualisierend mit den »Traditionen« verknüpft, die alle Praktiken der Folter und des Mordbrennens schon bereit hielten, ohne doch die Besonderheit des Holocaust auch nur erahnen zu lassen.

III Das intertextuelle Gedächtnis des Textes

Während die Intertextualitätstheorie davon ausgeht, dass sich alle literarischen Texte in ganz unterschiedlicher Weise auf alle möglichen Vorgänger beziehen, weil »alles schon einmal vorgeträumt« wurde (VB 128), bleibt dieser Bezug in der Regel aber unmarkiert, sodass alles davon abhängt, was die Leser von den Referenztexten entziffern können. Dagegen wird in Mehrings Roman der intertextuelle »Verkehr« offen ausgestellt – nicht nur grafisch als Zitat, Allusion oder Paraphrase (in der Regel durch Anführungszeichen und Kursivierung), sondern oft auch durch Nennung von Titeln und/oder Autornamen. Die Funktionen des Textkontakts bestehen in der kritischen Kommentierung, Perspektivierung und Interpretation der Referenztexte im Hinblick auf die zentrale Fragestellung des Romans: »Wann aber hat die verdammte Mitternacht des Abendlandes eigentlich begonnen; im XIX. Jahrhundert unserer aufgeklärten Väter – oder in unserem XX. der vatermordenden, selbstgeblendeten Oedipussöhne?« (VB 287)

Das Prinzip der Montage bestimmt nicht nur das Zitatverfahren, sondern in besonderem Maß auch die thematisierten Erinnerungsmodelle. Die Gedächtnismetapher, für die die Bibliothek das passende Gehäuse darstellt, ist die des Magazins oder genauer: des Archivs, das Speicherung mit einer genau festgelegten Ordnung verbindet. Bibliotheken, so Günther Stocker, »ordnen Texte als wahre und falsche, fiktionale und faktische, bewahrenswerte und nicht-bewahrenswerte. Damit legitimieren sie eine spezifische Ordnung des Wissens (...).«[23] Die Ordnung in der väterlichen Bibliothek misst sich an der Nähe oder Ferne zur aufgeklärten Vernunft, verkörpert in Kants *Kritiken* als Vorbild »ordentlichen« Denkens. Flankiert wird dieser mustergültige Rationalismus von den positiven Wissenschaften und einem »atheistischen Konkordat mit dem Sozialismus« (VB 26). Systematisch füllt der bibliophile Vater die weißen Flecken seiner Sammlung, unbeirrbar in seinem Fortschrittsoptimismus wie auch in seinen Urteilen – was »hochwertig« und was Schund, was nützlich oder schädlich, weiß er noch genau.

»Auf den Regalen aufmarschiert, für den Endkampf« (VB 36) erscheinen die Bücher ihm als zuverlässige Waffen gegen Antisemitismus, Antiintellektualismus und Irrationalismus. »Solange die Bibliothek noch stand, stand noch alles in den Büchern.« (VB 27) Mit dieser Gewissheit kann der Vater das Nützliche, Gute, Aufklärerische säuberlich trennen von den »Kulturkuriosa«, die ihr marginales Dasein im sogenannten »Giftschrank« fristen. Die hier versammelten »Nachtseiten der Seele« – Erotik, Kriminalität, Schmutz und Schund – verhalten sich zur Rationalität der »ordentlichen« Bücher schon von ihrem schmutzigen Äußeren her subversiv und schreiben mit ihren »mystischen Meutereien« in die Bibliothek eine deutliche Spur des »Unbehagens an der Kultur« ein.

Während das Sammeln von Texten im Bücherraum das räumliche Gedächtnismodell des Speichers entfaltet, der seine ihm anvertrauten Inhalte getreu aufbewahrt, generiert das Sammeln in Texten durch Zitation und Rearrangement zwei zeitliche Gedächtnismodelle, die Aleida Assmann als Erwachen und Erwecken gefasst und mit Vergessen bzw. Diskontinuität verbunden hat. Da ist zunächst die stupende Erinnerungsfähigkeit des Exilierten, der aus seinem avantgardistischen Traumschlaf im Exil erwacht und sich dabei als Gedächtniskünstler wie vormals Don Quichote entpuppt, der nach dem Verlust seiner Bibliothek seine geliebten Ritterromane auch ohne diese äußere Stütze mühelos memorieren kann. Die vollkommene Verinnerlichung der Bücher, die nur zwei Jahre nach Mehrings Roman in Ray Bradburys Roman *Fahrenheit 451* als Rettung der systematisch verbrannten Bücher im Kopf weniger Dissidenten zur Darstellung gelangt, macht deren äußere Archivierung tendenziell überflüssig. Diese Verinnerlichung berührt sich mit Lichtenbergs Konzept des »Allbuches« und spielt einmal mehr die »strukturelle Opposition des einen Buchs und der vielen Bücher« durch[24], insofern das Buch des Sohnes am Ende die Bücher des Vaters notdürftig ersetzen muss.

Während der Gedächtniskünstler die gespeicherten Inhalte der Bücher einerseits scheinbar nach Belieben abrufen kann, soll doch andererseits die *mémoire involontaire* bei der »Suche nach der verlorenen Bibliothek« besondere Dienste leisten. Nicht zufällig bildet Prousts *opus magnum* die letzte Ergänzung des ererbten Bücherschatzes. Bei seiner Rekonstruktion im Wiener Hotelzimmer ist dem Protagonisten zumute, »als träte ich erst jetzt die Erbschaft an; als wäre ich wieder in dem Sterbezimmer, aus dem man eben den Toten hinausgetragen hatte (…) als hätte ich gerade zuvor die dem Sterbenden aus der Hand gefallene schwielige Schwarte – das Original 1781 von Kants *Kritik der reinen Vernunft* – (…) vom Teppich aufgeklaubt und in sein Fach zurückgestellt (…).« (VB 194) Das Madeleine-Erlebnis aus der *Recherche* drängt sich auf, doch während Prousts Protagonist im »Bannwald der Erinne-rungen«[25] verharrt, schließt Mehring wiederum das intentional gesteu-erte Zitat an. Damit rückt sein Verfahren auch schon wieder ab von der unwillkürlichen Erinnerung und lässt sich gerade in dieser distanzierten Nähe wohl am besten in Benjamins Kategorie des Eingedenkens fassen, die eine spezifische Erinnerung an das Trauma von Verlust und Verges-sen umschreibt und der doch eine Distanz zur Erinnerung als unmit-telbarem körperlichen Akt eingeschrieben ist.

Die Anfälligkeit der Bibliothek gegen Vandalismus und die der Er-innerung gegen Vergessen fallen am Ende des Textes zusammen. Dies wird dem Flüchtenden deutlich, der auf der Flucht vom »Ohrwurm« der Anfangszeilen der *Weise von Liebe und Tod des Cornets Christoph Rilke*[26] heimgesucht wird. Deren Fortsetzung bleibt, im Unterschied zu allen anderen Texten, unzugänglich. »Doch, hol mich der Teufel! Ich hab vergessen, wie es weitergeht, obwohl ich das mit einem Griff in die Bibliothek feststellen könnte, denn dort steht natürlich ein Exemplar. (...) Aber wo ist die Bibliothek?« (VB 272, 279) Es ist diese kurze Er-zählung Rilkes, die im Roman die grundlegende Ambiguität der Mo-derne verkörpert: als lyrisch-impressionistisches Meisterwerk von Liebe und Tod einerseits, als populäre, den Heldentod glorifizierende Soldatenballade andererseits.

Gegen die hilflose Unverfügbarkeit des Speichergedächtnisses wie der individuellen Erinnerung, gegen die Zerstörung und das Vergessen, wird am Ende die magisch-animistische Gedächtnismetapher der Erwe-ckung mobilisiert, die auf eine Wiederbelebung der toten Vergangenheit zielt. »Sobald das Ganze fertig war und drei Wände bedeckte, schien es mir, (...) ein mächtiges Pentagramm und andere Nekromantenmuster zu formen, um Verstorbene damit zu zitieren.« (VB 194) Diese Toten-beschwörung ruft die seit Montaigne etablierte Utopie von Lektüre als Geistergespräch auf, das Zeit und Raum und damit auch Verlust und Vergessen überwindet. Ihre Ver-Sammlung im Text-Raum, in dem, wie der Barockdichter Friedrich von Logau in einem Sinngedicht deutlich machte, die »Todten reden können« und das sagen, »was weit hindan«, und zeigen »das was noch von hinnen«[27], dient Mehring für eine Art Gerichtsverfahren, in dem das Urteil schon vollstreckt ist und in dem nachträglich Verteidigung und Anklage über Schuld und Sühne streiten. Die Inszenierungen von Gedächtnistheatern reichen, so Günter Butzer, »von der Interaktion der Gedächtnisbilder bis hin zu einem umfassen-den Illusions- und Simulationsgeschehen«[28]; Mehrings *mise en scène* realisiert sich im Streit, den der Ich-Erzähler im zweiten Teil mit dem herbeizitierten »Geist des Vaters« führt: Dieser gilt als Kronzeuge im historischen Prozess der Liquidierung der bürgerlichen Kultur, die den

Mördern ebensowenig entgegenzusetzen hatte, wie die antibürgerlichen Avantgarden, denn »kein Prophet kommt zur rechten Zeit. Er kommt zu früh, um glaubwürdig zu sein, zu spät, wenn seine Jüngerschaft schon mit Begeisterung in ihr Verderben hineinrennt.« (VB 200)

IV »Was nie geschrieben wurde, lesen ...«

Dem saturierten Raum der väterlichen Bibliothek stellt der Ich-Erzähler die ephemere Kultur des Caféhauses gegenüber, in die er nach der Katastrophe des Ersten Weltkrieges vor dem bankrotten Bücherwissen flüchtet. Was hier entstand, blieb im Bereich des Möglichen, es legte sich nicht fest und behielt sich dadurch all die faszinierende Potenzialität, die das zwischen Buchdeckeln »eingesargte« Wissen entbehrt. Hier seien »mehr Bücher, ja oft großartigere geplant worden, als alle Bibliotheken zusammen enthalten« (VB 150). In Mehrings Text wird das Caféhaus der Weimarer Republik als lebendiger und dynamischer Raum der Literatur entfaltet: eine »illusorische Bibliothek totgeborener, totgeschwiegener oder scheintoter Bücher« (VB 152), als deren heimliches Zentrum sich die »Literaturbüberei« des Dadaismus entpuppt. Diese bleibt zwar, wie das bürgerliche Denken, gleichfalls ohnmächtig gegenüber den gesellschaftlichen Entwicklungen und bildet nur »die Herpes an der Stirn einer sonst in herber Männlichkeit strahlenden Literatur« der Georges, Hauptmanns oder Jüngers (VB 163); aber sie hat auch anarchistische und individualistische Formen des Widerstands entwickelt: »Denn in Cafés hat es sich ereignet, daß ein Aphorismus (der Gedankenblitz eines Schnorrers) den bombastischen Wortbau einer Weltberühmtheit einäscherte.« (VB 152) Diese Kultur richtete sich gegen die universalistischen Metatheorien ebenso wie gegen literarischen Heroenkult, gegen die Trennung von Kunst und Leben wie gegen die Dichotomie von hoher und niederer Literatur. Sie ist in keine feste Ordnung zu bannen, ihre Kraft besteht gerade in ihrer Fähigkeit zur Verflüchtigung. Sie fixiert weder Werke noch Urheber, sondern produziert Ereignisse (*happenings*), die gleich wieder verschwinden und sich somit dem Sammler entziehen. Diese Traumbibliothek ist demnach nichts, was man besitzen kann, sondern etwas, »wovon man einmal besessen war ...« (VB 128)

Dennoch bleibt auch diese mit einer schweren Hypothek belastet: Ob Marinettis futuristische Beschwörung des großen Bibliotheksbrandes oder Tzaras wie auch immer spielerisch-paradoxe »Vernichtung des Gedächtnisses«[29] – durch die Liquidierung des kulturellen Erbes wird retrospektiv auch das kritische Potenzial der Avantgarden grundlegend infrage gestellt. Carl Einstein hat deshalb angesichts der historischen

Katastrophe den radikalen Gestus nachträglich gegen diese selbst gerichtet und in seiner nachgelassenen *Fabrikation der Fiktionen* pole-
misch mit deren letztlich doch apolitischen Illusionen abgerechnet: die
Avantgarden blieben, so heißt es, der idealistischen Tradition verhaftet
und stritten gegen diese »nur im Formalen« – im Wahn, sie könnten
»Tatsachen durch Bilder widerlegen.«[30]

Auch wenn man in Mehrings Text nach einer solchen radikalen
Abrechnung vergeblich sucht und sich der Konflikt stattdessen zu einer
beunruhigenden Ambivalenz verdichtet – das Problem bleibt bestehen.
Bei aller Sehnsucht, die sich sowohl auf die väterliche als auch auf die
ungeschriebene Bibliothek bezieht, stellt der Text deshalb keine Rückkehr des verlorenen Sohnes zum Glauben der Väter oder zu den Idolen
der Jugend dar, sondern die kritische Bestandsaufnahme eines Bankrotts,
der die Gewissheit der Bibliothek und die Gewissheit des avantgardistischen Pathos gegen die Bibliothek gleichermaßen betrifft. Erinnert
wird in einem luziden Rhythmus aus literarischem Fieber und frostiger
Selbstkritik an geschriebenen und ungeschriebenen Bibliotheken das,
was auch die Nationalsozialisten daran interessierte: »Vor allem ist er
hinter Büchern drein, die von Lebensgenuß und Einzellied handeln –
also nicht von ihm.« (VB 285) Diesen gilt ein Eingedenken, das nicht als
erfolgreiche *restitutio in integrum*, sondern als Pathografie der Zerstörung beschrieben werden muss, die in den untilgbaren Ressentiments des
Autors ihren Widerhall findet. Mehrings Buch beschriftet als Epitaph
eine Leerstelle, die mehr und anderes umfasst als die väterliche Bibliothek.

Das Gedächtnistheater des Zitatensammlers bleibt eingespannt in eine
hoffnungslose Alternative: »Rettet die Bücher zuerst« und »Zerstört die
Bibliotheken«. Die bedrohliche Koinzidenz der avantgardistischen
Parole mit der nationalsozialistischen Tat erscheint in den Zitatmonta-
gen als dialektisches Bild, das die Ambivalenz nicht aufhebt, sondern still
stellt. In Abwandlung eines Satzes aus der *Dialektik der Aufklärung*
könnte man sagen: Als Kritik von Literatur will sie Literatur nicht preis-
geben.[31] So schreibt Mehring die Geschichte der modernen Literatur von
ihrem Ende her. Die Montage aus Zitaten und Erinnerungsverfahren
erzeugt dabei jene eigentümliche Simultaneität, welche die beiden Positionen – notwendige Bewahrung der Tradition und notwendiger Bruch
mit ihr – nicht mehr als Vor- und Nachgeschichte ordnet, sondern sie im
Raum des Buches versammelt. Das Buch des Sohnes über die Bücher des
Vaters wird so im emphatischen Sinne zum »Medium der Selbstbeob-
achtung einer Kultur«[32] im Augenblick ihres Untergangs: »Niemals
hatte ich meine Bibliothek so leibhaft Band für Band besessen wie in diesem Augenblick des Verlusts. (...) Niemals hatte ich mich so nach ihr

gesehnt wie jetzt, da ich sie im Stich ließ (…) ohne mich umzuschauen nach ihr, nach diesem Sodom und Gomorrha, nach den Geschändeten, den Erschlagenen, den von ihren Schreibtischen, aus ihren Bibliotheken, aus den Caféhäusern, den Betten in die Sklaverei verschleppten Lesern.« (VB 279 f.) Bildkünstlerisch gestaltet hat dieses Epitaph 1994 der israelische Bildhauer Micha Ullman mit seiner »Bibliothek« auf dem Bebel-Platz in Berlin: Unter dem ins Pflaster eingelassenen Glasquadrat ist ein unterirdisches Bibliothekszimmer zu sehen mit weißen Regalen, aber ohne Bücher – ein eindringliches Mahnmal für die hinterlassene Leere, die Koinzidenz zwischen Bücherverbrennung und Holocaust. Auch Ullman erinnert, wie Mehrings Text, einen Verlust, der irreversibel ist.

1 Jorge Luis Borges: »Die Bibliothek von Babel«. In: Ders.: *Gesammelte Werke*. Bd. 3.1: Erzählungen 1935–1944. München – Wien 1981, S. 145–154, hier S. 150. — 2 Burkhard Moennighoff: »Die Bibliothek als Schauplatz (Lessing, Mehring, Borges)«. In: *Literatur für Leser* 23. Jg. (2000), Nr. 2, S. 121–131, hier S. 126. — 3 Aleida Assmann: »Der väterliche Bücherschrank. Über Vergangenheit und Zukunft der Bildung«. In: Peter Wiesinger (Hg.): *Akten des X. Internationalen Germanistenkongresses Wien 2000. Zeitenwende – Die Germanistik auf dem Weg vom 20. ins 21. Jahrhundert*. Bd. 1. Bern u. a. 2002, S. 97–112, hier S. 97. — 4 Walter Benjamin: »Ich packe meine Bibliothek aus«. In: Ders.: *Gesammelte Schriften*. Bd. 4.1. Frankfurt/M. 1981, S. 388–396, hier S. 389. — 5 Michel Foucault: »Andere Räume«. In: Karlheinz Barck u. a. (Hg.): *Aisthesis. Wahrnehmung heute oder Perspektiven einer anderen Ästhetik*. Leipzig 1992, S. 34–46, hier S. 39. — 6 Walter Benjamin: »Über den Begriff der Geschichte«. In: Ders.: *Gesammelte Schriften*. Bd. 1.2. Frankfurt/M. 1990, S. 693–704, hier S. 695. — 7 Erich Kleinschmidt: »Exil als Schreiberfahrung. Bedingungen deutscher Exilliteratur 1933–1945«. In: *Exil* 2. Jg. (1982), Nr. 2, S. 33–47, hier S. 43. Vgl. dazu ferner: Thomas Koebner: *Unbehauste. Zur deutschen Literatur in der Weimarer Republik, im Exil und in der Nachkriegszeit*. München 1992; Klaus Briegleb: *Mißachtung und Tabu. Eine Streitschrift zur Frage: ›Wie antisemitisch war die Gruppe 47?‹*. Berlin – Wien 2003; Stephan Braese: *Die andere Erinnerung. Jüdische Autoren in der westdeutschen Nachkriegsliteratur*. Berlin – Wien 2001. Neuaufl. München 2010. — 8 Vgl. Helmuth Kiesel: *Geschichte der literarischen Moderne. Sprache, Ästhetik, Dichtung im zwanzigsten Jahrhundert*. München 2004. — 9 Vgl. Gustav Frank, Rachel Palfreyman und Stefan Scherer (Hg.): *Modern Times? German literature and arts beyond political chronologies. Kontinuitäten der Kultur 1925–1955*. Bielefeld 2005. — 10 Die Auswertung der *Bibliographie der deutschen Sprach- und Literaturwissenschaft* ergab für Walter Mehring insgesamt 30 einschlägige Treffer für den Zeitraum 1985–2011. — 11 Walter Mehring: *Werke*. Bd. 2: Die verlorene Bibliothek. Autobiographie einer Kultur. Düsseldorf 1978, S. 11. Im Text zitiert mit Sigle VB und Seitenzahl. — 12 Filippo Tommaso Marinetti: »Manifest des Futurismus« [1909]. In: Wolfgang Asholt und Walter Fähnders (Hg.): *Manifeste und Proklamationen der europäischen Avantgarde (1909–1938)*. Stuttgart – Weimar 1995, S. 4–7, hier S. 6. — 13 Richard Huelsenbeck: *En avant dada. Die Geschichte des Dadaismus*. Hannover – Leipzig 1920, S. 30. — 14 Nach Auskunft der Österreichischen Nationalbibliothek findet sich weder im Provenienzbericht der ÖNB noch in der Datenbank der UB Wien eine Spur dieser Bibliothek Sigmar Mehrings, sodass deren Verbleib völlig ungeklärt ist. — 15 Andreas Kilcher: »Das Horoskop des 19. Jahrhunderts im Prüfstand der Geschichte. Walter Mehrings Verlorene Bibliothek«. In: *Deutsche Vierteljahrs-*

schrift für Literaturwissenschaft und Geistesgeschichte (DVjs) 78. Jg. (2004), Nr. 2, S. 287–312, hier S. 306. — **16** Assmann: »Der väterliche Bücherschrank« (s. Anm. 3), S. 104. In diesem Sinne argumentiert auch Wolfgang Adam: »Dreh- und Angelpunkt des Berichtes ist das Wiederaufstellen der nachgesandten Bücher in Wien. Durch die gedankliche Rekapitulation der ursprünglichen Ordnung ist die Berliner Bibliothek des Vaters aber immer präsent.« (Wolfgang Adam: »Auf der Suche nach der ›Verlorenen Bibliothek‹. Gedächtnis und autobiographische Spurensicherung bei Walter Mehring«. In: Marianne Sammer [Hg.]: *Leitmotive. Kulturgeschichtliche Studien zur Traditionsbildung. FS Dietz-Rüdiger Moser.* Kallmünz 1999, S. 143–159, hier S. 151.) — **17** Philippe Lejeune: *Der autobiographische Pakt.* Frankfurt/M. 1994, S. 14. — **18** Vgl. dazu Käte Hamburger: *Die Logik der Dichtung.* Stuttgart. 3. Auflage 1977, S. 245 ff. — **19** Reinhold Görling: *Heterotopia. Lektüren einer interkulturellen Literaturwissenschaft.* München 1999, S. 110, S. 118. — **20** Sven Kramer: »Montierte Bilder. Zur Bedeutung der filmischen Montage für Walter Benjamins Denken und Schreiben«. In: Anja Lemke und Martin Schierbaum (Hg.): »*In die Höhe fallen«. Grenzgang zwischen Literatur und Philosophie.* Würzburg 2000, S. 195–211, hier S. 200. — **21** Bettine Menke: »Das Nach-Leben im Zitat. Benjamins Gedächtnis der Texte«. In: Anselm Haverkamp und Renate Lachmann (Hg.): *Gedächtniskunst: Raum – Bild – Schrift.* Frankfurt/M. 1991, S. 74–110, hier S. 85. — **22** Elias Canetti: *Die Blendung.* Frankfurt/M. 1999, S. 57. — **23** Günther Stocker: »Das Motiv der Bibliothek in der Literatur des 20. Jahrhunderts. Zur Aktualität der Motivforschung«. In: *Weimarer Beiträge* 44. Jg. (1998), Nr. 4, S. 554–574, hier S. 556. — **24** Dirk Werle: *Copia librorum. Problemgeschichte imaginierter Bibliotheken 1580–1630.* Tübingen 2007, S. 367. — **25** Walter Benjamin: »Zum Bilde Prousts«. In: Ders.: *Gesammelte Schriften.* Bd. 2.1. Frankfurt/M. 1991, S. 310–324, hier S. 313. Vgl. dazu auch Adam: »Auf der Suche nach der ›Verlorenen Bibliothek‹« (s. Anm. 16), S. 144. — **26** Rainer Maria Rilke: »Die Weise von Liebe und Tod des Cornets Christoph Rilke«. In: Ders.: *Sämtliche Werke.* Bd. 1. Frankfurt/M. 1955, S. 235–248. Die Erzählung entstand 1899 und wurde 1906 erstmals veröffentlicht. — **27** Friedrich von Logau: »Bücher-Stube«. In: Ders.: *Sämmtliche Sinngedichte.* Hg. v. Gustav Eitner. Hildesheim – New York 1974, S. 291: »Dieses ist ein Todten-Grab, dessen Todten reden künnen/Sagen das, was weit hindan, zeigen das was noch von hinnen.« — **28** Günter Butzer: »Gedächtnismetaphorik«. In: Astrid Erll und Ansgar Nünning (Hg.): *Gedächtniskonzepte der Literaturwissenschaft. Theoretische Grundlegung und Anwendungsperspektiven.* Berlin – New York 2005, S. 11–29, hier S. 20. — **29** Tristan Tzara: »Manifest Dada 1918«. In: Wolfgang Asholt und Walter Fähnders (Hg.): *Manifeste und Proklamationen der europäischen Avantgarde (1909–1938).* Stuttgart – Weimar 1995, S. 149–155, hier S. 155. — **30** Carl Einstein: *Gesammelte Werke in Einzelausgaben.* Bd. 4: Die Fabrikation der Fiktionen. Hamburg 1973, S. 128. — **31** Max Horkheimer und Theodor W. Adorno: »Dialektik der Aufklärung«. In: Theodor W. Adorno: *Gesammelte Schriften.* Bd. 3. Frankfurt/M. 2003, S. 10. — **32** Vgl. Wilhelm Voßkamp: »Literaturwissenschaften und Kulturwissenschaften«. In: Henk de Berg und Matthias Prangel (Hg.): *Interpretation 2000. FS Horst Steinmetz.* Heidelberg 1999, S. 183–199.

Thomas Richter

Die Bibliothek Harry Graf Kesslers
Möglichkeiten und Grenzen einer Rekonstruktion

Wenn man sich mit dem Thema Autorenbibliotheken beschäftigt, kann
Goethes Bibliothek in Weimar wohl als Idealfall der Überlieferung gelten. Sie ist bis heute nahezu komplett in den originalen, zum Teil nicht
einmal aufgeschnittenen Exemplaren erhalten, dazu im Haus und Bi-
bliotheksraum des Autors aufgestellt, wenn auch wohl nicht unbedingt
in der ursprünglichen Aufstellung.[1] Ein solcher Glücksfall der Erhaltung war schon in seiner Zeit die Ausnahme. In der Regel sind private
Bibliotheken nach dem Tod ihres Besitzers durch die Erben zerstreut
worden; die Büchersammlungen von Schiller, Carl August Böttiger,
Alexander v. Humboldt oder Carl Friedrich Zelter[2] stehen als Beispiele
von vielen.

Auflösungen und Zerstreuungen finden sich natürlich verstärkt im
Kontext der Exilliteratur. Die äußeren Umstände des Exils haben häufig
die Mitnahme oder den Aufbau einer eigenen Bibliothek verhindert, wie
etwa im Falle Klaus Manns, der in den Exiljahren, unter prekären finanziellen Verhältnissen, in Hotelzimmern oder bei den Eltern, später
(ab 1943) als Soldat der US Army lebte, aber nie eine eigene Wohnung
(und Bibliothek) besessen hat. Auch sein Bruder Golo[3], der als Historiker eine umfangreiche Spezialbibliothek aufgebaut und hinterlassen
hat[4], ist durch die Exilerfahrung in ähnlicher Weise betroffen gewesen.
Im Nachlass liegen heute fast keine Bücher vor, die er vor 1933 in
Deutschland oder in den Exiljahren besessen hat; die Sammel- und
Überlieferungstätigkeit setzt erst – Ähnliches lässt sich für den schriftlichen Nachlass des Autors nachweisen[5] – nach der Rückkehr nach
Europa in den 1950er Jahren ein.

Auch im Falle der Bibliothek Harry Graf Kesslers (1868–1937) ist die
Zerstreuung eine direkte Folge des Exils. Es gibt heute verschiedene Spuren, die im Folgenden verfolgt werden sollen. Kesslers Bibliothek ist mit
Recht als eine »bedeutende Bibliothek der Klassischen Moderne«[6]
bezeichnet worden, und eigentlich kann wohl nur der Plural den Gege-
benheiten seines Buchbesitzes gerecht werden. Man sollte eher von seinen Bibliotheken sprechen, da Kesslers verschiedene Wohnorte – schon
vor den Zwangsaufenthalten der Exilzeit das Haus in der Cranachstraße
in Weimar und die gleichzeitigen Wohnungen in Berlin (zunächst in der

Köthenerstraße, später in der Hildebrandstraße), von 1916 bis 1918 aus dienstlichen Gründen auch in Bern[7], dann ab 1933 die Aufenthalte auf Mallorca und schließlich in Frankreich – Auswirkungen auf die Bücherbestände hatten. Für die Wohnsitze in Weimar und in Berlin sind separate Bibliotheken belegt[8], die 1933 zunächst in situ erhalten blieben; im Exil erlaubten die äußeren Umstände Buchbesitz nur in nicht zu vergleichendem, kleinem Rahmen. Immerhin fand in Palma aber noch die Arbeit und Fertigstellung am ersten und einzigen Band seiner Autobiografie statt (ab November 1933), die nicht ohne Bücher ging, welche teilweise Max Goertz (1899–1975), Vertrauter und Mitarbeiter Kesslers, aus Deutschland mitbrachte.[9] Für die letzten Lebensjahre in Frankreich liegt zur Zeit mindestens ein Originalexemplar vor, das Kessler dort besessen hat.[10]

Was weiß man heute über die Bibliothek Kesslers? Dazu kann hier nur eine vorläufige Spurensuche verfolgt und ein Zwischenstand der Forschung gegeben werden. Unterschiedliche Spuren lassen sich immerhin ausmachen: Einige führen zu aus ihnen »erschlossenem« Buchbestand oder Lektüren, für andere liegen die Originalexemplare aus Kesslers Besitz tatsächlich materialiter vor. Dieser erste Überblick über Ausmaß und Schicksal der Bibliothek(en) Harry Graf Kesslers ist aus den verschiedenen Quellen und Beständen noch weiter zu präzisieren.

I Schriftliche Zeugnisse: Tagebuch, Briefwechsel, Erinnerungen u. Ä.

Kesslers Bibliothek hat – oder seine Bibliotheken haben – Spuren in der schriftlichen Überlieferung hinterlassen. Da ist zunächst das Tagebuch Kesslers zu nennen, daneben seine Briefwechsel, etwa der mit Henry van de Velde über die Inneneinrichtung des Hauses in der Cranachstraße[11], oder die mit Dichtern und Schriftstellern – z. B. mit Hugo v. Hofmannsthal[12] oder Richard Dehmel[13], aber auch mit Elisabeth Förster-Nietzsche –, die immer wieder Hinweise auf Buchgeschenke und Widmungsexemplare geben. Aus den Exiljahren 1933 bis 1937 sind dann vor allem die Briefe von Max Goertz[14] wichtig, die Hinweise auf die Schicksale des in Deutschland zurückgelassenen Buchbesitzes enthalten.

In Kesslers *Tagebuch*[15] finden sich relativ wenige Stellen, die sich zu diesem Thema auswerten lassen. Gelegentlich gibt es Hinweise auf »erschlossene« Bücher, etwa wenn Lektüren verzeichnet werden.[16] Auch direkte Zeugnisse zu Aufstellung oder Umfang der eigenen Büchersammlung sind sehr selten. Am interessantesten ist in diesem Zusammenhang wohl eine Tagebuchstelle vom 17. August 1918. Nach zwei

Jahren aktiven Kriegsdienstes hat Kessler sich seit September 1916 in
Bern aufgehalten, wo er an der deutschen Botschaft für den Bereich der
»Kulturpropaganda« zuständig war. Auf einer seiner zahlreichen
Dienstreisen nach Berlin macht er im Sommer 1918 in Weimar Station:
»Abends nach Weimar. Der alte Kutscher stand am Bahnhof. Mein
Hund empfing mich mit überschwänglicher, rührender Freude. Mein
Haus schien in fast wunderbarer Weise unverändert nach Jahren so
gewaltiger Ereignisse: jung und hell in der späten Stunde, unter den
strahlend angedrehten Lichtern, aus Dornröschen Schlaf erwacht; die
impressionistischen und neoimpressionistischen Gemälde, die französischen, englischen, italienischen, griechischen, deutschen Bücherreihen, die Figuren und Figürchen von Maillol, seine etwas zu starken,
wollüstigen Frauen, sein schöner nackter Jüngling nach dem kleinen
Colin, als ob noch 1913 wäre, und die vielen Menschen, die hier waren
und jetzt tot, verschollen, verstreut, feind sind, wiederkommen und Europäisches Leben neubeginnen könnten. Es kam mir vor wie ein
Schlösschen aus Tausend und Einer Nacht voll von allerlei Schätzen und
halbverblassten Zeichen und Erinnerungen, an denen ein aus einer an-
dren Zeit Verschlagener nur nippen darf. Ich fand eine Widmung von
d'Annunzio, Persische Cigaretten aus Ispahan mitgebracht von Claude
Anet, die Bonbonniere von der Taufe des jüngsten Kindes von Maurice
Denis, ein Programm des Russischen Balletts von 1911 mit Bildern von
Nijinsky, den Geheimdruck des Lord Lovelace, des Enkels von Byron,
über dessen Incest, mir zugeschickt von Julia Ward, Bücher von Oscar
Wilde und Alfred Douglas mit einem Brief von Ross, und, noch unaus-
gepackt, Robert de Montesquious drollig-gravitätisches aus dem Jahre
vor dem Kriege datiertes Prachtwerk über die Gräfin von Castiglione,
die er posthum zu lieben affektierte: ihr Nachthemd lag in einem
Schmuckkästchen oder kleinen Glassarg in einem seiner Empfangs-
räume. Wie ungeheuer hat sich aus jenem europäischen Leben, gerade
aus ihm, das Schicksal zusammengeballt, so wie aus den Schäferspielen
und dem leichten Esprit der Boucher und Voltaire Zeit die nächstblu-
tigste Zeit der Geschichte. Dass die Zeit nicht einem festeren Frieden
sondern dem Kriege zutrieb, haben wir eigentlich Alle gewusst; doch
gleichfalls auch nicht gewusst. Es war eine Art von Schwebezustand, der
wie eine Seifenblase plötzlich platzte und spurlos verschwunden war, als
die höllischen Kräfte, die in seinem Schoosse brodelten, reif waren.«[17]
 Auf die Literarisierungen des heimgekehrten Tagebuchschreibers
kann hier nur kurz verwiesen, aber nicht näher eingegangen werden:
Der »Dornröschen Schlaf« des Hauses aus der Vorkriegszeit und »Tausend und Eine Nacht« werden explizit erwähnt; deutlich sind ferner die
Anklänge an die Heimkehr des Odysseus (etwa in der Begrüßung durch

den Hund). Die frühe Tagebuchstelle ist hier zitiert worden, weil sie die Ausmaße der Bibliothek, der Interessen und der Sammelgebiete Kesslers, zumindest aus der Vorkriegszeit vor 1914, gut zeigt. Neben den »französischen, englischen, italienischen, griechischen, deutschen Bücherreihen« in den Regalen werden Pressendrucke und Neuerscheinungen von 1911 und 1913 erwähnt. Sie beleuchtet damit zugleich einen in der Vergangenheit abgeschlossenen Zustand, zu dem der Heimkehrer von 1918 sich erst neu und verändert in Beziehung setzen muss. Es entsteht beinahe der Eindruck eines archäologischen Blicks in die eigene Vergangenheit nach der epochalen Erfahrung und Zäsur des Weltkriegs; auch hier schon begegnet man Spuren eines historischen Zustands. Den Versuch heute, Kesslers Bibliothek aus ihren mehr oder weniger zufälligen Überlieferungen zu rekonstruieren und wieder zusammenzusetzen, nimmt der Kriegsheimkehrer 1918 in dieser Tagebuchstelle (zumindest für den Zustand vor 1914) selbst vorweg.

Die Zeugnisse aus dem Tagebuch Kesslers und seinen Briefwechseln, die Hinweise auf die Bibliothek geben, werden ergänzt durch eine Umkreisüberlieferung: Da ist vor allem eine Stelle aus den Erinnerungen der Helene v. Nostitz, einer guten Freundin Kesslers, zu nennen; in dem 1933 erschienenen Werk streift die Schilderung von Kesslers Weimarer Haus in den Vorkriegsjahren auch die dortige Bibliothek und wirkt wie ein Pendant zu den zitierten Eindrücken des Tagebuchschreibers von 1918: »Das Feuer brennt im Kamin und wirft einen Schein auf die leidenschaftlichen Reiter des Parthenonfrieses. Hellgelbe Bücher stehen in weißen Schränken. In den Glasvitrinen aber schauen niedliche kleine Frauengestalten Maillols in Spiegel, die ihre reinen, strengen Formen wiedergeben. Über dem mattlila Diwan ziehen die Nymphen Maurice Denis' durch einen phantastischen Wald. Vor dem Fenster steht eine altchinesische Bronzeschale, ein Gruß der Künstler dreier Nationen an den Herrn des Hauses, Harry Keßler. Ich erinnere mich noch des Abends, als Gerhart Hauptmann mit dem schönen Kopf davorsaß und eines seiner Dramen vorlas, während Rilke mit uns aufmerksam, ohne Kritik, lauschte. Aber die Tür ist nach dem Schreibzimmer geöffnet, diesem langen nachdenklichen Raum, wo über Reihen köstlicher Bücher die Bilder von Croß und Signac erglühen wie geöffnete Blumenkelche. Auf dem Schreibtisch erhebt sich wie ein Baum wieder eine Frauengestalt Maillols und fängt den Sonnenstrahl, der ihre sehnsuchtsvolle und doch herbe Bewegung küßt. Unter den Bildern auf breiten Bücherbrettern stehen nur wenige Bronzeskizzen Rodins. In der Ecke eine Terrakottabüste des Malers Terrus von Maillol. Alle Erscheinungen, die mir in diesen Räumen begegneten, bekamen dort einen Zusammenhang mit der Welt. Es waren in höherem Sinn die Schranken gefallen. In dem Eßzimmer, wo die träumerischen, bezaubernden Renoirs mit ihrem sanften Rosa uns umgaben, entspannen sich unter dem matten Licht unpersönliche, weit ausholende Gespräche. Denn das Stoffliche wurde auch im Wort wie in den Kunstwerken überwunden, und es entstand jene Ferne und jener Schwung, der neue Welten jede Stunde schuf und etwas Frühlingshaftes diesen Räumen gab, ich möchte sagen eine Lieblichkeit voll früher Ahnung, die am stärksten vielleicht in diesem Jüngling von Maillol zum Ausdruck kam, der erstaunt dort neben den Waldnymphen von Maurice Denis um sich blickte.«[18]

Solche Hinweise ließen sich weiter ergänzen. So findet sich ein Beispiel aus dem Frühjahr 1914 im Nachlass des Hölderlin-Editors Norbert von Hellingrath, der 50 Sonderdrucke aus dem vierten Band seiner Edition vorab verschickte. In Hellingraths Versandliste des Buches nimmt »RMRilke« die 17. Stelle ein, umgeben von »H[ugo] v. H[ofmannsthal]«, »H. Gf. Kessler« und »R. Kassner«.[19] Dieses Geschenkexemplar würde also gut zu den Neuerscheinungen der Vorkriegszeit passen, die dem Tagebuchschreiber 1918 im Weimarer Haus bei der Spurensuche nach der versunkenen Vergangenheit begegnen. Norbert von Hellingrath ist am 14. Dezember 1916 bei Douaumont gefallen.

II Eigene Veröffentlichungen Kesslers und die Drucke der Cranach-Presse

Man kann davon ausgehen, dass Kessler, teilweise wohl in mehreren Exemplaren, seine eigenen Veröffentlichungen und die Drucke der von ihm gegründeten Cranach-Presse besaß. Er selbst veröffentlichte 1931 in der Zeitschrift *Imprimatur*[20] ein Verzeichnis dieser Drucke, das er offensichtlich auf der Grundlage seines eigenen Bestandes angefertigt hatte. In den Briefwechseln lässt sich immer wieder belegen, dass er solche Drucke, zum Teil mit Widmungen versehen, verschenkte.[21] Als er in den späten 1920er Jahren Partner und Geldgeber für die Cranach-Presse suchte, legte er bei Sondierungen und Verhandlungen Drucke vor. Auch an Ausstellungen und Messen beteiligte er sich mit seinen Pressendrucken, so zum Beispiel 1928 an der Internationalen Presseausstellung »Pressa« in Köln[22], die vom damaligen Oberbürgermeister Konrad Adenauer eröffnet wurde. Noch im spanischen Exil konnte sich Kessler an einer Ausstellung in Palma mit Drucken der Cranach-Presse beteiligen, die Max Goertz aus Deutschland mitgebracht hatte – immerhin »vier grosse Vitrinen«, wie es im Tagebucheintrag vom 22. April 1935 heißt.[23]

Exemplare aus Kesslers Besitz sind heute teilweise in der Herzogin Anna Amalia Bibliothek (HAAB) in Weimar vorhanden, vor allem durch die Übernahme der Sammlung Georg Haar, die 1945 nach dem Tod des Sammlers in die Bibliothek kam.[24] Vielleicht wären sinnvollerweise die aufwändig gebundenen Exemplare aus Kesslers eigenem Buchbesitz vom Archiv der Cranach-Presse zu unterscheiden, in dem sich nach ihrer Auflösung 1931 ungebundene Exemplare, Bögen und Probedrucke befanden. Die nach 1933 noch in Weimar vorhandenen Bestände der Cranach-Presse wurden im Januar 1935 zwangsversteigert. Max Goertz weist in einem Brief an Kessler vom 29. Dezember 1934 auf eine bevorstehende Versteigerung in Weimar hin.[25] Wie Angebote auf dem heutigen Antiquariatsmarkt zeigen, sind die Drucke und Blätter seinerzeit wohl zerstreut worden.

III Buchbestände aus Kesslers Bibliothek in der Herzogin-Anna-Amalia-Bibliothek in Weimar

Mehrere hundert Bücher aus Kesslers (vor allem Weimarer?) Besitz befinden sich heute in der HAAB[26]; der OPAC weist bereits 244 Titel auf.[27] Die Provenienzforschungen sind aber noch nicht abgeschlossen; alles Material ist noch nicht gesichtet, sodass in der Zukunft mit weiteren Zuschreibungen aus den Beständen zu rechnen ist. Beim momentanen Kenntnisstand kann man sagen, dass ein Teil dieses Bestandes nach 1933, noch zu Lebzeiten Kesslers, aus seinem Weimarer Besitz in die Bibliothek in Weimar gelangt ist. Anderes wurde erst später aus Nachlässen von Sammlern und durch Ankäufe erworben. Nachdem Kessler 1933 von einer Paris-Reise nicht nach Deutschland zurückgekehrt war und im Exil lebte, zuerst in Palma de Mallorca, später in Frankreich bei seiner Schwester, konnten laufende Kosten vor allem für sein Haus in Weimar und Forderungen von Gläubigern nicht mehr bezahlt werden.[28] Hinzu kam, dass nach der Inflation in den 1920er Jahren und seit der Weltwirtschaftskrise von dem einst sehr großen Vermögen, das Kessler beim Tode seines Vaters 1895 geerbt hatte, nicht viel übrig geblieben war. 1935 und 1936 kam es in Weimar zu Zwangsversteigerungen durch die Finanzverwaltung, bei denen die von Henry van de Velde stammende Inneneinrichtung versteigert und die Bücher größtenteils zerstreut wurden[29]; das Wohnhaus in der Cranachstraße wurde 1936 verkauft.[30]

Der letzte Brief eines 40-jährigen Briefwechsels von Elisabeth Förster-Nietzsche mit Harry Graf Kessler gibt am 10. September 1935 Auskunft auch über die Schicksale von Kesslers Weimarer Buchbesitz: »Wie glücklich würde ich sein, mein sehr lieber und geehrter Freund, wenn ich wieder einmal mit Ihnen plaudern und so vieles Nähere von Ihnen hören könnte. Alles was mir jetzt Ihr Freund mitteilte, war so überraschend. Wenn wir z. B. zur rechten Zeit vernommen hätten, daß die Bibliothek in der Cranachstrasse verkauft wird, so hätte ich vielleicht versucht den Ankauf zu ermöglichen. Allerdings hätte ich sie wohl noch ein Jahr lang in Ihrem Haus stehen lassen müssen, denn jetzt fehlt uns absolut der Raum, da wir nicht einmal für unsere eigene Bücherei genug haben. Aber vielleicht hat Ihnen Ihr Freund erzählt, daß auf meinem Grundstück der Bau eines Vortragshauses mit Bibliothekszimmer u. s. w. geplant wird. – Wenn wir das schon gehabt hätten, wäre keines Ihrer Bücher in fremde Hand gekommen. Herr Goetze [gemeint ist Max Goertz; Th.R.] sagte mir trostreich, daß alles besonders Wertvolle herausgenommen gewesen sei, aber auch das was zurückgeblieben ist, wäre mir von großem Wert gewesen.«[31]

Dem Hinweis darauf, dass Max Goertz im Auftrag Kesslers Bücher vor den Zwangsversteigerungen entnommen habe (und zwar »alles besonders Wertvolle«), soll hier weiter nachgegangen werden; er wäre ein Indiz dafür, dass die wertvollsten Bestände aus Kesslers Weimarer Bibliothek 1935 und 1936 nicht in die HAAB gelangt sein können.

Analysiert man den Kessler-Bestand in der HAAB heute, wie er zurzeit im OPAC ersichtlich ist, so lässt sich Folgendes feststellen: Ein Teil stammt aus Kesslers Weimarer Besitz, der in den 1930er Jahren durch eigene Ankäufe und Überlassungen Dritter aus der Hausauflösung in die Bibliothek gelangte (ca. 400 Bände nach den Zugangsbüchern aus der Zeit).[32] Er wird ergänzt durch Nachlässe und Ankäufe verschiedener Sammlungen, etwa die Drucke der Cranach-Presse aus der Sammlung Georg Haar, aber auch Kesslerina, so das Werk Jean Cocteaus von 1936[33], das Kessler am Ende seines Lebens im französischen Exil besessen hat, und das nur auf gleiche Weise in die Bibliothek gelangt sein kann und nicht als Folge der Weimarer (oder Berliner) Zwangsversteigerungen. Seit Mitte der 1990er Jahre wurden sechs Widmungsexemplare Hugo v. Hofmannsthals an Harry Graf Kessler durch die HAAB angekauft.[34] Es handelt sich hier also um einen sehr heterogenen Bestand: Neben systematischen Ankäufen steht dasjenige, was von verschiedenen Personen in der konkreten Situation der Zerstreuung von Kesslers Weimarer Besitz eingebracht wurde, vermehrt um die Nachlässe oder Schenkungen verschiedener Sammler an die HAAB.

Was also ist heute in der HAAB aus der Provenienz Kesslers vorhanden? Was ist, in den Worten Elisabeth Förster-Nietzsches, »zurückgeblieben«[35] von den »französischen, englischen, italienischen, griechischen, deutschen Bücherreihen«[36] des Hauses in der Cranachstraße?

Folgt man zunächst dieser en passant hingeworfenen Systematik von 1918, den Spuren, die der Tagebuchschreiber nennt, so kann man für jede der dort genannten Abteilungen (mit Ausnahme der italienischen Literatur) heute Exemplare im OPAC nachweisen:[37]

Französische Literatur: Hier finden sich die Werke von Alexandre Dumas in einer Gesamtausgabe von 1863; daneben Werke von Corneille, Chateaubriand, Einzelbände aus einer Gesamtausgabe von Balzac von 1879, Bücher von Anatole France, Maurice Barrès, Paul Claudel.

Englische Literatur: Es überrascht nicht, dass die Werke dieser Abteilung zahlreich sind, denkt man an Kesslers Herkunft, seine Zweisprachigkeit und die Ausrichtung seiner Interessen. Vertreten sind etwa Matthew Arnold, *Essays; Poetical Works;* Coleridge, Byron: *Poetical Works* (1890); Robert Browning: *Poetical Works;* Francis Bacon, Max Beerbohm, Daniel Defoe, Chesterton, Samuel Butler, Alfred Douglas: *The Inn of Dreams.* London 1911.[38]

Griechische Literatur: Hier findet sich eine griechische Ausgabe der *Selbstbetrachtungen* Mark Aurels (Teubner 1882) sowie *Select Epigrams from the Greek Anthology.* London 1906.[39]

Deutsche Literatur: Aus Kesslers eigenem Umfeld können genannt werden: Hugo v. Hofmannsthal: *Ausgewählte Gedichte.* Berlin: *Blätter für die Kunst*, 1903; Ders.: *Kleine Dramen.* 2 Bände 1907; Rudolf Alexander Schröder: *Die Zwillingsbrüder. Sonette.* Leipzig 1908; Ders.: *Lieder und Elegien.* Leipzig 1911; Leopold Andrian: *Der Garten der Erkenntnis.* 2. Auflage. Leipzig 1910; Alfred Walter Heymel: *Gesammelte Gedichte 1895–1914.* Leipzig 1914.

Man kann diese Systematik von Kesslers Weimarer Bibliothek anhand des OPAC der HAAB über die Abteilungen hinaus fortsetzen, die der Tagebuchscheiber von 1918 erwähnt; zu nennen sind etwa:

Römische Literatur: Livius: *Ab urbe condita* (1881).

Orientalische Literaturen: Djami: *Salaman a Absal. Poème allégorique persan.* Paris 1911.

Philosophie/Naturwissenschaft: Emil DuBois-Reymond: *Über die Grenzen des Naturerkennens.* Leipzig 1891; Charles Darwin: *The Descent of Man.* London 1901; Nietzsches *Werke* 1919 ff.

Psychologie : Gaston Danville: *La psychologie de l'amour.* Paris 1894; Hans Cornelius: *Psychologie als Erfahrungswissenschaft.* Leipzig 1897.

Religionswissenschaft: William George Aston: *Shinto, the Ancient Religion of Japan.* London 1907; Syed Ameer Ali: *Islam.* London 1909; T. W. Rhys Davids: *Early Buddhism.* London 1910.

Kunstgeschichte/Architektur: Robert Dohme: *Das englische Haus. Eine kultur- und baugeschichtliche Skizze.* Braunschweig 1888; Laurence Binyon: *The Fight of the Dragon. An Essay on the Theory and Practice of Art in China and Japan Based on Original Sources.* London 1911; *Die Kunst in Industrie und Handel.* Jena 1913; Emile Bernard: *Souvenirs sur Paul Cézanne.* Paris 1912; *Deutsche Form im Kriegsjahr 1914. Die Ausstellung.* Köln 1914.

Baedeker: Great Britain. 5. Auflage 1901; *Italie méridonale.* 13. Auflage 1903; *Le Sud-Ouest de la France.* 7. Auflage 1901; *Belgique et Hollande.* 18. Auflage 1905.

Politik und Zeitgeschichte: Jules Arren: *Guillaume II. Ce qu'il dit, ce qu'il pense.* Paris 1911; Eberhard Buchner: *Kriegsdokumente.* Bde 1–4 1914–1915; John Adam Camb: *The Origins and Destiny of Imperial Britain.* London 1915.

J. Wladimir Bienstock: *Raspoutine. La fin d'un Régime.* Paris o.J. [ca. 1917].

August Bebel: *Unsere Ziele.* Berlin 1919; G. D. H. Cole: *The Next Ten Years in British Social and Economic Policy.* London 1929.

Biografische Bezüge: Chronik der Canitz-Gesellschaft 1875–1909; Die Durchgeistigung der deutschen Arbeit. Ein Bericht vom deutschen Werkbund. Jena 1911; Max Dessoir: *Das Bismarck-Nationaldenkmal. Eine Erörterung des Wettbewerbs.* Jena 1912.

Zusammenfassend kann man feststellen, dass diese Bestände, die 1935 und 1936 aus Kesslers Weimarer Besitz in die HAAB gelangten, mit allenfalls wenigen Ausnahmen wirklich den Eindruck desjenigen machen, »was zurückgeblieben ist«, was von Max Goertz übersehen oder zurückgelassen wurde; wertvolle Drucke oder seltene Erstausgaben sind nicht darunter. Es passt zu diesem Befund, dass die Widmungsexemplare Hugo v. Hofmannsthals erst in den 1990er Jahren angekauft wurden.[40]

Die Drucke der Cranach-Presse gelangten zum ganz überwiegenden Teil auf anderem Weg in die HAAB: »Als wertvoller Zuwachs kam 1945 per testamentarischer Verfügung die genannte Sammlung Georg Haar (1887–1945) ins Haus, darunter vielfach handsignierte Ausgaben und Pressendrucke (Cranach-Presse), vorwiegend aus dem ersten Drittel des 20. Jahrhunderts.«[41] Wahrscheinlich hatte Haar zumindest teilweise seine Exemplare in der von Max Goertz in seinen Briefen an Harry Graf Kessler erwähnten Versteigerung[42] der Bestände der Cranach-Presse erworben: »In der von Dr. Georg Haar, Jurist und Kaufmann in Weimar, zusammengetragenen Sammlung befinden sich mehrere nachweislich aus dem Besitz von Harry Graf Kessler stammende Bücher sowie die vollständigste Serie von Kesslers berühmten Cranach-Presse-Drucken. Da es keinen Anhaltspunkt dafür gibt, daß sich die beiden Bibliophilen, die viele Jahre gleichzeitig in Weimar lebten, gekannt hätten, liegt der

Schluß nahe, daß Haar bei der Versteigerung von Kesslers Besitz im Jahre 1935 wesentliche Bestände erworben hat.«[43]

Im Übrigen gilt, dass Bücher – auch nach der Überführung in öffentlichen Besitz – ihre Schicksale haben: Mindestens 14 der eindeutig der Provenienz Kesslers zugeordneten Bücher sind beim Brand der HAAB 2004 vernichtet worden.[44] Die Bücher waren nicht nach Provenienzen aufgestellt, sondern nach Sachgebieten in die verschiedenen Abteilungen eingeordnet worden. Nicht auszuschließen ist, dass weitere Bücher aus Kesslers Besitz beim Bibliotheksbrand vernichtet worden sind, bevor eine Zuordnung zur Provenienz hätte getroffen werden können.

IV Ein Antiquariatskatalog »Aus der Bibliothek Harry Graf Kessler«

Eine weitere wichtige Spur liegt in Form eines undatierten Antiquariatskatalogs aus den 1930er Jahren vor, der eine Teilbibliothek Kesslers mit mehr als 500 Titeln[45] nachweist (Abb. 1). Auf den ersten Blick naheliegend könnte erscheinen, dass es sich hier um die von Elisabeth Förster-Nietzsche in ihrem zitierten Brief an Kessler erwähnten Bücher handelt, die Max Goertz vor der Versteigerung in Weimar aus dem Haus in der Cranachstraße sichergestellt hätte; die Bücher stammten dann aus Kesslers Weimarer Besitz. Auszuschließen ist wohl auch nicht, dass es sich hier ebenfalls um einen Teil des Berliner Bestandes handeln könnte, von dem sonst jede »Spur« zu fehlen scheint, oder auch eine Mischung aus Beständen beider Standorte. Vergleicht man die Titel, die der Antiquariatskatalog nachweist, mit dem, was in der HAAB in den verschiedenen Literaturen aus Kesslers Besitz vorhanden ist, verfestigt sich der Eindruck, dass es sich hier um die »Highlights« aus Kesslers Weimarer Bibliothek handeln könnte, immer vorbehaltlich der Tatsache, dass bisher nur ein Teil der Bestände in der HAAB eindeutig dieser Provenienz zugeordnet und katalogisiert ist.

Der Tagebuchschreiber von 1918 hatte in seinem Weimarer Haus »Bücher von Oscar Wilde und Alfred Douglas«[46] erwähnt: Während der Antiquariatskatalog eine ganze »Oscar Wilde-Sammlung« auflistet[47], findet sich im OPAC aus Kesslers Besitz nur ein Werk von Alfred Douglas[48], das Goertz im Haus in der Cranachstraße übersehen haben könnte. Dies wäre ein weiteres Indiz dafür, dass die Bestände des Antiquariatskatalogs aus Weimar stammten und vor der Auflösung dort entnommen sein könnten. Vermutlich im Auftrag Kesslers, der im spanischen und französischen Exil unter akuter Geldnot litt, hätte Goertz die Bücher dann in Berlin zur Auktion gegeben.[49] Die Beschreibungen der Bücher, gerade der Pressendrucke (s. u.) legen nahe, dass sie auf Max

ANTIQUARIATSKATALOG 112

AUS DER BIBLIOTHEK
HARRY
GRAF KESSLER

I.
Deutfche Literatur in Original- und Frühausgaben.

II.
Eine Oscar Wilde - Sammlung

III.
*Bücher mit handfchriftlichen Widmungen der Autoren
oder Künftler.*

IV.
Wertvolle und feltene Vorzugs- und Preffendrucke.

V.
*Moderne Bibliophilie, Belletriftik und Literatur in
vergriffenen Ausgaben. Moderne Erftausgaben.*

Georg Ecke

BERLIN W 35 LÜTZOWSTRASSE 82
Tel.: Kurfürft B 1 2816 Poftfcheck: Berlin 145040
Gefchäftszeit 9 - 7

Abb. 1: Titelblatt des Antiquariatskatalogs Georg Ecke *Aus der Bibliothek Harry
Graf Kessler*

Goertz zurückgehen könnten, der Leiter der Cranach-Presse gewesen ist. In Kesslers Tagebuch findet sich dazu nichts – außer einem Eintrag zur Versteigerung der Einrichtung am 20. Juli 1935 und einer Notiz vom Juli 1936 zum Verkauf des Hauses in Weimar.[50] Dies betraf die im Antiquariatskatalog beschriebenen Bücher nicht: entweder weil sie vorher entfernt worden waren oder weil sie gar nicht zum Weimarer, sondern zum Berliner Bibliotheksbestand Harry Graf Kesslers gehört haben.

An dieser Stelle ist es sinnvoll, die Briefe des schon mehrfach erwähnten Max Goertz an Kessler im Exil (1933–1937) heranzuziehen, um die Antiquariats- und die HAAB-Spur genauer zu beleuchten und die zitierte Bemerkung Elisabeth Förster-Nietzsches vom September 1935 nach Möglichkeit zu verifizieren. In den Briefen wird deutlich, dass Max Goertz aus dem Haus in Weimar mehrfach Gegenstände und Bücher holte, um die Kessler ihn gebeten hatte, weil sie für dessen Arbeit an den Memoiren in Palma wichtig waren.[51] Nachdem Kessler Warnungen vor einer möglicherweise bevorstehenden Verhaftung erhalten hatte und er von einem Aufenthalt in Paris im Mai 1933 nicht nach Deutschland zurückgekehrt war, fuhr Goertz von Berlin nach Weimar, um dort die Dinge zu erledigen. In einer Postkarte vom 21. Juni 1933 heißt es dazu zunächst noch: »Ihr schönes Haus ist wunderbar in Ordnung«.[52] Die folgenden Briefe berichten dann aber über finanzielle Schwierigkeiten und enthalten kryptische Bemerkungen, die sich unter Umständen auch auf die Entnahme von Büchern aus dem Weimarer Bestand beziehen könnten.[53]

Aus leicht nachvollziehbaren Gründen halten sich die Briefe mit genauen Angaben zurück, vieles wird nur angedeutet. So wird in den Briefen »Der Radfahrer« erwähnt und ein »Kopf«, den die Bank erst herausgeben werde, wenn eine Geldanweisung eingetroffen sei.[54] Bei dem »Radfahrer« handelt es sich um die Statue »Le Cycliste«, die Kessler 1907 bei Aristide Maillol in Auftrag gegeben hatte[55] und die sowohl der Tagebuchschreiber von 1918 wie auch Helene v. Nostitz in ihren *Erinnerungen* erwähnt.[56] 1934, vor der geplanten Reise zu Kessler nach Mallorca, geht Goertz in seinen Briefen mehrfach auf dessen »Bücherwünsche«[57] ein und schreibt dazu am 16. Oktober 1934: »Aus Weimar werde ich Ihnen die Bücher mitbringen.«[58] Goertz berichtet ausführlich auch über die anstehenden Zwangsversteigerungen und bemüht sich, Aufträge zu erfüllen und mit der zuständigen Finanzverwaltung zu verhandeln.[59] Am 28. Juli 1935 schreibt er an Kessler unter anderem: »Ich vergaß Ihnen in meinem letzten Brief mitzuteilen, daß ich in Weimar einen großen Koffer Briefe und Artikel aus allen Schränken Ihrer dortigen Bibliothek gepackt und den anderen Sachen beigefügt habe«[60]; im Oktober des gleichen Jahres geht es um ein »Pergamentexemplar des ›Hohen Liedes‹«.[61] In der allgemeinen Auflösung des Weimarer Besitzes durch die »Vollstreckungsstelle«[62] – das Haus selbst wird im Juli 1936 verkauft – gelingt es Goertz einige Gegenstände für Kessler und seine Schwester zu reservieren und die Cranach-Presse für einen Betrag von 15.000 Reichsmark aus der Versteigerung herauszunehmen.[63]

Max Goertz geht zwar immer wieder auf Bücher aus Weimar ein; eine massenhafte Entnahme (der Antiquariatskatalog enthält ca. 500 Titel!) solcher Vermögenswerte vor den anstehenden Zwangsversteigerungen, also wohl gleich 1933, lässt sich mit diesen Quellen dagegen nicht belegen. Solche Angaben wären in Briefen ins Ausland, an den Exilanten in Spanien und Frankreich, auch nicht empfehlenswert gewesen. Gleichwohl erscheint nicht ausgeschlossen, dass der Antiquariatskatalog das – in Förster-Nietzsches Worten – »besonders Wertvolle« des Weimarer Bestands wenigstens teilweise dokumentieren könnte.

Wahrscheinlicher aber ist, dass es sich bei den im Antiquariatskatalog angebotenen Teilbeständen aus dem Bücherbesitz Harry Graf Kesslers um seine Berliner Bibliothek oder zumindest wichtige Teile daraus handelt. In einem undatierten Brief schreibt Goertz an Kessler an einem 12. September (1936 oder 1937)[64] aus Berlin: »Die hiesige Bibliothek wird, wie ich gestern erfahren habe, in einigen Tagen abgegeben werden. Auf Wunsch des hiesigen Inspektors, haben sich vor einigen Tagen Buchhändler Informationen holen können. Es wurde ihnen bei dieser Gelegenheit anheimgestellt Bietungen abzugeben. Möglich, dass die Bibliothek auf diese Art einen Preis einbringt, der den tatsächlichen Erwerbswert der Bücher darstellt. Aus einigen Bemerkungen konnte ich entnehmen, dass man mit einem Preis von 7 bis 8.000 Mark rechnet. Der hiesige Inspektor gab mir die Zusage, dass ich den Namen des Käufers erfahren werde. Unter den Interessenten ist ein Bekannter von mir, der mir gern später dieses oder jenes Buch zu einem billigen Preis überlassen wird.«[65]

Das Antiquariat Georg Ecke in Berlin hätte dann den Berliner Bücherbestand Kesslers oder einen Teil daraus von der Finanzverwaltung en bloc gekauft, so wie Max Goertz dies in seinem Brief, ohne Namen zu nennen, ankündigt. Ob es sich dabei um den von Goertz erwähnten Bekannten handelt, oder ob Ecke ein anderer der erwähnten »Buchhändler« gewesen ist, der den Zuschlag erhielt, lässt sich heute nicht mehr ermitteln. Es könnte immerhin sein und erscheint nicht unwahrscheinlich, wenn man an die detaillierten Beschreibungen der Bücher denkt, an denen Goertz als ehemaliger Leiter der Cranach-Presse beteiligt gewesen sein könnte. Ist die Datierung des Briefes – September 1936 oder 1937 – stichhaltig, so kann im Gegensatz dazu von einer Weimarer »Bibliothek« Kesslers nach den dortigen Zwangsversteigerungen zu diesem Zeitpunkt schon nicht mehr gesprochen werden.

Der Antiquariatskatalog hat den Titel *Aus der Bibliothek Harry Graf Kessler* und bestätigt damit, was schon aus den anderen »Spuren« deutlich wurde, dass es sich bei den hier verzeichneten Büchern nur um einen (allerdings besonderen, wertvollen) Teil des Kessler'schen Buchbesitzes handelt. Er umfasst die folgenden Abteilungen:

1. »Deutsche Literatur in Original- und Frühausgaben«,
2. »Eine Oscar Wilde-Sammlung«,
3. »Bücher mit handschriftlichen Widmungen der Autoren oder Künstler«,
4. »Wertvolle und seltene Vorzugs- und Pressendrucke«,
5. »Moderne Bibliophilie, Belletristik und Literatur in vergriffenen Ausgaben. Moderne Erstausgaben«.[66]

Es kann im Folgenden nur eine kurze Charakterisierung der Abteilungen des Auktionskatalogs und damit der Bibliothek[en] Kesslers, die die anhand des Tagebucheintrags von 1918 und des heutigen HAAB-Bestands aufgezeigte Systematik ergänzen, geboten werden. Der ausgewiesene Bestand zeigt Kessler als Bibliophilen mit erheblichen finanziellen Mitteln, was sich nicht zuletzt an der Qualität der Einbände zeigen lässt: Hierbei handelt es sich häufig um neue Leder- oder Pergamenteinbände, die Kessler bei dem renommierten Berliner Buchbinder Collin anfertigen ließ.

1. Deutsche Literatur in Original- und Frühausgaben
Hier sind vor allem die Autoren der klassischen und romantischen Zeit vertreten, so Goethe mit seinen *Schriften* von 1787–1791 (Göschen), der Cotta-Gesamtausgabe der *Werke* von 1806–1808 (der sogenannten Ausgabe A), den Briefwechseln mit Schiller und Zelter und einer Erstausgabe (*Rameaus Neffe*). Auch Hölderlin findet sich mit einer Erstausgabe, Kleist mit der ersten Gesamtausgabe der Werke.

2. Eine Oscar Wilde-Sammlung
Die Oscar Wilde-Sammlung enthält zahlreiche Erstausgaben (u. a. *The Picture of Dorian Gray* von 1891), limitierte Ausgaben und Privatdrucke, daneben Übersetzungen der Werke ins Deutsche und Französische und von Künstlern illustrierte Ausgaben.

3. Bücher mit handschriftlichen Widmungen der Autoren oder Künstler
Eine sehr wichtige Abteilung des Katalogs wie der Bibliothek Kesslers sind die vielen Widmungsexemplare von Freunden, Buchkünstlern, zeitgenössischen Autoren, mit denen Kessler eng zusammengearbeitet

hat (hier die Nummern 67–117). Ein großes Verdienst des Antiquariatskatalogs ist es, dass er die Widmungen in diesen heute verschollenen
Büchern teilweise wörtlich anführt und sich damit qualitativ an einen
(Teil-)Bestandskatalog der Bibliothek Kesslers annähert. Genannt seien
etwa: Eberhard v. Bodenhausen:»Entwicklungslehre und Aesthetik«.
Sonderdruck aus *PAN*; Ders.: R. A. M. Stevenson: *Velazquez*. Übers. u.
hg. v. E. v. Bodenhausen. 1904 (Nr. 68 u. 69); T. J. Cobden-Sanderson:
The City Planned. 1914; Ders.: *The New Science Museum.* 1914 (Nr. 71
u. 72); Richard Dehmel: *Der Buntscheck. Ein Sammelbuch herzhafter
Kunst für Ohr und Auge deutscher Kinder.* Köln 1904. Mit der hs. Widmung:»Herrn Grafen Keßler als Dank für manche Anregung. Der Herausgeber«[67] (Nr. 74); Gerhart Hauptmann: *Griechischer Frühling.* Berlin 1908. Mit der hs. Widmung:»Mit herzlichem Weihnachtsgruß.
Gerhart Hauptmann 1908«[68] (Nr. 85); Alfred Walter Heymel: *Zeiten.
Ein Buch Gedichte.* Leipzig 1907. Mit der hs. Widmung:»Alfred Hey-
mel s. l. Harry Keßler Weihnachten 1907«[69] (Nr. 91); Elisabeth Förster-
Nietzsche: Friedrich Nietzsche: *Der Wille zur Macht.* Leipzig 1928. Mit
der hs. Widmung:»Herzlichen Ostergruß Dr. h.c. Elisabeth Förster-
Nietzsche 1928«[70]; Dies.: Friedrich Nietzsche: *Ecce Homo, wie man
wird, was man ist.* Hg. v. R. Richter. Leipzig 1908. Mit der hs. Widmung:
»Meinem lieben Freunde Graf Harry Keßler zur Erinnerung Elisabeth
Förster-Nietzsche, Spätherbst 1908«[71] (Nr. 99 u. 100); Helene [von]
Nostitz: *Potsdam.* Dresden 1930. Mit der hs. Widmung:»Mit den
schönsten Wünschen für die Feste von Helene Nostitz Dezember 30«[72]
(Nr. 101); Walther Rathenau: *Reflexionen.* Leipzig 1908. Mit der hs.
Widmung:»Graf Harry von Keßler in Freundschaft Walther Rathenau
28. 4. 08«[73] (Nr. 102); Paul Signac: *D'Eugène Delacroix au néoimpres-
sionisme.* Paris 1899. Mit der hs. Widmung:»à M. de Kessler Sympathi-
que hommage P. Signac«[74] (Nr. 113); Henry Van de Velde: *Le Nouveau.
Son apport à l'architecture.* Bruxelles, o. J. Mit der hs. Widmung:» à
Harry Comte Kessler en témoignage de ma profonde affection. Henry
van de Velde Mai 30.«[75]

Vor allem die Bestände, die in dieser Abteilung des Antiquariatska-
talogs nachgewiesen sind, können so ihrerseits das Beziehungsgeflecht
Kesslers deutlich machen und das Tagebuch und die Briefwechsel – im
Hinblick auf eine Prosopografie seiner Kontakte – ergänzen.

4. Wertvolle und seltene Vorzugs- und Pressendrucke
Die Sammlung umfasst vor allem englische (Chiswick Press, Doves
Press, Ballantyne Press, The Vale Press, The Riccardi Press, The Golden
Cockerell Press) und deutsche Pressendrucke (Janus-Presse, Bremer
Presse, Ernst-Ludwig-Presse, Maximilian Gesellschaft, Offizin Serpen-

tis, und die Cranach-Presse Kesslers), des weiteren Mappenwerke mit Illustrationen von Beardsley, Marcus Behmer und anderen.

5. Moderne Bibliophilie, Belletristik und Literatur in vergriffenen Ausgaben. Moderne Erstausgaben

Diese Abteilung enthält mehr als 300 eher niedrigpreisige Titel. Sie zeigen wieder Kesslers Interessens- und Sammelgebiete, die auch schon aus der Tagebuch-Notiz von 1918 und dem Bestand in der HAAB deutlich wurden: Vor allem die verschiedenen europäischen Literaturen sind in Erstausgaben oder frühen Ausgaben vertreten. Auch hier sind Leder- und Halbpergamenteinbände häufig, allerdings können auch Pappbände vorkommen. Darunter sind einige andere Titel gemischt, die sich offenbar in dem Konvolut vorfanden, so von Cobden-Sanderson zur Buchgestaltung, einige Bände des englischen *Journal of Typography*, das Inselverlag-Verzeichnis oder Literatur zu Goethe. Ferner sind einige Erstausgaben Hugo v. Hofmannsthals vertreten, allerdings ohne Widmungen.[76]

Als Fazit hierzu kann man festhalten, dass neben den Aktionen in Weimar (den Eingriffen in den Bestand und Zwangsversteigerungen von 1935 und 1936) dieser Verkauf in Berlin mit dem Antiquariatskatalog von 1936 oder 1937 zur Folge hatte, dass Kesslers Buchbesitz zerstreut wurde. Die Frage stellt sich, wo die Bücher aus dem Angebot von Georg Ecke, aber auch die Weimarer Bücher Kesslers, die nicht ihren Weg in die HAAB fanden, geblieben sind? Es wäre immerhin denkbar, dass Bücher aus diesem Berliner Angebot von der Bibliothek in Weimar angekauft oder durch später übernommene Sammlungen (die Sammlung Georg Haar wurde schon erwähnt) in den Bestand gelangt sein könnten. Wirklich wahrscheinlich machen lässt sich das beim jetzigen Stand des OPAC der HAAB wohl nur bei einem Titel: der »Prachtausgabe«[77] oder »Monumentalausgabe«[78] des *Zarathustra*, an der Kessler zusammen mit Elisabeth Förster-Nietzsche und Henry Van de Velde maßgeblich beteiligt war und deren Planungs- und Produktionsphase sich über mehr als zehn Jahre hinzog.[79] Hier ist möglich, dass das Exemplar mit der Nummer 183 des Antiquariatskatalogs[80] aus Kesslers Besitz dasjenige ist, das über die Sammlung Haar in die HAAB gelangte[81] (Abb. 2).

ALSO SPRACH
ZARATHUSTRA
EIN BUCH FÜR ALLE UND KEINEN

FRIEDRICH
NIETZSCHE

ERSCHIENEN 1908
IM INSEL-VERLAG
LEIPZIG

Abb. 2: Titelblatt der *Zarathrusta*-Ausgabe im Insel-Verlag von 1908

V Die Zerstreuung von Kesslers Buchbesitz und die resultierende Streuüberlieferung

Aus der Zerstreuung des Weimarer wie des Berliner Buchbesitzes Kesslers kann heute und in der Zukunft gelegentlich noch das eine oder andere Exemplar auftauchen. Dazu soll hier ein Beispiel vorgestellt werden, ein Buch aus dieser Provenienz, das ich vor einigen Jahren im Antiquariatshandel erworben habe: Walter Savage Landor: *Epicurus, Leontion and Ternissa*. London o.J. [1896][82] (Abb. 3). Es enthält am Ende des Textes folgenden Druckvermerk: »(…) printed by the Ballantyne Press, the build of the book and its decoration being by Charles Ricketts. This edition is limited to two hundred and ten copies of which two hundred are for sale (…)«.[83]

Das vorliegende Buch vereinigt in sich zwei der Hauptinteressensgebiete Harry Graf Kesslers: einerseits die englische Literatur, andererseits Pressendrucke. In der Systematik von Kesslers Bibliothek(en) gehörte es zur modernen englischen Literatur, vor allem aber auch zu seiner Mustersammlung von Drucken verschiedener, vor allem englischer Handpressen, die ihn bei der Arbeit an seiner eigenen Cranach-Presse

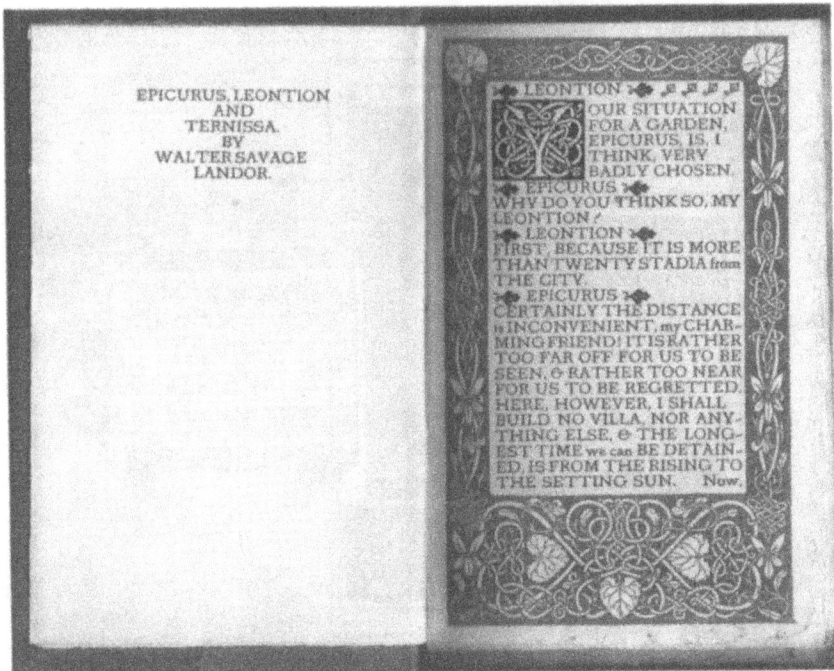

Abb. 3: Titelblatt des Werks von Walter Savage Landor aus Kesslers Bibliothek

(1913–1931) und schon vorher, in der Zusammenarbeit mit dem Nietzsche Archiv und dem Insel-Verlag, inspirierten.

Die Frage, ob das Buch ursprünglich zum Bestand von Kesslers Weimarer oder seiner Berliner Bibliothek gehört habe, lässt sich nicht mehr beantworten. Es könnte bis zur Auflösung durchaus im Haus in der Cranachstraße in den »englischen (...) Buchreihen« gestanden haben, die der Blick des Heimkehrers von 1918 streift. Nach der Systematik des eben beschriebenen Antiquariatskatalogs *Aus der Bibliothek Harry Graf Kessler* würde es genauso gut unter der Abteilung: »IV. Wertvolle und seltene Vorzugs- und Pressendrucke« einzuordnen sein; es ist in dem Katalog aber nicht vorhanden.

VI Spuren der Provenienz Harry Graf Kessler in den Büchern: Exlibris, Lesespuren, Widmungen

Die Provenienz des eben beschriebenen Buches ist durch ein eingeklebtes Exlibris belegt (Abb. 4). Zum Abschluss soll kurz die Frage behandelt werden, welche materiellen Spuren in den Büchern ihre Herkunft aus Harry Graf Kesslers Bibliothek(en) nachweisen können. Im Einzelnen können dies wohl Exlibris, Lesespuren wie Notizen oder Marginalien und Widmungen sein.[84]

Abb. 4: Exlibris Harry Graf Kessler von Georg Sattler, ca. 1892

Das gerade vorgestellte Buch aus dem Besitz Kesslers enthält sein Exlibris, eins von mindestens drei verschiedenen, aber wohl das bekannteste. Es wurde von dem Künstler Georg Sattler ca. 1892 entworfen und 1895 in einem Beitrag »Ueber Ex Libris« in der Zeitschrift *PAN* veröffentlicht, an deren Herausgeberschaft er beteiligt war.[85]

Neben diesem Exlibris, das als farbiger Lichtdruck vorn in die Bücher eingeklebt wurde, lassen sich in den Beständen der HAAB zwei Exlibris-Stempel nachweisen. Es ist belegt, dass der erste ca. 1897 für Kessler von dem belgischen Künstler Georges Lemmen entworfen wurde, er findet sich beispielsweise in einer Ausgabe von Hofmannsthals *Der Thor und der Tod* von 1900[86] (Abb. 5). Das Exlibris steht im Kontext der Zusammenarbeit zwischen Lemmen und Kessler an dessen erster Veröffentlichung, *den Notizen über Mexico* (Berlin 1898).[87] Lemmen zeichnete dafür das Titelblatt und den Verlagsprospekt.[88] Ein Stilvergleich legt nahe, dass auch der weitere Exlibris-Stempel von Lemmen stammen könnte; er scheint früher entstanden zu sein und findet sich in Kesslers Büchern in einem handschriftlichen Notizbuch mit Exzerpten und Kommentaren zu seiner Lektüre von Schopenhauers *Die Welt als Wille und Vorstellung*[89] (Abb. 6). Wie das Tagebuch belegt, las Kessler den ersten Band dieses Werkes im Juni 1896.[90]

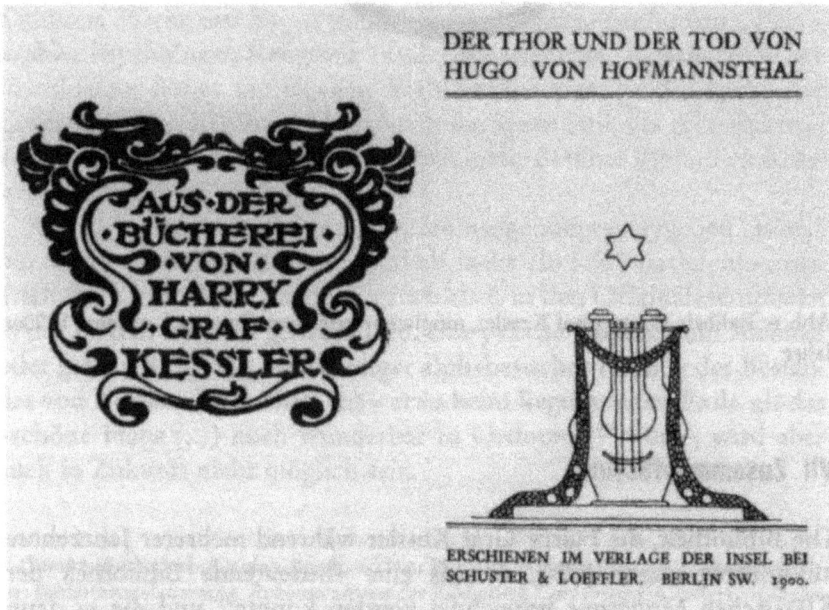

Abb. 5: Exlibris Harry Graf Kessler von Georges Lemmen, ca. 1897

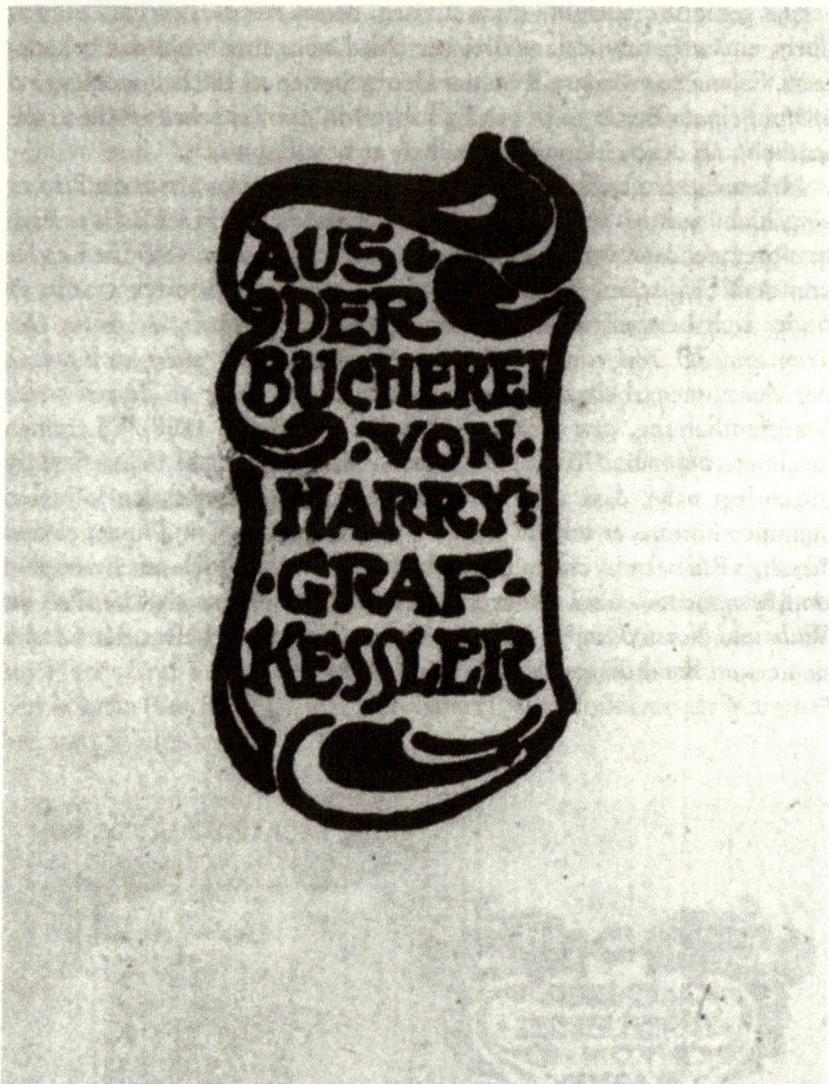

Abb. 6: Exlibris Harry Graf Kessler, möglicherweise von Georges Lemmen, 1890er Jahre

VII Zusammenfassung

Die Bibliothek, die Harry Graf Kessler während mehrerer Jahrzehnte zusammengetragen hatte, die als eine »bedeutende Bibliothek der Klassischen Moderne« bezeichnet werden konnte[91] und die er dann 1933 bei seinem Gang ins Exil in Berlin und Weimar zurücklassen musste, wo sie noch zu seinen Lebzeiten zerstreut wurde, hat vielfältige Spuren verschiedener Art hinterlassen. Spuren in der schriftlichen Überlieferung geben nicht nur ein Bild von den Ausmaßen und der Anordnung des Buchbesitzes, sondern führen auch zu »erschlossenen« Büchern aus Kesslers Bibliothek(en). Ein Auktionskatalog verzeichnet und beschreibt ca. 500 Titel aus seinem Besitz, die am wahrscheinlichsten aus seiner Berliner Bibliothek stammen. Andere Bücher, immerhin mehrere hundert, liegen heute tatsächlich vor. Sie sind über verschiedene Wege, größtenteils aus dem Weimarer Haus Kesslers, aber auch über andere Kanäle in die HAAB gelangt und wurden durch Ankäufe vermehrt. Daneben ist eine Streuüberlieferung zu konstatieren, die sich vor allem aus den Weimarer Zwangsversteigerungen von 1935 und 1936 und der weitgehenden Zerstreuung der im Antiquariatskatalog angebotenen Bücher herleitet. In Zukunft werden vor allem im Zuge der Provenienzforschung in der HAAB, aber auch aus der Streuüberlieferung noch neue Erkenntnisse zu gewinnen sein.

In der Zusammenschau ergeben diese Spuren ein recht deutliches Bild von den Interessen- und Sammelgebieten, den verschiedenen Abteilungen der Bibliothek(en) Harry Graf Kesslers: Da waren die »französischen, englischen, italienischen, griechischen, deutschen Bücherreihen«[92], die der Tagebuchschreiber 1918 in seinem Weimarer Haus erwähnt, und an die sich, wie sich am eher zufälligen Bestand in der HAAB belegen lässt, Bücherreihen mit Literaturen anderer Länder und Kulturen, Werke zur Kunst und Kulturgeschichte, Architektur, Philosophie, Psychologie, Religions- und Zeitgeschichte, Reisehandbücher anschlossen, ferner die eigenen Veröffentlichungen und Drucke der Cranach-Presse. Ergänzend hinzu tritt die Systematik des Antiquariatskatalogs, der wahrscheinlich einen Blick in die Berliner Bibliothek Kesslers gestattet.[93]

Alle hier vorgestellten Spuren zusammengenommen ergeben immerhin schon einen Bestand von deutlich mehr als 1.000 nachgewiesenen Titeln[94], ca. die Hälfte davon liegt wirklich in den Originalexemplaren in der HAAB vor. Ein genaues Bild, eine präzise Angabe zum Ausmaß oder gar ein möglichst vollständiger alphabetischer Katalog des Bestandes von Kesslers Bibliothek(en) – etwa beim Beginn seines Exils, als das »schöne Haus (...) noch wunderbar in Ordnung«[95] war –, wird aber auch in Zukunft nicht möglich sein.

1 *Goethes Bibliothek. Katalog.* Bearb. v. Hans Ruppert. Weimar 1958. — 2 Thomas Richter: *Bibliotheca Zelteriana. Rekonstruktion der Bibliothek Carl Friedrich Zelters. Alphabetischer Katalog.* Stuttgart 2000. — 3 Thomas Richter: »Golo Manns Auseinandersetzung mit Ernst Jünger im Spiegel seiner nachgelassenen Bibliothek«. In: *Quarto. Zeitschrift des*

Schweizerischen Literaturarchivs 30/31 (2010): »*Autorenbibliotheken*«, S. 80–85. — **4** Ein großer Teil der Bibliothek Golo Manns befindet sich heute als Teil seines Nachlasses im Schweizerischen Literaturarchiv (Schweizerische Nationalbibliothek Bern); vgl. den Eintrag auf der Homepage des SLA: http:/ead.nb.admin.ch/html/mann.html (7.7.2011). — **5** Vgl. dazu Tilmann Lahmes Nachwort zu seiner Auswahledition der Briefe Golo Manns: *Golo Mann: Briefe 1932–1992.* Hg. v. Tilmann Lahme und Kathrin Lüssi. Göttingen 2006, hier S. 485. — **6** Burkhard Stenzel: »Widmungen Hugo v. Hofmannsthals. Einblicke in Werke der ehemaligen Weimarer Bibliothek von Harry Graf Kessler«. In: *Mitteldeutsches Jahrbuch* 15 (2008), S. 101–114, hier S. 105. Ob die Widmungsexemplare Hofmannsthals Teil der Weimarer oder der Berliner Bibliothek Kesslers gewesen sind, ist wohl nicht abschließend zu klären, da sie, worauf Stenzel selbst hinweist (ebd., S. 112, Anm. 9), erst in den 1990er Jahren von der HAAB angekauft wurden; vgl. dazu weiter unten. — **7** Zumindest ein Teil der Bücher, die Kessler in seiner Berner Zeit besessen und für seine Arbeit dort benutzt hat, sind durch die Auflösung seines Weimarer Besitzes in die HAAB gelangt (vgl. den OPAC, s. Anm. 27, vor allem die Erscheinungsjahre 1916–1918). — **8** Für das Haus in der Cranachstraße vgl. neben anderen die Zitate aus Kesslers Tagebuch und Helene v. Nostitz' Erinnerungen (s. Anm. 18). Das Tagebuch Kesslers (s. Anm. 15) erwähnt am 23.12. 1931 die »Bibliothek in der Hildebrandstraße« (Bd. 9, S. 400). — **9** Vgl. die Briefe von Max Goertz an Harry Graf Kessler (Nachlass Kessler, DLA Marbach); dazu ausführlich weiter unten. — **10** Jean Cocteau: *Mon premier voyage. Tour du monde en 80 jours.* Paris 1936 (Nachweis im OPAC der HAAB, s. Anm. 27). — **11** Eine Edition des Briefwechsels mit Henry van de Velde wird in Weimar vorbereitet. — **12** Hugo von Hofmannsthal und Harry Graf Kessler: *Ein Briefwechsel, 1898–1929.* Hg. v. Hilde Burger. Frankfurt/M. 1968. — **13** Vgl. dazu: Roland S. Kamzelak: *E-Editionen. Zur neuen Praxis der Editionsphilologie: Ida und Richard Dehmel-Harry Graf Kessler. Briefwechsel 1898– 1935.* (Diss.). Tübingen 2004. — **14** Nachlass Kessler im DLA Marbach; dazu weiter unten. — **15** Harry Graf Kessler: *Das Tagebuch 1880–1937.* Hg. v. Roland S. Kamzelak und Ulrich Ott. 9 Bde. Stuttgart 2004 ff. — **16** Alle Nachweise aus Kesslers *Tagebuch* (ebd.): »Früh Bismarcks Gedanken u Erinnerungen erhalten« (Berlin, 30.11.1898; Bd. 3, S. 219); »mein Exemplar von ›Sagesse‹ (…), das Verlaine für mich mit eigenhändigen Anmerkungen versehen hat« (Berlin, 4.11.1922, Bd. 7, S. 565); »Ich hatte meine Exemplare von ›Sagesse‹ und ›Illumination‹ mitgebracht mit den Randbemerkungen, die Verlaine für mich hineingeschrieben hat. (…) Das kleine Bleistiftporträt Rimbauds, das Verlaine für mich aus der Erinnerung in die ›Illuminations‹ gezeichnet hat, fand Cocteau eines der besten; es gebe die kindliche Härte u. Einfalt Rimbauds packend wieder. (…) Radiguet bat mich beim Fortgehen, mir seinen Roman schicken zu dürfen« (Paris, 12.1.1923, Bd. 7, S. 617 f.); »meinen Verlaine« (Paris, 13.1.1923, Bd. 7, S. 620); »Bei Claude Anet, den ich seit dem Kriege nicht gesehen hatte u. der mir die hübsche Widmung geschrieben hat: ›En mémoire de jadis, en oubli de naguère.‹« (Paris, 17.1.1923, Bd. 7, S. 630). – Von den hier erwähnten Büchern ist heute keins im OPAC der HAAB (s. Anm. 27) nachweisbar und auch keins im Antiquariatskatalog *Aus der Bibliothek Harry Graf Kessler* (s. Anm. 45) verzeichnet. — **17** Kesslers *Tagebuch* (s. Anm. 15), Bd. 6, S. 511 f. – Lord Lovelace: William King, seit 1838 erster Earl of Lovelace, (1805–1893), war verheiratet mit Augusta Ada Byron (1815–1852), der einzigen Tochter Lord Byrons. Deren Sohn, Ralph Milbanke, Earl Of Lovelace (1839–1906), publizierte *Astarte. A Fragment of Truth Concerning George Gordon Byron, Sixth Lord Byron. Recorded by his Grandson (Earl of Lovelace).* London 1905. In dem Buch wird behauptet, dass Lord Byron mindestens zwei Jahre eine inzestuöse Beziehung mit seiner Halbschwester unterhalten habe. Kessler wird das Werk vor allem als Pressendruck (Chiswick Press) interessiert haben (vgl. dazu die entsprechende Abteilung im Antiquariatskatalog, Anm. 45 ff.). – Montesquiou: Robert de M. (1855– 1921), das Vorbild der Romanfiguren Des Esseintes in *A rebours* von Joris-Karl Huysmans und Charlus in *A la recherche du temps perdu* von Marcel Proust, liebte die Gräfin di Castiglione (1837–1899), eine bekannte Kurtisane und Mätresse des französischen Kaisers Napoleon III., und schrieb deren Biografie (*La Divine Comtesse*, 1913). — **18** Helene

[von] Nostitz: »Weimar in den Jahren 1908–1910«. In: Dies.: *Aus dem alten Europa. Menschen und Städte.* Berlin 1933, S. 89–103, hier S. 89 f. — **19** Der Sonderdruck (265 S.) umfasst den Textteil des vierten Bandes, ohne Einleitung und kritischen Apparat, mit dem Vermerk: »Als Sonderdruck aus dem vierten Bande – bis zu dessen Erscheinen nur vertraulich mitgeteilt – der Hölderlinausgabe des Verlages Georg Müller für den Herausgeber hergestellt bei Mänike und Jahn in Rudolstadt im Frühjahr MCMXIV.« (Rainer Maria Rilke und Norbert von Hellingrath: *Briefe und Dokumente.* Hg. v. Klaus E. Bohnenkamp. Göttingen 2008, S. 98 f.). — **20** Harry Graf Kessler: »Verzeichnis der Drucke der Cranach-Presse in Weimar. Gegründet 1913«. In: *Imprimatur. Ein Jahrbuch für Bücherfreunde* 2 (1931), S. 107–112. — **21** Der mehr als vier Jahrzehnte (1895–1935) während Briefwechsel mit Elisabeth Förster-Nietzsche kann als Beispiel herangezogen werden, in dem sich beide Briefpartner häufig für geschenkte Widmungsexemplare bedanken, so z. B. Förster-Nietzsche am 19.5.1898 (Konzept im Goethe- und Schiller-Archiv, GSA 72/BW 2710) für Kesslers Erstveröffentlichung *Notizen über Mexico* (Berlin 1898; heute in der HAAB, [Provenienz Förster-Nietzsche], C 6666, mit hs. Widmung Kesslers; auch in der 2. Aufl. mit hs. Widmung: Leipzig 1921, HAAB, C 6985). – Widmungsexemplare Förster-Nietzsches an Kessler sind im Antiquariatskatalog verzeichnet (s. Anm. 45). — **22** Vgl. dazu das Tagebuch Kesslers (s. Anm. 15), 12. und 13.5.1928 (Bd. 9, S. 181). — **23** Kesslers Tagebuch (s. Anm. 15), Bd. 9, S. 637. Bei der Gelegenheit verkauft Kessler zwei Drucke der Cranach-Presse: »einen Hamlet und einen Margerie« (ebd.). — **24** Vgl. dazu Anm. 26 u. 41. — **25** »Ihre Mitteilung, dass am 5. Januar Versteigerung der Presse-Bücher sei, hat mich zuerst mit grosser Sorge erfüllt. Um keine Zeit zu verlieren, bat ich Ihren Rechtsbeistand um das Pfändungsprotokoll. Ich wollte fünf Durchschläge machen und an fünf Menschen die Bitte um Unterstützung ergehen lassen. Als ich aber das Protokoll, also die Aufstellung der zu versteigernden Bücher, las, kam ich zu der Überzeugung, dass wir niemals Menschen finden werden die ersten[s]: 2.445,56 Mark Abfindung an die Bank und die Pfändung Föge auf die Bücher in Höhe von: 4.500 Mark zahlen werden, denn 6.945 Mark sind bei der heutigen Marktlage niemals wieder aus den Büchern herauszuholen. Im übrigen bin ich froh, dass unsere eigentlichen grossen Werke nicht in dieser Liste vorhanden sind. Hier handelt es sich nur um ›Hohes Lied‹ und Rilkes ›Duineser Elegien‹. Also Drucke der ›Phönix‹. Dazu kommt, dass es natürlich viel einfacher ist eine Gruppe von Interessenten zu finden, deren Geld nicht sofort zum Ankauf von ehemaligen Werten, die nicht sofort realisierbar sind, verwertet wird. So schmerzlich für Sie der Verlust ist, bin ich doch der Meinung, wir lassen die Finger von der Versteigerung und hoffen, dass uns unserer [sic] Plan, die Presse zu aktivieren, gelingt. Allerdings mögen noch Wochen vergehen, ehe die Gesamtsumme aufgebracht sein wird.« (Max Goertz an Kessler, Berlin, 29.12.1934; Nachlass Kessler, DLA Marbach). — **26** »Im Jahre 1935 gelangten etwa 500 Bücher als Geschenk eines Vereins ins Haus und erwiesen sich später als Teil der Weimarer Privatbibliothek Harry Graf Keßlers (1868–1937), dessen Besitz nach seiner Auswanderung nach Frankreich zwangsversteigert und verstreut worden war.« Michael Knoche: »Herzogin Anna Amalia Bibliothek. 1. Bestandsgeschichte«. In: *Handbuch der historischen Buchbestände in Deutschland.* Hg. v. Bernhard Fabian. Bd. 21: *Thüringen S–Z.* Hg. v. Friedhilde Krause. Hildesheim/Zürich 1999, S. 101–108, hier S. 106, Sp. 2. Vgl. dazu jetzt auch den Beitrag von Stenzel: »Widmungen Hugo v. Hofmannsthals« (s. Anm. 6), der aber andere Zahlenangaben macht: 280 Bände aus Kesslers Weimarer Bibliothek im Februar bis November 1935, im Juli bis November darüber hinaus 150 weitere Buchzugänge (überwiegend aus dieser Provenienz) (ebd., S. 103). — **27** http://opac.ub.uniweimar.de/DB=2/ SET=2/TTL=29/MAT=/NOMAT=T/CLK?IKT=46&TRM=Provenienz%3A+Kessler,+ Harry (13.5.2011). — **28** Vgl. dazu Thomas Föhl: »Die dunkle Seite des Mondes. Einige ökonomische Aspekte der Arbeit der Cranach Presse und ihres Begründers«. In: *Das Buch als Kunstwerk. Die Cranach Presse des Grafen Harry Kessler.* Hg. v. John Dieter Brinks. Laubach/Berlin 2003, S. 170–186 u. Stenzel: »Widmungen Hugo v. Hofmannsthals« (s. Anm. 6). — **29** Ebd. — **30** Vgl. Kesslers Tagebuch (s. Anm. 15), 6.7.1936 (Bd. 9, S. 666). — **31** Elisabeth Förster-Nietzsche an Harry Graf Kessler, Weimar, 10. September 1935 (Kess-

ler-Nachlass, DLA Marbach). — **32** Stenzel: »Widmungen Hugo v. Hofmannsthals« (s. Anm. 6), S. 103. Vgl. dazu hier Anm. 26. — **33** Cocteau: *Mon premier voyage.* (s. Anm. 10). — **34** Stenzel: »Widmungen Hugo v. Hofmannsthals« (s. Anm. 6), S. 112. — **35** Vgl. Anm. 31. — **36** Wie Anm. 17. — **37** Die folgenden Angaben sind alle dem OPAC der HAAB entnommen (s. Anm. 27). — **38** Vgl. weiter unten die »Oscar-Wilde-Sammlung« (nachgewiesen im Antiquariatskatalog, s. Anm. 45 ff.). — **39** Im OPAC findet sich dazu der Eintrag »Brandverlust« (s. Anm. 27). — **40** Stenzel: »Widmungen Hugo v. Hofmannsthals« (s. Anm. 6). — **41** Ebd., S. 107, Sp. 1. »Die Sammlung geht auf eine Stiftung des Weimarer Industriellen Georg Haar (1887–1945) zurück. Die vielfach handsignierten und handnumerierten bibliophilen Ausgaben, Pressendrucke oder Sonderausgaben (1220 Bde, Signatur Haar) stellen einen wertvollen Bestand an Buchkunst und -illustration dar. Das Spektrum reicht vom Historismus (Klinger, *Apuleius, Amor und Psyche*, 1880) über Jugendstil (z. B. Beardsley, Behmer, Vogeler, Hofmannsthal) bis zu den Vorzugsausgaben aus Harry Graf Keßlers Cranach-Presse« (Konrad Kratzsch und Christine Arnhold: »2. Bestandsbeschreibung.« In: *Handbuch der historischen Buchbestände in Deutschland* [s. Anm. 26] S. 108–122, hier S. 117, Sp. 1). — **42** Vgl. Anm. 25. — **43** *Niemand kann wider sein Schicksal. Ein Bilderbogen von Marcus Behmer 1905. Faksimile.* Weimar 1984 (= *Jahresgabe der Pirckheimer-Gesellschaft 1984/85*) [Mit einem Nachwort von Renate Müller-Krumbach], S. 5, Sp. 1. — **44** Stenzel: »Widmungen Hugo v. Hofmannsthals« (s. Anm. 6), S. 112, Anm. 12. — **45** Der Antiquariatskatalog enthält 483 Nummern; manche Sammlungen sind aber unter einer Nummer zusammengefasst, so etwa die *Schriften der Goethe-Gesellschaft* (Nr. 303). Der Katalog wurde mir freundlicherweise in Kopie von einem Kessler-Sammler zur Verfügung gestellt. Das Titelblatt (Abb. 1) und eine Doppelseite (S. 16 f.) sind schon abgebildet in: *Hommage à Harry Graf Kessler. Ausstellungskatalog Bröhan-Museum 2007/08*, S. 93–95. — **46** Vgl. Anm. 17. — **47** Antiquariatskatalog Georg Ecke (s. Anm. 45), S. 5–7, Nr. 28–66. — **48** Alfred Douglas: *The Inn of Dreams*. London 1911. — **49** Dieser Ansicht ist auch Stenzel: »Widmungen Hugo v. Hofmannsthals« (s. Anm. 6), S. 112, Anm. 16. — **50** Kesslers Tagebuch (s. Anm. 15), 20.7.1935 und 19.7.1936 (Bd. 8, S. 637 u. 645). — **51** Max Goertz traf Kessler am 9.11.1933 in Marseille, zusammen reisten sie nach Mallorca weiter; am 11.5.1934 fuhr er nach Deutschland zurück. Ein zweiter Aufenthalt bei Kessler in Palma fand vom 1.3. bis zum 22.6.1935 statt. Zu Gesprächen über eine Reaktivierung der Cranach-Presse hielt Goertz sich dann zwischen dem 28.3. und 2.4.1936 bei Kessler und dessen Schwester in Pontanevaux auf, vom 19. bis 29.6. wieder dort und in Paris (Vgl. das Tagebuch Kesslers [s. Anm. 15], Bd. 9). Der erste und einzige Band von Kesslers Memoiren erschien unter dem Titel: *Gesichter und Zeiten. Erinnerungen. Band 1: Völker und Vaterländer* 1935 im S. Fischer Verlag in Berlin. — **52** Max Goertz an Harry Graf Kessler, Weimar, 21.6.1933 (Nachlass Kessler, DLA Marbach). — **53** Vgl. z. B. Max Goertz an Kessler, Berlin, 20.6.1933: »In wenigen Minuten geht mein Zug nach Weimar. (…) Ich hoffe in Weimar für Sie ›Alles‹ erledigen zu können. (…) Ich bleibe solange in Weimar, bis ich die Presse gut untergebracht weiß.« (Nachlass Kessler, DLA Marbach). Am nächsten Tag erfolgte dann die Postkarte aus Weimar mit dem zitierten Satz (s. Anm. 52). — **54** Max Goertz an Kessler, Berlin, 21.8.1933 und ein Telegramm, Berlin, 26.8.1933 (Nachlass Kessler, DLA Marbach). — **55** Vgl. dazu z. B. Kesslers Tagebuch (s. Anm. 15), Bd. 4, S. 299 ff. — **56** Vgl. Anm. 17 u. 18: »sein schöner nackter Jüngling nach dem kleinen Colin« und: »eine Lieblichkeit voll früher Ahnung, die am stärksten vielleicht in diesem Jüngling von Maillol zum Ausdruck kam, der erstaunt dort neben den Waldnymphen von Maurice Denis um sich blickte«. — **57** Max Goertz an Kessler, Berlin, 15.11.1934 (Nachlass Kessler, DLA Marbach). — **58** Max Goertz an Kessler, Berlin, 16.10.1934 (Nachlass Kessler, DLA Marbach). Dies könnte sich auf einige Bücher beziehen, die Kessler zu haben wünschte, vielleicht für die Arbeit an seiner Autobiografie, oder evtl. auch auf Cranach-Drucke für die erwähnte Ausstellung in Spanien (s. Anm. 9 u. 23). — **59** Vgl. Anm. 25. — **60** Max Goertz an Kessler, Berlin, 28.7.1935 (Nachlass Kessler, DLA Marbach). — **61** »(…) Ich besitze und besass nie ein Pergamentexemplar des ›Hohen Liedes‹. Sie werden sich entsinnen, dass Dorfner alle Exemplare direkt nach London gesandt hat. (...) sind Sie absolut sicher, dass wir das Pergamentexemplar eingepackt haben oder befindet es sich nicht doch in einer Ihrer Handtaschen?« (Max Goertz an Kessler, Berlin, 12.10.1935, Nachlass Kessler, DLA Marbach). — **62** Max Goertz an Kessler, Weimar, 18.8.1937 (Nachlass Kessler, DLA Marbach). — **63** Vgl. dazu die beiden Briefe Goertz' an Kessler vom 18. und 19.8.1937 (Nachlass Kessler, DLA Marbach). Die in Weimar zunächst eingelagerten Gegenstände aus dem Haus in der Cranachstraße (vor allem Möbel, Kunstgegenstände und Silber sind belegt) wurden im August 1937 ihrerseits versteigert, weil Kessler die Lagerkosten nicht aufbringen konnte. Im Auftrag Kesslers und vor allem seiner Schwester reservierte Goertz einige Gegenstände, über die er im Brief vom 19.8. berichtet, u. a. »Das komplette Schlafzimmer zum Preise von 150 Mark, den tiefen Sessel inclusive (...) den großen Denis zum Preise von 350 Mark (...) die kleine Bibliothek (Möbel) ungefähr 100 [?] Mark (...) das gesamte Silber für 350 Mark, dieses aber will sich das Finanzamt vorbehalten (...). Das Arbeitszimmer (...) für (...) 125 Mark«. — **64** Das Jahr lässt sich indirekt erschließen: Die Absenderangabe von Goertz ist Berlin-Charlottenburg, Leibnizstr. 57; dort wohnte er ab 1936, während sich vorher andere Absenderangaben finden (auch noch im September 1935: Kurfürstendamm 137 in Berlin-Halensee). Zweitens wird im Brief geschrieben, dass Kessler sich in »Lozère« aufhalte; im September 1936 befand sich Kessler zusammen mit seiner Schwester in Fournels (Departement Lozère) und Pontanevaux, desgl. auch im September 1937. Alle anderen September der Exiljahre scheiden damit aus. — **65** Max Goertz an Kessler, Berlin, 12.9. o. J. (Nachlass Kessler, DLA Marbach). — **66** Antiquariatskatalog Georg Ecke (s. Anm. 45), Titelblatt (Abb. 1). — **67** Ebd., S. 7. — **68** Ebd., S. 8. — **69** Ebd., S. 9. — **70** Ebd. — **71** Ebd. — **72** Ebd. — **73** Ebd. — **74** Ebd., S. 10. — **75** Ebd. — **76** Es handelt sich also nicht um die später von der HAAB angekauften Widmungsexemplare (s. Anm. 34). — **77** So lautet die Bezeichnung für das Projekt im Briefwechsel zwischen Harry Graf Kessler und Elisabeth Förster-Nietzsche, z. B. neben anderen im Brief von Kessler an dies. vom 3.5.1898 (GSA 72/BW 2710). — **78** Antiquariatskatalog Georg Ecke (s. Anm. 45), S. 16. — **79** Vgl. dazu z. B.: Jane Block: »The Insel-Verlag ›Zarathustra‹. An Untold Tale of Art and Printing«. In: *Pantheon* 45 (1987), S. 129–137; *Harry Graf Kessler. Tagebuch eines Weltmannes.* Hg. v. Ulrich Ott. Marbach a. N. 3. Auflage 1996 (= Marbacher Kataloge 43), S. 88 ff. — **80** Antiquariatskatalog Georg Ecke (s. Anm. 45), S. 16. — **81** HAAB, Signatur: Haar gr 49. — **82** Der Dialog Walter Savage Landors (1775–1864) gehört der Gattung Fiktive Gespräche an und war zuerst in seiner Sammlung *Uncollected Prose* (1841) erschienen. — **83** Walter Savage Landor: *Epicurus, Leontion and Ternissa.* London o. J. [1896], S. cxix. – Charles Ricketts (1866–1931) betrieb die Vale Press, (u. a. 39 Bde. Shakespeares Werke mit eigener Type) und war Theaterdesigner. Er war mit Kessler seit Langem bekannt (vgl. das Tagebuch [s. Anm. 15]) und zunächst für die Gestaltung der »Prachtausgabe« des *Zarathustra* (s. Anm. 77) im Gespräch, bevor Kessler sich für Georges Lemmen (s. Anm. 87 ff.) und Henry van de Velde entschied. Kessler schickte Lemmen Beispiele aus Ricketts' *Hero and Leander* zur Ansicht (vgl. dazu Block: »The Insel-Verlag ›Zarathustra‹. An Untold Tale of Art and Printing«, s. Anm. 79). Die Ballantyne Press führte den Druck im Auftrag der Vale Press aus, insgesamt lassen sich 75 Werke belegen. — **84** Neben dem Antiquariatskatalog (s. Anm. 45) vgl. auch: Stenzel: »Widmungen Hugo v. Hofmannsthals« (s. Anm. 6), S. 104. Einen Sonderfall des Provenienznachweises stellt der im Antiquariatskatalog (s. Anm. 45, Nr. 93, S. 9) nachgewiesene, Kessler als Schulprämienband verliehene Titel: A. H. Layard: *Niniveh and Babylon.* London 1874 dar (mit lateinischer Widmung von 1881). Das Buch dürfte zu Kesslers frühesten eigenen Büchern gehört haben. — **85** Peter Jessen: »Ueber Ex Libris«. In: *PAN* 1 (1895) (mit aufgeklebten Exlibris, u. a. von Kessler); auch als Separatdruck nachweisbar. — **86** Signatur in der HAAB: V 11534 (aus Kesslers Weimarer Bibliothek, kein Widmungsexemplar). — **87** Vgl. dazu: Thomas Richter: »›... das stilvollste Buch, das ich besitze.‹ Die Erstausgabe von Harry Graf Kesslers *Notizen über Mexico* (1898) als Gesamtkunstwerk und Konsequenzen für eine Edition«. In: *Materialität in der Editionswissenschaft.* Hg. v. Martin Schubert. Berlin – New York 2010 (= Beihefte zu editio, Bd. 32), S. 391–404. — **88** Vgl. die Abbildungen in *Tagebuch eines Weltmannes* (s.

Anm. 79), S. 67. (Verlagsprospekt) und *Hommage à Harry Graf Kessler* (s. Anm. 45), S. 61 (Titelblatt). — **89** HAAB, Signatur: V 11578. — **90** Kesslers Tagebuch (s. Anm. 15), 11. 6. 1896 (Bd. 2, S. 454 f.). Schopenhauer kommt in den 1890er Jahren häufiger im Tagebuch vor; eine Lektüre lässt sich seit 1892 belegen. — **91** Ebd., S. 105. — **92** Kesslers Tagebuch (s. Anm. 15). — **93** Antiquariatskatalog Georg Ecke (s. Anm. 45), Titelblatt (Abb. 1). — **94** Die ca. 500 Bücher aus Kesslers Besitz in der HAAB (s. Anm. 26, dazu gerechnet spätere Eingänge und Ankäufe) und die mehr als 500 Titel des Antiquariatskatalogs, dazu die Veröffentlichungen Kesslers und die Drucke der Cranach-Presse ergeben schon über 1.000 Nachweise. Dazu käme eine noch unbezifferbare Zahl »erschlossener« Bücher aus Kesslers Tagebuch und den Briefwechseln sowie der Umkreisüberlieferung — **95** Max Goertz an Kessler (s. Anm. 52).

Julia Scialpi

»Aus dem Bücher-Saal in Dämon-Weiten«
Der Schriftsteller Alfred Mombert und die Geschichte seiner Bibliothek 1940 bis 1950

I Alfred Momberts Bibliothek als Inspirationsquelle und Zufluchtsort

Der jüdische Schriftsteller Alfred Mombert (1872–1942) wurde am 22. Oktober 1940 in einer Nacht- und Nebelaktion gemeinsam mit 280 Heidelberger Juden von der Gestapo in das Internierungslager Gurs in den Pyrenäen deportiert. Außer zwei Koffern musste er allen Besitz zurücklassen – darunter auch seine Bibliothek: »Meine frühere Existenz, meine Fantasie-Welt ausgenommen, ist versunken.«[1] Im Lager Gurs gab Mombert die Hoffnung nicht auf, sein schriftstellerisches Schaffen in Freiheit fortzusetzen. Inmitten der menschenunwürdigen Umstände formuliert er die Vision eines Neuanfangs: »Irgendwo eine Behausung in dem Alpen-Lande, auf einem Hügel, an einem See, im Besitz meiner Bibliothek.«[2] Im April 1941 gelang es Momberts Schweizer Freund und Förderer Hans Reinhart tatsächlich, ihn aus Gurs freizukaufen. Reinhart bot Exil in seinem Haus in Winterthur. Am 8. April 1942, ein halbes Jahr nach Ankunft in der Schweiz, starb Mombert im 71. Lebensjahr an den Folgen der Lagerhaft.

Bis zu seinem Tod hatte er vergeblich darauf gehofft, die wichtigste Arbeitsgrundlage seines schriftstellerischen Schaffens zurückzuerhalten: Die Büchersammlung, sein »Hesperidengarten«, wie er sie nannte, sollte verloren bleiben. Dennoch gelang es ihm, sein Hauptwerk *Sfaira der Alte* als opus ultimum im Exil zu vollenden. Hans Reinhart konnte dem Dichter zum 70. Geburtstag im Februar 1942, acht Wochen vor dessen Tod, einen Privatdruck des Werkes überreichen.

Von Alfred Mombert ist kaum autobiografisches Material überliefert, er übertrug die gelebte Wirklichkeit und Erfahrungswelt in seine mythische Dichtung. Daher seien im Folgenden diejenigen Passagen aus dem zweiten Teil von *Sfaira der Alte* zitiert, in denen er die Deportation und gewaltsame Entführung aus dem »Bücher-Saal« in der entrückten Parallelwelt seiner Sprache poetisiert:[3]

> Ich saß in einem weiten Bücher-Saal
> mitten innen; sah durch hohe Glasscheiben

hinaus auf ein Meer.
Unter meinen Füßen, aus den Tiefen
vernahm ich rollendes Getöse,
schweren Wolken-Donner.
Hoch hob sich das Meer
zu einer glänzenden Wasser-Pyramide.
Und alle Bücher, all' die starken Denker
sah ich erglühen in der Runde.
Ich saß noch ruhig; machtgeschwollen
bis an den Rand.
Ich saß jetzt sekunden-nahe vor dem Aufgang
des großen Gedanken-Mondes.

                                                    DER DENKER

Es pocht. Es pocht. Ein Klang dunkelt im All.
Pocht es an Sterne? an die Erde-Kugel?
(...)
Es pocht. Es pocht. Es anpocht an ein Tor –

Endlich stummt der Klang – aufgeht das Tor –
auf der Schwelle der Tür des Bücher-Saales
hält ein seltsamer Gast.
Fahrender Sänger?
Scheuer Fremdling? – ein verirrter Wanderer?

Sfaira der Alte winkt freundlich ihn herein,
heißt ihn willkommen, heißt ihn ein Stündlein ruhen
bei all' den Büchern, all den starken Denkern.
(...)
Breiter Stirn ist eingebrannt ein Zeichen,
Hüfte herabglänzt stählerne Häscher-Schlinge.
Wahrlich: Dieser ist kein fahrender Sänger:
Dieser ist kein scheuer Fremdling:
Dieser hier ist kein verirrter Wanderer:
Strammer, ein feister Fang-Dämon,
dröhnender Schritt –: er tritt heran,
aus der Gurgel vorstrudelt ihm blechern Gerassel,
flüstert's herab in Sfairas linkes Ohr:
»Wirst noch heute der Halle entschreiten –
werden den Sfaira geleiten
aus dem Bücher-Saal in Dämon-Weiten« –
Schon geräuschlos schritt er zur Schwelle –

öffnet er rückwärts Türen:
hinten aufflackern ironische Blitze:
Aus Nebeln blinzen Dämon-Augen,
echot ein Dämonen-Chor:
»Werden den Geister-Herrn – geleiten –
aus dem Bücher-Saal – in Dämon-Weiten« –
Von der Schwelle ins alte Schlaf-Gemach
– Ruhe-Stätte am Ende geheiligter Taten –
Abschieds-Blicke noch sendet Sfaira der Alte.
(...)
– Und er hebt die Hand –
– Und er wendet sich –
Erz-dröhnend zuschlug das Tor des Geister-Reiches.
Und da heften schon eilig bereite Dämonen
an die Flügel die Siegel der Gewalt.

Der Schriftsteller Alfred Mombert – zu Lebzeiten mit Goethe verglichen[4], von Dehmel, Hauptmann, Hesse, Liliencron, Loerke oder Rilke hochverehrt – scheint heute weitgehend in Vergessenheit geraten zu sein.[5] Er wurde 1872 als Sohn eines jüdischen Kaufmanns in Karlsruhe geboren.[6] Sein Studium der Rechtswissenschaften schloss er 1897 mit der Promotion ab und eröffnete eine Kanzlei in Heidelberg. Bereits 1894 hatte er mit dem Lyrikband *Tag und Nacht* mit naturalistisch anmutenden Gedichten debütiert, in kurzer Folge erschienen *Der Glühende* (1896) und *Die Schöpfung* (1897). 1900 lernte Mombert in Heidelberg Richard Dehmel und dessen spätere Frau Ida Coblenz kennen und schätzen. 1902 schloss er Freundschaft mit dem Schweizer Mäzen Hans Reinhart, der bereits ein Jahr später mit einer Studie zu Momberts Lyrik auf den Dichter aufmerksam machen sollte.

Die schriftstellerische Tätigkeit rückte nun immer mehr in den Vordergrund. 1901 verlegte Max Bruns den Gedichtzyklus *Der Denker*. Darin wird zunehmend Momberts Kompositionsprinzip einer zyklischen, von Wiederholungen und Variationen geprägten Anordnung der Strophen deutlich, in denen er mit lyrischen Gesängen mythische Visionen umkreist. 1905 band sich Mombert vertraglich für zehn Jahre an den Berliner Verlag Schuster & Löffler. Ein Jahr darauf, im Alter von 34 Jahren, gab Mombert seinen Beruf als Rechtsanwalt auf; er reiste viel, beschäftigte sich mit Geografie und Orientalistik – vor allem jedoch widmete er sich der Dichtung. Er verkehrte in den Berliner Künstlerkreisen der Donnerstagsgesellschaft, wo er Kontakt u. a. zu Oskar Loerke knüpfte.

1915 wurde Mombert als Unteroffizier des Landsturms in Polen stationiert. Seine Kriegserfahrungen flossen 1919 in das Drama *Held der Erde* ein. Im November 1918 kehrte er körperlich unversehrt nach Heidelberg zurück und engagierte sich im »Kunst- und Kulturrat für Baden«. In den 1920er Jahren veröffentlichte er im Insel-Verlag u. a. das Gedichtwerk *Atair* und das Drama *Aiglas Herabkunft*. Inzwischen war er – zumindest in Literatenkreisen – als Schriftsteller etabliert, was nicht zuletzt 1928 zur Aufnahme in die Sektion Dichtkunst der Preußischen Akademie der Künste führte. Seinen 60. Geburtstag 1932 nahm die Deutsche Fachschaft der Universität Heidelberg zum Anlass für einen überregional wahrgenommenen Festakt, dem neben Hans Reinhart auch Martin Buber und Hans Carossa beiwohnten.

Der Machtantritt der Nationalsozialisten setzte den öffentlichen Ehrungen Momberts ein jähes Ende: Am 5. Mai 1933 wurde er mit einem lapidaren Schreiben aus der Preußischen Akademie ausgeschlossen.[7] Mombert lebte zunehmend isoliert und zurückgezogen in Heidelberg, suchte in ausgedehnten Reisen regelmäßig Ablenkung und Inspiration und rettete sich in die Welt seiner Bücher. Auch der Insel-Verlag distanzierte sich: So erschien der erste Teil von *Sfaira der Alte*, vermittelt durch Martin Buber, 1935 im Schocken Verlag. Im Dezember 1938 musste der Verlag schließen.[8] Salman Schocken war 1934 nach Palästina emigriert, Alfred Mombert blieb in Heidelberg, bis er im Oktober 1940 von der Gestapo aus seinem »Geister-Reich« in die Baracken von Gurs verschleppt wurde.

Insbesondere in *Sfaira der Alte* tritt das lyrische Ich als mythischer Sänger und Seher auf, von Pathos getragen und in kosmische Weiten ausschweifend. Mombert entwirft in den Gedicht-Werken, Dramen und Mythen Gegenwelten – geistige Sphären, in denen Irdisches, Erlebtes mit Traumhaft-Visionärem verwoben wird. Seine Dichtungen zeugen nicht nur von Sprachgewalt, an ihnen lässt sich auch Momberts breiter Bildungshorizont abmessen, der wesentlich aus dem konservierten Weltwissen schöpfte, das ihm die Büchersammlung bot.

Momberts Bibliothek umfasste 1940 mehr als 6.000 Bände. Zusammengetragen in bibliophiler Sammelleidenschaft fand Mombert in seinen Büchern unterschiedlicher Wissensgebiete – von Theologie, Philosophie bis Astronomie, von Geschichte bis Physik – den Stoff für sein Schaffen. Der literarische Schwerpunkt lag auf Werken der klassischen Antike und der europäischen Literatur des 18. und 19. Jahrhunderts. Daneben finden sich zahlreiche zeitgenössische Schriftsteller in der Sammlung. Momberts Heidelberger Weggefährte, der Kulturhistoriker Richard Benz, schrieb dazu: »Nur wer ihn näher kannte, ward gewahr, welche umfänglichen Studien oft einer Gedichtzeile, einem Bild, einem

Beiwort zu Grunde lagen. Er war dem gesamten Weltstoff offen und suchte alles von einem Centrum aus zu durchdringen.«[9]

Für Mombert bedeutete besonders der Verlust seiner Bücher nicht nur materiellen Schaden, mit der Bibliothek hat man ihn über Nacht seiner »gesamte(n) äußere(n) Existenz als Dichter« beraubt:[10] »Von allem, was ich zurücklassen mußte, war mir am schmerzlichsten der Verlust meiner gesamten Arbeitsbibliothek, meiner sämtlichen Handschriften und Briefe.«[11]

II Versuche zur Bewahrung der Bibliothek nach Momberts Deportation 1940

»Erz-dröhnend zerschlug das Tor des Geister-Reiches. / Und da heften schon eilige Dämonen / an die Flügel die Siegel der Gewalt«: Die Siegel an Momberts Wohnungstür brach mit Genehmigung der Gestapo der Versteigerer Konrad Eiferer. Er plünderte Momberts Hab und Gut nahzu komplett.[12] Dazu gehörten neben wertvollen Möbeln, Gold- und Silberwaren auch mehrere Gemälde.[13] Die Versteigerung der Wohnungseinrichtung fand unter reger Beteiligung der Heidelberger Bevölkerung im Januar 1941 statt, der Erlös wurde auf das Konto der Polizeidirektion, »Abt. Jüdisches Vermögen«, eingezahlt.[14] Die Bibliothek blieb erstaunlicherweise von der Versteigerung verschont.[15] Momberts Freund Richard Benz schrieb es sich nun auf die Fahnen, diese zu bewahren. Zugute kam ihm dabei ein organisatorisches Vakuum um 1940/41: Die Polizei war im November 1940 mit der Verwaltung der »Beute aus dem Judenvermögen« überfordert. Sie verwahrte die in Kisten verpackten Bücher bis auf weiteres provisorisch im Keller der Polizeidirektion.[16]

Vielleicht ist es auch auf Betreiben der Universitätsbibliothek Heidelberg zu der Separierung der Bücher vom übrigen Eigentum Momberts gekommen. Die Bedeutung der Sammlung als Manifestation des zeitgenössischen Bildungskanons war allenthalben bekannt. Gerüchten zufolge habe direkt nach der Deportation eine Inspektorin der Universitätsbibliothek die Bände in Momberts Wohnung begutachtet und auf Eignung für den Bestand der Bibliothek geprüft.[17] Vielleicht war also geplant, Momberts Büchersammlung der Universitätsbibliothek einzuverleiben. Dies entspräche durchaus dem Verfahren an anderen öffentlichen Forschungsbibliotheken.[18]

Richard Benz allerdings war 1941 hoffnungsvoll, die Bibliothek in die Schweiz senden zu können, wo der schwer erkrankte Mombert und dessen Schwester inzwischen Exil gefunden hatten. Der Transfer stellte sich jedoch bald als illusorisch heraus.[19] Mombert, für den seine Bücher die eigentliche Heimat gewesen waren, ließ die Hoffnung sinken: »Manchmal denke ich, es liegt Sinn darin, dass die dortige Erde den ›Nachlass‹ für sich so zäh festhält. Schließlich ist es vielleicht besser so (für künftige Zeiten). Ich selber werde wohl wenig mehr Gebrauch davon machen können.«[20]

Die Bibliothek zu überführen, war dadurch erschwert worden, dass im Februar 1942 die Verwaltung des jüdischen Besitzes von der Polizeidirektion an das Finanzamt Heidelberg überging. Richard Benz nahm erneut Verhandlungen auf, um eine Zerstreuung durch öffentlichen Verkauf zu verhindern. Auf informellem Weg gelang es ihm, die Kreisleitung für den Erhalt der Bibliothek zu gewinnen.[21] Man sah von einer Versteigerung jedoch nur unter der Bedingung ab, dass die Sammlung von einer öffentlichen Bibliothek übernommen werde.[22] Es zeichnete sich ab, dass Momberts Bücher der Universitätsbibliothek zugesprochen würden. Benz konnte den Heidelberger NS-Oberbürgermeister Carl Neinhaus von der Relevanz seines Anliegens überzeugen: Dieser ordnete an, dass die Bücherkisten geschlossen vorerst im Kurpfälzischen Museum unterzubringen seien. Ob es Neinhaus darum ging, Alfred Mombert, dessen Anwesenheit in Heidelberg ihn 1932 noch mit »freudigem Stolze« erfüllt hatte[23], einen persönlichen Dienst zu erweisen, sei dahingestellt. Benz sollte es ihm 1946 jedenfalls mit einer Bescheinigung im Rahmen des Entnazifizierungsverfahrens danken: Der Oberbürgermeister habe sein Amt unter dem Nationalsozialismus genutzt, sich selbstlos für Alfred Mombert einzusetzen aus Verantwortung für »ein Stück deutscher Kultur«, das er durch die »allgemeine Kultursenkung« hindurchretten wollte.[24]

Benz wähnte die Bibliothek Momberts im Kurpfälzischen Museum in Sicherheit. Bei einem Gang durch die UB-Magazine im Winter 1944/45 sah er dort zwar die Kisten mit der Aufschrift »Mombert«, erhielt zu seiner Verwunderung aber die Auskunft, diese seien kürzlich gekauft worden.[25] Die Universitätsbibliothek habe die Sammlung von der Finanzdirektion erstanden.[26] Benz hielt dies jetzt für eine pragmatische Lösung und beschloss, in der Sache vorerst nichts weiter zu unternehmen.

III Die Bibliothek Alfred Momberts als materielles und kulturelles Erbe

Alfred Mombert hatte in seinem Testament vom Dezember 1941 festgelegt, dass seine Schwester Ella Gutman, geboren 1868 in Karlsruhe, die Alleinerbin sei.[27] Auch sie hatte bei der Deportation aus Heidelberg gemeinsam mit ihrem Bruder alles verloren und war hoch betagt und von Gurs gezeichnet im Schweizer Exil auf die finanzielle Unterstützung Hans Reinharts angewiesen. Nach Momberts Tod 1942 hoffte sie weiter darauf, wenigstens einen Teil des Familienbesitzes zurückzuerhalten, und übertrug dazu alle Vollmachten ihrer nach Großbritannien emigrierten Tochter Klara Vogel.[28]

Nach Kriegsende leitete Klara Vogel von London aus die Beschlagnahmung der Bibliothek durch die amerikanischen Alliierten in die Wege. Die Kisten mit Momberts Büchern wurden in der Universitätsbibliothek aufgespürt und durch Vermittlung des amerikanischen Konsulats in London von der Besatzungsbehörde sichergestellt.[29] Die Amerikaner schafften sie in das Offenbacher Archivalien-Depot der Militärregierung.[30] Dieses hatte jedoch lediglich die Funktion, beschlagnahmten Besitz aufzubewahren und zu konservieren, nicht die Weiterleitung an die rechtmäßigen Besitzer zu organisieren.

Zwar schien die Bibliothek nun vor Missbrauch gerettet, Klara Vogel war der Zugriff jedoch weiterhin versperrt. 1947 war noch keine Regelung getroffen worden, wie durch die Nazis enteignete Vermögensgegenstände zurückzuerstatten seien.[31] Es war der Familie nicht einmal möglich, die Bibliothek auf Vollständigkeit zu prüfen. Während eines Aufenthaltes in Heidelberg musste der Ehemann von Klara Vogel feststellen, dass nach wie vor einige Titel aus Momberts Bibliothek in den Regalen der Universitätsbibliothek eingeordnet waren.[32] Die Familie hatte den kompletten Bestand in Offenbach vermutet und stellte nun entsetzt fest: »Dieser Nazigeist steckt immer noch darin.«[33] Die Bibliotheksbände wurden umgehend von der Amerikanischen Militärbehörde beschlagnahmt und ebenfalls nach Offenbach verbracht.[34]

Klara Vogel wollte die Bestände in der Schweiz versteigern lassen, um aus den Erlösen den Lebensabend der Mutter zu finanzieren. Einen Verkauf an deutsche wissenschaftliche Einrichtungen lehnte sie »in betonter Abneigung gegen Deutschland« zunächst kategorisch ab.[35] Dabei berief sie sich auch auf Mombert selbst, er habe untersagt, dass die Bücher in Deutschland bleiben sollten.[36] Momberts Jugendfreund, der jüdische Antiquar Albert Carlebach, der dessen Schicksal in Gurs geteilt hatte und nach seiner Befreiung 1945 nach Heidelberg zurückgekehrt war, setzte sich hingegen für den Erhalt der Bibliothek in Heidelberg ein. Er beschwor Momberts Schwester: »Ich bin fest überzeugt, dass es im Sinne Ihres verstorbenen Bruders war, dass seine Bibliothek in Deutschland verbleibt, und zwar an dem Orte, an dem er so lange gelebt und gearbeitet hat.«[37] Carlebach versicherte, es sei in Momberts Sinn, dass die Bibliothek »trotz der Ereignisse der Jahre 1938 und 1940« in Heidelberg als Nachlass zusammengehalten werde.[38]

Klara Vogel aber fehlte jedes Verständnis für Carlebachs Rückkehr: »Ein normal denkender Mensch, der frei im Ausland lebt, kann ja nicht verstehen, dass Jemand, der Gurs, den ganzen Nazi-Schwindel durchlebt hat, wieder in Deutschland ist, ein alter Freund Momberts war, sich dazu hergibt, dass der Universitätsbibliothek Heidelberg Hehlergut erhalten bleibt.«[39]

Indes blieb das Schicksal der Bibliothek weiterhin ungewiss: Noch Mitte 1948 hatten die Amerikaner sie nicht freigegeben, sie lagerte verpackt in 28 Kisten nach wie vor in Offenbach. Gemäß Gesetz Nr. 59 der US-amerikanischen Militärregierung vom November 1947 zur Rückerstattung beantragte Klara Vogel fristgerecht und formal korrekt die Rückgabe der Bibliothek. Paradox mutet es heute an, dass der Fall damit immer noch nicht gelöst war: Ein aufwändiges Schlichtungsverfahren wurde eingeleitet, in dem die Eigentumsverhältnisse geklärt werden sollten. Die Universitätsbibliothek zeigte sich »kooperativ«: Im November 1948 gab sie eine Verzichtserklärung ab und willigte nachträglich in den Abtransport der Bücher Momberts durch die Amerikaner ein.[40] Die Militärregierung jedoch machte die Herausgabe von der Zustimmung des württemberg-badischen Finanzministeriums abhängig, da juristisch das Land Eigentümer der Bibliothek sei. Das Land wiederum verweigerte die Einwilligung, da es sich nicht als Rechtsnachfolger des früheren Regimes betrachtete und keine Haftung für Forderungen an das Deutsche Reich übernehmen wollte.

Der Anwalt der Familie Mombert wandte sich nun empört an das Justizministerium: »Der Zustand ist doch grotesk. Alle Beteiligten sind sich darüber klar, dass die Mombertsche Bibliothek seiner Schwester und Alleinerbin zugeführt werden muß. Stattdessen beginnt nun ein Rätselraten, wer nun die für die Rückerstattung erforderliche Erklärung abzugeben hat.«[41] Im Restitutionsverfahren spielte der ideelle Wert der Bibliothek eine untergeordnete Rolle, der juristische Aspekt der Frage nach den rechtmäßigen Eigentumsverhältnissen stand – zumindest auf den ersten Blick – im Vordergrund. Zugleich wurde die Rückführung des rechtmäßigen Eigentums zum Prüfstein für die Ernsthaftigkeit der »Wiedergutmachung«: Der langwierige und bürokratisch verworrene Prozess der Restitution befeuerte bei Momberts Angehörigen das tiefe Misstrauen gegenüber der deutschen Nachkriegsgesellschaft.[42]

Nach langem juristischen Tauziehen, der Bearbeitung unzähliger Antragsformulare und einer aufreibenden Korrespondenz mit den Behörden kam es schließlich doch zur Einigung: Im April 1949 wurde der Herausgabeanspruch vom württemberg-badischen Finanzministerium bestätigt. Im Juli 1949 erging die Genehmigung der Militärregierung, dass die Bibliothek ab sofort an eine berechtigte Person ausgehändigt werden könne. Endlich wurden die Kisten im Sommer 1949 nach Karlsruhe zu einem Freund der Familie verschickt, der einen Lagerraum zur Verfügung stellte. Die Bibliothek war jetzt zwar in privater Hand, aber immer noch weit davon entfernt, zu den rechtmäßigen Erben im Ausland zu gelangen.

Klara Vogel bot die Bibliothek unterdessen der Zentralbibliothek Zürich, der Stadtbibliothek Bern und zahlreichen Antiquaren in der Schweiz an. Die Sammlung stand kurz vor der Versteigerung in der Schweiz, doch bereiteten die Ausfuhrbestimmungen unüberwindliche Probleme. Resigniert musste die Familie alle Grundsätze über Bord werfen und notgedrungen doch den Verkauf der Bücher in Deutschland in Betracht ziehen.[43] Über Vermittlung von Arthur von Schneider, Direktor des Badischen Landesmuseums in Karlsruhe, wurde die Bibliothek dem Land Baden-Württemberg angeboten.[44] Im Juli 1950 wurde sie für 9.600 DM vom Land erworben und an die Badische Landesbibliothek gegeben, um in Momberts Geburtsstadt Karlsruhe seiner zu gedenken.[45] Für die Erben indes stand nicht im Vordergrund, die Erinnerung an Mombert dem kollektiven Gedächtnis in Deutschland einzuschreiben: Sie waren schlicht auf den Verkaufserlös angewiesen, um ihren Lebensunterhalt im Exil zu bestreiten.

IV Exilerfahrung und Erinnerungskultur

Für Alfred Mombert war seine Bibliothek ein Rückzugsort gewesen, das selbsterwählte Exil, in dem er in bewusster, geradezu fataler Weltflucht des Eremiten die Inspiration für seine Werke fand. Die Bibliothek war ihm Ort der Verinnerlichung, in dem er sich kreativ im Medium der Sprache entfalten konnte. Gerade in der individuellen Zusammenstellung der Sammlung spiegelt sich das intellektuelle Profil des Schriftstellers. Mit der Deportation in das Internierungslager Gurs im Oktober 1940 wurde Mombert nicht nur aus seinem unmittelbaren Lebenszusammenhang gerissen, der Verlust seiner Büchersammlung stellte auch seine Identität als Dichter existenziell in Frage. Im kurzen Schweizer Exil litt Mombert weniger darunter, aus Deutschland verbannt gewesen zu sein, sondern vielmehr unter der Trennung von seinem eigentlichen Heimatort, seinem »Bücher-Saal«.

Mit der physischen Trennung von ihrem Eigentümer wurde die Bibliothek von den nationalsozialistischen Exekutivorganen zum rein materiellen Gut degradiert. Der identitätsstiftende persönliche Wert der Sammlung spielte dabei, vermutlich absichtsvoll, keine Rolle: »Die Strategie der Täter bestand (...) darin, die von individuellem menschlichen

Leben imprägnierten Dinge in neutrale bezugslose Objekte zu verwandeln, um sie in neue Kontexte zu überführen und wieder nutzbar zu machen.«[46] Für öffentliche Bibliotheken war Momberts Sammlung als Wissensspeicher relevant, da damit die eigenen Bestände effizient ergänzt und aufgewertet werden konnten. Nicht nur, dass damit der eigentliche Akt des Raubes verstetigt worden wäre, jede Identitätskonkretheit wäre verloren gegangen. Dies versuchte Alfred Momberts Heidelberger Weggefährte Richard Benz zu verhindern, indem er für die geschlossene Archivierung der Bücher – zunächst weniger im Sinne einer Erinnerungskultur, sondern als Akt der Freundschaft – eintrat.

Im Restitutionsverfahren stand für Momberts Erben vordergründig der finanzielle Wert und der rechtmäßige Anspruch auf Eigentum im Zentrum. Die Bibliothek war für sie nicht primär das Medium der Erinnerung an den Bruder bzw. Onkel, da er aufgrund der generationellen Nähe noch im kommunikativen Gedächtnis präsent war. Unterschwellig wurde die Rückführung der Sammlung jedoch von Momberts Nachfahren mit einem neuen subjektiven Gehalt aufgeladen: Das aufreibende Restitutionsverfahren werteten sie als Symptom politischer und moralischer Unglaubwürdigkeit.

»Mein Werk ist im vollsten Sinne in den Abgrund der Zeit gestürzt; ich selber bin ins Geister-Reich gerettet«, schrieb Mombert kurz vor seinem Tod 1942 an Ida Dehmel.[47] Alfred Mombert zählt heute zu den »Verschollenen und Vergessenen«, auch wenn es verdienstvolle Versuche gab, die Erinnerung an ihn wiederzubeleben.[48] Die Deutsche Akademie für Sprache und Dichtung Darmstadt veröffentlichte 1961 nicht nur *Sfaira der Alte*, sondern später auch drei Ausgaben mit Briefen von Alfred Mombert. Elisabeth Höpker-Herberg gab 1963 Momberts Werk in einer zweibändigen Ausgabe, ergänzt um einen Band zu Überlieferung und Lesarten, im Kösel Verlag heraus. 1992 erschien bei Langewiesche-Brandt eine Auswahl von 100 Gedichten aus Momberts *Himmlischem Zecher*, die sie gemeinsam mit Hermann Ebeling und Albert von Schirnding zusammengestellt hat.

Die Geschichte der Bibliothek Alfred Momberts ruft die Erinnerung an einen Dichter wach, der als eine der Schlüsselfiguren der literarischen Avantgarde in Deutschland betrachtet wurde. Dass Momberts Büchersammlung 1950 aus pragmatischen Gründen an die Badische Landesbibliothek Karlsruhe verkauft wurde und dort heute geschlossen aufgestellt ist, könnte der Wissenschaft neue Perspektiven eröffnen, den Autor neu im kulturellen Gedächtnis zu verankern und seinen geistigen Horizont greifbar zu machen.[49] Eine Alfred Mombert gewidmete germanistische Forschungsarbeit, die sein Leben, seinen Bildungs- und Erfahrungshorizont mit dem Werk verschränkt, steht allerdings noch aus.

1 Alfred Mombert an Nellie Mombert, Gurs, 27.11.1940. In: Alfred Mombert: *Briefe 1893–1942*. Hg. v. Benjamin Joseph Morse. Heidelberg – Darmstadt 1961 (= Veröffentlichungen der deutschen Akademie für Sprache und Dichtung Darmstadt 26), S. 147, Nr. 214. — **2** Alfred Mombert an Else Domberger, 5.2.1941. Ebd., S. 152, Nr. 218. — **3** Alfred Mombert: »Sfaira der Alte. Mythos. Zweiter Teil«. In: Ders.: *Dichtungen*. Bd. 2. Hg. v. Elisabeth Herberg. München 1963, S. 547 ff. — **4** Max Fischer an Alfred Mombert, 5. Juni 1931. In: Marek Fialek (Hg.): *Briefe an Alfred Mombert aus den Jahren 1986–1940*. Berlin 2010. S. 117, Nr. 98. Marek Fialek versammelt eine Auswahl von 136 Briefen an Alfred Mombert, die im Staatsarchiv Moskau/Fonds 624k/2/53 wiederentdeckt wurden. Eine Bestandsübersicht liefern Michael Buselmann und Frank Grüner: »Zu Alfred Momberts Nachlass im Moskauer Sonderarchiv«. In: *Heidelberg. Jahrbuch zur Geschichte der Stadt* 4 (1999), S. 249–254. — **5** Vgl. Marek Fialek: *Dehmel, Przybyszewski, Mombert. Drei Vergessene der deutschen Literatur*. Mit bisher unveröffentlichten Dokumenten aus dem Moskauer Staatsarchiv. Berlin 2009, S. 102–105. — **6** Zur Biografie Alfred Momberts vgl. Susanne Himmelheber und Karl-Ludwig Hofmann (Hg.): *Alfred Mombert (1872–1942)*. Heidelberg 1993. — **7** Abgedruckt in: Ebd., S. 108. Vgl. Inge Jens: *Dichter zwischen rechts und links: Die Geschichte der Sektion für Dichtkunst an der Preußischen Akademie der Künste*. Leipzig. 2., erw. Auflage 1994, S. 244. Im März 1933 hatte sich Alfred Mombert zur von Gottfried Benn und Max von Schillings formulierten Loyalitätserklärung gegenüber der neuen Regierung bekannt. — **8** Zu Salman Schockens Engagement für das jüdische Buch vgl. Markus Kirchhoff: *Häuser des Buches. Bilder jüdischer Bibliotheken*. Leipzig 2002, S. 108–115. — **9** Richard Benz: *Der Dichter Alfred Mombert*. Heidelberg 1947, S. 19. — **10** Alfred Mombert an Hans Reinhart, Camp de Gurs, 19.2.1941. In: Mombert: *Briefe* (s. Anm. 1), S. 154, Nr. 222. — **11** Alfred Mombert an Richard Benz, Winterthur, 13.10.1941. Ebd., S. 175 f., Nr. 247. — **12** Arthur Vogel an Mr. Horne, Direktor des Offenbach Archival Depot, Llandaff/Cardiff, 12.9.1947 (Abschrift). Badische Landesbibliothek Karlsruhe (im Folgenden: BLB), K 2926,18. — **13** Klara Vogel an den Schlichter f. d. Wiedergutmachung (Durchschlag), Llandaff/Cardiff, 25.4.1953. BLB K 2926,21. — **14** Rechtsanwalt Friedrich Jacobi an Klara Vogel, Heidelberg, 14.9.1948. Ebd. — **15** Klara Vogel an die Staatsanwaltschaft Heidelberg (Durchschlag), Llandaff/Cardiff, 7.4.1950. Ebd. — **16** Richard Benz an das Amt für Vermögenskontrolle Kreis Heidelberg, Heidelberg, 19.4.1947 (Durchschlag). BLB K 2898/2, Nr. 21–23. — **17** Klara Vogel an Frau Nokk (Bibliotheksinspektorin in Rente), o.O., 1.8.1967 (Durchschlag). Ebd. – Tatsächlich ist für den 13.12.1940 im Briefausgangsbuch der Universitätsbibliothek Heidelberg ein Schreiben an die Polizeidirektion belegt, das ein »Gutachten Bibl. Mombert« enthielt. Universitätsarchiv Heidelberg, Bestand K Ia 121/47: Briefbuch 1937–1941, S. 344, Nr. A 2576: 13.12.1940. Das Gutachten selbst ist nicht auffindbar. — **18** Vgl. dazu die Auseinandersetzung öffentlicher Bibliotheken und Archive mit geraubtem jüdischen Buchbesitz im Rahmen der *Hannoverschen Symposien* über NS-Raubgut in Bibliotheken, Museen und Archiven, die als Sonderband der *Zeitschrift für Bibliothekswesen und Bibliographie* unter Herausgeberschaft von Regine Dehnel dokumentiert ist. — **19** Richard Benz an Ella Gutman, Heidelberg, 31.7.1946. BLB K 2926,23. — **20** Alfred Mombert an Richard Benz, Winterthur, 12.2.1942. In: Mombert: *Briefe* (s. Anm. 1), S. 180, Nr. 254. — **21** Richard Benz: »Bestätigung für Herbert Wiedemann«, 25.2.1948. Deutsches Literaturarchiv Marbach (im Folgenden: DLA), Nl. Benz, Konv. Entnazifizierung. — **22** Richard Benz an Karl Geiler, Heidelberg, 22.9.1948 (Durchschlag). DLA Nl. Benz, Korrespondenz »Geiler, Karl«. — **23** Carl Neinhaus an Alfred Mombert anlässlich dessen 60. Geburtstags am 5. 2.1932. In: Ulrich Weber: *Alfred Mombert. Ausstellung zum 25. Todestag*. Karlsruhe 1967, S. 101. — **24** Richard Benz: »Bescheinigung für Carl Neinhaus«, Heidelberg, 7.8.1946 (Durchschlag). DLA Nl. Benz, Konv. Entnazifizierung. — **25** Richard Benz an Ella Gutman, Heidelberg, 31.7.1946. BLB K 2926,23. — **26** Richard Benz an Karl Geiler, Heidelberg, 22.9.1948 (Durchschlag). DLA Nl. Benz, Korrespondenz »Geiler, Karl«. — **27** Abschrift des Testaments in BLB K 2926,19. — **28** Vgl. »Tatsachenbericht über die Bibliothek von Dr. Alfred Mombert«, o.D. (Durchschlag). BLB K 2926,18. — **29** Ebd. —

30 Karl Geiler an Richard Benz, Heidelberg, 7.10.1948. DLA Nl. Benz, Korrespondenz »Geiler, Karl«. — **31** Edith Standen an Klara Vogel, Wiesbaden, 24.10.1946. BLB K 2926,18. — **32** Klara Vogel an Professor Schmitthenner, Llandaff/Cardiff, 9.10.1947 (Durchschlag). Ebd. — **33** Arthur Vogel an Anders, Llandaff/Cardiff, 19.11.1947 (Abschrift). BLB K 2926,19. — **34** Universitätsinspektor Gramlich an Vogel, Heidelberg, 19.11.1947. BLB K 2926,18. — **35** Benz an Marianne Gärtner, Heidelberg, 22.5.1947 (Durchschlag). DLA Nl. Benz, Korrespondenz »Gärtner, Marianne«. — **36** Klara Vogel an Mr. Horne, Llandaff/Cardiff, 21.6.1947 (Durchschlag). BLB K 2926,18. — **37** Albert Carlebach an Klara Vogel, Heidelberg, 28.9.1947. BLB K 2926,20. — **38** Albert Carlebach an Ella Gutman, Heidelberg, 10.6.1947. Ebd. — **39** Klara Vogel an Carlebach, Llandaff/Cardiff, 26.10.1947 (Durchschlag). Ebd. — **40** Erklärung der Universitätsbibliothek vom 3.11.1948 (Abschrift). BLB K 2926,18. — **41** RA Anders an Ministerialrat Küster, Justizministerium Württemberg-Baden, Karlsruhe, 25.2.1949 (Abschrift). BLB K 2926,19. — **42** Zu den Erwartungshaltungen jüdischer und nicht-jüdischer Seite im Zusammenhang mit den Restitutionsverfahren vgl. Constantin Goschler: »Zwei Wellen der Restitution. Die Rückgabe jüdischen Eigentums nach 1945 und 1990«. In: Inka Bertz und Michael Dorrmann (Hg.): *Raub und Restitution. Kulturgut aus jüdischem Besitz von 1933 bis heute.* Göttingen 2008, S. 30–45. Vgl. auch Natan Szaider: »Pecunifying Respectability? On the Impossibility of Honorable Restitution«. In: Dan Diner und Gotthart Wunberg (Hg.): *Restitution and Memory. Material Restoration in Europe.* New York – Oxford 2007, S. 51–63. — **43** Dr. H. David an Klara Vogel, Zürich, 30.6.1949. Ebd. — **44** Klara Vogel an Arthur von Schneider, 3.6.1950 (Durchschlag). BLB K 2926,18. — **45** Klara Vogel an den Ministerialrat Dr. Heidelberger, z. Zt. Karlsruhe, 10.7.1950 (Durchschlag). Ebd. — **46** Aleida Assmann: »Das Gedächnis der Dinge«. In: Alexandra Reininghaus (Hg.): *Recollecting. Raub und Restitution.* Wien 2009, S. 143–150. — **47** Alfred Mombert an Ida Dehmel, Winterthur, 15.2.1942. In: Weber: *Mombert* (s. Anm. 23), S. 119, Nr. 233. — **48** Vgl. Hans Hennecke: *Verschollene und Vergessene. Alfred Mombert. Eine Einführung in sein Werk und eine Auswahl.* Wiesbaden 1952 (= Schriftenreihe der Akademie der Wissenschaften und der Literatur. Klasse der Literatur). — **49** Die Badische Landesbibliothek Karlsruhe hat dazu unter der Signatur *Mo* eine Sondersammlung eingerichtet, die eine Rekonstruktion der Bibliothek Alfred Momberts erlaubt: Vgl. http://www.blb-karlsruhe.de/blb/blbhtml/besondere-bestaende/nachlaesse/mombert.php (1.4.2011).

Brigitte Bruns

Klagen über verlorene Bibliotheken: Wilhelm Herzog und Franz Rapp

»Die Verlorene Bibliothek« nannte Walter Mehring seine »Autobiographie« einer Kultur, die er 1946 als »Notlösung« aus der Erinnerung niedergeschrieben hatte und 1964, um einiges erweitert, in Ascona erneut veröffentlichte.[1] Wie traumatisch für Schriftsteller und Publizisten der Verlust ihrer über Jahre gewachsenen Büchersammlungen – ihre sogenannte Arbeitsbibliothek – war, können viele Emigranten bezeugen. Handelte es sich doch bei diesen mehr oder minder systematisch angelegten Privatbibliotheken nicht selten um Bücherbestände mit Erstausgaben, bibliophile Raritäten und signierte Exemplare mit Widmungen bedeutender Schriftstellerkollegen: kostbare Vermächtnisse, Orte der Erinnerung. Nicht zuletzt bedeuteten die Sammlungen ein Vermögen aufgrund der noch ungedruckten Manuskripte und zahlreicher unersetzbarer Autografen. Mit wenigen Ausnahmen wie denen von Thomas Mann, Kurt Pinthus oder Lion Feuchtwanger, die ihre Bücher nach 1933 retten oder Verluste im Exil zum Teil zu kompensieren vermochten, gingen für viele andere Schriftsteller ihre an Büchern und Briefunikaten reichen Sammlungen und damit ein Stück ihrer Identität für immer unwiederbringlich verloren.

Die Publizisten ließen in der Regel bei einer überstürzten Flucht ihre privaten Bibliotheken und damit ihr unerlässliches Arbeitsgedächtnis und eigentliches Kapital zurück. Manch einem gelang es, die private Bibliothek verpackt bei Bekannten, Freunden oder Familienmitgliedern erst einmal unterzubringen, die, gehörten sie zum Kreis der Regimekritiker, ebenso Hausdurchsuchungen der Gestapo fürchten mussten. Einige Emigranten konnten zu Beginn des NS-Regimes noch Bücher ins Ausland retten, bei Speditionen einlagern und nach Übersee verschiffen oder einzelne Stücke durch unverdächtige Kuriere hinausschmuggeln. Dem Gros der vom NS-Regime verfolgten politischen Emigranten fehlte es jedoch an den erforderlichen finanziellen Mitteln und der Zeit, dafür Sorge zu tragen, ging es doch in erster Linie darum, das »nackte« Leben in Sicherheit zu bringen. Die Bedrohung stieg proportional zur Gegnerschaft gegenüber dem NS-Staat und dem Zeitpunkt der Auswanderung. Die fatale Auswirkung auf die spätere Produktivität und Produktion der Betroffenen, ist nur am Einzelfall zu prüfen. Das Drama der Einbuße ihrer bürgerlichen Existenz und ihres Ansehens, die der Besitz einer nennenswerten Bibliothek einmal widerspiegelte, können exemplarisch in ganzer Bandbreite die persönlichen Einlassungen so unterschiedlicher Persönlichkeiten wie des politischen Publizisten Wilhelm Herzog und des politisch enthaltsamen Theaterwissenschaftlers Franz Rapp verdeutlichen. Ihre erhalten gebliebenen Briefe, hier auszugsweise veröffentlicht, geben Einblick in ihre Betroffenheit über den unermesslichen Verlust und ihre vergeblichen Versuche, das verlorene Gut wiederzuerlangen.

I Aufklärer durch Schreiben: der Publizist Wilhelm Herzog

Der namhafte Schriftsteller Wilhelm Herzog, Herausgeber der zeitweise im Ersten Weltkrieg verbotenen Zeitschrift *Das Forum*[2] und *Die Republik*, ein anerkannter Heinrich von Kleist-Spezialist[3] und Theaterautor, bewohnte in den 1930er Jahren zeitweise die Villa Roge im Zentrum von Sanary-sur-Mer hinter Rathaus und Kirche. Eine Mauer trennte sein Grundstück von dem der Madame Rotger, zu deren beiden Seiten es je einen Brunnen gab. Eines Tages erzählte deren Amme von einem großen Lärm: »Monsieur Herzog schmiss seine Bücher in seinen Brunnen! Er hatte solche Angst, sie zu verlieren, denn er hatte seine Bibliothek schon einmal 1933 in Deutschland verloren. (…) Ich denke das war 1940 oder 1941.«[4]

Die Anekdote sagt einiges aus über die Panik, die den politischen Emigranten Herzog seinerzeit erfasst haben muss, für den Bücher zu diesem Zeitpunkt unersetzbar waren. Sei es nun aus Angst vor Verlust – wie hier kolportiert wird –, um sie so zu retten[5], oder aus Furcht, verbotenes Schriftgut könnte ihn den Spitzeln seiner Verfolger verraten. Schon 1929 hatte der Publizist, der den Sieg der Nationalsozialisten vorausgesagt hatte, seinen Wohnsitz in die Schweiz und nach Südfrankreich verlegt. Als Jude, nach 1918 zeitweiliges Mitglied der Unabhängigen Sozialistischen Partei Deutschlands, dann vorübergehend der Kommunistischen Partei und überzeugter Gegner des Nationalsozialismus, war er extrem gefährdet. So wurde für ihn zuerst Basel neben Sanary-sur-Mer bis 1939 Aufenthaltsort. Hier lernte er seine zweite Frau Alice La Roche kennen. Der Vater, ein Basler Bankier und Patrizier, billigt nicht, dass die Lieblingstochter 1938 einen »mittellosen deutschen Schriftsteller« ehelicht und will sie enterben. Er wird ihr diese Heirat bis zu seinem Tod nicht verzeihen.[6]

Herzog wird in Zukunft als Journalist sie beide über Wasser halten müssen. Er publiziert unablässig, schreibt zu niedrigen Honoraren un-

Abb. 1: Wilhelm Herzog

ter anderem für die *Schweizer Arbeiterzeitung* und den französischen *Le Petit Marseillais*. Er hält sich mehrfach länger in Sanary-sur-Mer auf, um Kontakt mit seinen emigrierten Schriftstellerkollegen wie dem Jugendfreund Heinrich Mann zu halten, den er zu Beginn des Exils März 1933 in Toulon in Empfang genommen hatte.[7] Er reist viel zu dieser Zeit, pendelt zwischen Zürich, Basel, Genf, Paris und Südfrankreich und bietet Exilzeitschriften und Tageszeitungen Stoffe an. Über Lion Feuchtwanger kontaktiert er Klaus Manns Amsterdamer Exilzeitschrift *Die Sammlung*. Dem Herausgeber schreibt er im Juli 1933 auf die Nachfrage nach seinem Ergehen: »(...) miserabel. Sorgen zerquetschen mich. Die Relativität der Tröstung, daß man nicht im Konzentrationslager sitzt, büßt langsam ihre Wirkung ein. Denn von dieser zum Optimismus verleitenden Negation kann man nicht leben.«[8] Unter dem Pseudonym Julien Sorel[9] erscheint 1934 ein Essay über »Friedrich Hölderlin und diese Deutschen« in der *Sammlung*, der Europa Verlag kündigt ein neues Buch von ihm für Herbst 1933 dort an.[10]

Nach Kriegsausbruch, den er in Frankreich erlebt, ergeht es ihm wie allen politischen Emigranten, er wird sogleich arretiert. 1940, in dem Jahr in dem Herzog in den Sammellagern Les Milles bei Aix-en-Provence und St. Nicolas bei Nîmes mit seinen Kollegen Feuchtwanger, Hasenclever, Hessel, Kantorowicz, Leonhardt interniert ist[11], wird seine von ihm 1921 geschiedene Frau Erna Morena, einst ein berühmter Stummfilmstar, im Propagandafilm »Jud Süss« von Veit Harlan als Statistin und Zaungast der öffentlichen Hinrichtung des Jud Süss (d.i. Oppenheimer) beiwohnen. Ihre spätere Korrespondenz mit ihrem geschiedenen Mann zeigt eine irritierend ambivalente Haltung gegenüber dem besiegten »Führerstaat«.[12]

Von seiner Schweizer Frau nach einem Krankenhausaufenthalt in Nîmes aus der Internierung befreit, gelingt es den Herzogs sich am 6. Mai 1941 von Marseille aus auf der »Winnipeg« nach den USA einzuschiffen. Als diese vor Martinique von einem holländischen Kriegsschiff unter englischer Flagge aufgebracht wird, verschleppt man beide, zuerst unter Verdacht der Spionage nach Trinidad. So überlebt das Paar die Kriegsjahre auf der Insel, wo ihr Sohn Michael geboren wird.[13] Abgeschnitten von der übrigen Emigration schreibt Herzog viel und führt sein Tagebuch fort, eine Praxis von Jugend an. Erst nach dem Zweiten Weltkrieg erreicht die kleine Familie ihr eigentliches Reiseziel USA und lebt für kurze Zeit in Santa Monica in Kalifornien in Kontakt mit dortigen Emigranten.[14] Von dort kehren sie, die Muttersprache vermissend, im Herbst 1947 über New York in die Schweiz zurück.

Zur ersten Wiederaufnahme des Kontakts zwischen Wilhelm Herzog und Erna Morena kommt es ein Jahr nach Kriegsende. Von seiner Residenz im Hotel Windemere in Santa Monica bittet er in einem ersten Anlauf am 15. April 1946 um »ein Lebenszeichen« nach den »apokalyptischen Jahren«, er fragt nach der Tochter und wie er helfen könne.[15] Morena antwortet im Juni aus der Königinstraße in München, wo sie Zimmer vermietet: »Eva und ich leben, sogar das Haus, in dem wir wohnen, steht, allerdings inmitten Ruinen. Was soll man schreiben? Man atmet.« Ihre Tochter arbeite in einem Kurheim in Oberstdorf/Allgäu und habe oft nicht genug zu essen, »vielleicht kannst Du etwas nachhelfen.«[16] So kurz nach dem Krieg ist der Schriftverkehr mühsam, die Briefe brauchen lange, nicht alle erreichen ihr Ziel. Man versucht den Bogen vom Gestern zum Heute zu spannen, die Jahre der Trennung zu überbrücken, wenn Herzog beispielsweise über seine Exiljahre »auf der Ozeaninsel« berichtet: »Ich habe ein Buch geschrieben: ›Die Welt kann garnicht besser sein oder Candide im 20. Jahrhundert. Ein Maerchen und doch kein Maerchen.‹« Zwei weitere Bücher würden in Amerika voraussichtlich im Herbst erscheinen, darunter eine »Raeubergeschichte«, über einen Rebellen zur Zeit der Regence.[17]

Nunmehr entwickelt sich ein regelmäßiger Briefwechsel zwischen dem einstigen Ehepaar und der kreist – neben der Fürsorge für die zwischen Trümmern Lebenden – um Herzogs dringlichste Frage: den Verbleib seiner wertvollen Bibliothek, die er einst der Obhut seiner ersten Frau anvertraut hatte. Aus einer Zeitungsnotiz des *Deutschen Reichsanzeigers* (Nr. 60) hatte Herzog von seiner Ausbürgerung am 30. April 1934 und von der Beschlagnahmung seiner Berliner 4-Zimmer-Wohnung in der Derfflinger Straße 4 erfahren, die er nach der Trennung von Morena (zeitweise mit der Freundin Sascha Witkowski) bewohnt hatte.[18] Morena hatte ihm im August dann mitgeteilt, dass ihre Wohnung enteignet worden und ausgebrannt sei.[19]

Auf Herzogs Nachfrage vom 15. April 1947 antwortet Morena am 10. Mai: »Lieber Duc. (…) An Deine Bibliothek dachte ich auch schon, (…). Es geschah damals so: Ich packte Deine Bücher mit Hilfe von Packern in Kisten. Ein Teil, die kostbaren Erstausgaben schaffte ich zu einem Deiner Bekannten, ein Jude der mir von Dir oder einem Deiner Freunde zu diesem Zweck bezeichnet worden war – dieser Mann, dessen Name ich vergessen (hieß vielleicht Dreyfuss), war ein Studierter, Arzt vielleicht, und wollte später auswandern. Später als ich mich nach Deinen Büchern umsah war er nicht mehr auffindbar, vielleicht wirklich ausgewandert. Er hatte Deine besten Bücher.«[20] Man erfährt so von der Aufteilung der umfangreichen Bibliothek auf mehrere Orte und Personen. »Deine anderen Bücher in Kisten kamen in ein Souterrain zu einem Bekannten von Dir. Er war vielleicht Architekt oder Bauunternehmer, das Haus gehörte ihm.« Diesem Bekannten wurden die Bücher offenbar zur Gefahr und die Kisten wurden nach einigen Monaten auf dessen Auftrag von einer großen Berliner Transportexpedition, der Berliner Paketfahrt[21], abgeholt und eingelagert.

Eine weitere Kiste, die bei seinem Vater unterstand, hatte dieser aus Angst ebenfalls dorthin gebracht.[22] Ihre Bemühungen, in verschiedenen Antiquariaten die untergestellten Bücher zu verkaufen, um deren drohender Beschlagnahme zuvorzukommen, sei äußerst schwierig gewesen, lässt sie ihn wissen: »Es war damals ein großes Angebot.« Bis dann das (jüdische) Antiquariat Perl Unter den Linden[23] Interesse zeigte und die Bücher erwerben wollte, sei schon zu viel Zeit verstrichen gewesen. Die Nachfrage bei dem Transportunternehmen ergab, diese seien »justament am selben Tag beschlagnahmt worden.« Weiteres hätte man nicht in Erfahrung bringen können. Zwar bemüht sich Morena nunmehr, über Herzogs Freundin Sascha in Berlin zu erfahren, ob diese mehr wüsste, ihre Nachforschungen bleiben aber unergiebig, ebenso bei einer Freundin, die ihr einst dabei half »die Enzyklopädie nach der Schweiz verschicken.«[24] So ist hiermit das einzige nennenswerte Büchergut, das außer Landes gebracht werden konnte, identifiziert.

Ein weiterer Brief zwei Wochen später berichtet von zwingend notwendigen Schritten: »Deiner Bibliothek wegen hab ich geschrieben. Man muß sich an den Magistrat der Stadt Berlin, Hauptamt für Sozialwesen, Hauptausschuss Opfer des Faschismus Berlin C 2 Neue Schönhauserstr. 8, wenden. Die Speditionsfirma war die: Berliner Paketfahrt, die die Bücher abgeholt und gelagert hatte. Ich werde schreiben, rate Dir aber auch zu schreiben.«[25] Offensichtlich stellten Herzog weder die Auskünfte der Behörden noch die seiner geschiedenen Frau zufrieden, sodass sich Morena vor seiner Abreise nach Europa zu rechtfertigen sucht: »Lieber Duc. Ich benutze diese Gelegenheit Dir einmal zu schreiben, weil es dann wahrscheinlich länger dauert«, schreibt sie ihm im Juni 1947. Man hört heraus, wie sehr ihr die Welt ihres Mannes fremd geworden ist: »daß ich die kostbaren Erstausgaben zu einem Bekannten von Dir gab, geschah nur auf Deinen oder den Wunsch einer Deiner Bekannten, denn ich kannte den Mann nicht. Ich erinnere mich nur noch, daß er Jude war und auswandern wollte. Konnte ein Schulz so hieß doch der junge Schriftsteller, der mit Dir und Sascha bekannt war, es mir geschrieben haben? Ich kannte ja auch den Mann nicht in dessen Keller die vielen Kisten zuerst untergebracht wurden, bis derselbige sie von der Paketfahrt abholen ließ, weil er's mit der Angst bekam.« Dann habe sie auf eigene Verantwortung Männer engagiert und mit diesen mit viel Mühe die Bibliothek in Kisten verpackt. Sie erinnert sich gut dieser Hilfskräfte, zumeist Kommunisten, die sich sehr für Fotos von Russen interessierten, sonst aber »mordsmäßig über die Arbeit« schimpften und »Bücher höchst überflüssig« fanden, was sie »von ihrem Standpunkt aus begreiflich« findet. »Also lieber Freund mach mir keinen kleinsten Vorwurf, ich tat mehr als ich konnte aus Freundlichkeit für Dich und die Bücher, die ich schätze.« Vor allem um Walt Whitman tut es ihr leid, »ich hab ihn mir leider nicht mitgenommen.«[26]

Verärgert über die ihr fehlende Einsicht in das Ausmaß deutscher Schuld kommt es zuweilen auf Herzogs Seite zu bitteren Ausbrüchen: »Macht ihr Euch einen Begriff, wie es in Frankreich, in Italien, in Holland, in Polen und in den anderen verwalteten Gebieten aussieht? Und die 6 Millionen vergasten Juden, die vorher gefoltert, entwürdigt, vertiert wurden, können sich zum Glück keinen Begriff mehr machen.« Selten streift er dabei die eigene Vergangenheit: »Wir, die wir alle das Ungeheuerliche überlebt haben, wurden von den Schergen der Oberbanditen in französischen Konzentrationslagern weit schlimmer als das Vieh behandelt – Wochen-, Monatelang. Hasenclever, der mit mir war, zog den Tod vor und vergiftete sich. Hunderte, nein Tausende gleich ihm. Aber wo anfangen, um den Deutschen jede Legitimation zu entziehen sich über Unglück zu beklagen?«[27] Ihn reizt vor allem ihre abwiegelnde, intransigente Haltung: »Liebe Erna, lass es gut sein. Offenbar sehe ich die Dinge aus der Froschperspektive und Du siehst sie vom Ewigkeitsstandpunkt. ›Ueber alles waltet ein Sinn‹, schreibst Du. Ja, auch ein Un-sinn«, so beginnt ein Antwortbrief, unwillig über ihre »Generalisierungen« im Hinblick auf die nationalsozialistische Vergangenheit, und er erinnert sie: »Du hast doch frueher Dich gegen alle Cachierungen, gegen alle philosophischen Drehs gewehrt. Warum jetzt diese Verschleierungen und Verschwommenheiten, dazu mit Kritik und anspruchsvollen Pseudo-Weisheiten nicht ohne Stolz vermengt? Jeder Aufhellung unzugaenglich, scheinen selbst die besseren Deutschen hoffnungslos. Nichts hinzu gelernt und alles vergessen.«[28]

Doch am Ende des Briefes lenkt er wieder ein: »Es liegt mir fern, Dir auch nur den geringsten Vorwurf zu machen. Im Gegenteil habe ich immer allen Leuten Deinen Mut und Deine Aktivitaet geruehmt, die Du bei dem Versuch, die Bibliothek zu retten, bewiesen hast.« Nur, von größter Bedeutung sei es für ihn aber zu erfahren, wer eigentlich dieser »Bekannte«, »der Jude, wie Du sagst, war, zu dem (Du) die kostbarsten Buecher hingeschafft hast, oder zumindest, wo er wohnte.« Ihm ist es unverständlich, dass sie weder Name noch Straße erinnert, in die sie damals gefahren sei. Ob das Archiv mit den Briefen (in blauen Mappen) ebenfalls zu diesem gewandert sei? Dem *Deutschen Reichsanzeiger* habe er damals entnommen, »dass 70 oder 76 Kisten mit Büchern des W.H. ›als volksfeindliches Eigentum‹ beschlagnahmt worden« seien und geglaubt, die gesamte Bibliothek sei von ihr dorthin geschafft worden. Handschriftlich fügt er am Rand hinzu: »Kann der ›Bekannte‹, der Jude, etwa (unleserlich) Hoffmann gewesen sein, der in der Friedrichs(heimer?)str. am Lützowplatz wohnte?«

Immer dringlicher werden seine Fragen nach der Bibliothek, die von ihm herausgegebenen Volksausgaben der Weltliteratur, die Kleist-Gesamtausgabe, Klassikerausgaben von Goethe, Schiller, Hebbel, Lichtenberg und Claudius, die europäischen Literatur- und Kunstgeschichten des 19. wie frühen 20. Jahrhunderts sowie deutsche, französische, russische und amerikanische Literatur, oft in Erstausgaben. Die Verständigung scheint wegen Verzögerungen im überseeischen Schriftverkehr schwierig, Ungereimtheiten des Berichtes seiner früheren Frau beschäftigen ihn, Beantwortetes reicht ihm nicht aus. »Wichtiger als die Bibliothek sind mir heute die Mappen mit den Hunderten von Briefen berühmter Zeitgenossen wie Romain Rolland, Harden, Wedekind, Heinrich und Thomas Mann und zahlreicher anderer. Weißt Du zufällig, ob diese Briefsammlungen mit der Bibliothek zur Paketfahrt kamen?«[29]

Im November 1947, vor seiner Rückkehr nach Europa, schwingt die Hoffnung mit, der Angelegenheit selbst nachgehen zu können, sollte er dienliche Hinweise bekommen. »So vieles versteht man nicht in Deinen Briefen. Auf ganz konkrete Fragen erfolgt keine Antwort. Dergestalt, daß man sich fragt, ob es Absicht ist, daß geschwiegen wird (…).« Am meisten erzürnt ihn die Rede vom namenlosen »Juden«, wenn er misstrauisch nachbohrt: »Tatest Du es damals aus freien Stücken? Oder wer gab Dir den Auftrag, die Bücher, dazu die wertvollsten (wie Du sagst) dem ›Juden‹ zu bringen? Bist Du noch immer antisemitisch und von dem Nazitoxin nicht völlig entgiftet?«[30]

Erst 1949 fährt Wilhelm Herzog von Basel aus zu einer Vortragsreise nach München. »Seltsam. Zum ersten Mal wieder deutschen Boden betreten« notiert er am 19. Oktober ins Tagebuch. Schon tags darauf sieht sich das einstige Paar wieder. »4 h zu Erna Morena. In einem verfallenden Haus oben im 2. Stock sehr hübsch eingerichtete große Zimmer. Sie sieht gut aus.«[31] Er hält sich wohl zwei Wochen in München auf. Ein kurzer Tagebucheintrag verrät viel über die Überzeugungen, die die vormaligen Eheleute mehr trennen als Jahre: »In ihren Ansichten über Hitler – Amerika – Rußland völlig unmöglich. Deprimierend und aufreizend.«[32] Ein Graben, der sich vor jedem Rückkehrer in der fremd gewordenen »Heimat« auftat. Dennoch zieht Herzog nach seiner Scheidung von Alice Herzog-La Roche Anfang der 1950er Jahre von Basel nach München gemeinsam mit seinem Sohn.[33] Noch im Jahr der Rückkehr gründet er den Kulturpolitischen Club in München. »Herzog ist mit dem Kapital seines Geistes nach München gekommen«, berichtet die *Abendzeitung* am 3. Februar 1953. »Eine Wohnung hat er nicht, dafür einen Stapel Amtlicher Befürwortungen.«[34]

Wörtlich genommen offenbart die Meldung vom »Kapital seines Geistes« eine bittere Wahrheit. Nach der Rückkehr arbeitet Herzog an einer Enzyklopädie der abendländischen Geistesgeschichte, von der bereits der Band *Große Gestalten der Geschichte* bei Francke in Bern druckfertig, ein zweiter in Arbeit und das Kartenwerk *Der Weltweg des Geistes* erschienen waren. Sein Arbeitsplatz befindet sich nunmehr eine Straße von seiner Wohnung entfernt in der Bayerischen Staatsbibliothek, seine eigene Bibliothek jedoch, einst 12.000 Bände umfassend, bleibt verschollen. Sie war für immer verloren, zerstreut, verkauft, versteigert oder über unbekannte Kanäle außer Landes gebracht.[35]

Seine Wiedergutmachungsangelegenheiten wie Rückgewinnung der Staatsbürgerschaft ziehen sich in die Länge. Er legt sie in die Hände eines vertrauten Münchner Rechtsanwalts, der für ihn eine stattliche Summe in Berlin erstreitet.[36] Anlass für die Rückkehr war sein Hörspiel *Panama*, eine Produktion des Bayerischen Rundfunks, und sein Stück *Die Affäre Dreyfuß*, das dann August Everding mit Erfolg inszenieren wird. Er knüpft damit an Vorkriegsarbeiten an[37] und hofft auf Aufträge von Theater und Hörfunk. Alte Bekannte vom Theater wie Kurt Horwitz und Leonard Steckel oder der über die Schweiz aus Amerika zurückgekehrte Fritz Kortner arbeiten ebenfalls wieder zeitweise in München.

1955 zieht Erna Morena mit ihrer »Pension Morena« von der Königin- in die Kaulbachstraße 35 um, in ein repräsentables Hinterhaus, dessen Garten an den der Ludwigskirche grenzt. Im Gästebuch findet man Namen bekannter Schauspieler und Emigranten, oft von Herzog empfohlen, der nicht weit von Ex-Frau und Tochter in der Nr. 89 wohnt. Bis zu seinem Tod wird er im »Neuen Forum«, das er als Begegnungsstätte im Studio Hermann Fink, Kaulbachstr. 16, gegründet hatte, in der Galerie Gurlitt und an der Volkshochschule Vorträge halten zum Europagedanken, über Exil, Literatur und Theater. 1956 verleiht ihm die Landeshauptstadt München den literarischen Kulturpreis.[38] Das »Kapital seines Geistes« muss ihn bis zuletzt ernähren. Seine Erinnerungen *Menschen, denen ich begegnete* (Bern 1959) verdanken sich nicht zuletzt den Notizen, die er über all die Jahre in seine kleinen Hefte eingetragen hatte. Als er am 18. April 1960 in München mit 76 Jahren überraschend an Kreislaufversagen stirbt, würdigen ihn Nachrufe als Europäer, Nonkonformisten und Aufklärer.[39] Seinem Sohn hinterlässt er immerhin 3.000 Bücher, darunter die geschichtsträchtige und von ihm als Schatz gehütete *Encyclopedia Britannica*.[40]

II Koryphäe seines Faches: der Theaterwissenschaftler Franz Rapp

Nicht anders als im Fall von Wilhelm Herzog gibt ein weiterer Briefwechsel aus den ersten Nachkriegsjahren, hier der eines emigrierten
Museumkurators, subtilen Einblick in das Emigrationsschicksal und
den Charakter des bibliophilen Sammlers. Dank eines überlieferten
Konvoluts von sechzehn Briefen[41], die der Kunsthistoriker und Thea-
terwissenschaftler Franz Rapp aus Washington an den Buchhändler und
Antiquar Friedrich Krische[42] in Erlangen nach dem Zweiten Weltkrieg
richtet, erfährt man die Umstände von Entrechtung und Vertreibung
des namhaften Münchner Theaterwissenschaftlers mit dem einherge-
henden Verlust seiner Stellung und seines gesamten Vermögens durch
die nationalsozialistische Herrschaft. Der Briefpartner ist in diesem Fall
kein Familienmitglied, sondern ein Bekannter aus unbelasteter Zeit, was
den Schriftwechsel erleichtert haben mag.

Auf das »erste Lebenszeichen« aus Deutschland nach dem Krieg, einen Brief seines Buchhändlers, antwortet der Emigrant Franz Rapp,
jetzt Professor am Art Department der Howard University in Washington, am 22. November 1945 in warmen Worten: »Der erste nicht nur
nach der Katastrophe, sondern seit ich selber das Land verlassen mußte.
Das war am 6. April 1939.« Er erkundigt sich nach der Familie des Brief-
schreibers, gemeinsamen Freunden und fragt, wer denn von ihrer Generation am Leben geblieben ist? Und er berichtet vom Schicksal seiner
Familie und dem seiner Frau. »Wir haben vor wenigen Tagen, die Bestätigung bekommen, dass die Mutter meiner Frau im Konzentrationslager Theresienstadt in Böhmen im Winter 1942 gestorben ist (...). Sie
hatte damals nur ein Auge und ging an Krücken, nachdem sie beide
Beine gebrochen hatte.« Auch seine eigene Familie beklagt Tote. »Wir
haben in diesen Wochen aus Paris die Nachricht erhalten, dass meine
Nichte (...) tot gesagt worden ist. Sie hatte an der Sorbonne studiert,
nachdem ihr die deutschen Universitäten verschlossen waren, war nach
Kriegsausbruch von den Franzosen als ›Deutsche‹ interniert worden
und ist von Deutschen aus dem Internierungslager nach dem Osten abtransportiert worden – nach Auschwitz, wo die Menschen zu Tausen-
den hingemordet worden sind.«[43] Gleich der Familie seines Schwagers
(vier Personen), die in Berlin lebte, 1943 verschleppt und in Auschwitz
vergast worden sei.[44]

Für Rapp war in seiner Studienzeit die Universitätsbuchhandlung in
Erlangen eine Fundgrube seltener Studienausgaben gewesen. In Krische
fand er einen unermüdlichen Helfer im Aufspüren wichtiger Veröffentlichungen aus der Klassischen Philologie, Archäologie, Kunst- und Kulturgeschichte – eine Erinnerung, die in der Nachkriegszeit trägt. »Da ich

mich auf Erlangen konzentriere, wird wirklich die Zeit vor 1914 in allen Einzelheiten wieder gegenwärtig, und ich frage mich, ob ich es wirklich bin, der damals mit Selbstverständlichkeit jeden Mittag bei Krische vorsprach.«[45] So schreibt er voll Wehmut, »die ganze Erlanger Zeit ist wieder da. Die Zeit, wo man zu Krische mindestens einmal am Tag ging, wo ein Lese- und Schmökerraum hinter dem eigentlichen Laden eingerichtet war, wenn Stösse Neuerscheinungen ›zur Ansicht‹ sich in meinem Arbeitszimmer an der Ratsbergerstrasse türmten.« Nur wenig habe er mit politischen Versammlungen anfangen können, »in die mich Curtius mitnahm, um ein zoon politikon aus mir zu machen (...), weil der Parteihorizont so eng war, dass dahinter sogar die Wohlanständigkeit verschwand.« Dieser »Friede« und die »Gemächlichkeit des Daseins« damals, glaube niemand »hier drüben«, wenn man davon erzählen würde.[46]

In Erlangen wurde der gebürtige Erfurter[47] nach dem Studium in München im August 1914 mit dem Thema der Architekturdarstellungen auf griechischen Vasen zum Dr. phil. promoviert. Im Ersten Weltkrieg mehrfach schwer verwundet, wurde er mit dem EK I ausgezeichnet. Der ehemalige Mitarbeiter der Bildersammlung am Archäologischen Institut in Erlangen bei Prof. Ludwig Curtius zieht 1918 nach München und wird dort erst Assistent, dann im Herbst 1919 Kustos, 1920 Kurator und ab Februar 1923 Konservator am Theatermuseum der Clara-Ziegler-Stiftung. Seine Lehrveranstaltungen im Museum und an der Deutschen Schauspiel- und Filmschule in München tragen ihm 1932 eine Professur für Dramaturgie und Theatergeschichte ein, der Titel eines Professors war ihm bereits 1928 verliehen worden.[48] Als Mitglied des Geschäftsführenden Ausschusses der Gesellschaft für Theatergeschichte im Süddeutschen Raum kooperiert er seit deren Gründung 1926 eng mit der Staatlichen Akademie für Angewandte Kunst in München und dem neu geschaffenen Institut für Theatergeschichte an der Ludwig-Maximilians-Universität, das Prof. Arthur Kutscher unterstellt worden war.

Um 1927 umfassten die Bestände der Clara-Ziegler-Stiftung dank Schenkungen und systematischer Sammlungspolitik neben einer umfangreichen Bildnissammlung mit 4.000 und der Sammlung von Theaterzetteln mit an die 30.000 bis 40.000 Stück, über rund 4.000 Dekorationsbilder und an die 30.000 Bände der Bibliothek, womit sie die bedeutendste Fachbibliothek Deutschlands geworden war. Die Villa in der Königinstraße konnte längst nicht mehr die Bestände fassen, viele Objekte wurden seit Jahren im Bayerischen Nationalmuseum untergebracht.[49] Das einstige »Clara Ziegler-Museum« hatte sich in ein Theatermuseum gewandelt, dessen immer noch gültiges altes Ordnungsprinzip Rapp in seiner Denkschrift *Wesen und Bedeutung der Theatermu-*

seen (1925) zusammenfasste.[50] Ab 1932 baut Rapp zudem die theater-
historische Schausammlung in den Odyssee-Sälen der Residenz am
Hofgarten in München auf und publiziert unter anderem die Bände
Goethe und München: Die Bedeutung unserer Stadt nach Goethes Ta-

Abb. 2: Franz Rapp

gebüchern und Briefen und nach Mitteilungen seiner Freunde (1932)
und *Tradition im Bühnenbild bei Richard Wagner* (1934). Bis 1935 ver-
schafft er dem Haus, das zuvor der Direktion des Nationalmuseums unterstand, als Direktor und Hauptkonservator durch seine Ausstellungen, zahlreichen Publikationen, Tagungen und Lehrveranstaltungen
einen internationalen Ruf. Sogar von »einem neuen, größeren Haus für
das Theatermuseum war bereits die Rede.«[51]

Die neuen politischen Machtverhältnisse ließen Rapp nicht mehr viel
Zeit; 1933 wird in einer ersten antisemitisch gelenkten Aktion die Erst-
auflage seines Goethe-Buches von Nationalsozialisten verbrannt.[52] Als
Frontkämpfer wird er zwar zunächst »geschont«, dann aber im Oktober 1935 beurlaubt und Ende Dezember als »Nichtarier« seines Postens
enthoben.[53] Günter Schöne, ein gebürtiger Magdeburger, erst kurz am
Theatermuseum als Assistent, tritt danach seine Nachfolge an. Seiner
langjährigen Volontärin, dann Assistentin Gertrud Hille[54] schreibt
Rapp im Oktober 1935 bitter: »Ich habe doch zu viele jüdische Gross-
eltern, die durch Frontkrieg, viermalige Verwundung, E. K. I. auf die
Dauer nicht aufgewogen werden.« Die Verfügung sei ihm vor 14 Tagen
bekannt gegeben worden. »Dann habe ich halt weggearbeitet, was man
in dem Ihnen wohl erinnerlichen Arbeitstempo schaffen konnte. Ein
paar Tage später wurde mein Stellvertreter nominiert.«[55] Gerade knapp
fünf Tage seien geblieben, diesen einzuweisen. Anfänglich werden ihm
»bis zur Erreichung der Altersgrenze als Ruhegeld die vollen zuletzt be-
zogenen ruhegehaltsfähigen Dienstbezüge, d. i. 7.300 RM Grundgehalt
und 1080 RM Wohnungsgeldzuschuß« mit Kinderzulagen und -beihil-
fen zugestanden.[56]

Nach kurzzeitigem Zwischenaufenthalt in Italien versucht Rapp, ab
1936 über die Notgemeinschaft Deutscher Wissenschaftler in London
eine Anstellung im Ausland zu finden.[57] Seine von ihm vorbereiteten
letzten Veranstaltungen wie die zur Reichstheaterfestwoche in München 1936 nennen seinen Namen schon nicht mehr.[58] Vom 15. Juli 1936
bis zum 6. April 1939 ist er in der Bauerstr. 22 in München mit Frau und
Schwiegermutter gemeldet.[59] 1937 begibt er sich auf Vortragsreise nach
England, um Kontakte zu knüpfen. Nach dem Novemberpogrom bleibt
ihm auch das KZ Dachau nicht erspart, am 11. November dorthin gebracht, wird er erst Wochen später, am 6. Dezember 1938, entlassen.[60]
Als seinem von Mai 1936 datierendem Antrag auf Verlegung seines dau-
ernden Aufenthaltes nach Großbritannien endlich im Herbst 1938 mit
Bescheid des Kultusministeriums stattgegeben wird, bereitet er seine
Auswanderung vor und meldet sich am 6. April 1939 mit Frau nach
Richmond in England ab.

»Mit Handgepäck und einem Kabinenkoffer« treffen sie in London ein, das ist »im Grunde genommen heute noch unsere Habe«, wie er Krische in seinem ersten Brief aus Amerika im November 1945 mitteilt. Zuerst arbeitet er auf Einladung als Lektor an der Goethe Society in London, an der Universität Cambridge und am Darlington College und zwischenzeitlich in Italien. Pläne, gemeinsam mit der Schweizerischen Gesellschaft für Theaterkultur eine Schweizer Theatersammlung aufzubauen, sollten nicht zuletzt am Zweiten Weltkrieg scheitern. Kurz nach dessen Beginn gelingt es dem Ehepaar, über London im Dezember 1939 in die USA zu emigrieren. Die kranke behinderte Tochter lassen sie in der Fürsorge einer Erzieherin in Zürich zurück. Ihr Bemühen, ihren Besitz von Bremen aus in die USA zu verschiffen, misslingt allerdings, sie werden diesen nie wieder sehen; »von all den Sachen, die wir einst besassen, den schönen alten und praktischen neuen Möbeln, meiner Bibliothek, meinen Sammlungen ist ja nichts zu uns gekommen.«

Trotz Sondergenehmigung der »Reichskulturkammer«, eine Anzahl Bücher und Tafelwerke mitzunehmen (gegen das Veto der Fa. Karl & Faber), Tausender Mark »Auszugsabgabe« und der Vorauszahlung von »neun Monate(n) Lagergeld im Bremer Freihafen und dem gesamten Transport bis New York«, sei die Verladung durch den Ausbruch des Krieges verhindert worden.

Nach dem Krieg hat er die Hoffnung, Krische könnte etwas herausfinden, denn: »Um meine Bücher, die vielen wissenschaftlichen Aufzeichnungen und Notizen und meine unvergleichliche Sammlung von Diapositiven zur Theatergeschichte ist mir's besonders leid. – Gebrüder Wetsch, Spediteure, München, Bayerstr. waren dafür verantwortlich.«[61] Offensichtlich kann aber Krische nichts in Erfahrung bringen. Rapp dankt am 11. Juli 1946 für die Nachforschungen und berichtet, er habe nun »die Angelegenheit« einem Anwalt übergeben.[62]

In den USA findet Rapp zuerst eine kleine Anstellung am Theaterinstitut der Yale University, 1940 bis 1941 wird er Hon. Fellow in Theatre and Drama Criticism an der Yale University, dazu Lecturer an diversen Universitäten und nimmt in New London 1941 an der Renaissance Conference mit einem Vortrag teil. Ab 1941 beschäftigt ihn für vier Jahre »miserabel bezahlt« die Theaterabteilung der New York Public Library als Bibliothekar, finanziert durch das Emergency Comittee in Aid of Displaced Foreign Scholars.[63] Das Ehepaar muss mit äußerst bescheidenen Mitteln auskommen; seine Frau verdient von Anfang an durch Nähen im Haushalt befreundeter Familien und später in der Bekleidungsindustrie als Fabrikarbeiterin dazu.[64] Zu den sie unterstützenden Freunden zählt die ebenfalls aus München emigrierte Familie von Rudolf Berliner, einst Kurator des Münchner Nationalmuseums und Urheber seiner bemerkenswerten Krippensammlung.[65] Als Wissenschaftler kann er ab 1942 seinen Einfluss bei Bibliotheksprogrammen des Art Education Program in den USA geltend machen.[66] Zwischenzeitlich arbeitet Rapp an der *Encyclopedia of Literary and Dramatic Criticism* (New York 1944) sowie einer *History of Modern Drama* (New York 1947) mit[67] und verfasst eine Monografie über den Wiener Bühnenbildner Joseph Urban (gest. 1933), der ihn seit den 1920er Jahren als Anreger von Film und Architektur in den USA beschäftigte.[68]

Im September 1945 wird er zum Professor im Art Department der Howard University in Washington, D. C. berufen, später unterrichtet er im Sommer in der unbezahlten Zeit an der German School eines College in Vermont oder am Middlebury College in Bristol, wo seine aus Thüringen gebürtige Schülerin Käthe Baumann angestellt ist. Mit der Kontaktaufnahme zu dem Freund Krische in Erlangen beginnt nun ein regelmäßiger Schriftverkehr über die Substitution der verlorenen Bibliothek. »Das bissel, was ich mir bisher an Büchern habe kaufen können, das habe ich von Mary Rosenberg aus Fürth, die sich in New York, scheint's, recht gut durchgesetzt hat«, schreibt er in diesem ersten Brief über die gemeinsame Bekannte, Mary (Sara) Rosenberg[69], die besonders mit deutschen und französischen Büchern handele, wenn auch die »Buchhandlung Krische« immer die beste gewesen sei, »mit der ich je gearbeitet habe«. Für Krische packen die Rapps nun regelmäßig Care-Pakete: »ich bin gespannt zu erfahren, wann sie es erhalten werden, und ob es sich empfiehlt weitere Pakete derselben Art zu beordern«, fragt er im Juli 1946, begleitet von eigenen Wünschen. »Wenn die Verhältnisse mal wieder so sind, dass Bücher verschickt werden dürfen, dann müssen Sie uns mit Prospekten und Katalogen (auch Ihren eigenen Antiquariatslisten) versorgen. Vielleicht kann ich irgendwann wieder anfangen mir eine Bibliothek aufzubauen. Es wird einem hier vieles Verlockende angeboten, aber zu sehr, sehr hohen Preisen, wenn es europäische Publikationen sind.«[70]

Krische gibt erst einmal ein Buch über eine zwischen New York und Erlangen pendelnde Bekannte mit. So gelangt eine Rarität zu Rapp, Weihnachten 1946: »Selten hat mir etwas soviel Freude gemacht wie diese Architektur-Zeichnungen, die Wasmuth 1922 für die Freunde seines Verlages herausgegeben hat.«[71] Bald verständigt er sich über Bücherbeschaffungen, die er für Lehrveranstaltungen dringend benötigt, die Krische zurücklegen möge, solange der Transport zu kompliziert ist. Es handelt sich um Werke, »die ich gerne wieder besässe«, so zwei Bände *Die antike Kunst* von Curtius und Zietschmann oder Springer-Michaelis-Wolters *Kunstgeschichte* oder Bücher von Rudolf Berliner und Jacob Burckhardt, dann von Noack, Lippold, Wölfflin, Pinder stehen auf der Wunschliste. »Eines Tages wird es ja wohl wieder möglich sein dergleichen herzuschicken.«[72] Im Laufe der Jahre stapeln sich bei Krische die Bände für ihn, bis Rapp meint, er wolle Käthe Baumann, »die in Nürnberg stationiert ist, mal direkt schreiben, ob sie nicht die Bücher, die bereits bei Ihnen für mich liegen, abholt« und ihm zustellt, »denn das normale Porto für Drucksachen ist ja unerschwinglich.«[73]

Am 22. Februar 1948 berichtet Rapp von der ersten größeren Sendung mit Poststempel vom 9. Januar. »Ganz unerwartet, deshalb Überraschung und grösste Freude. Wunderbar verpackt und tadellos im Stand«. Schon einen Tag darauf seien zudem zwei Pakete von Miss Baumann eingetroffen, »alle die herrlichen Bücher, die auf der Liste sind, waren drin«, schreibt er entzückt am 2. August des Jahres. »Die Bücher von Ihnen sind mein tägliches Brot.«[74] Dies geschieht alles ohne Rechnungsstellung bis Rapp den Buchhändler mehrfach drängt, doch eine Aufstellung seiner Auslagen vorzunehmen. Krische fordert ihn seinerseits zum Besuch auf. Genauso sein Nachfolger Dr. Schöne, der ihm bedeutet, dass man laut »einem Erlass der Staatsregierung den aufgrund der »Nürnberger Gesetze« entlassenen Beamten ihre Stelle bzw. die Pension wieder zur Verfügung« stellt[75]; eine Anfrage bei der Oberfinanzdirektion ergab dann, dass alle Akten durch Kriegseinwirkung verbrannt waren.[76]

Rapp reagiert auf die Schilderung Schönes über die Zerstörungen Münchens in der Königinstraße versöhnlich: »aber vielleicht sind sie bei den Sichtungs- und Ordnungsarbeiten doch auf einiges gestossen, das sie verloren glaubten. Photographien, Reproduktionen, Graphik, Bücher lassen sich früher oder später ersetzen«, tröstet er. Und er bietet altruistisch Hilfe an: »Ich persönlich wäre gerne bereit, Teile der theatergeschichtlichen kleinen Bibliothek, die sich auf meinen Büchergestellen wieder angesammelt haben, zu stiften; es ist lauter amerikanisches Material«[77] – ein Angebot, das, so scheint es, nicht angenommen wurde.

Deutschen Boden aber wird Franz Rapp nicht mehr betreten. »Wir kommen nicht nach Deutschland«, schreibt er Sommer 1949 dem alten Bekannten in Erlangen, »erstens weil wir zu schwer an dem schleppen, was man uns angetan hat. Zweitens, weil ich vor allen Dingen Ruhe haben soll, und mir nicht viel zumuten darf.«[78] Ein Herzinfarkt hatte ihn 1947 zum Ausruhen gezwungen, auch waren Reisemöglichkeiten eingeschränkt. Dennoch schifft er sich 1949 von New York nach Genua ein, um seine Tochter Emilie in Ascona-Saleggi im Tessin wiederzusehen und Zukünftiges zu besprechen. »Wir haben unsere Tochter vor 10 Jahren mit ihrer Erzieherin, die wir auch als unser Kind betrachten, in Zürich zurückgelassen. Alle Bemühungen die Einreise-Erlaubnis für das Kind (das jetzt 23 ist) zu erwirken, sind aus Gesundheitsgründen abgelehnt worden.«[79]

Nach einem Zürich-Aufenthalt, Urlaub am Lago Maggiore und Thuner See, trifft er in Dornach zuletzt seine Tochter Marietta aus erster Ehe nach 20 Jahren wieder, eine Goldschmiedin.[80] Zu der Wiederbegegnung mit dem Freund Krische sollte es nicht mehr kommen, nicht nur weil das Reisen im Vierzonenstaat und zerstörten Nachkriegsdeutschland fast unmöglich war.[81] Näher als bis Kreuzlingen am Bodensee kommt Rapp der einstigen Wirkungsstätte München nicht. »Es war nicht Furcht vor etwas, das mir zustossen könnte, die mich abgehalten hat, voriges Jahr nach Deutschland zu kommen«, lässt er Krische später wissen. »Es war vielmehr Furcht vor meiner eigenen Natur; ich wollte vermeiden, Stätten zu betreten, Menschen zu begegnen, die die nur oberflächlich vernarbten Wunden wieder zum Aufbrechen bringen würden. Genug für heute.«[82]

Der Unermüdliche hält nach seiner Pensionierung Vorlesungen und arbeitet als gelernter Restaurator weiter. Eine Grippe aber überlebt er im März 1951 nicht mehr.[83] Als Helene Rapp, die sich dann in der Nähe ihrer Tochter in Horgen in der Schweiz niederlässt, durch ihren New Yorker Rechtsanwalt den Anspruch auf ihre Witwenpension prüfen lässt, wird ihr zunächst mitgeteilt: »Die Zahlung der Versorgungsbezüge wurde nach der Auswanderung eingestellt.«[84] Sie wurde erst später wieder aufgenommen.

---

1 Walter Mehring: *Die Verlorene Bibliothek.* (Hamburg 1952) Icking – München 1964, S. 294. Er beschreibt darin das Leben mit der Bibliothek des Vaters und deren Verlust. — **2** Vgl. Carla Müller-Feyen: *Engagierter Journalismus: Wilhelm Herzog und Das Forum (1914–1929).* Frankfurt/M. – Berlin u. a. 1996, siehe dort auch ausführliche Bibliografie. — **3** Er gab nacheinander das *Kleist-Brevier* (1905), sämtliche Werke und Briefe *Heinrich von Kleists* (1908–1911) und die Biografie *Heinrich von Kleists* (1911) heraus. — **4** Aus einem Interview mit Elise Rotger v. 9.1.2004, in: Magali Laure Nieradka: *»Die Hauptstadt der deutschen Literatur«. Sanary-sur-Mer als Ort des Exils deutschsprachiger Schriftsteller.* Göttingen 2010. — **5** Vorausgesetzt, es handelte sich um einen stillgelegten Brunnen. — **6** Gespräch mit seinem Sohn M. Herzog in München am 9.7.2005. — **7** Vgl. Manfred Flügge: *Heinrich Mann. Eine Biographie.* Reinbek bei Hamburg 2006, S. 259. — **8** W. Herzog an K. Mann v. 10.7.1933, vgl. Ulrike Voswinkel und Franz Berninger (Hg.): *Exil am Mittelmeer. Deutsche Schriftsteller in Südfrankreich von 1933–1941.* München 2005, S. 46 f. Insgesamt werden hier an die 3.000 Emigranten festgehalten. — **9** Siehe: *Die Sammlung.* Nachdruck. München I. Jg. (1986), H. 4, S. 204–206. — **10** Ebd., S. 166: Wilhelm Herzog: *Der Kampf einer Republik* (Anzeige Europa-Verlag Zürich). — **11** Vgl. Voswinkel und Berninger: *Exil am Mittelmeer* (s. Anm. 8), S. 134 f. — **12** Vgl. Brigitte Bruns und Petra Maier-Schoen (Hg.): *Erna Morena.* München 2005, S. 235–306. (Dort auch, wenn nichts anderes vermerkt, die nachfolgend zitierten Briefe). — **13** Keith Holz und Wolfgang Schopf: *Im Auge des Exils. Josef Breitenbach und die Freie Deutsche Kultur in Paris 1933–1941.* Berlin 2001, S. 234 ff. Die hier geschilderte Irrfahrt der »Winnipeg« deckt sich mit des Vaters Erzählungen laut M. Herzog. — **14** Vgl. Michael Herzog: »Thomas Mann und sein

›Intimfeind‹ Wilhelm Herzog«. In: Dieter-Rüdiger Moser (Hg.): *Das Nymphenburger Lesebuch »Federleichte Mädchen«*. München 1989, S. 359 ff. (Wiederabdruck von *Literatur in Bayern*, Nr. 25). — **15** W. Herzog, Santa Monica, Cal., Hotel Windemere an E. Morena, München, Königinstr. 11, III v. 15.4.1946, (hds., transkribiert von Verf.). Wie auch folgende Briefe des kleinen Konvoluts im Familienbesitz von M(ichael) Herzog, vgl. auch Zitate in: Bruns und Maier-Schoen: *Erna Morena*. (s. Anm. 12), S. 285 ff. — **16** E. Morena, München an W. Herzog, Santa Monica, v. 9. 6.1946 (s. Anm. 15) . — **17** W. Herzog, Santa Monica, an E. Morena, München v. 25.2.1947. — **18** Die engagierte Kommunistin und Widerstandskämpferin wurde 1939 inhaftiert und erst 1943 aus dem Zuchthaus entlassen. — **19** E. Morena, Berlin an W. Herzog, Basel v. 14.8.1934, vgl. W. Herzog Tagebuch (Tb Nr. 149, transkribiert v. C. Müller-Feyen), im Familienbesitz v. M. Herzog. — **20** E. Morena, München an W. Herzog, Santa Monica v. 10.5.1947. — **21** Ebd. Das Traditionsunternehmen Berliner Paketfahrt hatte 1927 fusioniert zur Berliner Paketfahrt-, Speditions- und Lagerhaus (vorm. Bartz & Co.) AG, expedierte auch nach Übersee und existiert noch heute. — **22** Joseph Herzog stirbt vor der Pogromnacht in Berlin. — **23** Vermutlich ist damit das Berliner Buch- und Kunstantiquariat Max Perl mit Stammhaus Leipzigerstr. 89 gemeint, das zwischen 1935 bis 1938 jährlich mehrere Auktionen durchführte, vgl. Findbuch Landesarchiv Berlin, S. 68 f. (Akten der Reichskammer der bildenden Künste – Landesleitung Berlin). — **24** Hierbei handelte es sich wohl um die *Encyclopedia Britannica*, vgl. E. Morena, München an W. Herzog, Santa Monica v. 10.5.1947. — **25** E. Morena, München an W. Herzog, Santa Monica v. 1.6.1947. — **26** E. Morena, München an W. Herzog, Santa Monica v. 8.6.1947. — **27** W. Herzog, Santa Monica an E. Morena, München v. 23.5.1947. — **28** W. Herzog, Santa Monica an E. Morena, München v. 20.6.1947. — **29** W. Herzog, Santa Monica an E. Morena, München v. 11.7.1947. — **30** W. Herzog, Santa Monica an E. Morena, München v. 11.11.1947. — **31** Eintrag v. 20.10.1949, W. Herzog-Tagebuch (Tb Nr. 241, transkr. v. C. Müller-Feyen) in Familienbesitz (M. Herzog). — **32** Ebd. — **33** Der Sohn war ihm bei der Scheidung auf dessen eigenen Wunsch zugesprochen worden, die Tochter blieb bei der Mutter. Am 11.8.1952 fand der Umzug statt. Auskunft v. M. Herzog am 9.7.2005. — **34** »Wilhelm Herzog«. In: *AZ (Abendzeitung)* v. 3.2.1953, Zeitungsausschnitt-Archiv »Personen«: Stadtarchiv München. — **35** Laut M. Herzog sprach sein Vater von einem Verlust einer 12.000 Bände umfassenden Bibliothek. Telefongespräch v. 13.4.2011. — **36** Die Rechtsgeschäfte versah für ihn Dr. Franz J. Pfister, Gespräch mit M. Herzog am 14.4.2011. — **37** Auskunft v. M. Herzog, München am 9.7.2005. Dieser trat Ende der 1950er Jahre in den Kammerspielen eine Regieassistenz bei August Everding an. — **38** »Wilhelm Herzog«. In: *8-Uhr-Abendblatt*, 12.1.1959 u. Zeitungsausschnitt-Archiv »Personen«: Stadtarchiv München. — **39** Walter Kiaulehn: »Weltbürger auf der Maximilianstraße«. In: *Münchner Merkur*, 19.4.1960. Dort ist irreführend die Rede von zwei Söhnen und zwei Töchtern. Herzog hatte zwei Töchter aus zwei Ehen und einen Sohn; Todesanzeige, in: *Süddeutsche Zeitung*, 19.4.1960. Zeitungsausschnitt-Archiv »Personen«: Stadtarchiv München. — **40** Michael Herzog wird später Jura studieren und als Referendar die deutsche Staatsbürgerschaft zurückerlangen, was formlos vonstatten ging. Gespräch mit M. Herzog am 9.7.2005. — **41** 16 handgeschriebene Briefe von November 1945 bis Ostersonntag 1951, die an Friedrich Krische, Inhaber der Universitätsbuchhandlung Theodor Krische (damals am Erlangener Marktplatz) in der amerikanischen Zone adressiert sind. Ich danke Dr. Klaus Matthäus, Enkel Friedrich Krisches, für die Erlaubnis, aus diesen Briefen zu zitieren, die er 2000 dem Archiv des Deutschen Theatermuseums in München zur Verfügung stellte. Für den Hinweis und Verwendungsmöglichkeit Dank auch an Dr. Birgit Pargner. — **42** Vgl. Klaus Matthäus: *Zur Geschichte des Erlanger Buchhandels*. Sonderdruck der Buchhandlung Palm & Enke. Erlangen 1987. Das Büchlein gibt einen Einblick in die wechselvolle Geschichte. — **43** F(ranz) Rapp, Washington, 2205 42nd St., NW, Washington 7, D. C. an F(riedrich) Krische, Erlangen, Hindenburgstr. 46, I v. 22.11.1945. — **44** Vgl. »Flora Böhm«. In: Stadtarchiv München (Hg.): *Biographisches Gedenkbuch der Münchner Juden 1933–1943*. Bd. 1. München 2003, S. 175. — **45** F. Rapp, Washington an F. Krische, Erlangen v. 22.11.1945 (s. a. Anm. 44). —

46 F. Rapp, Washington an F. Krische, Erlangen v. 17. 6.1947. — **47** Eigtl. Franz Julius Rapp. Als Jude geboren, konvertierte er 1905 zum protestantischen Glauben. Siehe Polizeimeldebogen: Stadtarchiv München, dort auch Familiendaten. — **48** Vgl. »Franz Rapp«. In: *International Biographical Dictionary of Central European Émigrés 1933–1935*, Vol. II, Hg. v. Herbert A. Strauss, Werner Röder. München u.a. 1983, S. 941. — **49** Vgl. Babette Angelaeas: »Das Deutsche Theatermuseum. Seine Entstehung und Geschichte«. In: *Deutsches Theatermuseum. Entdecken, was dahinter steckt.* München 2010, S. 1–35, hier S. 16, 20. — **50** Ebd., S. 16f. — **51** Ebd., S. 24. Was dann nach dem Zweiten Weltkrieg am Hofgarten realisiert wurde. — **52** Hans Ludwig Held: »Aus der Einleitung zu Franz Rapps ›Goethe und München‹« (1949). Wiederabdruck in: Hans Lamm: *Juden in München*. München 1958, S. 238. — **53** Vgl. Petra Kraus: »100 Jahre Ausstellungsvielfalt im Deutschen Theatermuseum«. In: *Deutsches Theatermuseum* (s. Anm. 49), S. 215, Anm. 26: Kündigungsschreiben des Ministeriums für Unterricht und Kultus (Bay. Hauptstaatsarchiv [BHStA], MK 44879). — **54** Sie war von ca. 1925 bis 1930 seine Assistentin, heiratete in Bulgarien Dr. rer. pol. Otto Rudloff, später Leiter des Lessingmuseums in Kamenz. Sie selbst wurde 1945 Museumsleiterin am Städtischen Museum in Zwickau und ab 1951 Leiterin der Dresdner Staatlichen Kunstsammlungen mit Galerie. Auskunft des Sohnes Helmut Rudloff, Dresden am 27.11.2009. — **55** Vgl. Gertrud Hille: *Franz Rapp (1885–1951) und das Deutsche Theatermuseum. Aufzeichnungen seiner Mitarbeiterin Gertrud Hille.* Schweizerische Gesellschaft für Theaterkultur, Schriften Nr. 15. Zürich 1977, S. 100f. — **56** Schreiben des Staatsministeriums für Unterricht und Kultus v. 24.12.1935, BHStA, MK 44879. — **57** »Franz Rapp«. In: Ulrike Wendland: *Biographisches Handbuch deutschsprachiger Kunsthistoriker im Exil.* Teil 2, L–Z. München 1999, S. 535ff. — **58** Vgl. Personen »Franz Rapp« und »Tanz«, in: Zeitungsausschnitt-Archiv: Stadtarchiv München. — **59** Polizeimeldebogen Franz Rapp, PMB, Stadtarchiv München. — **60** Wendland: *Biographisches Handbuch deutschsprachiger Kunsthistoriker im Exil* (s. Anm. 57), S. 535 und zwar mit der Häftlingsnummer 20308 (Auskunft Petra Kraus, Deutsches Theatermuseum). — **61** F. Rapp, Washington an F. Krische, Erlangen v. 22.11.1945 (s. Anm. 43). Das Speditionsunternehmen existiert noch heute in München. — **62** F. Rapp, Washington an F. Krische, Erlangen v. 11.7.1946. — **63** F. Rapp, Washington an F. Krische, Erlangen v. 22.11.1945. — **64** Ebd. (s. Anm. 43), Helene Rapp hatte vor der Emigration in München einen Nählehrgang absolviert. — **65** Telefongespräch der Autorin mit seinem Sohn Christoph Bever (eigtl. Berliner), Cal. v. 17.10.1998. »Rudolf Berliner«. In: *International Biographical Dictionary of Central European Émigrés 1933–1935* (s. Anm. 48), S. 101ff. — **66** Vgl. Wendland: *Biographisches Handbuch deutschsprachiger Kunsthistoriker im Exil* (s. Anm. 57), S. 535. — **67** Vgl. ebd., S. 536. — **68** F. Rapp, Washington an F. Krische, Erlangen v. 11.7.1946. — **69** Vgl. F. Rapp, Washington an F. Krische, Erlangen v. 22.11.1945. Vgl. Biographie von Mary (Sara) Rosenberg, in: *International Biographical Dictionary of Central European Émigrés 1933–1935*, (s. Anm. 48), S. 984. — **70** Care-Pakete wurden von einer gemeinnützigen Gesellschaft angeboten, zoll- und gebührenfrei für den Empfänger. Sie enthielten Esswaren, die man in Deutschland nicht bekommen konnte. Vgl. F. Rapp, Washington an F. Krische, Erlangen v. 11.7.1946. — **71** F. Rapp, Washington an F. Krische, Erlangen v. 17.6.1947. — **72** Ebd. — **73** F. Rapp, Washington an F. Krische, Erlangen, Ende Dezember 1947. — **74** F. Rapp, Washington an F. Krische, Erlangen v. 22.2.1948; 29.2.1948; 2.8.1948 (erstmals mit Briefkopf). — **75** Siehe Briefdurchschlag v. Günther Schöne, München an F. Rapp, Washington v. 21.1.1947, in: Angelaeas: »Das Deutsche Theatermuseum« (s. Anm. 49), S. 33. — **76** Schreiben des Bay. Staatsministeriums für Unterricht und Kultus v. 20.3.1947, BHStA, MK 44879. — **77** Vgl. Rapps Antwortschreiben in Hille: *Franz Rapp (1885–1951) und das Deutsche Theatermuseum,* (s. Anm. 55), S. 125f. — **78** F. Rapp, Washington an F. Krische, Erlangen v. 11.6.1949. — **79** Ebd. — **80** F. Rapp, Ascona an F. Krische, Erlangen v. 14.8.1949. — **81** Ebd. — **82** F. Rapp, Washington an F. Krische, Erlangen v. 1.4.1950. — **83** Hille: *Franz Rapp (1885–1951) und das Münchner Theatermuseum* (s. Anm. 55), S. 119. — **84** Schreiben des Bay. Staatsministeriums für Unterricht und Kultus v. 7.1.1953, BHStA, MK 44879.

Regina Weber

Aktivitäten der Warburg-Bibliothek, gespiegelt im Marbacher Nachlass Raymond Klibansky

Der Nachlass des 2005 im 100. Lebensjahr in Montreal verstorbenen deutsch-jüdischen Philosophen Raymond Klibansky wurde 2007 von seiner Witwe, der Rechtshistorikerin Ethel Groffier, dem Deutschen Literaturarchiv Marbach übergeben. Bis heute ist der international angesehene Ideen- und Philosophiehistoriker in Deutschland wenig bekannt. Deshalb seien hier kurz die wichtigsten Stationen seines Lebens und seiner akademischen Laufbahn genannt. Geboren wurde Klibansky 1905 in Paris als Sohn eines deutsch-jüdischen Weinhändlers. Die Familie musste 1914 mit Ausbruch des Ersten Weltkriegs Frankreich verlassen und kehrte zurück ins großelterliche Haus nach Frankfurt am Main, wo Klibansky eine jüdisch-orthodoxe Erziehung zuteil wurde. Er besuchte in Frankfurt das humanistische Goethe-Gymnasium, von wo er 1920 auf die Odenwaldschule bei Heppenheim wechselte, und machte als Externer 1922 mit siebzehn Jahren das Abitur. Ab 1922 studierte er Philosophie und klassische Sprachen an der Universität Heidelberg, wo er 1928 bei dem Philosophen Ernst Hoffmann promovierte und bis zu seiner Entlassung 1933 in Folge des nationalsozialistischen Gesetzes zur Wiederherstellung des Berufsbeamtentums zuletzt als Privatdozent lehrte.

Entscheidend aber war das Jahr 1926 für Klibanskys wissenschaftliche Laufbahn, das er auf Einladung des Philosophen Ernst Cassirer an der Universität Hamburg verbrachte, wo dieser ihn in den Kreis um Aby Warburg und die Kulturwissenschaftliche Bibliothek Warburg (K.B.W.) einführte, der er Ende 1933 ins englische Exil folgen sollte. Seit 1926 ist sein philosophisches Werk von den Arbeitsprojekten der K.B.W. bestimmt, was sich in seinem wissenschaftlichen Nachlass widerspiegelt. Das Warburg'sche Forschungsprogramm zum Nachleben der Antike in der italienischen Renaissance, das der schon 1929 verstorbene Aby Warburg, sein nächster Mitarbeiter Fritz Saxl wie auch der an der Hamburger Universität lehrende Erwin Panofsky auf dem Gebiet der Kunst- und Kulturgeschichte betrieben, wurde von Ernst Cassirer und seinem Schüler Raymond Klibansky philosophiegeschichtlich verfolgt: Das Studium der Überlieferung des antiken Platonismus bis hin zu Meister Eckhart und dem Renaissance-Philosophen Nicolaus Cusanus führte zu Editionsvorhaben unter den Auspizien der Heidelberger Akademie, in die Klibansky schon vor Abschluss seiner Promotion 1928 als wissenschaftlicher Mitarbeiter einbezogen wurde.

Neben den Cusanus- und Meister-Eckhart-Konvoluten aus der Zeit vor der Emigration nach England befindet sich ein umfangreicher Bestand zu einem Corpus Platonicum Medii Aevi in Klibanskys Nachlass, einer vom Londoner Warburg Institute verantworteten Reihe von Kommentaren und Übersetzungen von Platos Schriften, die ab 1940 bis in die 1960er Jahre in England publiziert wurden. Auch hier ging es um das Nachleben der Antike, wie Klibansky in der Programmschrift zum Corpus Platonicum *The Continuity of the Platonic Tradition during the Middle Ages* (London 1939) deutlich machte. Klibansky fungierte als General Editor des Corpus Platonicum, wenngleich er schon 1948 einem Ruf an die McGill University nach Montreal/Kanada folgte, wo er bis zu seiner Emeritierung 1975 lehrte. Seine nächste Mitarbeiterin – die aus Hamburg stammende und seit Heidelberger Studienzeiten mit ihm befreundete Philosophin und klassische Philologin Lotte Labowsky, die auch der Warburg-Bibliothek nach England gefolgt war – führte in seinem Auftrag die Arbeit am Corpus Platonicum in London weiter. Während Klibanskys philosophische Ausrichtung nach Kriegsende eine Hinwendung zur Philosophie der Gegenwart nahm – er wurde, neben seiner Professur in Montreal, Herausgeber der philosophischen Publikationsreihen und zeitweise auch Direktor des Institut International de Philosophie in Paris – blieb seine Freundin Lotte Labowsky als freie Mitarbeiterin und zuzeiten auch Senior Fellow des Warburg Institutes seine Mittlerin und gleichsam Beauftragte in London, wovon im Nachlass über 550 Briefe von Lotte Labowsky an Raymond Klibansky zeugen. Daneben füllen die Korrespondenzen Klibanskys mit Mitarbeitern der Warburg-Bibliothek einige weitere Archivkästen.

So enthält Klibanskys Nachlass gleichsam die philosophiegeschichtliche Forschungsarbeit des Warburg'schen Forschungsprogramms zum Nachleben der Antike aus der Zeit vor und nach der Emigration des Forschungsinstituts. Sein Engagement nach 1945 zur Zeit des Kalten Krieges galt der Internationalisierung der Philosophie im Zeichen von Toleranz und Völkerversöhnung, wobei Klibansky eine »Philosophie des Dialogs« kultivierte, die ideell an die Tradition des platonischen Dialogs, der platonischen Akademie anzuknüpfen suchte. 1993 wurde Klibansky mit dem Lessing-Preis der Stadt Hamburg geehrt.[1]

Im Folgenden soll auf einen bisher noch nicht genannten Bestand des Klibansky-Nachlasses näher eingegangen werden, der mit Materialien und Korrespondenzen zum berühmten Melancholie-Buch – erst 1990 unter dem Titel *Saturn und Melancholie*[2] von Raymond Klibansky,

Erwin Panofsky und Fritz Saxl in Deutschland erschienen – neues Licht auf die lange und komplizierte Editionsgeschichte dieses Warburg-Klassikers wirft. Einen Warburg-Klassiker darf man dieses Buch, dessen Ausgangspunkt Dürers berühmter Kupferstich von 1514 *Melencolia I* bildet, wohl nennen, denn es birgt gleichsam ein Destillat der Ideen der Kulturwissenschaftlichen Bibliothek. Deren Ordnung und Aufbau folgte dem »Prinzip der guten Nachbarschaft«, d.h. die Disziplinen wurden in der Aufstellung nicht streng voneinander getrennt, sondern grenzüberschreitend einer bestimmten Fragestellung im Kontext des Warburg'schen Forschungsprogrammes zum Nachleben der Antike zugeordnet. Ergänzt wurde die Warburg-Bibliothek durch ein umfangreiches Bildarchiv. Aby Warburg gilt bekanntlich als Initiator der kritischen Ikonologie, die nach dem Krieg vor allem durch Erwin Panofsky internationale Anerkennung erfuhr, eine Methode, die den Bild-Überlieferungen nachgeht und zur Bildinterpretation zeitgenössisch zugängliche Texte, von der Philosophie über die Religionswissenschaft bis zur Astrologie und Sozialgeschichte, als Quellen heranzieht. So war nicht nur das geistige Spektrum der Bibliothek interdisziplinär ausgerichtet, auch der Kreis der Wissenschaftler um Aby Warburg vertrat verschiedene Forschungsbereiche und ergänzte einander in Gemeinschaftswerken. So entstand zum Beispiel die groß angelegte *Kulturwissenschaftliche Bibliographie zum Nachleben der Antike*[3], für deren 1934 und 1938 erschienene Bände auch Klibansky und Lotte Labowsky zahlreiche Beiträge lieferten.

Die Anfänge des Melancholie-Forschungsprojektes, das auch Aby Warburg selbst in seiner Studie von 1920 *Heidnisch-antike Weissagung in Wort und Bild zu Luthers Zeiten*[4] beschäftigte, schildert Ernst Gombrich in seiner Aby Warburg-Biografie: »Der Wiener Kunsthistoriker Karl Giehlow hatte ein unabgeschlossenes Manuskript über Dürers ›Melencolia‹ hinterlassen, und sein Verlag hatte Warburg gebeten, es zu vollenden. Da Warburg krank war, lag nichts näher, als dass Saxl den Dürer-Spezialisten Panofsky bat, sich an diesem Unternehmen zu beteiligen, das die Brauchbarkeit der Warburgschen Form von Ikonologie auf einem Gebiet unter Beweis stellen sollte, das zweifellos Aufmerksamkeit auf sich ziehen würde. Was ihre Monographie von früheren Ansätzen einer ikonographischen Interpretation dieses Stiches unterscheidet, ist eben die Aufmerksamkeit, die den Überlieferungen bestimmter Bilder gewidmet wird, der Darstellung der Geometrie und der Saturnkinder sowie den Verbildlichungen des melancholischen Temperaments. Indem die Verfasser darlegten, wie Dürer sich mit diesen Traditionen auseinandersetzte, um einen ganz neuen Begriff dieser seelischen Verfassung zum Ausdruck zu bringen, führten sie eine neue

Methode in der Anwendung vor.«[5] Unter den Namen von Erwin Panofsky und Fritz Saxl erschien 1923 die Studie Dürers »Melencolia I«. Eine quellen- und typengeschichtliche Untersuchung in der Reihe der Studien der Bibliothek Warburg, die Fritz Saxl herausgab.

Die Konzentration auf die Bildüberlieferungen, die in der heidnischen Antike wurzelten, führte bei Warburg, Panofsky und Saxl zum Ausklammern der christlichen Bildersprache, die für Albrecht Dürer trotz seiner Aufnahme heidnisch-antiker Motive sehr wohl noch in Geltung stand. Warburg nannte Dürers Kupferstich ein »humanistisches Trostblatt wider Saturnfürchtigkeit«.[6] Der Tübinger Kunsthistoriker Konrad Hoffmann jedoch wies 1993 darauf hin, dass der Regenbogen in Dürers Kupferstich als das »alttestamentliche Bundeszeichen Gottes an Noah nach der Sintflut« zu deuten sei und mit dem »Übersehen« der christlichen Attribute »die christliche Aussage des Kupferstichs, die Überwindung der Planetenfürchtigkeit mit Hilfe des biblischen Mythos, von Warburg nicht erkannt worden« sei.[7]

Die Beschränkung auf die heidnisch-antiken Quellen im Kreis dieser deutsch-jüdischen Gelehrten scheint jedoch Programm zu sein: Die heidnische Antike, in der Geschichte des christlichen Abendlandes an den Rand gedrängt, bot mit dem Humanismus und Rationalismus antiker Philosophie ein weltanschauliches Gegenbild, das es herauszuarbeiten galt. Aby Warburg selbst sprach von der »Entschälung griechischer Humanität aus mittelalterlicher, orientalisch-lateinischer ›Praktik‹.«[8] Mit ihrem humanistisch grundierten Weltentwurf traten diese jüdischen Gelehrten der Zeit des Kaiserreichs und der Weimarer Republik, die aufgrund des herrschenden Antisemitismus Ausgrenzungen im akademischen Bereich erfahren hatten[9], wohl nicht zuletzt an, die Alleinherrschaft und Deutungshoheit christlich dominierter Wissenschaft zu hinterfragen. Hamburg mit seiner erst 1919 gegründeten, eher liberalen Universität und mit der Warburg-Bibliothek wurde derart zu einem geistigen Zufluchtsort, einem Zentrum humanistischer, deutsch-jüdischer Gelehrsamkeit.[10]

Interessanterweise findet sich im Nachlass Klibanskys eine Mitteilung vom Dezember 1947 an Fritz Saxl, in der der um eine Generation jüngere Raymond Klibansky Überlegungen zur Bilddeutung des Dürer-Stichs vorträgt, die mit denen Konrad Hoffmanns übereinstimmen: »All the symbols have been explained satisfactorily, so far, as astrological, mythological and other iconographic symbols associated with the traditions of Melancholy and Saturn; except the rainbow and the water. (…) Is the biblical origin not the most obvious? In fact, the only one admissable? (…) If this is admitted, does not this introducing of the biblical background appear as Duerer's innovation – and the connection of the anthropological and cosmological symbolism of Mel. and Sat. with the biblical idea as his original invention? The key to the understanding of the whole?« (5. Dezember 1947, DLA).[11]

Noch 40 Jahre später, im 1988 von ihm allein verfassten Vorwort zur deutschen Ausgabe des Melancholie-Buches (auch Panofsky war nicht mehr am Leben), kommt Klibansky auf die biblischen Bezüge des Dürer'schen Kupferstiches zurück: Nicht zuletzt aus Dürers Schriften gehe hervor, so erklärt er nun, »welch entscheidende Bedeutung er Gott beimaß. (…) Lässt eine Deutung, und sei sie noch so gelehrt, diese tiefe Überzeugung außer acht, so wird sie weder dem Künstler noch dem Werk gerecht.«[12]

In seinen Lebenserinnerungen berichtet Klibansky, dass er es war, der 1926, anlässlich seines Hamburger Semesters, die Initiative für eine gemeinsame Weiterarbeit an der von Saxl und Panofsky verfassten Studie *Dürers »Melencolia I«* ergriff: »Sie schien mir nicht genügend die philosophischen und theologischen Wurzeln der unterschiedlichen Melancholie-Auffassungen zu berücksichtigen. Zu meinem großen Erstaunen sahen sie meine Einwürfe als berechtigt an und forderten mich dazu auf, sie auszuformulieren. Daraus entstand der Wunsch, ein neues Buch zu schreiben.«[13]

Die ungewöhnlich lange Entstehungsgeschichte des erstmals 1964 auf Englisch erschienenen Buches *Saturn and Melancholy* stand offenbar, worauf in den Korrespondenzen der Koautoren gern angespielt wurde, unter dem Zeichen des Saturn, der als Verzögerer aller Unternehmungen gilt, war aber vor allem bedingt durch die Zeitereignisse: den Beginn der nationalsozialistischen Diktatur in Deutschland und die Vertreibung der Wissenschaftler, die jedoch im englischen bzw. im amerikanischen Exil die gemeinsame Arbeit am Melancholie-Buch fortsetzten. Klibansky selbst macht im Vorwort zur englischen Ausgabe von 1964 den Kriegsausbruch für das Nicht-Erscheinen der 1939 bereits abgeschlossenen deutschen Fassung verantwortlich: »Im Sommer 1939 ging die letzte Fahnenkorrektur an die Druckerei in Glückstadt bei Hamburg zurück; 1945, kurz nach dem Waffenstillstand, kam die Nachricht, dass der Stehsatz während des Krieges zerstört worden war. Das vernichtete deutsche Buch wieder herzustellen kam nicht in Frage. Statt dessen beschlossen die Autoren, eine englische Übersetzung zu veröffentlichen, die von einem erhalten gebliebenen Exemplar der deutschen Fahnen hergestellt werden sollte. Aufgrund des frühzeitigen Todes von Fritz Saxl im März 1948 verzögerte sich die Ausführung dieses Plans.«[14] Auch noch in der 1990 erschienenen deutschen Ausgabe von *Saturn und Melancholie*, Rückübersetzung der englischen Ausgabe von 1964, hält Klibansky an dieser Darstellung fest.

Klibanskys Darstellung wurde inzwischen jedoch widerlegt mit dem Erscheinen der umfangreichen Korrespondenzen Erwin Panofskys[15], die persönliche Differenzen zwischen Panofsky und dem Warburg Institute für das Nicht-Erscheinen des deutschen Buchs vor Kriegsbeginn 1939 verantwortlich machen. Der Herausgeber der Panofsky-Korrespondenz Dieter Wuttke schreibt 2003 in der Einleitung des zweiten Bandes mit den Korrespondenzen der Jahre 1937 bis 1949, diese hätten »offenbart, wie es im Hinblick auf die zweite, grundlegend neu bearbeitete und um ein mehrfaches erweiterte Auflage des Buches über Dürers ›Melencolia I‹, das mit Fritz Saxl als Ko-Autor 1923 zuerst erschienen war, zu einer bedrohlichen Krise kommt, die bis 1949 nicht behoben werden kann. Sie hatte nicht ihre Ursache im Ausbruch des Zweiten Weltkrieges und in der schließlich vollzogenen sinnvollen Planänderung, das Werk auf Englisch erscheinen zu lassen, sondern darin, dass Panofsky die vom Warburg Institute in London mit Fritz Saxl als Direktor gewünschte Hinzunahme von Raymond Klibansky als gleichberechtigten dritten Mit-Autor keinesfalls akzeptieren wollte. 1964 aber erschien das Jahrhundertwerk endlich und begann unter dem englischen Titel *Saturn and Melancoly. Studies in the History of Natural Philosophy, Religion and Art* by Raymond Klibansky, Erwin Panofsky and Fritz Saxl seinen Siegeszug durch die Welt.«[16]

Wenngleich Panofsky, wie auch die publizierten Korrespondenzen zeigen, seine Entscheidung 1955, also noch vor Erscheinen der englischen Ausgabe des Buches, nochmals revidierte – er gesteht Saxls Mitarbeiterin Gertrud Bing, dass er Klibansky im Blick auf seinen Anteil am Buch Unrecht getan habe und fortan keine Einwände mehr gegen ihn als Koautor vorzubringen gedenke (20. Juni 1955) –, so zeichnen die Briefe Panofskys mit den zahlreichen Schmähungen Klibanskys doch ein »wenig schmeichelhaftes« Bild des Philosophen, wie der Tübinger Kunsthistoriker Konrad Hoffmann nach der Lektüre der Panofsky-Korrespondenz befand.[17] Bemerkenswert ist allerdings, dass Klibansky selbst in den von Wuttke publizierten Korrespondenzen kein einziges Mal zu Wort kommt und auch nur ein Brief Panofskys an Klibanksy gerichtet ist, der sich zudem inhaltlich auf ein anderes Thema bezieht: auf den Beitrag Panofskys zur 1936 von Klibansky herausgegebenen Festschrift für Ernst Cassirer.[18]

Im Nachlass Klibanskys jedoch findet sich ein Konvolut seiner Korrespondenz mit Panofsky sowie weitere Briefwechsel mit Mitgliedern der Warburg-Bibliothek, die die Rolle Klibanskys im Kontext der Entstehungsgeschichte von *Saturn und Melancholie* in anderem Licht erscheinen lassen. Zwar war es nicht der Kriegsausbruch, der das Erscheinen der deutschen Ausgabe verhinderte, wohl aber die Vertrei-

bung der Wissenschaftler aus Deutschland, die die enge, fruchtbare
Arbeitsgemeinschaft des Beginns zerschlug und unter dem Zwang zur
Neuorientierung im Exil zu Missverständnissen bis an den Rand per-
sönlicher Zerwürfnisse führte.

Panofskys Briefe an Klibansky aus den Hamburger Jahren, die auch
familiäre Kontakte bezeugen, bringen immer wieder seinen Dank für
die Gaben des jungen Wissenschaftlers zum Ausdruck, sei es, dass Klibansky das passende Bild für das Titelblatt von Panofskys Aufsatz *Her-
cules am Scheidewege* (1930) liefert (23. Oktober 1929, DLA), oder auch
für seine Zuarbeit zum Melancholie-Buch, wobei allerdings auffällt,
dass Panofsky von Anfang an nicht vom gemeinsamen Projekt, sondern
von Klibanskys hilfreichen Beiträgen zu seinem und Fritz Saxls Buch
spricht. So beeilt er sich, Klibansky »für die große und selbstlose Hilfe
zu danken, die Sie uns bei unserer Arbeit geleistet haben« (2. Mai 1930,
DLA).

Ganz anders ist die Beziehung Fritz Saxls zu Klibansky, der den Jüngeren als seinen Schützling schnell in den engsten Mitarbeiterkreis der
K.B.W. einbezieht. Wiederholt reist er zu Klibansky nach Heidelberg,
um dort mit ihm gemeinsam am Saturn-Kapitel des Buches zu arbeiten.
Im Juni 1929 teilt er Aby Warburg mit, dass »von dem Jungen« bereits
»zwei sehr gute Schriften« von der Heidelberger Akademie veröffentlicht wurden.[19] In einem Gutachten über Raymond Klibansky um 1930
schreibt Saxl: »Seine Arbeitsintensität, wie seine Fähigkeit, philosophie-
und religionsgeschichtlichen Gedankengängen nachzugehen (...) hat
uns seine Mitarbeit höchst wertvoll gemacht. Wenn die demnächst erscheinende zweite Auflage unseres Buches zum ersten Mal eine Geschichte des Melancholiebegriffs in der Antike zu geben in der Lage sein
wird, verdanken Professor Panofsky und ich das nicht zuletzt dem damaligen Studenten Klibansky« (o.Dt.; DLA).

Als im April 1933 nach Erlass des nationalsozialistischen Gesetzes
zur Wiederherstellung des Berufsbeamtentums die jüdischen Wissenschaftler ihre Professuren verloren und in den Ländern des Exils nach
neuen beruflichen Perspektiven suchten, erregte es den Ärger Panofskys, der allerdings bereits zwischen 1931 und 1933 Gastprofessuren an
der New York University innehatte, dass Saxl, seit 1929 Direktor der
K.B.W., bei der Emigration der Warburg-Bibliothek nach London die
Mitnahme Klibanksys im engsten Mitarbeiterstab eingeplant hatte,
während er selbst sich übergangen fühlte. An Saxl schreibt er im Oktober 1933: »Ja, lieber alter Saxl, dass auch mir dies Auseinandergehen weh
tut, brauche ich Ihnen wohl nicht erst zu versichern.« Doch hätte es
vielleicht auch anders kommen können, wenn man ihn »gleich zu
Beginn der Verhandlungen‹ als einen ›integrierenden Bestandteil‹ in die

Aktion miteinbezogen hätte (so wie Sie es doch wohl mit Klibansky getan haben müssen, für den, trotz seiner französischen Sicherung, der Council schon im Mai, als die Herren in Hamburg waren, garantiert hat) (…). Sie haben mich für sich und die B.(ibliothek) W.(arburg) eben doch nicht als lebenswichtig anerkennen können.«[20]

Doch schon ein halbes Jahr später, Ende März 1934, meldet sich Panofsky aus den USA, wo er sehr bald seine Karriere in Princeton am Institute for Advanced Studies erfolgreich fortsetzen konnte, und erkundigt sich bei Saxl in London: »Was wird nun aus der armen, alten ›Melancholie‹ werden? Arbeiten Sie und Klibansky an dem Saturn-Kapitel?«[21] Die gemeinsame Arbeit an der Melancholie läuft also diesseits und jenseits des Ozeans weiter, jedoch verliert Panofsky, gefordert durch die neuen Aufgaben im amerikanischen Exil, allmählich das Interesse daran. So lässt er Saxl im Juli 1936 wissen, dass er am Melancholie-Buch nichts mehr zu ergänzen wünsche. »Bitte schicken Sie den Saturn-teil nicht erst wieder an mich zurück. Sie haben plein pouvoir (…). Außerdem kann ich doch bestimmt nichts mehr dazu beitragen, da ich ja (…) gar nicht in der Lage wäre gegen Ihre bessere Einsicht Einwände zu erheben. Also lassen Sie, deo et Klibansko favente, ruhig setzen!«[22]

Während im Sommer 1938 bereits die letzten Korrekturen der Druckfahnen hin und her wandern, korrespondiert Klibansky mit Saxl über die Formulierung eines Untertitels für das Buch, der treffender als der alte Titel den Inhalt kennzeichnen soll. »Ich halte es für unerlässlich, einen Untertitel anzufügen«, schreibt Klibansky. »Melencolia I allein gäbe einen ganz falschen Eindruck; der größere Teil hat zu dem Dürer-schen Bild nur eine sehr indirekte Beziehung. Ein dem Inhalt entsprechender Untertitel wäre etwa: Studien zur Geschichte der Naturphilosophie, Medizin, Astrologie und deren Einwirkung auf die darstellende Kunst« (17. August 1938, DLA).

Auch Aby Warburg selbst hatte oft lange an der Formulierung der Untertitel seiner Aufsätze gearbeitet, worauf die Herausgeber der neuen, 2010 erschienenen Werkausgabe (*Aby Warburg. Werke in einem Band*) hinweisen. Sie werten dies als Ausdruck seines Versuchs, »die ausufernden Gegenstände und die disziplinüberschreitende Methode seiner Kulturwissenschaft auf den Begriff zu bringen, sie in einer schlüssigen Formulierung zu kondensieren.«[23]

Panofsky jedoch lehnt alle Vorschläge, die die inhaltliche Erweiterung des neuen Buches deutlich machen, in seinen Briefen an Saxl ab und betont, dass ihm »das Hereinbringen von Naturphilosophie, Medizin etc. (…) etwas zu allgemein und auch etwas anspruchsvoll« erscheine.[24] »Ich bin nicht dafür, große Worte wie ›philosophiegeschichtlich‹, ›Naturphilosophie‹, ›Medizinische Literatur‹ oder gar ›geistesgeschichtlich‹ zu gebrauchen. Im Grunde sind wir auf allen diesen Gebieten, trotz Klibansky, doch nur Dilettanten.«[25]

Als im 1939 publizierten Warburg-Prospekt das Buch unter dem Titel »Melancholie und Saturn. By E. Panofsky, R. Klibansky und F. Saxl. Studien zur Geschichte der Naturphilosophie, Charakterlehre und bildenden Kunst«[26] angekündigt wird, kommt es schließlich zum Eklat. Panofsky weist gegenüber Saxl Klibanskys Einbeziehung als Koautor entschieden zurück: »Vollberechtigter Mitverfasser ist K. nicht. (…) Das Buch, qua Buch, ist unser Buch und soll es bleiben (…), d. h. sollten Herr K. und Sie selbst darauf bestehen, seinen Namen als den eines vollen Mitverfassers in den Titel zu bringen, so müsste ich bitten, den meinen wegzulassen.«[27] Klibansky habe »doch schließlich nur einen Bruchteil des Materials und, hochgerechnet, 10–15 zum Teil sehr entbehrliche Textseiten beigesteuert.«[28]

Noch nach Kriegsausbruch im September 1939, als alle Zukunftspläne ins Wanken geraten, hält er an seiner Entscheidung fest. »I wish to state in advance that my views concerning the role our friend Klibansky ought to play on said title-page are not likely to be changed by what ever the future may have in store for us. I shall never be prepared to have my name associated with his on terms of full co-authorship, simply because it is not so.«[29]

Die nach Kriegsende in Angriff genommene englische Übersetzung des Buches, der die Korrekturfahnen der letzten deutschen Fassung zu Grunde lagen, wurde vom Warburg Institute, London, veranlasst und in Auftrag gegeben und von den Mitarbeitern des Instituts, insbesondere von Gertrud Bing und Lotte Labowsky, der Freundin und engen Mitarbeiterin Klibanskys, korrigiert und überarbeitet. Wieder war das Interesse Panofskys am Fortgang der Arbeit gering, wie Gertrud Bing Raymond Klibansky, der inzwischen einem Ruf an die McGill University in Montreal, Kanada, gefolgt war, mitteilte. »Melancholia is proceeding. Panofsky, who seems not at all to be well, does not want to see the translation at this stage. So that will cut delay« (26. März 1947, DLA).

Erst nach Saxls Tod muss sich Klibansky selbst mit dem Problem der dreifachen Autorschaft des immer noch nicht erschienenen Melancholie-Buches auseinandersetzen. Im Mai 1949 teilt ihm der neue Direktor des Warburg Institute Henri Frankfort mit, dass Panofsky, nachdem er den »Annual Report« des Instituts von 1947/1948 erhalten habe, in dem er *Saturn and Melancholy* erneut mit den drei Autoren angekündigt fand, wiederum seine Zustimmung zur Publikation verweigert habe. Panofsky beharre auf seiner Bedingung, dass er nur mit der Formulierung »By F. Saxl and E. Panofsky in collaboration with R. Klibansky« einverstanden sei (11. Mai 1949, DLA).

Gertrud Bing, die das Melancholie-Projekt in London nach Saxls Tod weiter betreute, gab ihrer Empörung über Panofskys sture Haltung in einem Brief nach Princeton Ausdruck, der den über ein Jahrzehnt dauernden Konflikt bilanzierte: »Of course you remember the long argument which passed between you and Saxl on this question before the war. (…) Actually, as you know, the situation as it then was prevented the publication of the German version, which was completely set up in page proofs, corrected by you and Klibansky (…) and ready to be published – save for the title-page.«[30] Auch ruft sie Panofsky im selben Brief in Erinnerung, dass Saxl im Sommer 1945 bei einem Besuch in Princeton Panofskys Zusage zur gemeinsamen Weiterarbeit am Melancholie-Buch und sein Einverständnis mit der Koautorschaft Klibanskys erhalten habe. »Surely Saxl was convinced that he had your agreement for the three names to appear in the form in which I quoted them.«[31]

Klibansky selbst gab seinem Ärger in einem im Nachlass befindlichen »Aide-Mémoire for Professor Frankfort. In reply to letter of May 11th, 1949« (o.Dt., DLA) Ausdruck, in dem er nun seinerseits die bisherige Editionsgeschichte rekapituliert und deutlich macht, dass Saxl ihm die Rolle des vollen Mitverfassers immer wieder zugesprochen hatte: »(1) After co-operating with Drs. Panofsky and Saxl since 1927/8, I was asked by Saxl in 1937 to put all other work aside, to concentrate on this book. According to Saxl's explicit statement, repeated on several occasions, it was no longer to be a ›second edition‹ of Melencolia I which had appeared in 1922; but a new book altogether of which he asked me to be a joint author. The wider and somewhat different scope of this book was indicated by the new title, ›Saturn and Melancholy. – Studies in the History of Religion, Art and Natural Philosophy‹. (2) After I completed my task in dealing with the history of mythology, cosmology, medicine, and philosophy, and in re-writing, with Saxl, the chapters on astrology, and after taking the main share in reading the various proofs, down to the final stage, my name appeared in the prospectus of the Warburg publications, early in 1939, as one of the three authors. This was done by Saxl, not at my request, but in keeping with his offer and in accordance with the extent of my contribution.«

Klibansky wirft in diesem »Aide-Mémoire« auch die Frage nach der Mitarbeit Panofskys auf: »Has Mr. Panofsky done any work on the book after 1933? I do not think so. (…) he certainly did not take any part in the work after 1937 (…). Saxl told me repeatedly that Mr. P. had declared himself ›disinterested‹. Mr. P.'s complete detachment from the new book was well known to all concerned.« Schließlich beruft sich Klibansky auf Saxls letzten »Annual Report« des Warburg Institute von

1947/1948, der die drei Autoren als Verfasser des Melancholie-Buches nennt (»by Klibansky, Panofsky and Saxl«) und als sein letzter Wille, sein Vermächtnis, zu gelten habe.

Doch konnte Klibansky mit seinen Argumenten 1949 nichts bewirken, Panofsky gab nicht nach, und Henri Frankfort erlangte schließlich Klibanskys Zustimmung zur Formulierung »in collaboration with Raymond Klibansky«, mit der Zusage, ein Preface vorauszuschicken, das Klibanskys Anteil am Buch darstellen sollte. (»Preface« im Nachlass). Zur Absicherung der von ihm verfassten Passagen wurde ihm von Frankfort auch die Hilfe Lotte Labowskys, Mitarbeiterin des W. I., London, zugesagt. (»We shall engage Dr. L. Labowsky to ensure that all Greek and mediaeval texts are given correctly« (18. Juli 1949, DLA). Auch im Warburg-Prospekt von 1949 wurde dann das Melancholie-Buch entsprechend angezeigt.[32]

Hinter den Kulissen allerdings machte Klibansky seiner Enttäuschung deutlicher Luft. An die alte Freundin Gertrud Bing schrieb er: »I remain convinced that it is wrong – and unwise – to give in to a bully (dt.: Tyrann, R.W.) like Panofsky. (…) However, seeing that I cannot expect the Institute to take a firmer stand, I have replied that I am willing to consider Dr. Frankfort's alterations« (Juli 1949, DLA).

Seine Freundin Lotte Labowsky suchte ihn zu trösten: »The Melancholia is a cursed business from beginning to end. But do not let it get you down. After all, you cannot make an idolon out of title-pages (…). Frankfort's letter is an unpleasant document, but, what is he to you? It is not as if you had been disappointed by a friend who was near to your heart and whom you trusted implicitly – and these are the disappointments which really hurt. You have so much success and, what is more, so many good and, if necessary also indulgent friends, does it not cheer you up a little? Much better than to devote too much thought to this melancholic subject, would be to think seriously about the best way of spending the vacations profitably and pleasantly« (25. Mai 1949, DLA). Nicht als voller Mitverfasser des Buches zu erscheinen, habe auch etwas Entlastendes, meinte Labowsky. Die Übersetzung ins Englische lasse doch einiges zu wünschen übrig: »I think that on the whole it is a good thing that the title-page says ›Fritz Saxl and Erwin Panofsky, in collaboration with Raymond Klibansky‹. So you cannot be held responsible for the awful Germanness of some of the paragraphs« (7. Januar 1955, DLA).

Doch blieb es bekanntlich nicht bei dieser Formulierung. Die Wende brachte 1955 jene persönliche Begegnung, der Besuch Klibanskys bei Panofsky in Princeton, der auch zur Wiederaufnahme der freundschaftlichen Kommunikation zwischen den beiden Gelehrten führte. An Gertrud Bing schrieb Panofsky: »The reason for my writing to you today is that I received a visit from our friend Mr. Klibansky, as a result of which I feel bound to confess that I seem to have done him an injustice when I so strongly objected to his name's appearing on the title page of the unfortunate book on melancholia pari passu with Saxl's and mine. (...) I have now come to see that Mr. Klibansky did in fact much more for the English edition than he had done for the German version (...). I therefore withdraw my original objection and, if and when the book gets published, you may formulate the by-line as you please.«[33]

Für Klibansky allerdings war, wie die Korrespondenzen in seinem Nachlass zeigen, das Problem der »title-page of the Melencolia« noch immer nicht ausgestanden. 1960, unter dem neuen Direktor des Warburg Institute Ernst Gombrich, war offenbar die Korrektur von 1955, die Klibansky als gleichberechtigten Koautor anerkannte, in Vergessenheit geraten, und auf Klibanskys Bitte um Richtigstellung der drei Autorennamen auf der Titelseite im neuesten Prospekt des Warburg Institute verwies Gombrich eher verstimmt auf die definitiven Abmachungen (»definitive agreement«) von 1949 mit seinem Vorgänger Henri Frankfort: »Personally I should be very sorry indeed if this vexed question had to be revived once more. I prefer to think that your remark (...) was due to a lapsus memoriae« (17. Oktober 1960, DLA).

Auch Klibanskys Antwort an Gombrich verrät eine gewisse Bitterkeit: »You accuse me of a lapse of memory. I am startled and disturbed that you are doing so without first having tried to ascertain the facts. You point to a ›definitive arrangement reached in July 1949‹, severing it from its context. This forces me to revoke the past history which, I had good reason to believe was safely buried since 1955« (20. Oktober 1960, DLA).

Tatsächlich war es die langjährige Sekretärin des Warburg Instituts Anne Marie Meyer, die Gombrich unzureichend informiert hatte und nun bei Klibansky für ihr Versehen um Entschuldigung bat: »When Professor Gombrich gave me your letter of 20th October to read this morning, I realized to my horror that it was I who had been guilty of a lapsus memoriae in the matter of Saturn and Melancholy: when he asked me for the facts I remembered clearly (and verified in the files) the events of 1949 but completely forgot those of 1955 which had reversed the situation. I am ashamed to say that I had temporarily forgotten about Professor Panofsky's letter to Dr. Bing of 20th June, 1955, and therefore inadvertently misled Professor Gombrich. (...) I can only hope that you will accept my sincere apologies« (24. Oktober 1960, DLA).

Klibansky jedoch zeigt sich von Gombrich enttäuscht, wie er Lotte Labowsky wissen läßt: »Melancholy. A letter from Miss Meyer in which she apologizes profusely. She says that it was all her fault. – Not a word from G(ombrich); this is ›schäbig‹« (29. Oktober 1960; DLA).

Mit Panofsky dagegen werden fortan – vor dem definitiven Erscheinen der englischen Ausgabe des Buches 1964 zugleich in London und New York – freundliche Briefe gewechselt. Panofsky schlägt nun vor, Klibanskys Namen, der alphabetischen Ordnung folgend, an erster Stelle zu nennen. (»I wonder whether the simplest way out may not be to simply place the names in alphabetical order« [6. September 1962, DLA]). Klibansky, der inzwischen das Vorwort verfasst hat, fragt an, ob er gemeinsam mit Panofsky unterzeichnen dürfe. »I can only pray that you won't find too much fault with it« (7. Februar 1964, DLA). Panofsky antwortet: »Your Preface is excellent (…). I personally should think it justifiable if you, the ›only begetter‹ of the Preface, were to sign it alone; but if you think otherwise, I have no objection at all« (12. Februar 1964, DLA).

Nach Erhalt des Melancholie-Buches dankt Panofsky Klibansky nicht ohne Bewegung: »I wanted to tell you how much I appreciate what you have done for Saxl's and my old book. (…) Lots of thanks!« (11. August 1964, DLA). Jedoch äußert er Klibansky gegenüber auch seine Vorbehalte: Das Buch sei, besonders auf dem Gebiet der Kunstgeschichte, überholt. »To be frank, I am quite pleased that you are now in the vanguard and will bear the brunt of responsibility. On the whole, the book is rather nice; but my main objection is still valid: it simply doesn't keep abreast of any developments between 1940 or 1945 and the date of publication, and this is most noticeable in the field of art history where you, of course, could not be expected to add as much as an art historian would have done. (…) The critics must simply look upon the whole thing as though it had appeared twenty years ago.« (9. November 1964, DLA).

Dem widersprach jedoch die Erfolgsgeschichte von *Saturn and Melancholy*, die Klibansky 1992 bei Verhandlungen über eine weitere englische Auflage des Buches mit der Yale University Press bilanzierte: »The sales of the Italian, French, German and Spanish translations have far exceeded the high expectations of the publishers. The success of the book is manifest in the many reviews – not only in learned periodicals, but in a wide range of newspapers – as well as in the unexpectedly high royalties. It has been described as a ›legendary work‹ and has often been called a ›classic‹« (19. Juni 1992, DLA). Die Gewinnanteile an diesem Warburg-Klassiker teilte Klibansky gewissenhaft, wie seine Korrespondenzen zeigen, mit den Nachfahren seiner beiden Koautoren: der Witwe Panofskys (Dr. Gerda S. Panofsky) und der Tochter Fritz Saxls (Hedwig Saxl). Im selben Jahr der Erfolgsbilanz, 1992, dankt ihm Gerda Panofsky für sein faires Verhalten: »I am deeply obliged to you for looking after the various translations and new editions of SATURN AND MELANCHOLY. I wished I had such a loyal ›manager‹ for all my husband's publications! I particularly appreciate your selflessness in carrying the burden of revisions and equally dividing the royalties in three.« (3. August 1992, DLA).

Die höchste offizielle Ehrung aber erfuhr Klibansky kurz nach seinem Tod 2006 durch den französischen Kunsthistoriker Jean Clair, Kurator der in Paris und Berlin gezeigten Ausstellung »Melancholie. Genie und Wahnsinn in der Kunst«, der dem Ausstellungskatalog folgende Widmung voranstellte: »Zu Ehren von Raymond Klibansky (1905–2005), dem großen Gelehrten und Erforscher der Geschichte der Melancholie«. Jean Clair würdigte dieses von Aby Warburg angeregte Werk folgendermaßen: »Es waren Erwin Panofsky, Fritz Saxl und Raymond Klibansky, die – aufbauend auf Ernst Cassirer und Aby Warburg und geleitet von den einzigartigen Beständen der kulturwissenschaftlichen Bibliothek Warburg, einst zu Hamburg und jetzt in London – erstmals eine umfassende Geschichte der Melancholie in Europa von der Antike bis zur Aufklärung geschrieben haben. Unter dem Titel *Saturn and Melancholy* haben sie 1964 in einer meisterhaften Synthese aus Philosophiegeschichte und Religionswissenschaft, aus Medizin-, Natur-, Literatur- und Kunstwissenschaft den gesamten Kontinent der europäischen Melancholie durchmessen und ihn in seinen künstlerischen Erscheinungsformen, an den Meisterwerken der Kunst wie auch an den populären Trivialkünsten, anschaulich werden lassen.«[34]

---

1 Vgl. Regina Weber: »Der Philosophiehistoriker Raymond Klibansky und die Internationalisierung der Philosophie: das Nachleben der Antike in der ›Philosophie des Dialogs‹«. In: *Weltanschauliche Orientierungsversuche im Exil/Changes of World View in Exile.* Hg. v. Reinhard Andress u. a. Amsterdam 2010, S. 79–98; Dies.: »Raymond Klibansky (1905–2005)«. In: *Deutschsprachige Exilliteratur seit 1933.* Bd. 3: USA. Hg. v. John M. Spalek, Konrad Feilchenfeldt u. a. Supplement I. Berlin – New York 2010, S. 93–124. — 2 Raymond Klibansky, Erwin Panofsky und Fritz Saxl: *Saturn und Melancholie. Studien zur Geschichte der Naturphilosophie und Medizin, der Religion und der Kunst.* Frankfurt/M. 1990. (Erste Publikation des Buches auf Englisch: Raymond Klibansky, Erwin Panofsky and Fritz Saxl: *Saturn and Melancholy. Studies in the history of religion, art and natural philosophy.* London – New York 1964). — 3 *Kulturwissenschaftliche Bibliographie zum Nachleben der Antike. 1. Bd.: Die Erscheinungen des Jahres 1931.* In Gemeinschaft mit Fachgenossen bearbeitet von Hans Meier, Richard Newald, Edgar Wind. Hg. v. der Bibliothek Warburg. London 1934; dass.: *A bibliography on the survival of the classics. Vol. I: The publications of 1931. Vol. II: The publications of 1932–1933.* Ed. The Warburg Institute. London 1934, 1938. — 4 Aby Warburg: »Heidnisch-antike Weissagung in Wort und Bild zu Luthers Zeiten«. In: Martin Treml, Sigrid Weigel und Perdita Ladwig (Hg.): *Aby Warburg. Werke in einem Band.* Berlin 2010, S. 424–491. — 5 Ernst H. Gombrich: *Aby Warburg. Eine intellektuelle Biographie.* Frankfurt/M. 1981, S. 423 f. — 6 Treml, Weigel und Ladwig (Hg.): *Aby Warburg.* (s. Anm. 4), S. 476. — 7 Uwe Fleckner (Hg.): *Aby Warburg.*

Bildersammlung zur Geschichte von Sternglaube und Sternkunde im Hamburger Planetarium. Hamburg 1993, S. 287. (Konrad Hoffmann zu »Melancolia I«). — **8** Treml, Weigel und Ladwig (Hg.): *Aby Warburg* (s. Anm. 4), S. 374. — **9** Bevor sie sich in Hamburg etablieren konnten, hatten auch Saxl, Aby Warburg und Erwin Panofsky anderswo Ausgrenzungen – »weil ›Jude‹« – hinnehmen müssen. (S. Karen Michels: »Erwin Panofsky und das Kunsthistorische Seminar«. In: Arno Herzig [Hg.]: *Die Juden in Hamburg 1590–1990.* Hamburg 1991, S. 383–392, S. 389.) Vgl. zu F. Saxl und Aby Warburg: Dorothea McEwan (Hg.): *»Ausreiten der Ecken«. Die Aby-Warburg-Fritz-Saxl-Korrespondenz 1910–1919.* London 1998, S. 28: »Leider brachte der Doktorhut nicht die ersehnte Anstellung: Professor Dvorak, Saxls Doktorvater, konnte ihm keine Stellung verschaffen. Der Grund: Saxls Vater war Jude. Aus demselben Grund weigerte sich auch Professor Josef Strzygowski, ihm die beste Note zu geben (...). Strzygowski hatte schon Warburg Schwierigkeiten anläßlich des internationalen kunsthistorischen Kongresses 1909 in München gemacht.«— **10** Vgl. dazu: Michels: »Erwin Panofsky und das Kunsthistorische Seminar« (s. Anm. 9), S. 383: »Nicht nur die akademischen Lehrer, sondern auch der größte Teil der Hamburger Kunstgeschichtsstudenten war in den dreißiger Jahren jüdischer Abstammung.«— **11** Die im Marbacher Nachlass aufbewahrten Korrespondenzen Raymond Klibanskys werden im laufenden Text mit der Datierung und dem Vermerk: DLA zitiert (Sign.: A: Klibansky, DLA). — **12** Klibansky, Panofsky und Saxl: *Saturn und Melancholie* (s. Anm. 2), S. 28. (Vorwort zur deutschen Ausgabe, von Raymond Klibansky, Montreal und Oxford, Dezember 1988, S. 11–30). — **13** Raymond Klibansky: *Erinnerung an ein Jahrhundert. Gespräche mit Georges Leroux.* Frankfurt/M.-Leipzig 2001, S. 45. — **14** Klibansky, Panofsky und Saxl: *Saturn und Melancholie* (s. Anm. 2), S. 31 (Vorwort zur englischen Ausgabe, S. 31–33). — **15** Dieter Wuttke (Hg.): *Erwin Panofsky. Korrespondenzen 1910–1968. Eine kommentierte Auswahl in fünf Bänden.* Bisher erschienen: *Bd. I: Korr. 1910–1936.* Wiesbaden 2001; *Bd. II: Korr. 1937–1949.* Wiesbaden 2003; *Bd. III: Korr. 1950–1956.* Wiesbaden 2006; *Bd. IV: Korr. 1957–1961.* Wiesbaden 2008. — **16** Dieter Wuttke (Hg.): *Erwin Panofsky. Korrespondenz. Bd. II: 1937–1949.* Wiesbaden 2003, S. XIII. — **17** Konrad Hoffmann an Regina Weber, 8.2.2007: »In der monumentalen Panofsky-Korrespondenz, die Dieter Wuttke ediert, kommt R. K. selbstverständlich auch häufig vor – wenn auch weniger schmeichelhaft.« — **18** Dieter Wuttke (Hg.): *Erwin Panofsky. Korrespondenz. Bd. I: 1910–1936.* Wiesbaden 2001, S. 744 (E. Panofsky an R. Klibansky, 8. August 1934). — **19** Dorothea McEwan (Hg.): *»Wanderstraßen der Kultur«. Die Aby-Warburg-Fritz-Saxl-Korrespondenz 1920 bis 1929.* München-Hamburg 2004, S. 97 (F. Saxl an A. Warburg, 1.6.1929). — **20** Wuttke (Hg.): *Erwin Panofsky. Korrespondenz. Bd. I: 1910–1936* (s. Anm. 18), S. 662 (E. Panofsky an F. Saxl, 30.10.1933). — **21** Ebd., S. 716 (E. Panofsky an F. Saxl, 29.3.1934). — **22** Ebd., S. 910 (E. Panofsky an F. Saxl, 14.7.1936). — **23** Treml, Weigel und Ladwig (Hg.): *Aby Warburg. Werke in einem Band* (s. Anm. 4), S. 497. — **24** Wuttke (Hg.): *Erwin Panofsky. Korrespondenz. Bd. II: 1937–1949* (Anm. 16), S. 138 (E. Panofsky an F. Saxl, 2.9.1938). — **25** Ebd., S. 180 (E. Panofsky an F. Saxl, 11.1.1939). — **26** Vgl.: *Forthcoming publications of the Warburg Institute 1939.* Die Drucksache umfasst 4 Seiten. (A: Klibansky, DLA). — **27** Wuttke (Hg.): *Erwin Panofsky. Korrespondenz. Bd. II: 1937–1949* (Anm. 16), S. 204 (E. Panofsky an F. Saxl, 4.6.1939). — **28** Ebd., S. 206 (E. Panofsky an F. Saxl, 20.6.1939). — **29** Ebd., S. 216 (E. Panofsky an F. Saxl, 23.9.1939). — **30** Ebd., S. 1071 (G. Bing an E. Panofsky, 12.4.1949). — **31** Ebd., S. 1072 (G. Bing an E. Panofsky, 12.4.1949). — **32** Vgl.: *The University of London. The Warburg Institute.* London 1949. Die Drucksache hat 8 Seiten. Anzeige von *Saturn and melancholy* auf S. 7. (»*Saturn and melancholy. Studies in the history of religion, natural philosophy and art.* By Fritz Saxl and Erwin Panofsky in collaboration with Raymond Klibansky.«). (A: Klibansky, DLA). — **33** Dieter Wuttke (Hg.): *Erwin Panofsky. Korrespondenz. Bd: III. 1950–1956.* Wiesbaden 2006, S. 779 (E. Panofsky an G. Bing, 20.6.1955). — **34** Jean Clair (Hg.): *Melancholie. Genie und Wahnsinn in der Kunst.* (Katalog zur Ausstellung in den Galeries Nationales du Grand Palais, Paris (10.11.2005–16.1.2006) und anschließend in der Neuen Nationalgalerie, Berlin (17.2.–7.5.2006). Vorwort von Jean Clair und Peter-Klaus Schuster, S. 12.

Regine Dehnel

Die Bücher der Aenne Löwenthal
Letzte Zeugnisse vom Leben einer ermordeten Journalistin

I Einführung

Von November 2008 bis Oktober 2010 fand in Hannover das von der
Arbeitsstelle für Provenienzrecherche/-forschung geförderte Projekt
»NS-Raubgut in der Gottfried Wilhelm Leibniz Bibliothek« statt. Ziel
des Projekts war es, Buchbestände zu ermitteln, die zwischen 1933 und
1947 infolge nationalsozialistischer Verfolgung in die Vorgängerbiblio-
theken der Gottfried Wilhelm Leibniz Bibliothek gelangt waren.

Im Verlauf des Projekts wurden insgesamt 15 Zugangsjournale der
Jahre 1933 bis 1947 überprüft.[1] Dies bedeutete die Durchsicht von ca.
47.500 Journaleinträgen auf Auffälligkeiten und Hinweise. Ausgewählte, für das Projekt relevant erscheinende Informationen, darunter
2.400 Buchtitel und knapp 1.700 Einlieferer, wurden in einer Arbeits-
datenbank erfasst. Die Einlieferer waren auf Plausibilität zu überprüfen,
d. h. es galt zu ermitteln, ob es sich bei ihnen wirklich um Buchhandlungen, Verlage, Körperschaften oder Verfasser handelte, ob diese im
Verdacht standen, in den Raub oder die Verteilung von NS-Raubgut in-
volviert gewesen zu sein. Begleitet wurde diese Überprüfung von einer
Autopsie ausgewählter Titel. Insgesamt wurden im Laufe des Projekts
über 600 Bücher in Augenschein genommen.

Unter den vergleichsweise nicht allzu umfangreichen eindeutig kritischen Zugängen, die für den untersuchten Zeitraum gefunden wurden,
ist eine kleine Gruppe von Büchern besonders hervorzuheben. Am
6. September 1943 verzeichnete der oder die zuständige Bibliotheksan-
gestellte im Zugangsjournal der Vormals Königlichen und Provinzialbibliothek Hannover unter dem Einlieferer »Finanzamt« 19 Titel. Weil
die Finanzämter mit Verabschiedung der »Elften Verordnung zum
Reichsbürgergesetz«[2] ab November 1941 für die »Verwertung« des Eigentums emigrierter und deportierter Juden zuständig wurden, musste
von einer kritischen Provenienz dieser Bücher ausgegangen werden.
Eine Autopsie bestätigte diese Vermutung.

In einem der Bücher wurde der Hinweis auf die oder den Eigentümer
nachträglich entfernt. In vier Büchern verweisen Stempel o. Ä. auf frühere Eigentümerinnen oder Eigentümer. Zweifach erscheint ein Exlibris

mit dem Namen Aenne Löwenthal.[3] Wer war Aenne Löwenthal? Wieso und auf welchem Wege gelangten zwei ihrer Bücher in die Vormals Königliche und Provinzialbibliothek Hannover? Diesen Fragen soll im Weiteren nachgegangen werden.

II Zur Person

Aenne (oder Anne) Löwenthal wurde am 1. April 1898 in Lage bei Detmold geboren. Ihr Vater, Max Löwenthal, handelte mit Kaffee und Spirituosen.[4] 1908 zogen die Löwenthals nach Hannover.[5] Auch in Hannover war ihr Vater als Kaufmann tätig.[6] Aenne Löwenthal war das jüngste von vier Geschwistern. Ihre älteste Schwester Elisabeth (Elise) Charlotte wurde am 24. September 1888 geboren, ihr Bruder Friedrich

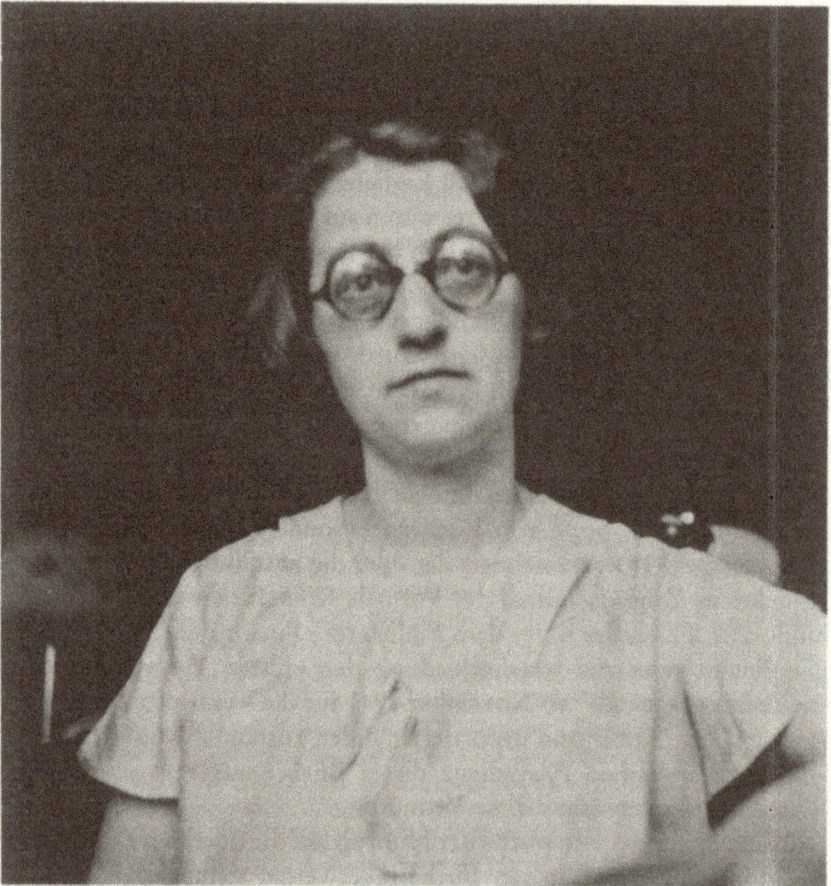

Abb. 1: Aenne Löwenthal (1898–1942) © Bundesarchiv

(Fritz) im folgenden Jahr, am 28. Dezember 1889, ihre zweite Schwester Charlotte (Lotte) weitere zwei Jahre später, am 24. September 1891.[7] Welche Schul- und Berufsausbildung Aenne Löwenthal erhielt, ließ sich bisher nicht rekonstruieren. Im *Handbuch des Vereins Arbeiterpresse* von 1927 allerdings findet sich der folgende Eintrag: »Löwenthal, Aenne, geb. 1.4.1898 in Lage i. Lippe. Techn. Assistentin. – Seit 1.7.1925 Archivleiterin d. Verb., Redaktr. d. Frauen- u. Kinderbeil. d. DWZ. im Werkmeister-Verb. – Bureau: Stromstr. 8«.[8]

Unterlagen in den Stadtarchiven Hannover und Düsseldorf belegen, dass Aenne Löwenthal spätestens im Sommer 1925 nach Düsseldorf zog.[9] Der Umzug nach Düsseldorf stand ganz offenbar im Zusammenhang mit der genannten Tätigkeit für die »DWZ«, die *Deutsche Werkmeister-Zeitung*. Sie war das Presseorgan des 1884 in Düsseldorf gegründeten Deutschen Werkmeisterverbandes (DWV), einer Vorgängerorganisation der Deutschen Angestellten-Gewerkschaft. Zu dieser Zeitung, die wöchentlich erschien, existierten neben dem Hauptblatt mehrere Beilagen: *Fabrik und Werkstatt, Volkswirtschaftliche Rundschau, Sozialpolitische Rundschau*. Am 1. Januar 1926 kam eine weitere Beilage dazu: *Frau Meisterin*.[10]

III Aenne Löwenthal und ihre Arbeit für »Frau Meisterin«

Im Leitartikel der Auftaktnummer der *Frau Meisterin*, der von Hermann Buschmann[11], seit 1922 Vorsitzender des DWV, stammte, wurden Adressatin und Zielsetzung der Beilage wie folgt gekennzeichnet: »Unsere Beilage ›Frau Meisterin‹ soll vornehmlich der in der häuslichen Wirtschaft stehenden Frau des deutschen Werkmeisters gewidmet sein. Auf ihr ruht heute eine ungeheure Last. Mit einem bescheidenen Einkommen soll sie alle Kosten bestreiten, die heute die Lebenshaltung der Familie erfordert. (…) Sie soll nicht nur allein Dulderin, sondern auch Mitkämpferin sein. Sie muß die Zusammenhänge erkennen, die zwischen ihrem Haushalt, ihrem Familienleben und dem Berufs- und Wirtschaftsleben bestehen (…).«[12]

Hieran anknüpfend zeichnete die Beilage von Beginn an ein hoher aufklärerischer Anspruch aus. Die Liste der – insgesamt deutlich überwiegenden – Autorinnen liest sich wie ein »Wer ist wer« der sozialen und Frauenbewegung. Nur stellvertretend seien an dieser Stelle Elsa Brändström, Gertrud Hanna, Alice Salomon und Anna Siemsen genannt. Die Überschriften der veröffentlichten Beiträge titelten u. a. *Warum muß eine Frau die weltwirtschaftlichen Vorgänge verfolgen*[13], *Die Frauen und die Gewerkschaften*[14], *Die Ursachen der ungleichen Bezah-*

lung von Männer- und Frauenarbeit[15]. Es ging um Frauenarbeit, Woh-
nungsnot, den Zusammenhang zwischen sozialer Situation, Kinderer-
ziehung und Volksgesundheit.

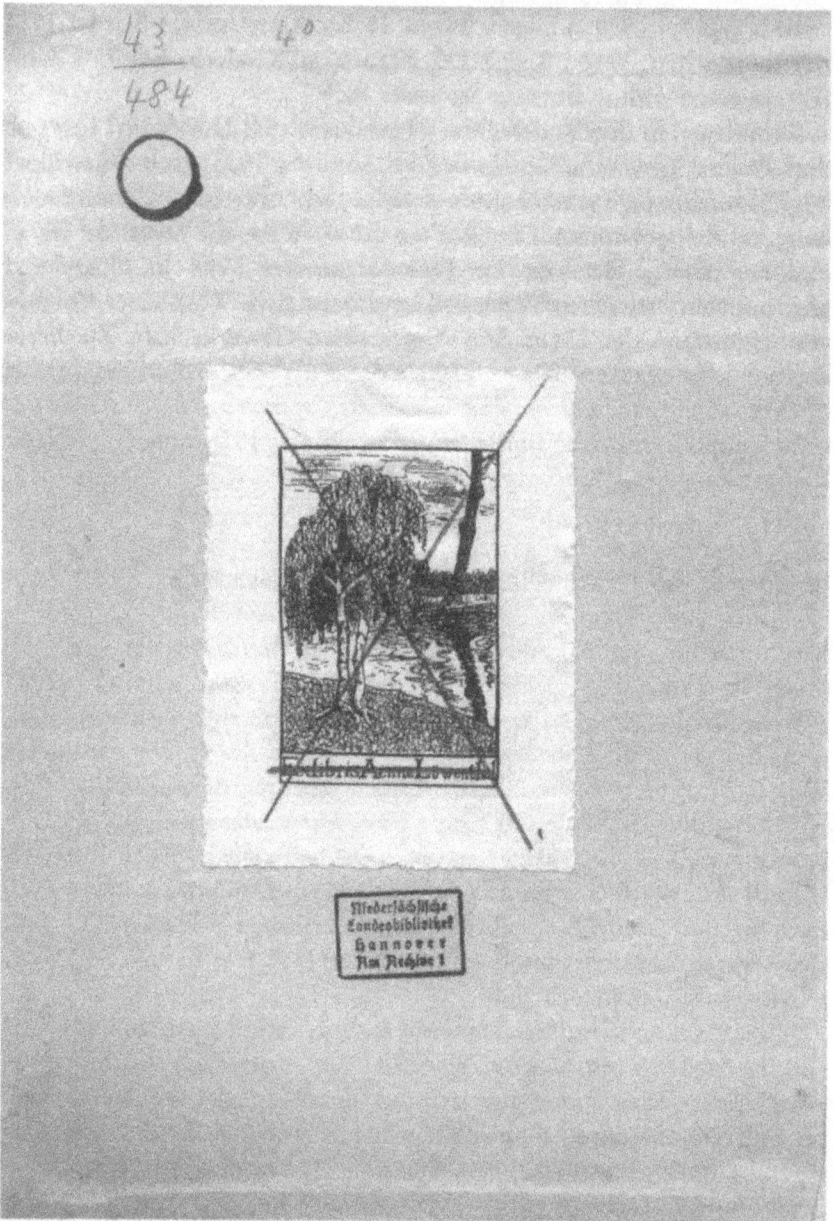

Abb. 2: Exlibris von Aenne Löwenthal in dem Buch *Paula Modersohn-Becker* von
Gustav Pauli (Leipzig: Kurt Wolff Verlag 1919)

Neben Beiträgen der genannten Autorinnen enthielten die durchschnittlich acht Seiten umfassenden Beilagen kleine literarische Werke u. a. von Helene Voigt-Diederichs, Elisabeth Dauthendey, Fritz Müller, Lou Andreas Salomé, Martin Andersen Nexö und Otto Lothar Riemasch. Außerdem gab es Kurzbeiträge und -nachrichten, eine Kinder- sowie eine Rätsel-Ecke, eine Rubrik *für geschickte Hände* sowie ab der siebten Nummer eine Rubrik *Der Naturfreund*.

Der Name von Aenne Löwenthal erscheint erstmals in der fünften Nummer der *Frau Meisterin* vom 26. März 1926. In einem mit dem Kürzel *L-l* unterzeichneten redaktionellen Hinweis wird darauf eingegangen, dass und warum diese Nummer vor allem Fragen der Berufswahl und der Berufsmöglichkeiten von Frauen gewidmet ist. In der achten Nummer vom 28. Mai 1926 erschien der erste umfangreichere eigenständige Beitrag von Aenne Löwenthal. Er war der sogenannten *GeSoLei, der Ausstellung Düsseldorf 1926 für Gesundheitspflege, soziale Fürsorge und Leibesübungen* gewidmet.

Nachdem bereits in früheren Nummern Einzelaspekte der GeSoLei besprochen worden waren[16], gab Aenne Löwenthal nun eine Überblicksdarstellung, in der sie u. a. auf die von Wilhelm Kreis errichteten Dauerbauten der Ausstellung einging. Sie erwähnte »Jugendherberge, Kindererholungsstätte mit Waldschule, das Haus der Jugend« und ein Zimmer des Bauhauses Dessau. Ihr Interesse fand auch der von Bruno Taut entworfene Pavillon des Allgemeinen Deutschen Gewerkschaftsbundes (ADGB).[17]

Mit den genannten Beiträgen des Jahres 1926 für die *Frau Meisterin* ist zugleich das Wirkungsfeld Aenne Löwenthals für die DWZ umrissen. Sie knüpfte Kontakte zu potenziellen Autorinnen und Autoren, wirkte bei der Konzeption einzelner Ausgaben mit, übernahm selbst kleinere Berichte. Eine genauere Analyse der *Frau Meisterin* und der Tätigkeit Aenne Löwenthals für diese Zeitung muss an dieser Stelle aus Platzgründen ausbleiben. Auch lässt sich derzeit noch nicht beantworten, wer außer Aenne Löwenthal in der Schriftleitung der *Frau Meisterin* mitwirkte und ob sich Archivalien zu dieser Tätigkeit erhalten haben. Dies gehört zweifellos zu den Desideraten der Forschung zur Gewerkschaftsgeschichte.[18]

Als ein Beispiel für die redaktionell-organisatorische Tätigkeit Aenne Löwenthals sei zumindest ihre Korrespondenz mit der Schauspielerin und Leiterin des Düsseldorfer Schauspielhauses Louise Dumont-Lindemann erwähnt. Am 2. September 1927 schrieb Aenne Löwenthal an diese: »Nebenhergehend überreichen wir Ihnen ergebenst die neueste Nummer unserer Frauenbeilage. Da wir aus dem Haager Kongressbericht 1915 der internationalen Frauenliga für Frieden und Freiheit ersa-

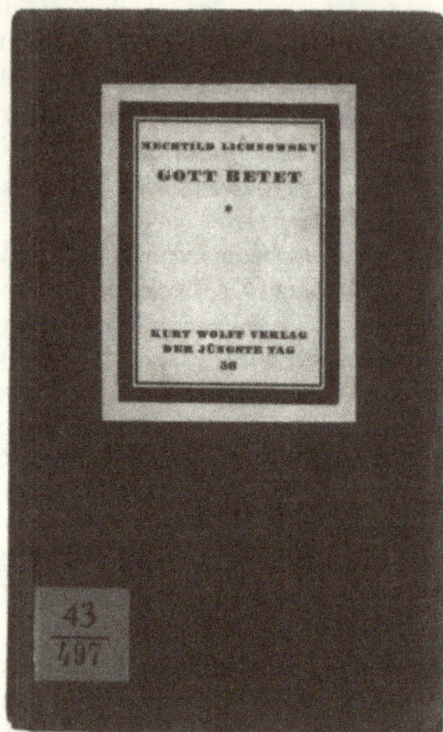

Abb. 3: Einband des Buches *Gott betet* von
Mechthild Lichnowsky (Leipzig: Kurt Wolff
Verlag 1918). Es gehörte Aenne Löwenthal.

hen, dass Sie mit dieser Organisation sympathisieren, vermuten wir,
dass Sie auch ein Bericht über das ›Maison Internationale‹ interessieren
wird.« Am 9. September desselben Jahres antwortete Dumont-Lindemann: »(…) ich danke Ihnen auf das Verbindlichste für die Zusendung
der mich sehr interessierenden Beilage. Bei dieser Gelegenheit auch
danke ich Ihnen für das freundliche Interesse, das Sie mir wiederholt be-
zeigten. Seiem Sie gewiss, dass mich die in Ihrer Zeitung zum Abdruck
kommenden Arbeiten auf das Allerstärkste interessieren. Wenn (ich)
dies nicht krääftige: bestätigen kann, so liegt das nur daran, dass die eigene Arbeit all meine Kräfte über die Maassen (sic!) in Anspruch nimmt
und mir gar so wenig Zeit lässt für das, was ich sonst gern tun möchte.«[19]
  Die Tätigkeit von Aenne Löwenthal für die DWZ endete – davon ist
auszugehen –- am 2. Mai 1933 abrupt. An diesem Tag besetzten SA und
SS landesweit Gewerkschaftshäuser, nahmen führende Gewerkschafts-
funktionäre i in »Schutzhaft«, verwüsteten Gewerkschaftsbibliotheken
und -archive. Dass dies auch auf das Werkmeisterhaus in der Strom-

Abb. 4: Einbandinnenseite des Buches *Gott betet* von Mechthild Lichnowsky mit dem Exlibris von Aenne Löwenthal

straße in Düsseldorf und die Bibliothek des DWV zutraf, ist vorerst nur Hypothese.[20] Mit Sicherheit lässt sich aber sagen, dass sich bereits 1933 im Werkmeisterhaus die Gauverwaltung der Deutschen Arbeitsfront einquartierte und dass Aenne Löwenthal am 30. Juni 1933 Düsseldorf verließ. Sie zog zu ihren Eltern nach Hannover.[21]

IV Die Jahre 1933 bis 1942

Die zehn Jahre, die Aenne Löwenthal bis zu ihrer Deportation am 31. März 1942 in Hannover lebte, waren von häufigen, zunehmend erzwungenen Umzügen geprägt. Die »Geographie« dieser Umzüge spiegelt nicht nur die Geschichte von Aenne Löwenthal wider. Sie ist symptomatisch für die Geschichte der deutschen Jüdinnen und Juden in diesen Jahren und exemplarisch für das, was konkret im Hannover der 1930er und frühen 1940er Jahre geschah.

Nachdem die Löwenthals in der ersten Hälfte der 1930er Jahre mit vier weiteren Parteien Am Taubenfelde 30 wohnten – sie belegten dort eine Wohnung in der ersten Etage, das Adressbuch von 1934 weist für die Wohnung einen Telefonanschluss aus[22] –, erfolgte am 3. Oktober 1935 ein erster Umzug in die Podbielskistraße 117. Ab dem 1. April 1940 lebte Aenne Löwenthal – ihr Vater war zu dem Zeitpunkt bereits

gestorben – mit ihrer Mutter in der Tiedgestraße 12. Zu diesem Zeitpunkt war das *Gesetz über Mietverhältnisse mit Juden* schon fast ein
Jahr in Kraft. Es schuf die Möglichkeit, jüdische Bürger in Häusern jüdischer Eigentümer zu konzentrieren. Für die Tiedgestraße 12 verzeichnet das Adressbuch von 1941 als weiteren Bewohner »Ries, J. Israel, Pri-
vatm.« Im Adressbuch von 1936 steht eben jener »Ries, J.« noch als
Bankier und Eigentümer des Hauses Tiedgestraße 12.[23] Am 26. März
1941 zogen Aenne Löwenthal und ihre Mutter in die Bergmannstraße
10 und damit in eines der Häuser, in denen die Jüdinnen und Juden Han-
novers konzentriert wurden. Diese und die beiden nächsten Adressen,
Strangriede 55 und Ellernstraße 16, sind bereits Stationen auf dem Weg
in die Deportation. 19 Familiennamen nennt das Adressbuch von 1941
für das Haus in der Bergmannstraße 10. 14 tragen den Zwangszusatz
Sara oder *Israel*. Im Adressbuch des Folgejahres erscheint kein einziger
dieser Namen mehr.[24] Bei der Adresse Strangriede 55 – Eigentümer war
1941 noch die Synagogengemeinde – handelte es sich um den jüdischen
Friedhof und die dazugehörigen Nutzgebäude. In der Ellernstraße 16
befand sich das Israelitische Kranken- und Altersversorgungshaus, Eigentümer war der Israelitische Verein für Altersvorsorge und Kranken-
pflege. Von beiden Adressen aus fanden Deportationen statt. Beide
dienten vor der Deportation als »Sammellager«.[25]

Aenne Löwenthals Jahre in Hannover sind allerdings nicht nur durch
zunehmende Ausgrenzung, Ghettoisierung und letztlich Deportation
geprägt. Sie versuchte in diesen Jahren weiter als Journalistin zu arbeiten. Beiträge von ihr erschienen in Schweizer Zeitungen und Zeitschriften. Mindestens zweimal weilte sie in diesen Jahren noch im Ausland.
Eine Vorstellung davon vermittelt ihre Korrespondenz, die sich glücklicherweise im Geheeb-Archiv der Ecole d'Humanité in Hasliberg-Gol-
dern in der Schweiz erhalten hat.[26]

V Die Korrespondenz mit Paul Geheeb

Der erste Brief von Aenne Löwenthal an Paul Geheeb datiert auf den
4. Juni 1934, die letzte Postkarte auf den 29. Oktober 1941. Analysiert
man die Korrespondenz, so fallen unterschiedliche inhaltliche Akzente
auf. Ein Thema allerdings bleibt durchgängig: die Arbeits- und Lebenssituation in Deutschland. 1934 war Aenne Löwenthals Interesse an der
schulreformerischen Bewegung bestimmendes Thema. In dem Brief
vom 4. Juni 1934 fragte sie bei Paul Geheeb an, ob sie ihn besuchen
könne. Sie selbst hielt sich zu dieser Zeit in Onex auf, einer Gemeinde,
ca. fünf Kilometer südwestlich des Zentrums von Genf. Ihre Bitte un-

termauerte sie mit der Information: »Ich bin Journalistin, Jüdin, seit einigen Wochen in Genf. Anfang nächster Woche werde ich wieder nach Deutschland zurückkehren (...) und vielleicht würde ich in jüdischen Kreisen Gelegenheit haben, von Ihrem Institut zu erzählen.«[27]

Dem deutschen Reformpädagogen Paul Geheeb, der gemeinsam mit seiner Frau Edith Geheeb-Cassirer erst kurz zuvor mit einigen wenigen Schülern der von ihm gegründeten Odenwald-Schule in die Schweiz emigriert war, dürfte das Angebot Aenne Löwenthals lieb gewesen sein. Mit der Emigration stand Geheeb vor der zwischenzeitlich fast unüberwindlichen Hürde, die Schule neu etablieren zu müssen. Von den ca. 200 Schülern, die die Odenwald-Schule vor der Emigration gehabt hatte, war man weit entfernt.[28] Das Institut Monnier, mit dem die Schule sich zunächst zusammengeschlossen hatte, stand seinerseits vor dem Ruin. Jegliche Öffentlichkeit konnte nur dienlich sein.

Im weiteren Verlauf nahmen Aenne Löwenthals Pläne, über die Schule zu berichten, konkrete Form an. Nachdem sie diese offenbar wirklich »an verschiedenen Stellen« empfohlen hatte: »bei der hiesigen Jüd. Gemeinde, beim Jüd. Frauenbund, Berlin und bei einer Französin hier am Platze, die die gesamte jüdische Emigration in französischer Konversation unterrichtet«[29], skizzierte sie die Idee, »alle von (ihr) in Rom, Genf und Umgebung angesehenen Institute in einer kleinen Broschüre zu vereinigen als ›sozial-pädagogische Reportagen‹.«[30] Für die Broschüre wollte sie nicht nur über Geheebs Schule und weitere reformpädagogische Einrichtungen, sondern auch über Bildung und Erziehung des Kindes durch Zeitschriften und Bücher sowie durch den Film berichten. Filmmaterial hatte sie vom internationalen Lehrfilmkongress in Rom erhalten. Um das Manuskript abschließen zu können, bat sie Geheeb wiederholt um kurze Informationen.[31] Schon am 12. September 1934[32] konnte sie berichten, dass sich die Broschüre bei einem Verleger befindet.

Bei der Lektüre der Briefe aus diesem Jahr wird deutlich, wie souverän sie sich in dem reformpädagogischen und sozialreformerischen Material bewegte: »Ich habe den Abschn. über das Kind u. die soziale Frage gestreift, da durch die Enquete des ›Secours aux Enfants‹, die die Auswirkungen der Arbeitslosigkeit behandelt, auch alles das, was der Laie unter sozialer Frage versteht, aufgerollt wird. Sowohl die gesundheitlichen Schäden, wie auch die seelischen, moralischen und geistigen Schädigungen des Kindes, das in solchem Milieu aufwächst, werden aufgezeigt und damit sind ja die Hauptfragen der sozialen Not geschildert.« Zugleich klingt an, dass sie 1934 nicht zum ersten Mal in der Schweiz weilte: »Ich glaube, dass ich die Institute der franz. Schweiz ganz gut nach Prospekten behandeln könnte, da ich im Frühjahr nicht das erste mal dort war.«[33] Zu ihrer Lebenssituation vermerkte sie: »Ich wäre so sehr gern im Sommer in Onex oder an einem anderen Ort geblieben, wenn ich die Möglichkeit gehabt hätte. Hier habe ich ja gar keine Lebensmöglichkeit mehr, aber das Ausland hält sich mit der Erlaubnis, dort zu arbeiten zurück. Daher ist meine Lage sehr schwierig.«[34] Es schließt sich die Bitte an Geheeb an, sie auf mögliche Arbeitsgelegenheiten aufmerksam zu machen, wobei sie ihre redaktionelle und archivarische Erfahrung ebenso erwähnt wie die Bereitschaft, »einen Sekretärinnenposten bei einem deutschen Wissenschaftler anzunehmen (eigene Reisemaschine vorhanden).« Ein wenig später bedankte sie sich bei Geheeb: »Es ist sehr liebenswürdig, dass Sie bei passender Gelegenheit einmal an mich denken werden. Ich weiss ja selbst, wie aussichtslos alles ist und vielleicht muss ich mit meiner kleinen Mitarbeit immer noch zufrieden sein, obwohl sie alles andere eher als eine Existenz ist (…).«[35] Hier nahm sie Bezug auf ein Motiv, welches schon früher angeklungen war: die Schwierigkeit, kontinuierlich mit Schweizer Zeitungen zusammenzuarbeiten: »Meine Schweizer Mitarbeit, die ich als einzigen Erfolg mitgenommen hatte, ist inzwischen erheblich zusammengeschrumpft. Anfangs hat jeder einmal etwas veröffentlicht, das zweite und dritte Mal wird die Sache nun auch schon schwierig.«[36]

In den Briefen des Jahres 1937 blieb die Reformpädagogik ein wichtiges Thema. Es war Aenne Löwenthal offenbar gelungen, die Schweizer Zeitschrift *Sie und Er* für ihre Arbeit zu interessieren. Bei dieser Zeitschrift handelte es sich um die wöchentlich im Verlag Ringier in Zofingen erscheinende Illustrierte *Sie und Er in Sport, Film, Mode und Gesellschaft.* Für diese Zeitschrift arbeitete Aenne Löwenthal nun an einer Umfrage »Was erwarten wir von der jungen Generation«. Hierzu trug sie Meinungen bedeutender Pädagoginnen und Pädagogen, Wissenschaftlerinnen und Wissenschaftler ihrer Zeit zusammen. Zu nennen wären neben anderen Maria Boschetti-Alberti, Maria Montessori, Fritz Wartenweiler und Elisabeth Rotten. Die Umfrage erschien in der Nummer 23 für das Jahr 1937.[37]

Wie schwierig sich das Sammeln des benötigten Materials dabei gestaltete und wie wenig die Verfolgten des Nationalsozialismus in Deutschland zu der Zeit offenbar voneinander wussten, lässt sich anhand folgender kleiner Notiz erahnen: »Auch von Prof. William Stern warte ich vergebens auf eine Antwort. Vielleicht ist er gar nicht mehr in Hamburg?«[38] Mit der Vermutung lag Aenne Löwenthal richtig. Der Psychologe und Hochschullehrer William Stern war 1933 aus dem Dienst der Hamburger Universität entlassen worden und zunächst in die Niederlande, 1934 in die USA geflohen.[39]

Bemerkenswert erscheint die Tatsache, dass Aenne Löwenthal 1937 noch einmal in das Tessin reisen konnte. In ihrem Brief vom 16. April 1937[40] ging sie davon aus, dass sie nicht vor Anfang Mai und dann für vier bis sechs Wochen reisen könne. Als Aufenthaltsort plante sie zwischenzeitlich, d.h. vor einem erneuten Besuch des Instituts Monnier, das Kurhaus Collinetta in Ascona-Moscia. Dabei wollte sie bereits »auf der Hinreise in Zofingen Station machen, um mit der Schriftleitung von *Sie und Er* Rücksprache zu nehmen.«[41] Ihr Gesprächspartner dort war ein Dr. Büchler. Letztendlich reiste Aenne Löwenthal am 4. Mai in die Schweiz ab. Für ihren Genf-Aufenthalt plante sie acht bis zehn Tage ein.

Ihr Brief vom 24. Mai 1937 aus dem Kurhaus Collinetta bestätigt, dass sie sich auf der Fahrt dorthin offenbar mit Dr. Büchler in Zofingen treffen und ihren Beitrag zu der o.g. Umfrage besprechen konnte. Es ergab sich aus dem Treffen auch Hoffnung auf einen weiteren Auftrag, der Aenne Löwenthal allerdings einiges Kopfzerbrechen bereitete. Sie schrieb Geheeb: »›Sie und Er‹ interessiert sich für das Ehepaar Lombroso-Ferrero (...), möchte aber zuvor wissen, was ich einem evtl. Interview zugrunde legen will. (...) Aber ich möchte mich nicht auf das politische Gebiet begeben, also eine Begründung der Übersiedlung von Florenz nach Genf nicht berühren.«[42] So fragte sie Geheeb, ob er von einem neuen Buchprojekt von Gina Lombroso[43] wisse und erwähnte, dass Ferrero[44] ja wohl »Professor für moderne Geschichte an der Universität« sei. Die Scheu, das Ehepaar selbst nach ihren aktuellen Arbeiten zu fragen, begründete sie mit der Angst, die Schriftleitung könne von dem Interview wieder Abstand nehmen.

Bei ihrem Schweiz-Aufenthalt 1937 weilte Aenne Löwenthal tatsächlich in Geheebs Schule. Dies belegt sowohl ein Eintrag im Gästebuch der Schule am 13. Juni 1937 als auch ihr Brief vom darauffolgenden Tage. Überschwänglich dankte sie darin Geheeb für den Besuch, freudig berichtete sie davon, eine amerikanische Journalistin, Miss Weeds, die für eine Tageszeitung in Ohio schreibt, kennengelernt und ihr von der Schule berichtet zu haben. Hoffnungsvoll klingt, dass sie auf ihrer Rückreise »in Zürich die Redakteurin des Schwz. Frauenblattes, den Red. der ›Tat‹ (...) und den Red. des Schwz. Kaufm. Zentralblattes sprechen« und gern das Gespräch auch auf Geheeb bringen werde.[45]

Am 2. Juli 1937 schrieb Aenne Löwenthal dann bereits wieder aus Hannover, berichtete nochmals von Miss Weed sowie davon, dass sie Grace Abbott englischsprachiges Informationsmaterial über die Schule überreichen und Louise Weiss Material in französischer Sprache zusenden konnte. Außerdem hatte sie Agnes Debrit-Vogel von der Redaktion der *Berna* über Geheeb erzählt. Ansonsten bereitete sie eine Reise nach

Paris vor und hoffte, »Ende des Monats für etwa 14 Tage fahren zu können, hauptsächlich wieder für ›Sie und Er‹.«[46]

Aus dem folgenden Brief an Geheeb, der bereits auf den 26. April 1938 datiert, wird deutlich, dass die Paris-Reise nicht zustande kam – mit entsprechend fatalen Folgen. »12 Aufträge gingen mir allein durch dieses Pariser Fiasko verloren.« Dafür arbeitete sie – wiederum für *Sie und Er* – »an einer Umfrage über die orientalische Frau mit einer etwas schwierigen Fragestellung, nämlich: ›Was können wir von der Orientalin lernen?‹.« »Die bisher beste Antwort«, schrieb sie weiter, »kam von einer Persin (Dr. Fatmeh Seyah)«. Weitere Antworten erhoffte sie sich von Sarojini Naidu und Begum Shah Nawaz.[47] Dabei wird – wie schon bei ihren früheren Briefen – deutlich, dass sie sich offenkundig in der damaligen Politik und Wissenschaft gut orientierte, zahlreiche Persönlichkeiten zumindest dem Namen nach kannte und es ihr – trotz der mehr als schwierigen Lebenssituation – offenbar gelang sowohl alte Kontakte weiterzupflegen als auch neue herzustellen.

Mit der indischen Dichterin Sarojini Naidu hoffte sie auf eine Vertraute von Mahatma Gandhi und Schlüsselfigur der indischen Unabhängigkeitsbewegung. Naidu war 1925 in Kanpur als erste Frau Vorsitzende des Indischen Nationalkongresses und von 1947 bis 1949 erste Gouverneurin eines Bundesstaates in Indien. Begum Shah Nawaz wirkte aktiv in der All India Muslim Women's Conference. 1937 war sie Mitglied des Unterhauses von Punjab und Parlamentssekretärin für Bildung, Gesundheitsbetreuung und Volksgesundheit (Parliamentary Secretary for Education, Medical Relief and Public Health). Mit Fatmeh Seyah meinte Aenne Löwenthal offenbar Fatemeh Sayyah, die 1942/1943 als erste Frau im Iran eine ordentliche Professur an der Universität von Teheran erhielt. Bereits seit 1938 hatte sie dort gelehrt.[48] Die in einer weiteren Postkarte vom 31. Mai 1938 ebenfalls erwähnte Dr. M. Ullfah Santoso aus Java wurde 1946 die erste Ministerin in Indonesien.[49]

Froh berichtete Aenne Löwenthal in derselben Postkarte, dass vom *Schweizerischen Kaufmännischen Zentralblatt* ein kleiner Artikel über Geheebs Schule angenommen worden sei. Dabei muss es sich um jenen Beitrag handeln, der am 7. Oktober 1938 unter der Überschrift ›*Schule der Menschheit‹ im Welchland*[50] erschienen und mit »Annette« unterzeichnet war. Da Aenne Löwenthal auch frühere Beiträge statt mit vollem Namen, verkürzt unterschrieben hatte, erinnert sei hier an ihre Arbeiten in der *Frau Meisterin,* scheint diese Vermutung erlaubt.[51]

In den Briefen und Karten, die ab Jahresende 1938 in die Schweiz gingen, wird spürbar, dass sich die Lebenssituation Aenne Löwenthals zunehmend verschlechterte. Das Bemühen um eine Emigration und der Gesundheitszustand ihrer Eltern traten in den Vordergrund. So berichtete sie Geheeb am 23. Dezember 1938 darüber, dass sie »vor 14 Tagen (ihren) Lebenslauf nach USA sandte und ein Affidavitgeber gesucht werden soll.« Voller Zweifel fuhr sie fort, »ob sich aber ein Affidavitgeber finden wird, muss man abwarten. Vor allem – bis man bei dem enormen Andrang an der Reihe ist … Wir bekommen doch alle Wartenummern von den Generalkonsulaten, die sich auf viele viele Monate erstrecken.«[52] Sorge bereitete ihr, dass sie beruflich in den USA gar nichts in Aussicht hatte, dass sie niemandem zur Last fallen wollte. Gleichwohl hoffte sie, ihre schweizerische Mitarbeit fortführen zu können, dachte weiter an archivarische oder soziale Arbeit, vermutete, ihre Reiseschreibmaschine, eine Remington Portable, mitnehmen zu können. Ihre englischen Sprachkenntnisse versuchte sie aufzufrischen. Ob sie dabei auf Kurse zurückgreifen konnte, die die jüdische Gemeinde in Hannover organisierte, oder andere Wege fand, ist bisher unbekannt. Zumindest für Ende 1939 sind derartige, von der Zentralstelle für Wohlfahrtspflege organisierte Kurse in Hannover überliefert.[53] Geheeb bat sie, gegebenenfalls seine USA-Beziehungen für die Suche nach einem Ansprechpartner in den Staaten zu verwenden. Zu ihren Unterlagen meinte sie, »meine Zeugnisabschriften sind – soviel ich mich erinnere – (…) im Comité (rue Gauthier 7).« Unter dieser Adresse befand sich wohl die auf Initiative prominenter Amerikaner 1933 gegründete International Relief Association (IRA).

Im nächsten Brief, der auf den 18. Februar 1940 datiert, deutete sich der erste eindeutig erzwungene Umzug an, der für den 1. April 1940 angekündigt war und – wie erwähnt – in die Tiedgestraße 12 führte. Zu ihrer und ihrer Eltern Situation schrieb sie: »Auch hinter mir liegt ein unendlich schweres Jahr. Ich habe seit über 1 Jahr nichts mehr geschrieben, weil mir durch unsere häuslichen Verhältnisse dazu keine Zeit blieb. Ich musste nämlich vollständig pflegerisch einspringen, meine beiden Eltern sind sehr sehr krank. Anfangs hatte ich noch Hilfe aus dem Familienkreis. Seit aber meine älteste Schwester auch fort ist (Ziel: Santiago de Chile), pflege ich ununterbrochen 2 Patienten ganz allein.«[54] Nochmals erging an Geheeb die Frage: »Haben Sie unter Ihren Bekannten in U.S.A. keine Persönlichkeit, der ich später nützlich sein könnte, u. die daher ohne großes Risiko eine Bürgschaft für mich übernehmen könnte?« Anknüpfend daran, dass ihre ältere Schwester nach Santiago de Chile emigriert war, begann auch sie über eine Emigration nach Chile nachzudenken, »falls USA noch zu lange dauern sollte«, sorgte sich aber angesichts fehlender Spanischkenntnisse um eine Arbeitsmöglichkeit.[55]

In einer Postkarte vom 7. April 1940 berichtete Aenne Löwenthal von dem Tod ihres Vaters – er war am 24. Februar 1940 gestorben – sowie von dem erfolgten Umzug in die Tiedgestraße.[56] Am 3. Mai 1940 dankte sie Geheeb in warmen Worten für dessen offenbar tröstenden, verständnisvollen Brief und seine Verwendung bei amerikanischen Bekannten. Das Thema »Auswanderung« blieb präsent, zugleich gelang es Aenne Löwenthal, den Mut nicht zu verlieren. So schrieb sie: »Auch ich finde, beruflich gesehen, USA für mich besser als Chile. Zudem ist, wie heute meine Schwester aus Santiago schreibt, Chile für die nächste Zeit für die Einwanderung gesperrt.« Einige Zeilen weiter formulierte sie: »Ich denke jetzt so viel an meine Schweizer u. Italienreise u. an alle die Menschen, die mir begegnet sind. Das sind schöne und bleibende Erinnerungen.« [57] Zuvor hatte sie sich nach Geheebs Freund, dem Soziologen und Pädagogen Adolphe Ferriere, und nach Maria Boschetti-Alberti erkundigt.

Dass zum Frühjahr 1941 der weitere Umzug in die Bergmannstraße 10 anstand, erfuhr Geheeb von ihr aus einem Brief vom 28. Dezember 1940. Deutlich wichtiger aber war es Aenne Löwenthal mitzuteilen, dass sie trotz fortgesetzter pflegerischer Arbeit – dies bezog sich vermutlich nicht nur auf die Pflege ihrer Mutter, sondern auch auf eine Tätigkeit im Jüdischen Kranken- und Altenheim – wieder angefangen habe, etwas für sich zu arbeiten. *Sie und Er* hatten offenbar einen kurzen Text über die österreichische Schriftstellerin Enrica von Handel-Mazzetti bestellt. Ein anderer Auftrag – über Gina Lambroso – stand noch aus. Aus eigenem Antrieb wollte Aenne Löwenthal außerdem über Gertrud von Le Fort schreiben, deren *Magdeburgische Hochzeit* sie gerade gelesen hatte und über die sie Geheeb schrieb: »Man könnte sie wohl – so glaube ich – Richarda Huch in ihrem Können an die Seite stellen.«[58] Mit wenig Hoffnung fragte sie außerdem nach, ob Geheeb auf seine Anfragen in den USA irgendeine Antwort erhalten habe, teilte mit, dass aus Chile von ihrer Schwester von Zeit zu Zeit gute Nachrichten kämen und informierte etwas kryptisch: »von der anderen (Schwester)[59], die in der gleichen Stadt lebt wie Frl. Attié, hören wir leider gar nichts.«

Ihre weitere Arbeit zu der Schriftstellerin le Fort sowie ausführliche Reflexionen zu Ernst Wiechert und dessen Werk prägten einen Brief vom 19. Juni 1941. Zu Letzterem schrieb sie unter anderem: »Er hat so viel Tröstliches zu geben (…). Falls sie mit ihm in Verbindung stehen sollten, lassen sie ihn doch bei Gelegenheit wissen, wie sehr er in unseren Kreisen geschätzt wird und wie vielen er Trost und Halt geworden ist.«[60] Noch einmal klang auch die Frage der Emigration an. »Ich hätte jetzt laut Nachricht des Hamburger Konsulats schon meine Papiere einreichen können, wenn ich hier abkömmlich wäre und die Papiere hätte. Nochmals meinen herzlichsten Dank für Ihre freundlichen Bemühungen nach dieser Seite. Das Resultat ist ja zwar nicht erfreulich, aber war wohl kaum anders zu erwarten bei der angestrengten Hilfstätigkeit überall. – Ich schrieb neulich noch mal an Hertha Kraus dieserhalb und an den Jüd. Frauenbund drüben (...). Möglicherweise müsste ich doch zu Chile greifen.«[61] Paul Geheeb bat sie in dem Zusammenhang um die Adresse von Elsa Brändström-Uhlich. Ob Aenne Löwenthal Hertha Kraus persönlich kannte, muss vorerst offen bleiben, ebenso, woher sie von den aktuellen Bemühungen Elsa Brändström-Uhlichs zur Rettung jüdischer Flüchtlinge erfuhr.

Die letzte Postkarte, die sich von Aenne Löwenthal im Geheeb-Archiv erhalten hat, datiert auf den 29. Oktober 1941. »Wir mussten Anf. Sept. wieder umziehen u. haben nun die Adr. Strangriede 55 bei Herrn Friedhofsinspektor Meyer. (...) Meine Mutter ist seit 7 Wochen im Krankenhaus. Es ging ihr gar nicht gut u. die neue Unterkunft ist auch wenig geeignet für sie. Ihretwegen kann ich auch gar nichts in meiner Auswanderung tun, obschon ich jemand in USA habe (Dr. Hertha Kraus), der sich sehr für mich verwenden will.«[62]

Mit dieser Karte reißt die Korrespondenz Aenne Löwenthals mit Geheeb ab. Ein Brief von Alice Bönicke an Paul Geheeb vom 14. Mai 1942 enthält letzte persönliche Informationen zu Aenne Löwenthal. Sie war offenbar von ihr vor ihrer Deportation gebeten worden, Geheeb neben »Grüssen ihre Abreise nach Warschau, Gartenstr. 27, Fürsorgekommission f. Flüchtlinge Zimmer 52 – mitzuteilen.« Am Ende des Briefes von Alice Bönicke findet sich der Zusatz: »Ich erhalte eben eine Nachricht, wonach als Wohnadresse Gerichtstr. 109 Zimmer 52 – Warschau angegeben wird.«[63] Damit verliert sich die Spur von Aenne Löwenthal.

VI Die Bücher der Aenne Löwenthal

Am 22. März 1942, wenige Tage vor ihrer Deportation, die am 31. März 1942 erfolgte, füllte Aenne Löwenthal die vorgeschriebene Vermögenserklärung aus. Diese hat sich in der Überlieferung des Niedersächsischen Hauptstaatsarchivs Hannover erhalten.[64] Unter Punkt 6 »Wohnungsinventar und Kleidungsstücke (Anzahl und Wertangaben), Unterpunkt h) Verschiedenes« trug sie ein: »4 Kisten Bücher 150.–«. Im folgenden Punkt 7, in dem unter anderem danach gefragt wurde, ob ihr gehörige Sachen bei anderen in Verwahrung sind, konkretisierte sie: »Bei der Spedition Hannoversches Fuhrwesen, Buitkamp 4 Kisten Bücher u. Zeitungsausschnitte Sammlung. Von den Büchern gehört ein Teil meiner Mutter, ist aber nicht getrennt gepackt. Jetziger Wert ca. 150.–.« Und sie benannte die Kosten, die mit der Einlagerung verbunden waren: »Speichermiete ab 1. Januar 1942 an Fa. Hannoversches Fuhrwesen, Buitkamp. Etwa 3.– monatlich.«

Leider ließ sich bisher nicht rekonstruieren, wann genau die Einlagerung der Bücher erfolgte und ob es einen Grund gab, warum dies gerade bei der Spedition Buitkamp geschah. Hierzu müssten systematisch alle im Niedersächsischen Hauptstaatsarchiv Hannover erhalten gebliebenen Vermögenserklärungen auf den Namen Buitkamp überprüft werden. Auch ein Firmenarchiv könnte weiterhelfen. Letzteres findet sich im Stadtarchiv Hannover leider nicht, wenngleich die Firma seit 1934 existierte und wohl mit den Jahren auch wuchs. So lautete der Eintrag im Adressbuch von Hannover 1934 noch: »Buitkamp, Georg, Spediteur, Marienstr. 46«. 1941 und 1942 hieß es dann: »Buitkamp, Georg, Spediteur, Möbeltransport und Beerdigungsgeschäft, Marienstr. 46«.[65] Von mindestens zwei weiteren Jüdinnen zumindest lagerte das »zollverschlossene Umzugsgut« im Februar 1942 ebenfalls bei Buitkamp, und zwar von Selma Lindenbaum und deren Schwägerin Lea Straßmann. Beide wurden im Dezember 1941 von Hannover nach Riga deportiert.[66]

In den Wochen nach der Deportation von Aenne Löwenthal ergingen routinemäßig Schreiben des Oberfinanzpräsidenten (OFP) an die Reichsversicherungsanstalt für Angestellte Berlin-Wilmersdorf und die Dresdner Bank, Filiale Hannover. In diesen wurde mitgeteilt, dass Aenne Löwenthal nach ihrer »Abwanderung« die deutsche Staatsbürgerschaft verloren habe, Versorgungsansprüche damit erloschen seien, das Barguthaben nebst Zinsen und Erlös der fälligen Zinsscheine an die Oberfinanzkasse Hannover zu überweisen und eine Aufstellung zu Wertpapierdepots zu übersenden seien, über das Depot aber ohne Einverständnis des OFP nicht verfügt werden dürfe. Die sogenannte Vollstreckungsstelle des Finanzamtes teilte dem OFP ihrerseits mit: »die Anna Sara Löwenthal früher in Hannover Ellernstr. 16 jetzt nach Theresienthal (sic!) abgeschoben schuldet hier noch 10.- Reichsmark Vermögenssteuer. Ich bitte, den Betrag aus den dort zur Verfügung stehenden Beträgen an die Finanzkasse zu überweisen.«[67]

Am 18. November 1942 schrieb der OFP an die Firma Hannoversches Fuhrwesen. Unter erneutem Hinweis darauf, dass das Eigentum der Aenne Löwenthal dem Deutschen Reich verfallen sei, hieß es: »Ich habe daher das Finanzamt Hannover-Waterlooplatz, Vollstreckungsstelle, veranlasst, über die von der Jüdin bei Ihnen eingelagerten Gegenstände zu Gunsten des Reichs zu verfügen. Ich bitte diese Sachen der Vollstreckungsstelle auf Anfordern auszuliefern.«[68]

Auslieferung und Verwertung folgten offenbar zügig. Drei Wochen nach dem Schreiben des OFP, am 7. Dezember 1942, meldete Obersteuerinspektor Bäcker in einer Kurzmitteilung »an den Herrn Oberfinanzpräsidenten«: »Das Umzugsgut der Jüdin Anna Sara Löwenthal, Ellernstrasse 16, wurde verwertet und der Nettoerlös von 103.25

Reichsmark an die Oberfinanzkasse Hannover überwiesen. An Kosten sind 63.25 Reichsmark entstanden.«[69] Neun Monate später, am 6. September 1943, wurden zwei Bücher von Aenne Löwenthal in der Vormals Königlichen und Provinzialbibliothek Hannover inventarisiert.[70]

VII Exkurs: Judenauktionen in Hannover

Deutsche Bibliotheken haben sich teilweise massiv an »Umzugsgut« jüdischer Emigranten und Deportierter bereichert. Dies erfolgte unter anderem im Zuge sogenannter »Juden-Auktionen«. Vergleichsweise früh hat sich die Staats- und Universitätsbibliothek Bremen mit diesem Kapitel ihrer Geschichte beschäftigt. Der Anstoß hierfür war von außen gekommen. Intern fanden sich Ansatzpunkte für die Aufarbeitung, weil in den Bremer Zugangsjournalen Kürzel wie »J. A.« bzw. »Jud. Auk.« verwendet worden waren. Insgesamt ersteigerte die Bremer Staatsbibliothek 1942 auf »Juden-Auktionen« rund 1.600 Titel.[71]

Derartige Auktionen fanden reichsweit statt.[72] Auch für Hannover sind sie nachweisbar. Marlis Buchholz hat bereits 1987 umfangreiche Informationen hierzu zusammengetragen.[73] Dank ihrer Recherchen ist bekannt, an welchen Orten insbesondere die Möbel der aus ihren Wohnungen vertriebenen Juden zwischengelagert wurden und dass die Auktionen in Hannover am 20. Oktober 1941 begannen. Dabei trat zunächst nicht der Oberfinanzpräsident, sondern die Stadt als Auftraggeberin für die Versteigerungen auf.[74] Die *Niedersächsische Tageszeitung* (NTZ) von diesem Tage zeigte auf Seite 10 an: »Montag, 20. Oktober 1941 ab 11 Uhr vorm. und die folgenden Tage Fernroder Straße 23 versteigere ich in behördlichem Auftrage gegen bar: Ganze Zimmer- und Küchen-Einrichtungen sowie Einzel- und Polstermöbel. Die Sachen sind gebraucht. Bei dem Verkauf werden bevorzugt 1. Durch Fliegerangriff geschädigte Familien, 2. kinderreiche Familien, 3. Bedürftige mit Ausweis der NSV. Gekaufte Möbel müssen an demselben Tage abtransportiert werden. Besichtigung 1 Stunde vorher. Heinrich Stucke. Versteigerer mit Zusatzgenehmigung für Kunst und Altertum, beeidigter Schätzer.«[75]

In den folgenden Wochen erschienen in der NTZ immer wieder derartige Anzeigen. Als Versteigerer traten neben Heinrich Stucke Ernst Bormann sowie die Obergerichtsvollzieher Wendt, Sommerfeld, Kehlert und Diederich in Erscheinung. Die vorerst letzte Anzeige erschien am 5. November 1941. Am 26. April 1942 – Aenne Löwenthal war zu dem Zeitpunkt bereits deportiert – setzten die Auktionen erneut ein. Die Information in der Tagespresse lautete diesmal: »Die für den 29.4., 30.4. und 1.5. im Versteigerungslokal Talstr. 12 angesetzte Zwangsver-

steigerung von Möbeln usw. findet nicht statt. Die Versteigerung erfolgt
daselbst am 4., 5. und 6. Mai ab 11 Uhr. Bombengeschädigte und Kinderreiche mit Ausweis und Dringlichkeitsbescheinigung über notwendige Anschaffungen finden bevorzugte Berücksichtigung und melden
sich von 9.30–10.30 im Versteigerungslokal. *Finanzamt Hannover-Waterlooplatz, Vollstreckungsstelle.*«[76] Die Versteigerungen des Finanzamtes Hannover dauerten bis weit in das Jahr 1943 hinein, erfolgten teilweise fast täglich und mit erschreckender Systematik. Versteigert wurde
alles: Ess-, Schlaf- und Herrenzimmer, Auflegematratzen, Küchenge-
schirr und Bleikristall, Herrenunterwäsche und Schlafanzüge, Bett- und
Tischwäsche, eiserne und Petroleumöfen, Turngeräte und Gaskocher.
Was bei den Ankündigungen – mit einer einzigen Ausnahme – nie genannt wurde, das waren Bücher.

Dafür gibt es mehrere Interpretationen: Christiane Kuller führt in einer Arbeit von 2007 an, dass es sich bei den – wie sie es nennt – »letzten
Büchern« der Juden um Werke handelte, »die nach Ansicht der Nationalsozialisten weder inhaltlich noch künstlerisch von hohem Wert waren, und die daher häufig pauschal als wertlos oder von geringem Wert
qualifiziert wurden.«[77] Sie weist darauf hin, dass die Bücher auch in den
Augen der Verfolgten angesichts der bevorstehenden Deportation eine
eher marginale Rolle spielten. Und sie benennt, dass zunächst zentrale
NS-Organisationen mit Büchern zu versorgen waren, ehe lokale Interessen befriedigt werden durften.

Dies trifft wohl auch auf Hannover zu. Nur in den seltensten Fällen
enthalten die Vermögenserklärungen der aus Hannover deportierten
Jüdinnen und Juden – wie bei Aenne Löwenthal – Informationen zu
Büchern oder Bibliotheken.[78] Andererseits legt ein im Centre de Docu-
mentation Juive Contemporaine in Paris erhaltener Schriftwechsel[79]
nahe, dass es 1943 Abgaben jüdischer Bücher nach Berlin gab. Das
Finanzamt Hannover-Waterlooplatz hatte am 20. Mai 1943 dem Ein-
satzstab Rosenberg (ERR) mitgeteilt, dass sich »aus verfallenen Judenvermögen (…) hier eine grössere Anzahl jüdischer Werke angesammelt
(hat), die bestimmungsgemäß dorthin abzugeben sind.« Die Stabsfüh-
rung des ERR antwortete am 27. Mai 1943: »Bücher in hebräischer Sprache wollen Sie nach hier schicken, so weit es sich um ältere Werke handelt, etwa aus der Zeit vor 1800; Bücher jüngeren Datums in hebräischer
Sprache – insbesondere Gebetbücher – wollen Sie bitte der Altpapier-
verwertung zum Einstampfen übergeben. Das Schrifttum in deutscher
Sprache bitte ich nach hier zu senden, da wir an diesem ein großes Interesse haben.«

Anhand der Auktionsankündigungen in der NTZ jedenfalls lässt sich
keine Spur zu den Büchern von Aenne Löwenthal finden. Geht man von

dem oben angeführten Schriftwechsel aus, so muss die »Verwertung« ihrer Bücher nach dem 17. November und vor dem 7. Dezember 1942 stattgefunden haben. In dieser Zeit – und zwar am 25. November 1942 und am 2. Dezember 1942 – gab es zwei Zwangsversteigerungen. Die Anzeigen avisierten »1 Posten Möbel aller Art, gebrauchte Wäsche, Geschirr, einige Damen- und Herrenuhren u. a. m.«[80] sowie »1 Posten Möbel aller Art, ferner gebr. Wäsche, Geschirr u. Hausrat«.[81] Was sich hinter dem »und anderes mehr« verbarg, wird sich nicht mehr klären lassen.

VIII Fazit

Als im Frühjahr 2010 die Arbeit zu dieser Veröffentlichung begann, schien es möglich, neben dem einen, zu dem Zeitpunkt schon bekannten Buch aus der Bibliothek der Aenne Löwenthal weitere zu finden. Die Ausgangssituation war günstig, fand doch zu der Zeit die eingangs beschriebene systematische Überprüfung der Zugangsjournale der Gottfried Wilhelm Leibniz Bibliothek statt. Außerdem gab es das Exlibris, welches ein bewusstes Verhältnis von Aenne Löwenthal zu ihren Büchern nahelegte.

Ein Jahr später ist zu konstatieren, dass sich von den in der Vermögenserklärung genannten vier Kisten mit Büchern nur *ein* weiteres Buch von Aenne Löwenthal mit Bestimmtheit identifizieren ließ. Dies ist gewiss kein Zufall. Die Verwertungsmaschinerie der Finanzämter widmete Büchern keine sonderliche Aufmerksamkeit. Die Privatbibliothek einer jüdischen Journalistin weckte – anders als Gelehrtenbibliotheken oder alte, über Jahrzehnte gewachsene Büchersammlungen – offenbar keine besonderen Begehrlichkeiten, die sich in Archivdokumenten niedergeschlagen hätten. Mit der Auslöschung des Lebens der jüdischen Verfolgten gelang es so, fast jegliche Spuren zu tilgen. Bei Aenne Löwenthal mag dabei eine besondere Rolle gespielt haben, dass sie – bevor sie der Verfolgung als Jüdin ausgesetzt war – bereits von der Verfolgung und Zerschlagung der Gewerkschaften betroffen war.[82]

Hervorzuheben allerdings ist das Wörtchen *fast*, denn mindestens zwei Bücher blieben erhalten und wurden gefunden. Und so wäre die Überschrift des Beitrags eigentlich neu zu formulieren. Statt »Die Bücher der Aenne Löwenthal. Letzte Zeugen vom Leben einer ermordeten Journalistin« müsste sie zutreffender heißen: »Ein Buch von Aenne Löwenthal als Anlass, nach dem Leben und Werk einer jüdischen Journalistin und Archivarin zu forschen«.

1 Das betrifft sieben Zugangsjournale der *Vormals Königlichen Bibliothek* für den Zeitraum 1933 bis 1939, fünf Zugangsjournale der *Provinzialbibliothek* für den Zeitraum 1932/33 bis 1937/38 sowie vier gemeinsame Zugangsjournale der *Vormals Königlichen und Provinzialbibliothek* für den Zeitraum 1940 bis 1947. Das Zugangsjournal der Provinzialbibliothek für das Jahr 1939 blieb sowohl bei früheren Recherchen als auch im Zuge des jetzigen Projekts verschollen. — **2** Der Text der Verordnung ist unter der folgenden Internetadresse verfügbar: http://www.verfassungen.de/de/de33–45/reichsbuerger35-v11.htm (11.7.2011). — **3** Es handelt sich um die folgenden beiden Titel: Mechthild Lichnowsky: *Gott betet.* Leipzig 1918 (GWLB-Signatur: raubgut 43/497) und Gustav Pauli: *Paula Modersohn-Becker.* Leipzig 1919 (GWLB-Signatur: raubgut 43/484). — **4** Vgl. hierzu: Martin Hankemeier: *Zur Geschichte der Juden in Lage, eine Materialsammlung.* Detmold 2003 (= Schriftenreihe der Gesellschaft für Christlich-Jüdische Zusammenarbeit in Lippe e.V.), S. 297 f. sowie Gustav Glitt: *Stadtrundgang. Geschichte der Juden in Lage.* Lage 2005, S. 22. — **5** Vgl. hierzu die Meldekarten von Max, Johanna und Aenne Löwenthal im Stadtarchiv Hannover. Auf diesen ist als Zuzugsdatum »6.4.08« und als Zuzugsort »Oskar-Winterstr. 3« ausgewiesen. Stadtarchiv Hannover, Kennkartennummern A92812 und A02813. — **6** Das Adressbuch von 1912 nennt »Max Löwenthal, Kfm, wohnhaft Am Holzgraben 2«. In den Adressbüchern von 1921 und 1926 ist Max Löwenthal als »Rent.« bzw. »Handelsvertr.« in der Rühmkopffstraße 7 nachgewiesen. Ab 1934 erscheint er als »Kaufm., Am Taubenfelde 30«. Vgl. *Stadt- und Geschäfts-Handbuch der Königlichen Haupt- und Residenzstadt Hannover, der Stadt Linden sowie der Ortschaft Ricklingen und der Kolonie Leinhausen 1912.* Hannover 1912; *Adreßbuch. Stadt- und Geschäfts-Handbuch von Hannover 1921.* Hannover 1921; *Adreßbuch der Stadt Hannover. Stadt- und Geschäftshandbuch 1926.* Hannover 1926; *Adreßbuch der Stadt Hannover, zugleich Adreßbuch von Hannover, Stadt- und Geschäftshandbuch.* Hannover 1934. — **7** Diese Informationen zu den Geschwistern von Aenne Löwenthal gehen auf Recherchen von Pastor i. R. Martin Hankemeier und Christina Pohl, Stadtarchiv Lage, zurück. (Vgl. auch Lippische Landeszeitung Nr. 171 vom 24./25.7.2004). Weitere Informationen zu den beiden Schwestern sowie zu der Mutter von Aenne Löwenthal enthält die Vermögenserklärung von Aenne Löwenthal. Als dritte Frage war dort zu beantworten: »Welche Familienangehörigen sind schon ausgewandert? Wohin?«. Aenne Löwenthal teilte entsprechend mit, dass ihre Schwester Charlotte, verheiratete Rosenberg, nach Tel-Aviv emigrierte, ihre Schwester Elise, verheiratete Freudenstein, nach Santiago de Chile. Siehe hierzu Niedersächsisches Hauptstaatsarchiv Hannover (NsHStA Hannover), Hann. 210 Acc 2004/23 Nr. 1046, Löwenthal, Anna – 1.4.1898. Der Zeitpunkt, zu dem die beiden Schwestern von Aenne Löwenthal Deutschland verließen, Frühjahr 1938 bzw. Sommer 1939, lässt sich anhand einzelner Erwähnungen in den Briefen von Aenne Löwenthal an Paul Geheeb rekonstruieren. Die Vermögenserklärung von Aenne Löwenthal enthält auch eine Bleistiftnotiz: *Mutter ist mit dem III. Transport abgeschoben Zar.* Der dritte Transport bzw. Transport VIII/1 fuhr am 23.7.1942 von Hannover ab und war einen Tag später, am 24.7.1942 in Theresienstadt. Siehe hierzu die Internetseite: http://www.tenhumbergreinhard.de/05aaff9c310b0fe15/05aaff9c361172615/index.html (11.7.2011). Das Sterbedatum von Johanna Löwenthal, geborene Bendix ist im *Gedenkbuch – Opfer der Verfolgung der Juden unter der nationalsozialistischen Gewaltherrschaft in Deutschland 1933–1945.* Bundesarchiv (German National Archives) Koblenz 1986 sowie in der Datenbank von Yad Vashem dokumentiert. Dazu: http://www.yadvashem.org/wps/portal/!ut/p/.cmd/cl/.l/en?lang=en (11.7.2011). Als weitere Quelle nennt die Datenbank von Yad Vashem das Theresienstadter Gedenkbuch: *Terezinska Pametni Kniha/Theresienstaedter Gedenkbuch.* Bd. III. Prag 2000. Hier wird auch die Nummer von Johanna Löwenthal auf dem Transport genannt: 363. — **8** Vorstand des Vereins Arbeiterpresse (Hg.): *Handbuch des Vereins Arbeiterpresse.* Berlin 1927, S. 293. Nach freundlichem Hinweis von Hubert Woltering, Bibliothek der Friedrich-Ebert-Stiftung. — **9** Die entsprechende Auskunft des Stadtarchivs Düsseldorf, Norbert Perkuhn, dem hierfür zu danken ist, lautet: »Anne Löwenthal, *01.04.1898 in Lage, ledig, ist am 10.07.1925 von Charlottenburg, Näheres nicht verzeichnet, nach Düsseldorf, Stephanienstr. 34 zugezogen. 24.07.1925 Ummeldung zur Bastionstr. 19; 17.12.1928 Ummeldung zur Elisabethstr. 61; 29.04.1929 Ummeldung zur Wasserstr. 12, von dort am 30.06.1933 Abmeldung nach Hannover, Taubenfeld (nicht genau leserlich) 30. Auf der Meldekarte sind keine weiteren Angaben verzeichnet (Film Nr. 7–4–3–187.0000).« Auf der Meldekarte, die im Stadtarchiv Hannover verwahrt wird, findet sich die Eintragung »31.12.24 v. Düsseldorf«. — **10** Vorgängerin der Beilage war die Zeitung *Für die Frau Meisterin. Organ der Frauen im Deutschen Werkmeisterverband. Anzeigenblatt der Werkmeisterfrauenvereine/Deutscher Werkmeisterverband*, die für den Zeitraum 1.1903–12.1914 nachgewiesen ist. — **11** Eine biografische Notiz zu Hermann Buschmann findet sich in: Ludwig Heyde (Hg.): *Internationales Handwörterbuch des Gewerkschaftswesens*. Bd. 1 (1931), S. 291 f. Vgl. hierzu das Digitalisat der Bibliothek der Friedrich-Ebert-Stiftung unter der folgenden Adresse: http://library.fes.de/cgi-bin/ihg2pdf.pl?vol=1&f=306&l=307 (11.7.2011). — **12** *Frau Meisterin*, 13. Jg. (1926) Nr. 1, S. 1. — **13** Judith Grünfeld. In: *Frau Meisterin*, 13. Jg. (1926) Nr. 1, S. 2 f. — **14** Gertrud Hanna. In: *Frau Meisterin*, 13. Jg. (1926) Nr. 2, S. 1. — **15** Alice Salomon. In: *Frau Meisterin*, 13. Jg. (1926) Nr. 3, S. 1. — **16** Siehe hierzu die Beiträge von Margret Witt: »Die Frau auf der großen Weltausstellung«, »Jugendfürsorge auf der Gesolei«, »Die Gesundheitspflege auf der Gesolei« und »Die Berufsberatung auf der Gesolei«. In: *Frau Meisterin*, 13. Jg. (1926) Nr. 1, S. 6 f; Nr. 2, S. 3 f.; Nr. 3, S. 5 f. und Nr. 5, S. 6 f. — **17** Möglicherweise hatte ihre Schwester Charlotte Aenne Löwenthals Interesse für Architektur und Kunst geweckt. Diese studierte 1920 bis 1925 gemeinsam mit Alice Bönicke-Bloch an der Königlichen Kunstschule in Berlin. Diesen Hinweis verdanke ich Herrn Siegfried Jahn, Nuthetal. — **18** Nachdem von der Friedrich-Ebert-Stiftung mit Unterstützung der Hans-Böckler-Stiftung ein Pilotprojekt zur Sicherung zentraler gewerkschaftlicher Quellenbestände der freien Angestelltenbewegung begonnen wurde, werden sich die Voraussetzungen hierfür deutlich verbessern. Vgl. hierzu: Rüdiger Zimmermann (Hg.): *Das gedruckte Gedächtnis der Tertiarisierung*. Bonn 2010. Online als PDF-Dokument unter der folgenden Internetadresse verfügbar: http://library.fes.de/pdf-files/bibliothek/07659.pdf (11.7.2011). — **19** Die beiden Briefe, deren Text freundlicherweise Dr. Michael Matzigkeit, Leiter der Sammlungen im Theatermuseum der Landeshauptstadt Düsseldorf, übermittelte, werden ebenda unter den Chiffren SHD VII, 16672 und SHD VII, 17528 verwahrt. — **20** Zur Zerschlagung der Gewerkschaften im Frühjahr 1933 siehe: Detlev Brunner: »2. Mai 1933 – Der Sturm auf die Gewerkschaftshäuser und das Schicksal der Gewerkschaftsbibliotheken«. In: *Verbrannt, geraubt, gerettet! Bücherverbrennungen in Deutschland*. Eine Ausstellung der Bibliothek der Friedrich-Ebert-Stiftung anlässlich des 70. Jahrestages, Bonn 2003 (= Veröffentlichungen der Bibliothek der Friedrich-Ebert-Stiftung; 13), S. 23–29. Ebenda, S. 26 wird auch die Bibliothek des Deutschen Werkmeisterverbandes erwähnt, die 1929 stattliche 45.000 Bände zählte. — **21** Vgl. hierzu die Auskunft von Norbert Perkuhn (s. Anm. 9). Die Eltern Löwenthal wohnten seit dem 4.10.1930 in Hannover *Am Taubenfelde 30*. Vgl. hierzu die Meldekarten im Stadtarchiv Hannover sowie das Adressbuch von 1934 (s. Anm. 5 bzw. 6). — **22** *Adreßbuch 1934* (s. Anm. 6), S. 241. — **23** *Adreßbuch der Stadt Hannover 1941*, Hannover 1941, S. 333 und *Adreßbuch der Stadt Hannover 1936*, Hannover 1936, S. 248. — **24** Vgl. *Adreßbuch 1941* (s. Anm. 23), S. 20 und *Adreßbuch der Stadt Hannover 1942*, Hannover 1942, S. 20. — **25** Vgl. *Adreßbuch 1941* (s. Anm. 23), S. 66 und S. 274. Zu diesen und anderen »Judenhäusern« in Hannover siehe auch http://www.erinnernundzukunft.de/index.php?id=372 (11.7.2011). Eine ausführliche Darstellung zu diesem Thema findet sich bei Marlis Buchholz: *Die hannoverschen Judenhäuser. Zur Situation der Juden in der Zeit der Ghettoisierung und Verfolgung 1941 bis 1945*. Hildesheim 1987. — **26** Zu danken ist hier explizit Jürg Jucker vom Geheeb-Archiv der Ecole d'Humanité. Ohne dessen freundliche, geduldige Bereitschaft, relevantes Material zu ermitteln und in Kopie zur Verfügung zu stellen – so befinden sich Kopien der Briefe nunmehr in der Handschriftenabteilung der Gottfried Wilhelm Leibniz Bibliothek –, wäre die Arbeit zu Aenne Löwenthal so nie entstanden. — **27** Maschinenschriftlicher Brief von Aenne Löwenthal an Paul Geheeb vom 4.6.1934, Ecole d'Humanité, Geheeb-Archiv. — **28** Ein Eintrag in Wikipedia nennt für 1936 rund 60 Schüler, für 1939 25, für 1940 gar nur 7. Vgl. http://de.wikipe-dia.org/wiki/Paul_Geheeb (11.7.2011). — **29** Maschinenschriftlicher Brief von Aenne Löwenthal an Paul Geheeb vom 12.9.1934, Rs., Ecole d'Humanité, Geheeb-Archiv. — **30** Maschinenschriftlicher Brief von Aenne Löwenthal an Paul Geheeb vom 19.8.1934, ebd. — **31** Maschinenschriftliche Postkarte von Aenne Löwenthal an Paul Geheeb vom 4.9.1934, ebd. — **32** Maschinenschriftlicher Brief von Aenne Löwenthal an Paul Geheeb vom 12.9.1934 (s. Anm. 29), ebd. — **33** Ebd. — **34** Ebd. — **35** Maschinenschriftlicher Brief von Aenne Löwenthal an Paul Geheeb vom 21.9.1934, ebd. — **36** Maschinenschrift-licher Brief von Aenne Löwenthal an Paul Geheeb vom 19.8.1934 (s. Anm. 30), ebd. — **37** *Sie und Er.* Jg. 13 (1937) Nr. 23, S. 620 f. — **38** Maschinenschriftlicher Brief von Aenne Löwenthal an Paul Geheeb vom 16.4.1937, Ecole d'Humanité, Geheeb-Archiv. — **39** William Stern, geboren als Wilhelm Louis Stern, (* 29.4.1871 in Berlin; † 27.3.1938 in Durham, North Carolina), bedeutender deutscher Psychologe, Begründer der Differenziellen Psychologie und Erfinder des Intelligenzquotienten; Mitbegründer der Universität Hamburg, der Deutschen Gesellschaft für Psychologie und der Zeitschrift für angewandte Psychologie. Vgl. http://de.wikipedia.org/wiki/William_Stern (11.7.2011). — **40** Maschinenschriftlicher Brief von Aenne Löwenthal an Paul Geheeb vom 16.4.1937, (s. Anm. 38). — **41** Ebd. — **42** Handschriftlicher Brief von Aenne Löwenthal an Paul Geheeb vom 24.5.1937, Ecole d'Humanité, Geheeb-Archiv. — **43** Gina Lombroso-Ferrero (1872–1944), italienische Schriftstellerin, Tochter des Kriminologen Cesare Lombroso, seit 1901 verheiratet mit dem Althistoriker und Politikwissenschaftler Guglielmo Ferrero. — **44** Guglielmo Ferrero (1871–1942), italienischer Historiker, Soziologe, Journalist und Romanschriftsteller. Als 1925 liberale Intellektuelle gezwungen wurden, Italien zu verlassen, weigerte sich Ferrero und wurde unter Hausarrest gestellt. 1929 nahm er eine Professur in Genf an. (Vgl. http://de.wikipedia.org/wiki/Guglielmo_Ferrero [11.7.2011].). — **45** Handschriftlicher Brief von Aenne Löwenthal an Paul Geheeb vom 14.6.1937, Ecole d'Humanité, Geheeb-Archiv. — **46** Maschinenschriftlicher Brief von Aenne Löwenthal an Paul Geheeb vom 2.7.1937, ebd. — **47** Maschinenschriftlicher Brief von Aenne Löwenthal an Paul Geheeb vom 26.4.1938, ebd. — **48** Fatmeh Sayyah hatte einen Lehrstuhl für russische Sprache und vergleichende Literaturwissenschaft; vgl. insbesondere: http://tehranavenue.com/print.php?ln=en&id=401# (11.7.2011) sowie die Erwähnungen auf den folgenden Internetseiten: http://fis-iran.org/en/women/milestones/pre-revolution (11.7.2011); http://www.iranchamber.com/literature/articles/history_female_storywriters.php (11.7.2011) und http://www.nzz.ch/2003/11/15/li/article8WRZN.html (11.7.2011) und http://iml.jou.ufl.edu/projects/Fall06/Sanam/timeline.html. (11.7.2011). — **49** Maschinenschriftliche Postkarte von Aenne Löwenthal an Paul Geheeb vom 31.5.1938, Ecole d'Humanité, Geheeb-Archiv. Maria Ullfah Santoso (1911–1988) war 1946/47 Ministerin für Soziales. Sie erhielt als erste Frau Indonesiens ein Diplom der Universität in Leiden. Von 1968 bis 1973 war sie Mitglied des Parlaments in Indonesien. (vgl. http://www.guide2womenleaders.com/Indonesia.htm [11.7.2011].). — **50** *Schweizerisches Kaufmännisches Zentralblatt* 42. Jg. (1938) Nr. 40, S. 330. — **51** Die »Liste der aus dem Reichsverband ausgeschlossenen Voll- und Halbjuden« vermerkt für Aenne Löwenthal zudem den »Decknamen«: *Anne-Lore Tal.* Siehe hierzu: Bundesarchiv Koblenz, R 55/21300, Der Präsident der Reichsschrifttumskammer 7. September 1938 an den Reichsminister für Volksaufklärung und Propaganda, alphabetische Liste, S. 29. Und in ihrer Vermögenserklärung ist von fremder Hand mit Bleistift neben ihrem Namen notiert: »*genannt Hilde L.*« Vgl. Vermögenserklärung Aenne Löwenthal (s. Anm. 7). — **52** Handschriftlicher Brief von Aenne Löwenthal an Paul Geheeb vom 23.12.1938, Ecole d'Humanité, Geheeb-Archiv. — **53** Vgl. *Jüdisches Nachrichtenblatt*, 2. Jg. (1939) Nr. 94, S. 2. — **54** Handschriftlicher Brief von Aenne Löwenthal an Paul Geheeb vom 18.2.1940, Ecole d'Humanité, Geheeb-Archiv. Mit der ältesten Schwester war Elisabeth (Elise) Charlotte Löwenthal, verheiratete Freudenstein gemeint. — **55** Ebd. — **56** Handschriftliche Postkarte von Aenne Löwenthal an Paul Geheeb vom 7.4.1940. Das Sterbedatum von Max Löwenthal ist durch die bereits erwähnte Meldekarte im Stadtarchiv Hannover belegt

(s. Anm. 5). Er war schwer an Lungenkrebs erkrankt, schlief aber – wie Aenne Löwenthal Geheeb schrieb – ruhig ein. — **57** Handschriftlicher Brief von Aenne Löwenthal an Paul Geheeb vom 3.5.1940, Ecole d'Humanité, Geheeb-Archiv. — **58** Maschinenschriftlicher Brief von Aenne Löwenthal an Paul Geheeb vom 28.12.1940, ebd. — **59** Gemeint war Charlotte Löwenthal, verheiratete Rosenberg, die 1938 nach Palästina emigrieren konnte. — **60** Maschinenschriftlicher Brief von Aenne Löwenthal an Paul Geheeb vom 19.06.1941, Ecole d'Humanité, Geheeb-Archiv. — **61** Ebd. — **62** Handschriftliche Postkarte von Aenne Löwenthal an Paul Geheeb vom 29.10.1941, ebd. Der Letzte Umzug in die Strangriede 55 war mit Sicherheit der sogenannten »Aktion Lauterbacher« geschuldet. Unter Federführung des Gauleiters Südhannover-Braunschweig – seit 2.12.1940 hatte Hartmann Lauterbacher (1909–1988) diese Funktion inne – wurde in Hannover noch vor Verabschiedung der »Elften Verordnung zum Reichsbürgergesetz« mit der Einrichtung sogenannter »Judenhäuser« begonnen. Während die Elfte Verordnung auf den 25.11.1941 datiert, begann die »Aktion Lauterbacher« bereits am 3.9.1941. — **63** Handschriftlicher Brief von Alice Bönicke an Paul Geheeb vom 14.5.1942, Ecole d'Humanité, Geheeb-Archiv. Alice Bönicke, geb. Bloch, studierte gemeinsam mit Charlotte (Lotte) Rosenberg, geborene Löwenthal, an der Königlichen Kunstschule Berlin, wo sie ihren späteren Mann, Gerhard Bönicke kennenlernte. Die Innenarchitektin und Kunstgewerblerin gründete 1929 mit Gerhard Bönicke in Rehbrücke ein Architektur-Atelier. (Auch diese Informationen verdanke ich Siegfried Jahn, Nuthetal.) Während Gerhard Bönicke als »jüdisch Versippter« eine Sondergenehmigung: I K 518/4666 der Reichsschrifttumskammer erhielt, die ihm weiteren Broterwerb erlaubte, findet sich der Name seiner Frau Alice ebenso wie der von Lotte Rosenberg und Aenne Löwenthal unter den aus der Reichskulturkammer auszuschließenden bzw. nicht aufzunehmenden Juden (s. Anm. 51). — **64** Vgl. Vermögenserklärung Aenne Löwenthal (s. Anm. 7). — **65** Vgl. *Adreßbuch 1934* (s. Anm. 6), S. 66, *Adreßbuch 1941* (s. Anm. 23), S. 78 sowie *Adreßbuch 1942* (s. Anm. 24), S. 80. — **66** Vgl. hierzu den Beitrag zu Jacob und Selma Lindenbaum unter der folgenden Internetadresse: http://navigator.lebensraum-linden.de/inhaltsverzeichnis/details/poi-902000101–2-Familie_Jacob_und_Selma_%28Sura%29_Lindenbaum.html (11.7.2011). Wer Autor dieses und weiterer unter dieser Adresse veröffentlichter Beiträge zu jüdischen Bürgern in Hannover und deren Schicksal in der NS-Zeit ist, ließ sich bisher nicht ermitteln. — **67** NsHStA Hannover, Hann. 210 Acc 2004/23 Nr. 1046. — **68** Ebd., Schreiben des Oberfinanzpräsidenten vom 18.11.1942 an Hannoversches Fuhrwesen. — **69** Ebd., Schreiben von Obersteuerinspektor Bäcker an den Oberfinanzpräsidenten vom 7.12.1942. — **70** Möglicherweise steht noch ein weiterer, dritter Titel, der über das Finanzamt in die Bibliothek gelangte, im Zusammenhang mit Aenne Löwenthal. Es handelt sich dabei um: *Bericht des (2.) Internationalen Frauenkongresses (Zürich 21.-17.5.1919)*, Zürich 1919 (GWLB-Signatur Zs 804). Allerdings enthält dieser kein Exlibris von Aenne Löwenthal. Eine eindeutige Zuordnung ist damit unmöglich. — **71** Die Ergebnisse der Bremer Recherchen sind u. a. unter der Internet-Adresse: http://www.suub.uni-bremen.de/infos/ns-raubgut/(11.7.2011) dargestellt und recherchierbar. — **72** Siehe hierzu u. a.: Sparkassen-Kulturstiftung Hessen-Thüringen (Hg.): *Legalisierter Raub. Der Fiskus und die Ausplünderung der Juden in Hessen 1933-1945*, S. 60ff. sowie Christiane Kuller: »Die deutschen Finanzbehörden und die Bücher der Deportierten«. In: Regine Dehnel (Hg.): *NS-Raubgut in Bibliotheken. Suche. Ergebnisse. Perspektiven.* Frankfurt/M. 2008 (= Zeitschrift für Bibliothekswesen und Bibliographie, 94), S. 71-84. — **73** Buchholz: *Die hannoverschen Judenhäuser* (s. Anm. 25). — **74** Auf diese Besonderheit sei hier nochmals verwiesen. Sie ergab sich aus der besonders aktiven Rolle, die die Stadtverwaltung Hannover und der Gauleiter Hartmann Lauterbacher bei der Ghettoisierung und Ausplünderung der Juden in Hannover übernahmen (s. Anm. 62). — **75** *Niedersächsische Tageszeitung* 11. Jg. (1941) 8./19.10.1941, S. 10. — **76** *Niedersächsische Tageszeitung* 12. Jg. (1942) 26.04.1942, S. 7. — **77** So in den Unterlagen der Oberfinanzdirektion Nürnberg, zitiert nach Kuller: *Die deutschen Finanzbehörden* (s. Anm. 72), S. 73. — **78** Zu den Ausnahmen gehören Gustav Heimann, vgl. NsHStA Hannover, Hann 210 Acc 2004/025 Nr. 233 und Hermann Hirschfeld, vgl. NsHStA Hannover, Hann 210 Acc 2004/025 Nr. 1337, Hann 210 Acc 2004/024 Nr. 790 (freundlicher Hinweis von Dr. Vanessa Voigt, München). — **79** Diese Information stellte freundlicherweise Ragnhild Rabius, Hannover, zur Verfügung. — **80** *Niedersächsische Tageszeitung* 12. Jg. (1942) 25.11.1942, S. 6. — **81** *Niedersächsische Tageszeitung* 12. Jg. (1942) 2.12.1942, S. 6. — **82** So sind in der Friedrich-Ebert-Stiftung/Archiv der sozialen Demokratie »keine Unterlagen zum Deutschen Werkmeister-Verband, zur Deutschen Werkmeister-Zeitung bzw. zu Aenne Löwenthal auffindbar. Eine Recherche in der »Sammlung Personalia« blieb ebenfalls ohne Ergebnis.« Auskunft von Florian Skornitzke, Friedrich-Ebert-Stiftung, Archiv der sozialen Demokratie, Referat Organisationsbestände vom 7.1.2011. In den Beständen der Bibliothek des Bundesarchivs, Dienststelle Berlin-Lichterfelde befinden sich nach Auskunft von Dr. Marita Biess vom 10.3.2011 unter anderem Protokolle der Delegiertenversammlungen und Verbandstage von 1888 bis 1932 des Deutschen Werkmeisterverbandes. Eine Prüfung dieses Materials könnte vielleicht weiteren Aufschluss über die Arbeit Aenne Löwenthals und ihre Bedeutung für die *Frau Meisterin* liefern.

Anja Heuß

Die Sammlung von Moses Moritz Horkheimer

Über jüdische Kunstsammlungen in Stuttgart ist bisher fast nichts bekannt. Die jüdische Gemeinde in Stuttgart umfasste 1933 etwa 4.500 Bürger und war damit verhältnismäßig klein, jedoch zum Teil recht wohlhabend. Einer der wirtschaftlichen Schwerpunkte in Stuttgart und Umgebung war die Textilindustrie, an deren Aufschwung jüdische Textilunternehmer einen großen Anteil hatten.

Aus verschiedenen Gründen ist es schwierig, Kunstsammlungen jüdischer Bürger in Stuttgart überhaupt nachzuweisen. Einmal mehr ist es bedauerlich, dass die Akten der Staatsgalerie Stuttgart und des Landesmuseums Württemberg vor 1945 komplett verloren gegangen sind, in denen Korrespondenzen mit jüdischen und nichtjüdischen Sammlern sicherlich zu finden gewesen wären. Umso erstaunter war ich, als ich im Zuge meiner Provenienzrecherchen für diese beiden Museen herausfand, dass Moses Horkheimer, der Vater des Philosophen Max Horkheimer, eine größere Sammlung zeitgenössischer Kunst besessen hatte. Moses Horkheimer, der sich lieber Moritz Horkheimer nannte, war von Beruf Lumpenhändler – dies allerdings im großen Stil. Er baute Ende des 19. Jahrhunderts eine Firma auf, die Lumpen zu Kunstbaumwolle verarbeitete; die 1885 gegründete Firma erlebte alsbald einen kometenhaften Aufstieg. Seine Kunstbaumwollfabrik in Zuffenhausen bei Stuttgart, wo mehrere jüdische Textilfirmen ansässig waren, beschäftigte 80 bis 90 Mitarbeiter und produzierte jährlich 5.000 Tonnen Ware, die im In- und Ausland verkauft wurden. Um die Jahrhundertwende wurde Moses Moritz Horkheimer zum Millionär. 1921 wurde die Firma in eine Aktiengesellschaft umgewandelt und firmierte nun unter dem Namen »Kunstbaumwollwerke Zuffenhausen AG«.[1]

Moritz Horkheimer wurde am 15. August 1858 in Untergimpern geboren. Er erwarb 1892 die württembergische Staatsangehörigkeit. 1916 wurde ihm durch den König von Württemberg das Charlottenkreuz verliehen sowie das Ritterkreuz I. Klasse des Friedrichordens. Zur Verleihung des Ritterkreuzes sandte ihm das Museum vaterländischer Altertümer (heute: Landesmuseum Württemberg) ein Glückwunschschreiben. Im selben Jahr wurde er Mitglied des Ausschusses des Deutschen Museums in München und spendete diesem einmalig 50.000 Mark. Ein Jahr später gewährte er demselben Museum ein Darlehen von

20.000 Mark, das 1918 zurückgezahlt wurde.[2] Am 5. Januar 1917 erhielt er die Gemeinde-Bürgerrechts-Urkunde der Stadt Stuttgart; am selben Tag den Titel eines Kommerzienrates durch den König von Bayern. Vermutlich war diese Titelverleihung eine Folge seiner Spende an das Deutsche Museum in München. Da er württembergischer Staatsangehöriger war, musste er sich diesen Titel vom württembergischen König genehmigen lassen. Im selben Jahr feierte er silberne Hochzeit mit seiner Ehefrau Babette. 1918 wurde er Ehrenbürger der Stadt Zuffenhausen. Der jüdische Textilunternehmer Moritz Horkheimer war in der württembergischen Gesellschaft angekommen.

Dieser Status drückt sich auch in seinen Wohnverhältnissen aus. Im Nachlass von Max Horkheimer befindet sich ein Fotoalbum der Villa des Vaters.[3] Diese lag in der Innenstadt von Stuttgart, in der Azenburgstraße 35, und war vom Vater erbaut worden. Das Fotoalbum ist vollständig erhalten und gibt einen tiefen Einblick in die Wohnkultur der Familie Horkheimer. Es enthält Fotos der Vorder- und Rückansicht, Ansichten von Damen- und Herrenzimmer, Bad und Küche, Speisesaal, Musikzimmer sowie – ganz besonders bezeichnend für eine bürgerliche Villa – ein Bauernzimmer. Das Bauernzimmer war ausgestattet mit Spinnrad und Spinnrocken, Kamin, Lüsterweibchen, Hirschgeweihen etc. Im Damenzimmer befand sich eine größere Menge von Porzellan, das Babette Horkheimer leidenschaftlich sammelte.

Das Fotoalbum stellt aber auch die wichtigste Quelle zur Kunstsammlung der Horkheimers dar. Sofern Gemälde auf den Fotos erkennbar sind, hat jemand (vermutlich der Sohn) die Namen der Maler an den Rand geschrieben. So hing im Speisesaal ein großes Gemälde von Christian Speyer, darstellend zwei Männer auf Pferden, eines weiß, eines schwarz. Einer der Männer trägt eine Rüstung. Des Weiteren ein Bild von Christian Landenberger (1862–1927) mit dem Titel »Schwarz-Weiß« (Abb. 1). Im Werkverzeichnis des Malers Landenberger wird es »Rassen« genannt.[4] Es sollte die Gerichte in Stuttgart noch jahrelang beschäftigen. Im Musikzimmer befand sich ein weiteres Gemälde von Landenberger, darstellend ein Mädchen, sowie ein Gemälde von Otto Reiniger: Waldlandschaft.[5] Im Herrenzimmer erkennt man ein weiteres Gemälde von Landenberger: »Stehender weiblicher Akt im Atelier« von 1910 sowie ein »Fischermädchen«.[6]

Im Schlafzimmer dann ein Werk von Picasso, fast unkenntlich. Bei diesem Werk handelte es sich jedoch nicht um ein Gemälde, sondern um eine sehr frühe Pastellzeichnung. Ein Vergleich mit einem anderen Foto dieses Pastells im Nachlass Horkheimer zeigt ein Kindermädchen, das ein Kleinkind auf dem Arm hat, und zwei Knaben, die neben ihr stehen. Die weißlichen Flecken auf dem Foto gehen daher nicht etwa auf die

Abb. 1: Speisesaal der Horkheimer-Villa

schlechte Qualität des Fotos zurück, sondern darauf, dass es sich hier lediglich um eine Skizze handelte, die nur teilweise ausgeführt wurde.
Nur der stehende Junge in der Mitte des Pastells ist voll ausgearbeitet
worden.[7] Außerdem ist ein Mädchenporträt von Landenberger und ein
Gemälde von Franz von Stuck, »Frühling«, zu erkennen.

Im Zimmer des Sohnes Max sieht man expressionistische Grafiken
und ein gerahmtes Plakat des »Sturm«[8] (Abb. 2). Dieses Plakat hatte Oskar Kokoschka 1911 als Ankündigung für eine neue Nummer der Zeitschrift entworfen. Es ist ein Selbstbildnis, bei dem er in Anlehnung an
die christliche Ikonografie auf eine blutende Wunde auf seiner Brust
deutet. Quer über der Brust und oberhalb der Wunde steht die Ankündigung »Neue Nummer«; auf seiner Hand rechts unten die Signatur
OK. Da das Fotoalbum frühestens 1913 entstanden sein kann, sind im
Laufe der Jahre sicherlich noch weitere Kunstwerke hinzugekommen.[9]
In verschiedenen Korrespondenzen Max Horkheimers werden auch
Werke von Josef Kerschensteiner[10], Hermann Pleuer und Carlos Grethe
erwähnt, die im Fotoalbum allerdings (noch) nicht zu entdecken sind.

Max Horkheimer hat schon in dieser frühen Phase nach eigenen Aussagen Kunstwerke gekauft und in bescheidenem Umfang gesammelt. So
berichtete er nach dem Ende des Zweiten Weltkriegs, dass sein Vater den

Abb. 2: Max Horkheimers Jugendzimmer

Picasso eigentlich nur ihm zuliebe erworben hatte. In einem Brief an Dieter Koepplin in Basel, zu der Zeit Assistent im Kupferstichkabinett in Basel, beschrieb er die Sammlung württembergischer Maler und fügte hinzu: »Daß eine moderne Abteilung hinzugefügt wurde, hing nicht zuletzt damit zusammen, dass ich als einziges Kind seit etwa 1910 mich leidenschaftlich für bildende Kunst und Literatur interessierte und meine Eltern meine Neigungen gerne unterstützten. So wurde unter anderem auch die schöne blasse Pastellzeichnung aus der frühen Periode von Picasso gekauft, die, wie die meisten anderen Bilder meines Vaters, unter dem Nationalsozialismus abhandengekommen und völlig verschwunden ist.«[11]

Die Beschreibung des Sohnes, wie die moderne Abteilung in die Sammlung seines Vaters kam, passt in das Bild des Kunstsammlers Moritz Horkheimer, das sich im Fotoalbum widerspiegelt: Moritz Horkheimer interessierte sich vor allem für die schwäbischen Maler um 1900 wie Christian Landenberger, Otto Reiniger, Christian Speyer und Robert von Haug.[12] Es handelte sich hier um Maler, die in Stuttgart und Umgebung sehr bekannt und beliebt waren. Ihre Werke waren auch von der Staatsgalerie Stuttgart und dem Städtischen Museum erworben worden.[13] Die genannten schwäbischen Maler waren allesamt Mitglieder der Stuttgarter Akademie der Künste. Man muss dazu erwähnen, dass die französischen Impressionisten, die sich in Berlin und Hamburg großer Beliebtheit beim Kunst sammelnden Bürgertum erfreuten, in Stuttgart weder von Kunstsammlern noch von öffentlichen Museen erworben wurden. Der Vater Horkheimer kaufte somit nicht Avantgarde – wie zahlreiche jüdische Sammler in Berlin – sondern arrivierte akademische Stuttgarter Künstler. Er folgte damit dem »mainstream« in Stuttgart.

Dagegen interessierte sich der Sohn Max Horkheimer früh für Werke der Moderne. Nach dem Krieg berichtete er, dass er Werke von Klee und Chagall zusammen mit seinem Freund Friedrich Pollock vor und nach dem Ersten Weltkrieg erworben habe.[14] Friedrich Pollock (1894–1970), geboren in Freiburg als Sohn eines Fabrikanten, lernte Max Horkheimer 1911 kennen; mit ihm verband ihn eine lebenslange Freundschaft.[15] Zu dieser Zeit war Max Horkheimer, der nach der Mittleren Reife die Schule verlassen hatte, als Lehrling in der Fabrik seines Vaters beschäftigt und wurde auf seine spätere Rolle als Unternehmer vorbereitet. Zusammen besaßen die Freunde nach Aussage Horkheimers das Aquarell »Der Blaue Reiter« von Franz Marc, verkauften es aber bereits in den 1920er Jahren. Gerade der Maler Pablo Picasso beschäftigte Horkheimers Denken ein Leben lang; in Schriften und Interviews führte er Picasso als leuchtendes Beispiel eines wahren, sich ständig weiterentwickelnden Künstlers an.

Als Adolf Hitler 1933 an die Macht kam, war Max Horkheimer sowohl als Jude als auch als Direktor des »Instituts für Sozialforschung« in Frankfurt stark gefährdet. Bereits 1930 hatte er das Vermögen des Instituts ins Ausland verlagert, da es bereits zu diesem frühen Zeitpunkt angegriffen worden war. Er selbst emigrierte 1933 zusammen mit seinem Freund Pollock über Genf in die USA, wo sie an der Columbia University in New York ihre wissenschaftliche Arbeit fortsetzen konnten. Sein Vater dagegen, der zu diesem Zeitpunkt bereits 75 Jahre alt war, blieb zusammen mit seiner Frau in Stuttgart.

Moritz Horkheimer versuchte, seinem Sohn Kunstwerke in die USA nachzuschicken. Möglicherweise tat er dies nicht nur, um sie vor dem Zugriff der Nationalsozialisten zu retten, sondern vielleicht auch, weil er sie eher als Kunstwerke seines Sohnes betrachtete. Im Oktober 1936 schickte er eine Kiste mit einem Ölgemälde und zwei Zeichnungen an seinen Sohn in New York. Der Versicherungswert lag bei 1.200 RM, die Titel der Kunstwerke sind leider nicht genannt.[16] Die Korrespondenz Max Horkheimers mit seinen Eltern belegt, dass diese Sendung tatsächlich angekommen ist. Max Horkheimer bedankte sich in einem Schreiben vom 4. Dezember 1936 für die Sendung von zwei Werken von Spitzweg, einem Werk von Kubin sowie einer Studie von Modersohn.[17] Eine »Declaration in Connection with Painting etc., and Sculpture«, auf der handschriftlich mit Bleistift die Versendung von mehreren Kunstwerken in die USA beantragt wurde, führt eine Zeichnung von Alfred Kubin, ein Gemälde von Paula Modersohn-Becker, darstellend eine alte Frau, zertifiziert von ihrem Bruder, sowie zwei signierte Zeichnungen von Spitzweg mit den Titel »Soldat« und »Alte Frau« an.[18]

1935 mussten die Horkheimers ihr Haus in der Azenbergstraße 35 unter Wert verkaufen. Sie verkauften es für 55.000 RM an die Ehefrau eines Stuttgarter Fabrikanten, die es 1938 wiederum für 85.000 RM an das Württembergische Staatsrentamt weiterverkaufte.[19] Laut Aussage seines Finanzberaters Joseph Amend trennte sich Horkheimer bei seinem Auszug aus der Villa von etwa 40 bis 50 Bildern und zog in eine kleinere Wohnung in der Reinsburgstraße 30/II. Seine am meisten geschätzten Gemälde nahm er jedoch bei der Auflösung in seine kleinere Wohnung mit.[20]

Drei Jahre später wurde ihm die Firma Kunstbaumwollwerke A.G. in Zuffenhausen entzogen.[21] Die Firma befand sich jedoch schon seit 1931 in Liquidation, da das Werk stillgelegt worden war und die Tochtergesellschaften hohe Verluste gemacht hatten. Seit 1922 waren keine Dividenden mehr ausgezahlt worden. Die Immobilienwerte machten seit dem Niedergang der Firma den Hauptanteil der Aktiva aus.[22] In dieser Zeit musste er noch erhebliche Mengen an Silber an die Städtische Pfandleihe in Stuttgart abgeben. Insgesamt lieferte er im Laufe des Jahres 1939 7,4 Kilo Silber dort ein, für die er nur den Materialwert überwiesen bekam, über den er überdies nicht frei verfügen konnte, da es seit dem 15. September 1938 eine Sicherheitsanordnung gab, mit der sein gesamtes Vermögen von den Nationalsozialisten gesperrt worden war.[23]

Im gleichen Jahr 1939 entschloss sich das Ehepaar Horkheimer, mittlerweile über 80 Jahre alt, zur Emigration in die Schweiz. Versuche ihres Sohnes, sie in die USA einzuladen, waren gescheitert.[24] Zuvor versuchten sie, in Stuttgart einen Teil ihrer Sammlung zu verkaufen. Tatsächlich war das Ehepaar Horkheimer aus verschiedenen, nicht nur ökonomischen Gründen, gezwungen zu verkaufen. So hatte sich die örtliche Reichskammer der bildenden Künste eingeschaltet und die Ausfuhr seiner Sammlung offensichtlich überprüft. Im Nachlass Horkheimer befindet sich ein diesbezügliches Schreiben von Richard Bronnold, Geschäftsführer der Reichskammer der bildenden Künste, an den Oberfinanzpräsidenten, vom 1. Juni 1939: »Bei Nachprüfung der Kunstgegenstände habe ich verschiedene Gemälde festgestellt, die für Württemberg speziell, von kulturhistorischem Interesse sind. Herr Horkheimer hat die Gemälde, die für eine Mitnahme ins Ausland nicht in Betracht kamen, inzwischen an verschiedene Stuttgarter Händler verkauft. Gegen

Mitnahme der noch im Besitz von Herrn Horkheimer befindlichen Kunstgegenstände habe ich keine Bedenken.«[25]

Nach Aussage des Stuttgarter Kunsthändlers Otto Greiner erwarb auch Bronnold selbst bei Horkheimer Gemälde und Teppiche. Richard Bronnold hatte 1919 zusammen mit seinem Bruder Dr. Willy Bronnold eine Kunsthandlung für Gemälde und antike Teppiche eröffnet. Durch seine Funktion als Sachverständiger der Reichskulturkammer in Stuttgart war es ihm möglich, günstige Kaufgelegenheiten frühzeitig zu erkennen und zuzugreifen.[26]

Im April 1939 verkaufte Horkheimer mehrere Bilder in Stuttgart, um die Reichsfluchtsteuer bezahlen zu können.[27] Am 3. Juli 1939 reiste Moritz Horkheimer zusammen mit seiner Frau Babette, geb. Lauchheimer, mit dem Zug nach Bern aus. Mit ihnen reiste der Freund Joseph Amend, der sie bis an die Grenze begleitete, und dem Sohn Max einen Bericht ablieferte. Demnach konnte das Ehepaar fast nichts mitnehmen, weil der Haushalt in einer Spedition eingelagert war. Trotzdem wurden sie an der Grenze peinlichst genau untersucht. An Wertsachen hatte Moritz Horkheimer neben seinem Ausweis lediglich die Ehrenbürgerurkunde aus Zuffenhausen bei sich, die ihm sehr viel bedeutete. Die Zollbeamten schikanierten das Ehepaar und taten die Ehrenbürgerurkunde mit einem verächtlichen »Nicht von uns!« ab. Joseph Amend wurde nach seiner Rückkehr nach Stuttgart von der Gestapo verhört. Man machte ihm dort Vorhaltungen, warum er sich für »Juden« eingesetzt habe. Diese Situation war für ihn besonders gefährlich, weil er mit einer Jüdin verheiratet war.

Die Wohnungseinrichtung hatte Horkheimer bei der Firma Albert Weber eingelagert. Das Depot wurde 1942 von der Gestapo Stuttgart beschlagnahmt und verbrannte 1944 bei einem Fliegerangriff.[28] Ob sich zu diesem Zeitpunkt die Bildersammlung Horkheimer noch in diesem Depot befand, konnte bisher nicht geklärt werden. In Bern blieben dem Ehepaar nur noch wenige gemeinsame Jahre. Sie lebten dort in einer Pension; Nachbarn und Bekannte schauten regelmäßig vorbei und kümmerten sich um die alten Leute, die bereits etwas »wunderlich« geworden waren. Ein Foto aus dieser Zeit zeigt die Mutter Babette sitzend neben einem Tischchen; auf dem Tischchen steht das Foto ihres Mannes, angelehnt an die gebundene Ehrenbürgerurkunde von Zuffenhausen. Das Foto wurde 1942 in Bern aufgenommen und zeigt die Bedeutung, die das Ehepaar Horkheimer den früheren Ehrungen in Stuttgart beimaß.[29]

Nach dem Ende des Zweiten Weltkrieges berichteten mehrere Personen dem Sohn Max, wie ihr Lebensabend verlaufen war. Dies war ihrem Sohn offensichtlich sehr wichtig, der sich Sorgen um seine Eltern machte und ihnen aus dem Exil nicht helfen konnte. Max Horkheimer sah seine Eltern nach seiner eigenen Emigration in die USA nicht wieder. Sein Vater starb am 20. Januar 1945 in Bern, seine Frau starb ein Jahr

Abb. 3: Erinnerungsblatt zum Tode Moritz Horkheimers 1945

später, am 1. März 1946 (Abb. 3 + 4). Der Nachlass ging nach ihrem Tod an den Sohn Max, der ihre privaten Papiere sowie die Korrespondenzen mit Joseph Amend und anderen Bekannten aufhob. Darunter befindet

Abb. 4: Erinnerungsblatt zum Tode Babette Horkheimers 1946

sich auch eine Liste des Nachlasses. Demnach erhielt Max Horkheimer nach der Testamentseröffnung in der Schweiz auch mehrere Kunstwerke zurück. Es handelte sich dabei um vier Gemälde unter Glas von Faure sowie drei große Ölgemälde, drei Rötelzeichnungen und drei Zeichnungen, die leider nicht näher bezeichnet sind. Die Unterlagen der Eltern befinden sich heute im Nachlass von Max Horkheimer.[30]

Nach seiner eigenen Rückkehr bemühte sich Horkheimer, das Andenken an seine Eltern in Stuttgart wach zu halten. Die Zeichen standen eigentlich günstig, als 1960 die Stadt Stuttgart eine Studie über das Schicksal der Stuttgarter Juden in Auftrag gab. Die Archivarin Maria Zelzer bekam den Auftrag, diese Studie zu schreiben und nahm dazu Kontakt mit zahlreichen ehemaligen jüdischen Mitbürgern auf.[31] Auch Max Horkheimer wurde angeschrieben und antwortete dem damaligen Bürgermeister der Stadt Stuttgart, Tischendorf, ausführlich in einem Schreiben am 25. September 1960. Die Sammlung seines Vaters wurde zunehmend »erhöht«, das heißt er beschrieb sie als »eine sehr schöne Kunstsammlung, zu der neben frühen Gemälden von Picasso und anderen großen Franzosen wichtigste Stücke der Württembergischen Malerschule gehörten, mit der mein Vater durch viele Freundschaften verbunden war.« Bemerkenswert ist auch der Satz, er – Max Horkheimer – hätte nie nach Deutschland zurückkehren können, wenn seinen Eltern »Harm« geschehen wäre und schränkt gleich ein, dass er damit Schaden an Leib und Leben meine. Zugleich wies er darauf hin, dass seine Eltern ihre Kunstsammlung verloren hätten, dass sie aber wohl noch irgendwo vorhanden sei: »Ich weiß, dass die Kunstgegenstände nicht etwa durch die Bombenangriffe zerstört wurden, sondern noch vorhanden sind. Aus Pietät gegen meine Eltern sowie aus dem Wunsch, wenigstens einen Teil meines Erbes zu retten, ferner auch, weil die Gemälde den Menschen wieder zugänglich gemacht werden sollten, habe ich Nachforschungen angestellt; sie scheinen jedoch so wohl verborgen zu sein, dass alle Anstrengungen vergeblich sind.«[32]

Einer der Gründe, warum er dies glaubte, war der Fall des Gemäldes »Schwarz-Weiß« oder »Rassen« von Christian Landenberger. Dieses Bild tauchte nach dem Ende des Zweiten Weltkrieges in Stuttgart wieder auf. Der Vater Horkheimer hatte das Gemälde, das einen geschätzten Wert von 6.500 RM hatte, 1939 für 250 RM an den Stuttgarter Kunsthändler Otto Greiner verkauft, der die Sammlung von früheren Besuchen gut kannte. Otto Greiner stellte es wenige Tage später für 2.000 RM in sein Schaufenster, wo Joseph Amend, der Duzfreund von Max, es sah und wiedererkannte. Nach wenigen Tagen verschwand das Bild aus dem Schaufenster. Der Kunstmaler Alfred Sorge hatte Otto Greiner auf den »pikanten Inhalt« des Bildes aufmerksam gemacht. In Zeiten des

Rassismus war es nicht opportun, ein Gemälde mit dem Akt einer weißen Frau und eines schwarzen Mannes, auf einem Bett sitzend, öffentlich zu zeigen. Alfred Sorge bot Otto Greiner an, das Gemälde privat zu vermitteln. Greiner willigte ein, und Sorge vermittelte das Gemälde im August 1939 an Carola N. in Bad Cannstatt für 900 RM. Daraufhin überwies Greiner für das Gemälde und kleinere Kunstgegenstände insgesamt 1.100 RM auf ein Sperrkonto Horkheimers bei der Commerzbank Stuttgart.[33] Natürlich hatte Horkheimer 1939 keinen Zugriff mehr auf dieses Konto.

Nach Ende des Zweiten Weltkriegs stellte Joseph Amend Ermittlungen nach der Kunstsammlung der Familie Horkheimer an. Es gelang ihm bzw. der Wiedergutmachungsbehörde, Otto Greiner zu einer eindeutigen Aussage zu bewegen. Zu einer Restitution kam es jedoch nicht. Der Anwalt von Carola N. argumentierte, dass der Preis für dieses Gemälde angemessen gewesen sei, da es in der Nazizeit wegen des Motivs überhaupt nicht verkäuflich gewesen sei. Außerdem sei Carola N. französische Staatsbürgerin; die Gesetzgebung zur Wiedergutmachung sei damit nicht auf sie anwendbar. Max Horkheimer zog schließlich seinen Antrag auf Restitution 1949 zurück.

Horkheimer versuchte weiterhin, in Stuttgart Spuren der Kunstsammlung seines Vaters zu finden. Dabei wurde er durch den Duzfreund Joseph Amend bestärkt, der seinen Eltern bei der Emigration geholfen hatte und über die damaligen Vorgänge gut unterrichtet war. Amend äußerte immer wieder den Verdacht, dass die Kunstsammlung 1944 nicht im Lager der Spedition verbrannt sei, sondern zuvor aus dem Horkheimer-Depot herausgenommen worden sei. Angeblich hatten verschiedene Personen in den Privaträumen des Spediteurs Horkheimers Kunstwerke gesehen. Möglicherweise wurde die Sammlung auch von der Gestapo öffentlich in Stuttgart versteigert; solche Versteigerungen hatte es in den 1940er Jahren gegeben. Der Stuttgarter Kunsthändler Otto Greiner, der zugleich Fachreferent für die Reichskammer der bildenden Künste war, hatte 1942 im Auftrag der Gestapo eine »Judenauktion« veranstaltet. Auch im »Oberen Museum« sowie im Alten Schloss in Stuttgart soll es »Judenauktionen« gegeben haben.

Max Horkheimer, der seine Restitutionsforderungen zunächst aus den USA betrieb, kehrte 1949 wieder nach Frankfurt zurück, wo er das »Institut für Sozialforschung« neu aufbaute. Noch nach seiner Emeritierung 1959 betrieb er Nachforschungen, bis er schließlich 1966 aus Montagnola, seinem Alterssitz in der Schweiz, frustriert an das Amtsgericht Stuttgart schrieb: »Wie ich früher schon ausführte, bin ich auf Wunsch der Frankfurter Universität gegen Ende der vierziger Jahre nach Deutschland gekommen, um am Wiederaufbau mitzuwirken. Für ernsthafte Bemühungen um Rückerstattung blieb mir keine Zeit. Nachdem ich mich nun zurückgezogen hatte, wollte ich wenigstens etwas von der Gemäldesammlung meines Vaters, die auch eine überaus wertvolle internationale moderne Abteilung besaß, wieder auffinden, oder eine wenigstens bescheiden angemessene Entschädigung erhalten. Wenngleich die Ausführungen der Oberfinanzdirektion meiner Überzeugung nach das Entscheidende übergehen, so vermag ich jedoch auf weitere große Schriftsätze mich nicht einzulassen. Ich bin durch den Nationalsozialismus des Erbes meines Vaters beraubt und so muss es wohl bleiben.«[34]

Mit diesen Worten zog Horkheimer seinen Antrag auf Entschädigung in Stuttgart zurück. Es gelang ihm nicht, ein einziges Kunstwerk aus Stuttgart wiederzuerlangen. Jedoch hatte er auf anderen Wegen, die nicht ganz geklärt sind, Kunstwerke aus der Sammlung seines Vaters erhalten. Möglicherweise war es dem Vater gelungen, weitere Kunstwerke in den 1930er Jahren in die USA zu schicken. In jedem Fall belegt eine Korrespondenz des Sohnes Max Horkheimer mit dem Schweizer Auktionshaus Kornfeld & Klipstein, dass er eine größere Anzahl von Kunstwerken dort einlieferte. Nach seinen Aussagen handelte es sich um Werke seines Vaters, die in der 112. Auktion der Galerie Kornfeld & Klipstein vom 27. bis 29. Mai 1964 in Bern versteigert wurden. Horkheimer bat, die Sammlung seines Vaters zu kennzeichnen. Dies geschah jedoch nicht.[35] Gemäß der Korrespondenz lieferte Max Horkheimer Werke von Nolde, Braque, Modersohn, Klee, Chagall, Picasso und anderen ein, die jedoch nicht eindeutig identifizierbar sind. Auch handelte es sich wohl eher um die Sammlung des Sohnes, sodass hier zu vermuten ist, dass Max Horkheimer seinem Vater posthum ein Denkmal als bedeutender Sammler in Stuttgart setzen wollte.

Nach der Auktion in Bern suchte Max Horkheimer aktiv nach dem Pastell von Picasso, das ihm persönlich am Herzen lag. Er nutzte seinen Kontakt zur Galerie Kornfeld & Klipstein und bat sie um Hilfe bei der Suche nach dem Picasso. Auf Vorschlag Kornfelds ließ er eine Suchanzeige in der Münchner Ausgabe der »Weltkunst« vom 1. Februar 1966 veröffentlichen. Unter dem Foto stand der Hinweis: »Diese Zeichnung ist in den Nachkriegswirren aus einem Lagerhaus in der Nähe Stuttgart abhanden gekommen und dürfte aller Wahrscheinlichkeit nach veruntreut sein. Der rechtmäßige Besitzer ersucht um Mitteilung an Kornfeld und Klipstein, Bern (Schweiz).«[36]

Ob diese Veröffentlichung ein Echo fand, geht aus dem Nachlass nicht hervor. Tatsächlich erschien im selben Jahr ein Werkverzeichnis zu Picasso, der die Jahre 1900 bis 1906 behandelte und unter der Nummer V. 75 eine »Scène du parc« aufführte. Ein Vergleich mit dem Foto aus dem Nachlass Horkheimer belegt, dass es sich um die Szene mit dem Kindermädchen handelte, die auf 1901 datiert wurde. Nach Aussage dieses Werkverzeichnisses befand sich das Pastell zwischenzeitlich in der Galerie Thannhauser in München und wurde dann 1963 bei Parke-Bernet in New York versteigert. Die Parke-Bernet Galleries versteigerten den Picasso am 27. März 1963 unter der Losnummer 60; Einlieferer war ein Privatsammler aus New York. Der Picasso wurde laut Werkverzeichnis von einem Mr. W. C. Kennedy erworben und befand sich 1964 weiterhin in einer Privatsammlung in den USA.[37] Eine Nachfrage im Zentralarchiv des Deutschen und Internationalen Kunsthandels in Köln (im folgenden: ZADIK) ergab weitere Informationen. Demnach hatte Horkheimer am 15. September 1928 das Pastell von Picasso bei der Galerie Thannhauser in München gekauft. Die Filiale der »Modernen Galerie« von Heinrich Thannhauser in München wurde im selben Jahr wieder geschlossen; sein Sohn Justin Thannhauser leitete die Thannhauser Galerie in Berlin und setzte sich insbesondere für das Werk von Picasso ein. 1937 musste Justin Thannhauser wegen seiner jüdischen Herkunft nach Paris emigrieren, wo er erneut als Kunsthändler bis 1940 tätig war.[38] Die Picasso-Zeichnung wurde laut ZADIK am 25. März 1937 über Luxemburg an Justin Thannhauser in Paris geschickt. Ob Horkheimer der Auftraggeber dieses Transfers war, ist nicht belegt, jedoch wahrscheinlich.[39] In jedem Fall kann die Aussage, dass die Zeichnung in den Nachkriegswirren aus einem Lagerhaus bei Stuttgart abhanden kam, nach heutigem Kenntnisstand nicht stimmen.

Gleichwohl bleibt die Frage offen, ob Teile der Kunstsammlung von Moritz Horkheimer in der Spedition Albert Weber 1944 verbrannten, oder ob sie bereits 1942 von der Gestapo beschlagnahmt und auf einer Auktion veräußert worden waren. Da es keine entsprechenden Unterlagen oder Auktionskataloge der Gestapo gibt, wird es schwierig werden, diese Frage zu klären. Vielleicht wird es aber eines Tages möglich sein, durch die Erforschung der Provenienz der einzelnen bereits bekannten Werke der Sammlung Horkheimer weitere Hinweise auf das Schicksal dieser Sammlung zu erhalten.

---

1 Vgl. dazu Jacob Toury: *Jüdische Textilunternehmer in Baden-Württemberg 1683–1938.* Tübingen 1984 (= Schriftenreihe Wissenschaftlicher Abhandlungen des Leo Baeck Instituts, Bd. 42), hier S. 199–200. Die Angabe, Moses Moritz Horkheimer habe bereits 1868 ein Lumpengeschäft geführt, kann nicht stimmen, da er zu diesem Zeitpunkt erst 10 Jahre alt war. Auch hatte er keinen Sohn namens Richard. — 2 Auskunft von Dr. Wilhelm Füßl, Leitung Archiv, Deutsches Museum Archiv, vom 19.8.2010. Demnach blieb Moritz Horkheimer Mitglied im Ausschuss des Deutschen Museums bis zum 7.5.1934. — 3 Archivzen-

trum der Universitätsbibliothek Frankfurt, Nachlass Horkheimer (Na 1), Signatur XXII 1: Fotoalbum der Villa Horkheimer in der Azenburgstrasse. — **4** Heinz Höfchen: *Christian Landenberger (1862 bis 1927). Studien zum Werk. Werkverzeichnisse der Gemälde und der Druckgraphik.* Inauguraldissertation. Mainz 1982. Von diesem Werk gibt es zwei Fassungen: Rassen I (1913,8) sowie Rassen II (1914, 3). Der Aufenthalt von Rassen I ist unbekannt, das Gemälde »Rassen II« wurde 1938 von der Galerie der Stadt Stuttgart von Karl Roth, Stuttgart, erworben. Landenberger war seit 1905 Professor für technisches Zeichnen an der Akademie der Bildenden Künste in Stuttgart. — **5** Otto Reiniger (1863–1909), Landschaftsmaler. — **6** Heinz Höfchen: *Christian Landenberger.* Hg. v. Alfred Hagenlocher. Stuttgart 1986. Auch von diesem Gemälde gibt es zwei Varianten (1910,4 und 1910,5), sodass das Werk nicht eindeutig identifizierbar ist. — **7** Pierre Daix, Georges Boudaille und Joan Rosselet: *Picasso 1900–1916. Catalogue raisonnè de l'œuvre peint. 1900–1906.* Neuchatel/CH 1966. Hier: V. 75: Scène de Park, Paris 1901. Pastell. Höhe 47,7 × 65,5 cm. Signiert rechts unten: Picasso. 1966 in einer amerikanischen Privatsammlung. — **8** *Der Sturm*, Neue Nummer, OK. — **9** Die ungefähre Datierung ergibt sich aus der Identifizierung des Gemäldes von Christian Landenberger, das 1913 oder 1914 entstanden ist (s. Anm. 4). — **10** Erwähnt wird ausdrücklich »Die Fischerin« von Josef Kerschensteiner. Da Kerschensteiner ein Tiermaler war, liegt hier jedoch möglicherweise eine Verwechslung vor. Vgl. Staatsarchiv Ludwigsburg, FL 300/33 I Bü 788. — **11** Vgl. Max Horkheimer: *Gesammelte Schriften XVIII: Briefwechsel 1949–1973.* Frankfurt/M. 1996, Brief vom 10.5.1966. Darin bekundet er seine Freude darüber, dass das Kupferstichkabinett eine Pinselzeichnung von Picasso aus der Sammlung Horkheimer erworben habe. Es scheint sich dabei um eine andere Zeichnung gehandelt zu haben. — **12** Robert von Haug (1857–1922), Maler und Radierer, seit 1894 Professor an der Akademie der Künste in Stuttgart. — **13** Ein größerer Teil der Werke schwäbischer Malerei um 1900 in der Staatsgalerie Stuttgart ist im Zweiten Weltkrieg kriegsbedingt zerstört worden. — **14** Vgl. Horkheimer: *Gesammelte Schriften XVIII* (s. Anm. 11), Brief vom 10.5.1966. — **15** Friedrich Pollock (1894–1970) war an der Gründung des Institutes für Sozialforschung in Frankfurt 1924 beteiligt, dessen Direktor Max Horkheimer bis zur Emigration 1933 war. Sein Nachlass befindet sich ebenfalls im Archivzentrum der Universitätsbibliothek Frankfurt. — **16** Staatsarchiv Ludwigsburg, EL 350 I 59017. — **17** Korrespondenzen mit den Eltern sind im Nachlass nachgewiesen für die Zeit von 1928 bis 1936 sowie für die Zeit 1942 bis 1944. Vgl. Archivzentrum der Universitätsbibliothek Frankfurt, Nachlass Horkheimer (Na 1), Signatur XVIII, 3a, hier P. 367 ff.: Dankschreiben von Max Horkheimer an seine Eltern. Die Sendung war in Hamburg verschickt worden und bereits am 14.11.1936 in den USA angekommen. — **18** Archivzentrum der Universitätsbibliothek Frankfurt, Nachlass Horkheimer (Na 1), Signatur II 1, S. 185, 247, 265. — **19** Staatsarchiv Ludwigsburg, FL 300/33 I Bü 13020. — **20** Archivzentrum der Universitätsbibliothek Frankfurt, Nachlass Horkheimer (Na 1), Signatur XX 5, Brief von Joseph Amend, 23.4.1949 an Max Horkheimer. — **21** Staatsarchiv Ludwigsburg, FL 300/33 I Bü 14307. — **22** Vgl. *Handbuch der deutschen Aktiengesellschaften.* Berlin 1929 und 1932. — **23** Archivzentrum der Universitätsbibliothek Frankfurt, Nachlass Horkheimer (Na 1), XX 5. — **24** Ebd., Signatur XVIII, Korrespondenz 1936. — **25** Ebd., Signatur XX 5. — **26** Vgl. auch Staatsarchiv Ludwigsburg, EL 902/17, Bü 1181: Spruchkammerakte 34 – Nürtingen: Richard Bronnold, *30.10.1899 in Feuerbach, wohnhaft von 1932–1943 in Stuttgart, seit 1943 wohnhaft in Balzholz, Kreis Nürtingen. Mitglied der NSDAP seit November 1932 sowie der SA von Juni 1933–1937. In der Reichskammer der bildenden Künste von 1935–1941. Ehrenamtlicher Sachverständiger der Reichskammer der bildenden Künste von 1939–1941. — **27** Archivzentrum der Universitätsbibliothek Frankfurt, Nachlass Horkheimer (Na 1), Signatur V 7, S. 29 ff. — **28** Staatsarchiv Ludwigsburg, FL 300/33 I Bü 788. — **29** Archivzentrum der Universitätsbibliothek Frankfurt, Nachlass Horkheimer (Na 1), Signatur XXII 3: Fotos der Eltern. — **30** Ebd., Signatur XX 43: Besitzliste. — **31** Maria Zelzer: *Weg und Schicksal der Stuttgarter Juden. Ein Gedenkbuch.* Hg. von der Stadt Stuttgart. Stuttgart 1964. — **32** Horkheimer: *Gesammelte Schriften XVIII* (s. Anm. 11), Brief

Nr. 1009, 25.9.1960. — **33** Archivzentrum der Universitätsbibliothek Frankfurt, Nachlass Horkheimer (Na 1), Signatur XX 32. Demnach hatte Otto Greiner noch ein weiteres Gemälde von Landenberger »Mädchen in der Kirche« bei dieser Gelegenheit erworben. Vgl. auch Staatsarchiv Ludwigsburg, FL 300/33 I Bü 13021. — **34** Staatsarchiv Ludwigsburg, K 50, Bü 1789. — **35** Archivzentrum der Universitätsbibliothek Frankfurt, Nachlass Horkheimer (Na 1), XXIII 14, S. 302. Korrespondenz mit Kornfeld + Klipstein, Bern — **36** Ebd., Signatur V 105: Korrespondenz mit Kornfeld & Klipstein, Bern. Dort befindet sich auch ein Foto der Picasso-Zeichnung. — **37** Daix, Boudaille und Rosselet: *Catalogue raisonnè de l'œuvre peint* (s. Anm. 7). — **38** Zur Galerie Thannhauser vgl.: ZADIK: »Thannhauser. Händler, Sammler, Stifter«. In: *Sediment. Mitteilungen zur Geschichte des Kunsthandels.* Heft 11/2006. Vgl. auch: Emily D. Bilski: *Die »Moderne Galerie« von Heinrich Thannhauser.* München 2008. (= Sammelbilder 06). — **39** Vgl. ZADIK, Nachlass Thannhauser, Lagerbuch II, S. 30–31, Nr. 1293. (Auskunft von Dr. Herzog, März 2011).

Yvonne Domhardt

Von Breslau nach Genf
Hannah Arendt als Vermittlerin bei der Überführung von Teilen der Bibliothek des Breslauer Rabbinerseminars in die Schweiz

I Vorbemerkung

Unmittelbar nach der »Machtergreifung« im Januar 1933 wurde »missliebigen« Büchern, darunter vor allem dem jüdischen Buch als dem größten »Volksfeind« im nationalsozialistischen Deutschland, der Kampf angesagt, und bereits am 10. Mai desselben Jahres wurden im Rahmen einer im großen Stil inszenierten Bücherverbrennung ganze Bibliotheken und öffentliche wie private Büchersammlungen vornehmlich jüdischer Provenienz den Flammen zahlloser Scheiterhaufen übergeben. Diese wilden Aktionen gegen Bibliotheken und Bücher in den großen und mittelgroßen Städten des Deutschen Reiches hatten ein erklärtes Ziel, namentlich die völlige Auslöschung des kollektiven jüdischen Gedächtnisses und Erinnerns.[1] Indes – und das mag zunächst erstaunen – auch das Gegenteil der vollständigen Vernichtung, nämlich das systematische Ansammeln und Horten von jüdischen Büchern und anderen Kulturgütern, trieben die Nationalsozialisten unter der Federführung des NS-Ideologen Alfred Rosenberg intensiv voran. Rosenberg wurde 1940 Leiter eines »Einsatzstabes«, der unter anderem die Plünderung von Bibliotheken in ganz Europa zum Ziel hatte.

Er hatte von Adolf Hitler den Auftrag erhalten, mit Hilfe der geraubten Bücher eine »Hohe Schule« zu errichten, die eine Art Eliteuniversität für Forschung, Lehre und Erziehung im Geiste des Nationalsozialismus darstellen sollte, deren Bau allerdings wegen der kriegsbedingten knappen finanziellen Ressourcen für die Zeit nach dem Kriegsende geplant war. Doch kam es bereits 1939 zur Gründung einer Außenstelle dieser »Hohen Schule« in Frankfurt am Main. Für diese Einrichtung, das »Institut zur Erforschung der Judenfrage«, waren Judaica- und Hebraica-Sammlungen für jene nationalsozialistischen, pseudowissenschaftlichen Forschungen von größter Bedeutung. So wurden dem Institut ab 1939 ganze Wagenladungen von geraubten Büchern zugeführt, die aus dem Deutschen Reich und dann aus den besetzten Gebieten zusammengestohlen worden waren. Ebenfalls 1939 wurde die Zentralbibliothek der »Hohen Schule« gegründet – jedoch nicht in Frankfurt selbst, sondern in Berlin[2], von wo aus sie wegen der beginnenden Bombardierungen 1942 nach Kärnten ins Kloster Tanzenberg verlagert wurde.[3] Neben der »Hohen Schule« sollte darüber hinaus ein sogenanntes »Jüdisches Zentralmuseum« in Prag eingerichtet werden, das von 1943 bis 1945 der SS unterstellt war und das, bereits 1942 gegründet, als »Museum einer untergegangenen Rasse« – so die zynische Originalbezeichnung durch die Nationalsozialisten selbst – ein möglichst umfassendes Bild von jüdischer Kultur und Religion abgeben sollte.

Vor diesem Hintergrund ist es nachvollziehbar, dass nach Kriegsende noch immer unzählige Bücher und Sammlungen vorhanden waren, die einst jüdischen Instituten[4] oder Privatpersonen gehört hatten. Dieser geraubten Bücher nahm man sich auf jüdischer Seite bereits während des Zweiten Weltkrieges an, indem auf die Zerstörung und Plünderung jüdischen Kulturgutes gezielt aufmerksam gemacht wurde. Schon kurz nach dem Krieg, 1946, erschien eine »Tentative List of Jewish Cultural Treasures in Axis-Occupied Countries«[5], in der – nach Ländern und dort nach jüdischen Institutionen geordnet – möglichst umfassend bewegliche jüdische Güter wie Bücher oder Kultgegenstände aufgeführt wurden. Gefolgt wurde diese Liste im selben Jahr von der »Tentative List of Jewish Educational Institutions in Axis-Occupied Countries«[6], 1947 von der »Tentative List of Jewish Periodicals in Axis-Occupied Countries«[7] und 1948 von der »Tentative List of Jewish Publishers of Judaica and Hebraica in Axis-Occupied Countries«.[8]

Jüdische Juristen und Intellektuelle hatten umfassende Vorschläge zu Rettung und Rückführung von Raubgut ausgearbeitet; diese Bemühungen mündeten bereits 1944 in die Gründung der »Commission on European Jewish Cultural Reconstruction« (CEJCR) unter der Leitung des New Yorker Historikers Salo W. Baron. Diese Organisation war die Vorläuferin der 1947 gegründeten »Jewish Cultural Reconstruction, Inc.« (JCR).[9] Die JCR wie auch zuvor die CEJCR verstand sich als »kultureller Treuhänder«[10] und war bestrebt, die geraubten Bücher und Gegenstände den rechtmäßigen Eigentümern zurückzugeben, ein bis dato weltweit einmaliger Vorgang. Dass dies allerdings in der überwiegenden Zahl der Fälle nicht möglich war, sollte alsbald schon bittere Wahrheit werden.

II Hannah Arendt als Vermittlerin des Transfers von Teilen der Breslauer Bibliothek in die Schweiz[11]

1941 war Hannah Arendt in die USA geflohen, wo sie rasch mit Salo W. Baron bekannt wurde. Ihre philosophischen Schriften und politischen Arbeiten wie etwa »Elemente und Ursprünge totaler Herrschaft«, »Eichmann in Jerusalem« oder »Über das Böse«, ihre Vorlesungen und ihre posthum erschienenen umfangreichen Briefsammlungen sollten der promovierten Philosophin später zu internationaler Berühmtheit verhelfen – wobei auch ihre engen Beziehungen zu Gelehrten wie Martin Heidegger, Karl Jaspers oder Gershom Scholem eine Rolle gespielt haben dürften. Weniger bekannt ist hingegen, dass Hannah Arendt bereits 1944 bis 1946 als Forschungsleiterin der Conference on Jewish Relations tätig war und von 1949 bis 1952 als Executive Secretary (Geschäftsführerin) bei der Jewish Cultural Reconstruction (JCR) eingesetzt wurde[12], die ihren administrativen Sitz zwar in New York hatte, jedoch vom Landesmuseum Wiesbaden und dort vom amerikanischen »Central Collection Point« aus agierte. Hannah Arendts Arbeitsfeld bestand vornehmlich darin, die erwähnten »tentative lists« zusammenzustellen, anhand derer die geraubten Güter systematisch erfasst und dann verteilt werden sollten. Ihre hierbei führende Rolle wird von Salo W. Baron jeweils im Vorwort zu den einzelnen Listen herausgestrichen.

Eine der Aufgaben Hannah Arendts, die im Rahmen der folgenden Ausführungen interessiert, erstreckte sich auf die Bearbeitung des Falles der Bibliothek des Breslauer Rabbinerseminars[13] im Zusammenhang mit einer möglichen Lieferung eines Teils dieser Bibliothek in die Schweiz. Die Breslauer Bibliothek war an das Jüdisch-theologische Seminar angeschlossen, das 1854 ins Leben gerufen worden war und der Ausbildung für angehende Rabbiner und Religionslehrer diente. Neben der Hochschule für die Wissenschaft des Judentums in Berlin war das Breslauer Seminar eine der bedeutendsten jüdischen Bildungsstätten in ganz Europa. Einer der führenden Dozenten, der Historiker Heinrich Graetz, baute die Bibliothek des Seminars auf, indem er mit der ihm zugegangenen bekannten Saraval'schen Sammlung[14] den Grundstein der Breslauer Bibliothek legte. Bis 1938 konnte der Lehrbetrieb aufrecht erhalten werden; die Bibliothek umfasste damals, grob geschätzt, zwischen 30.000 bis 40.000 Bücher, die bis auf einen Rest von etwa 11.000 Bänden zerstört worden waren.

In einem ihrer zahlreichen Briefe an Gershom (Gerhard) Scholem bezieht sich Hannah Arendt auf eben die Tätigkeit als Geschäftsführerin der JCR, die zu jenem Zeitpunkt schon weit fortgeschritten war und ahnen lässt, mit welchen Schwierigkeiten die JCR bei der Rückgabe beziehungsweise Weitergabe jüdischer Güter zu kämpfen hatte; sie schreibt dazu am 5. April 1952 aus Basel: »Lieber Gerhard, (...) gestern war ich in Zuerich, auch bei Taubes und der dortigen Bibliothek. Was halten Sie von Bredo[15], dem Zuericher Bibliothekar? Die drei Gemeinden, Genf, Basel, Zuerich[16], sind sich ein wenig in die Frisuren geraten wegen der JCR Buecher und Bredo behauptet, dass nur er in Zuerich eine ordnungsgemaesse Katalogisierung vornehmen koenne. Dies *bitte* entre nous«.[17] Diese Zeilen zeigen anschaulich, dass man sich in der Schweiz ganz offenbar »wegen der JCR Buecher« nicht einigen konnte. In diesem Zusammenhang stellt sich jedoch zunächst die Frage, wie die JCR Bücher in die Schweiz gelangten und aus welchem Grund.

Dazu sei ein Rückblick in die Geschichte der »Wanderschaft« der Breslauer Bibliothek gestattet, deren Schicksal es wie das so vieler anderer jüdischen Bibliotheken und Sammlungen war, »Migrationsgeschichte«[18] zu schreiben: 1949 befanden sich im Depot der JCR in Wiesbaden jene rund 11.000 übrig gebliebenen Bände der Breslauer Seminarbibliothek. Das Geschäft des Transfers der Breslauer Bücher in die Schweiz nahm Ende der 1940er Jahre nach und nach Gestalt an: Hannah Arendt kontaktierte die Verantwortlichen insbesondere in Zürich, wo der Dachverband des Großteils der Schweizer jüdischen Gemeinden, der Schweizerische Israelitische Gemeindebund (SIG), bis heute beheimatet ist. In der Schweiz war man äußerst interessiert daran, die »Breslauer« übereignet zu bekommen, und namhafte Persönlichkeiten des schweizerischen jüdischen öffentlichen Lebens setzten sich mit größtem Nachdruck dafür ein, dass der Büchertransfer zugunsten des Alpenstaates umgesetzt werden möge.

Alles begann mit einem Schreiben des Oberrabbiners der Israelitischen Cultusgemeinde Zürich (ICZ), Zwi Taubes, an den Gemeindebund SIG vom 24. November 1949, in dem es heißt: »Ich erlaube mir, Ihnen einige Informationen zu übermitteln, die die Verhandlungen betreffen, welche zum Angebot der Breslauer Seminarbibliothek an den SIG geführt haben: 1. Herr Dr. Bernard Heller, der Vertreter der ›Jewish Cultural Reconstruction, Inc.‹, den ich anlässlich seines Aufenthaltes in Zürich bat, bei der Verteilung der jüdischen Bücher auch die Schweiz zu berücksichtigen, versprach diesen Vorschlag zu unterstützen und riet mir, mich mit Herrn Professor Dr. Salo Baron (...), der ein leitendes Mitglied der obengenannten Stelle ist, in Verbindung zu setzen. 2. Ich schrieb sofort an Prof. Baron, der mein Lehrer in Wien war und mit dem mich freundschaftliche Beziehungen verknüpfen, in dieser Angelegenheit. Herr Professor Baron hat mein Schreiben an die JCR weitergeleitet und meine Bitte dort wärmstens unterstützt. 3. Während meines Aufenthaltes in New York habe ich mit Prof. Baron persönlich über diese

Sache verhandelt. Es traf sich glücklich, dass ich mit ihm (...) kurz vor der entscheidenden Sitzung, an der die Verteilungen vorgenommen wurden, sprechen und mein Anliegen vorbringen konnte. Ich nehme an, dass Sie für diese Informationen Interesse haben werden, und begrüsse Sie mit vorzüglicher Hochachtung Rabbiner Dr. Zwi Taubes«.[19]

Unverzüglich richtete der Präsident des SIG, Georges Brunschvig, ein Telegramm an die JCR, in dem er das Interesse des SIG an den »jüdischen Büchern« bekundete. Auf dieses Telegramm nimmt Hannah Arendt von Wiesbaden aus per Brief am 8. Dezember 1949 Bezug: »Wir erhielten Ihr Telegramm bezüglich der Breslauer Seminarbibliothek, dem wohl ein Missverständnis zu Grunde liegt. Wenn Sie meine beiden Briefe aus New York noch einmal durchsehen, werden Sie sehen, dass ich Ihnen wiederholt schrieb, dass keinerlei endgültige Entscheidung bisher über die endgültige Bestimmung dieser Bibliothek getroffen ist und dass es sich lediglich um eine Anregung eines unserer Direktoren handelte, die ich auf ihre eventuelle Durchführbarkeit in Zürich prüfen wollte. (...) Ich habe inzwischen die Reste der Breslauer-Bibliothek – denn um mehr handelt es sich leider nicht – selbst gesehen und fürchte, dass Ihnen wenig damit gedient wäre, wenn wir Sie Ihnen, so wie sie ist, mit vielen unkompleten (sic) Sätzen etc. übergeben würden. Ich werde gegen den 16. Dezember wahrscheinlich in der Schweiz sein und könnte am Montag, den 19. gut bei Ihnen vorsprechen.«[20]

Dass schon Ende 1949 die Überführung der Breslauer Bestände in die Schweiz von Seiten der JCR dennoch definitiv geplant war, lässt der letzte Satz von Hannah Arendts Schreiben an Georges Brunschvig vermuten: »Was Ihre Vorbereitungen zur Übernahme der Bibliothek anbelangt, so glaube ich, werden Sie sie nicht zu bereuen haben. Sie können damit rechnen, ca. 5–6000 Bände aus Wiesbaden zu erhalten.«[21] In der Folge entstand ein reger Briefwechsel zwischen Hannah Arendt, der ICZ und dem SIG, die Breslauer Bibliothek betreffend. Hannah Arendt wollte ihren eigenen Angaben zufolge die Breslauer Bestände in der Schweiz untergebracht wissen. So schreibt sie an Zwi Taubes' Züricher Privatadresse auf JCR-Briefpapier aus New York: »Lieber Herr Doktor Taubes: Ich habe, wie wir es verabredeten, New York sehr eindringlich gebeten, Ihnen die Reste der Breslau Bibliothek zugehen zu lassen. Inzwischen habe ich aus Wiesbaden eine ungefaehre Aufstellung dessen erhalten, was Sie im Falle einer positiven Entscheidung erhalten wuerden. Ich lege Ihnen den Zettel, den ich aus einem laengeren Brief ausgeschnitten habe, bei und bitte dieses unzeremonioese Verhalten zu entschuldigen, ich habe keine Sekretaering (sic).«[22]

III Die Diskussion um die Aufteilung der Breslauer Bibliothek in der Schweiz

Die Verhandlungen zwischen Hannah Arendt und den Züricher Gremien SIG und ICZ lassen vermuten, dass sie sich von Anfang an darauf eingestellt hatte, die Breslauer Bücher geschlossen nach Zürich in die Bibliothek der Israelitischen Cultusgemeinde ICZ zu überführen. In diesem Sinne fährt sie im selben Brief an Zwi Taubes im Plauderton fort: »Der Besuch bei Ihnen war sehr schoen und ich denke mit herzlicher Dankbarkeit an ihn zurueck. Das schoene Zuerich, die schoen gehaltene und vernuenftig angeordnete Bibliothek, Ihr aller warmer und freundschaftlicher Empfang. Wenn ich nur irgend kann, komme ich bestimmt noch einmal.«[23] Die Bibliothek der ICZ verfügte schon zum damaligen Zeitpunkt über einen recht ansehnlichen Bestand, und Hannah Arendt, die von dieser Bibliothek angetan war, konnte sich Zürich als neue Heimat der Breslauer Bibliothek gut vorstellen.

In Zürich war besonders Zwi Taubes äußerst interessiert an den Breslauer Büchern, sah er sie doch als unbedingte Bereicherung für die jüdische kulturelle »Szene« an, die den künftigen Standort Schweiz aufgrund dieser besonderen Büchersammlung nicht nur für jüdische Interessierte aufwerten würde; ein gewisses Prestigedenken in Bezug auf den mit der Breslauer Sammlung verbundenen Nimbus mag ebenfalls eine Rolle gespielt haben. Zwi Taubes äußert sich in diesem Sinne in seinem postwendenden Schreiben an Hannah Arendt dezidiert: »(...) Ich möchte nochmals betonen, welche Bedeutung ein solcher Zuwachs an Hebraica für das geistige Leben des schweizerischen Judentums darstellt.«[24] Und noch etwas liegt dem Rabbiner der ICZ sehr am Herzen: der Zusammenhalt der Bibliothek und dies womöglich in den Räumen der ICZ: »Zwei Dinge erscheinen mir (...) von besonderer Wichtigkeit: 1) Die Bibliothek sollte auf keinen Fall auseinandergerissen werden, weil sonst die Gefahr bestünde, dass sie der Öffentlichkeit nur in sehr unvollständigem Masse zugänglich wäre. (...) 2) Dieser wertvolle Bücherbestand sollte einer Bibliothek übergeben werden, die Gewähr dafür bietet, den technischen und wissenschaftlichen Anforderungen gewachsen zu sein. (...) Nach Ansicht bedeutender Fachleute[25] in der Schweiz ist die Bibliothek der Israelitischen Cultusgemeinde Zürich in der Lage, den gestellten Anforderungen zu entsprechen. (...) Sehr geehrte Frau Dr. Arendt, Sie würden mir persönlich einen grossen Gefallen erweisen, wenn Sie sich meiner Ansicht anschliessen und diesbezügliche Vorschläge von sich aus unterbreiten würden.«[26]

Eine Ver- bzw. Aufteilung sollte die drei jüdischen Gemeinden Basel, Genf und Zürich noch viele Jahrzehnte – bis heute! – beschäftigen.

Hannah Arendt wandte sich schon am 21. Januar 1950 an den SIG – die Zügigkeit, mit der die Korrespondenz in Sachen »Breslauer« geführt wurde, zeugt von der Dringlichkeit der Angelegenheit[27] – und entsprach mit folgenden Worten dem Ersuchen Zwi Taubes': »Wir haben ausserdem noch etwa 1000 Bände für die Verteilung an die Gemeinden in der Schweiz hinzugefügt[28], um es Ihnen zu ermöglichen, die Seminar-Bibliothek nicht auseinanderzureissen, sondern intakt in Zürich aufzustellen und verwalten zu lassen. Ich glaube, wir müssen Sie bitten, dies als Bedingung für die Überführung der Bücher in die Schweiz zu akzeptieren.«[29]

Gut vier Wochen später richtete der Präsident des SIG ein längeres Schreiben an Hannah Arendt, in dem sich bereits latent die Streitigkeiten ankündigen, derentwegen sich die drei genannten Gemeinden »ein wenig in die Frisuren geraten« sind. Georges Brunschvig schreibt: »Unsere Geschäftsleitung hat festgestellt, dass es nicht möglich ist, die restlichen Bestände der ehemaligen Breslauer Seminarbibliothek gesamthaft einer einzigen unserer Gemeindebibliotheken zu übergeben, da auch in Basel und Genf geordnete jüdische Bibliotheken vorhanden sind. Wir würden darum, wenn Sie diese Bestände der Schweiz überlassen, sie als Leihgabe den jüdischen Bibliotheken in Zürich, Basel und Genf übergeben.«[30] Diese Feststellung steht in klarem Gegensatz zu der eher zurückhaltenden und ihrem Inhalt nach gegenteiligen Aussage des SIG-Präsidenten, die er noch drei Monate zuvor den drei jüdischen Gemeinden Basel, Genf und Zürich mit dem Betreff »Jüdische Bücher aus Deutschland« und »zu Handen ihrer Bibliothekskommission«[31] hat zukommen lassen: »Sehr geehrte Herren, im Jahre 1945 fanden die vorrückenden alliierten Truppen in Deutschland riesige Bestände jüdischen Kulturgutes – Bibliotheken, Kultusgegenstände –, die durch das Propagandaministerium in den durch Deutschland besetzten Staaten geraubt und für die Schaffung eines ›Institutes des Antisemitismus‹ zusammengetragen worden waren. Die Bücher sind inzwischen, soweit die ursprünglichen Eigentümer nicht ermittelt werden konnte, den jüdischen Gemeinschaften in Israel, Westeuropa und USA unentgeltlich zur Verfügung gestellt worden. Bei der Verteilung wurde auf *unser Ersuchen hin* auch die Schweiz berücksichtigt: Die Jewish Cultural Reconstruction, Inc., New York, welche die Verteilung durchführt, hat der Schweiz die Ueberreste der Seminarbibliothek des ehemaligen Breslauer Rabbinerseminars (Fraenckelsche Stiftung) unentgeltlich unter der Bedingung zugewiesen, dass diese Bibliothek *intakt bleibt und als einheitliche Sammlung* durch eine der grösseren Bibliotheken der Schweiz verwaltet wird. (...) Unsere Geschäftsleitung hat beschlossen, die Schenkung grundsätzlich entgegenzunehmen, falls Gewähr dafür besteht, dass die Bücher würdig und gemäss den gestellten Bedingungen aufbewahrt und verwaltet werden können. Wir fragen die drei grössten unserer Mitgliedgemeinden hiermit an, ob die durch sie geschaffenen Bibliotheken räumlich und verwaltungsmässig so eingerichtet sind, dass sie die Verantwortung für die zweckmässige und dauernde Aufbewahrung der ehemaligen Breslauer Seminarbibliothek übernehmen können. Wir bitten Sie um Prüfung und Bescheid und begrüssen Sie (…).«[32]

Wie aus dem Schreiben ersichtlich, war Georges Brunschvig zu jenem Zeitpunkt noch der Auffassung, *eine* der drei jüdischen Bibliotheken werde die gesamte Breslauer Sammlung übernehmen. Doch hier irrte er, denn schon bald traten Genf und Zürich miteinander in heftige Konkurrenz[33], da jede der beiden Gemeinden die komplette Sammlung in ihre bereits bestehenden Gemeindebibliotheken integrieren wollte: Die Communauté Israélite de Genève reagierte prompt auf das Schreiben des SIG-Präsidenten und teilte mit, dass ihre Bibliothek die Breslauer Bibliothek gern bei sich aufnehmen würde und begründete diese Bereitschaft mit dem Umzug in neue, größere Räumlichkeiten, wo die Breslauer Sammlung einen würdigen Platz finden werde. Und auch die ICZ verwies eindringlich auf ihre, wie es Hannah Arendt formulierte, »schoen gehaltene und vernuenftig angeordnete Bibliothek«. Die Israelitische Gemeinde Basel hingegen zeigte sich hier etwas weniger beflissen, erklärte sich aber bereit, die Bücher in jedem Falle zu übernehmen, sollte Basel den Zuschlag erhalten. Die Streitigkeiten zwischen Genf und Zürich weiteten sich noch aus, indem die Genfer Gemeinde dem SIG anbot, die Kosten für die Katalogisierung des gesamten Bestandes der »Breslauer« zu übernehmen. Mit einem noch besseren Argument versuchte von Seiten der ICZ Zwi Taubes beim SIG aufzutrumpfen und verwies auf seine persönliche Kontaktaufnahme mit Hannah Arendt, die er, wie erwähnt, am 4. Januar 1950 um die Überführung der Breslauer Bibliothek nach Zürich ersucht hatte.

Im April 1950 trafen über 70 Kisten mit den Breslauer Büchern im Zollfreilager Genf ein. Der SIG wurde nun Eigentümer der Breslauer Bibliothek und hatte an und für sich Entscheidungsgewalt über die gesamte Sammlung. Doch geriet er aufgrund der geschilderten Streitigkeiten zwischen den Gemeinden unter Druck und musste rasch eine Lösung finden. Nach zähem Ringen wurde nach guter eidgenössischer Manier ein Kompromiss geschlossen: Der SIG, bis heute noch immer juristisch Eigentümer der Sammlung, schlichtete den Streit, indem er jeder Gemeinde ein Drittel der Bibliothek zur Aufbewahrung und Verwaltung zur Verfügung stellte.[34] Im März 1950, also noch vor dem Eintreffen der Bücher in Genf, schrieb Hannah Arendt an den SIG-Präsidenten Brunschvig, er möge die Entscheidung nochmals überdenken.[35]

Der SIG ging auf Hannah Arendts Ansinnen nicht ein, und so hält der wenig erfreuliche Status quo der geteilten Bibliothek bis heute an.[36] Die Präsidentin des Kulturressorts des SIG, Gabrielle Rosenstein (Amtszeit von 2000 bis 2010), griff zu Beginn der Jahrtausendwende das Thema »Breslauer« erneut auf und versuchte, mit den Beteiligten eine praktikable Lösung zu finden, um die Bücher wieder zusammenzuführen. In der Tat zeigte sich, dass die Fronten nun nicht mehr ganz so verhärtet waren; erreicht wurde 2006, dass die Basler Gemeinde ihren Teil der »Breslauer« an Zürich abgab, wo die Sammlung über fünf Jahre interimistisch in der Zentralbibliothek Gastrecht fand, ehe sie am 3. Mai 2011 in dem ein Jahr zuvor renovierten Gemeindehaus der ICZ Aufnahme fand.[37]

IV Ausblick

Jüdische Bibliotheksgeschichte ist, besonders nach 1933, immer auch, um Markus Kirchhoffs griffigen Ausdruck nochmals zu bemühen, ein Stück weit Migrationsgeschichte. Dies hat das Beispiel der Breslauer Seminarbibliothek eindrücklich gezeigt. Was den Fall der »Breslauer« zu einem besonderen macht, ist nicht zuletzt die wichtige Rolle Hannah Arendts in dieser Angelegenheit. Sie hatte sich ab Mitte der 1940er Jahre nicht nur damit auseinanderzusetzen, dass sie die übriggebliebenen jüdischen Sammlungen und Bibliotheken außerordentlich lückenhaft antraf und gemeinsam mit Salo W. Baron und seinen Kollegen und Kolleginnen entscheiden musste, welches Schicksal den Büchern und Kultgegenständen künftig beschieden sein würde. Sie musste auch, wie im Falle der Breslauer Bibliothek, mit ansehen, dass nachweislich gegen ihren Willen jüdische Sammlungen ein weiteres Mal auseinandergerissen wurden: Der SIG als neuer Eigentümer der Breslauer Sammlung hatte sich gegen ihr Votum gestellt und bei der Verteilung der Bücher »Gnade vor Recht« walten lassen und so weitergehende Streitigkeiten unter den drei Gemeinden diplomatisch umgangen. Ob je an eine Rückführung der Schweizer Bestände nach Breslau zu denken ist, bleibt einstweilen offen. Tatsache ist aber, dass durch die weitläufige Zerstreuung dieser Sammlung große Anstrengungen unternommen werden müssten, um das Ziel einer solchen allfälligen Rückführung zu erreichen.[38]

1 Zur Geschichte des jüdischen Buches zwischen 1933 und 1945 vgl.: Volker Dahm: *Das jüdische Buch im Dritten Reich*. München. 2. Auflage 1993 und Dov Schidorsky: »Das Schicksal jüdischer Bibliotheken im Dritten Reich«. In: Peter Vodosek und Manfred Komorowski (Hg.): *Bibliotheken während des Nationalsozialismus Teil II*. Wiesbaden 1992 (= Wolfenbütteler Schriften zur Geschichte des Buchwesens, Bd. 16), S. 189–222. — 2 Vgl. Markus Kirchhoff: »Das Gedächtnis der ›lost books‹: zu Raub und Restitution jüdischer Bücher und Bibliotheken«. In: Koordinierungsstelle für Kulturgutverluste Magdeburg (Hg.): *Entehrt. Ausgeplündert. Arisiert: Entrechtung und Enteignung der Juden.* Magdeburg 2005, S. 50. — 3 Zur Bibliothek im Kloster Tanzenberg vgl. Evelyn Adunka: *Der Raub der Bücher: Plünderung in der NS-Zeit und Restitution nach 1945.* Wien 2002, S. 15 ff. — 4 Unter den geplünderten Bibliotheken waren berühmte Büchereien wie diejenige der Alliance Israélite Universelle (Paris), die Rara-Sammlung Bibliotheca Rosenthaliana (Amsterdam), die Bibliothek des portugiesischen Seminars Etz-Chaijm sowie, und dies ist für die folgenden Ausführungen von besonderem Interesse, Reste der Bibliothek des 1938 zerstörten Jüdisch-theologischen Rabbinerseminars zu Breslau. — 5 »Tentative List of Jewish Cultural Treasures in Axis-Occupied Countries«. In: Supplement to *Jewish Social Studies* VIII (1946) 1, S. 5–103. Im Vorwort äußert sich Salo W. Baron, der Direktor der Commission on European Jewish Cultural Reconstruction, zur Absicht dieser umfassenden Liste: »It is planned to have the Commission serve as the central research and coordinating body for all American activities in the field of European Jewish cultural reconstruction and work in close co-operation with the Hebrew University in Jerusalem (...)«, S. 5. — 6 »Tentative List of Jewish Educational Institutions in Axis-Occupied Countries«. In: Supplement to *Jewish Social Studies* VIII (1946) 3, S. 5–95. — 7 »Tentative List of Jewish Periodicals in Axis-Occupied Countries«. In: Supplement to *Jewish Social Studies* IX (1947) 3, S. 5–44. — 8 »Tentative List of Jewish Publishers of Judaica and Hebraica in Axis-Occupied Countries«. In: Supplement to *Jewish Social Studies* X (1948) 2, S. 5–56. — 9 Vgl. hierzu David Heredia: »Zur Geschichte von Jewish Cultural Reconstruction, Inc.«. In: Hannah Arendt und Gershom Scholem: *Der Briefwechsel*. Hg. v. Marie Luise Knott unter Mitarbeit von David Heredia. Berlin 2010, S. 534 ff. — 10 Ebd., S. 534. — 11 Zu Geschichte und Bestand der Bibliothek des Breslauer Rabbinerseminars vgl.: Yvonne Domhardt, Zsolt Keller, Guido Kleinberger und Michael Leipziger: »Die Breslauer Seminarbibliothek in der Bibliothek der Israelitischen Cultusgemeinde Zürich«: http://hhch.eurospider.com/spezialsammlungen/alte-drucke-rara/handbuchhistorisch/html/hhch_zh_bres_k006004.html (14.7.2011). Die gedruckte Version dieses Beitrages erscheint voraussichtlich Ende 2011 im Handbuch der historischen Buchbestände in der Schweiz. — 12 Im Jahr 2007 widmete sich ein Artikel der *Jüdischen Allgemeinen* Hannah Arendts Rolle in der JCR, die im Laufe ihrer Tätigkeit festgelegt hat, »wie das jüdische Volk konstituiert und wie jüdischer Kulturbesitz definiert wird, was jüdisches Kulturgut eigentlich bedeutet (...)«, vgl.: Natan Sznaider: »Wem gehört die jüdische Kultur? Hannah Arendt, Gershom Scholem und die ›Jewish Cultural Reconstruction‹«. In: *Jüdische Allgemeine Wochenzeitung für Politik, Kultur, Religion* 41, 11.10.2007, S. 13. — 13 Zur Geschichte des Seminars vgl.: Francesca Albertini: »Das Judentum *und* die Wissenschaft: zum 150. Gründungsjahr des Jüdisch-theologischen Seminars in Breslau«. In: *Judaica* 60 (2004) 2, S. 141–158; Andreas Brämer: »Die Anfangsjahre des Jüdisch-Theologischen Seminars. Zum Wandel des Rabbinerberufs im 19. Jahrhundert«. In: Manfred Hettling, Andreas Reinke und Norbert Conrads (Hg.): *In Breslau zu Hause? Juden in einer mitteleuropäischen Metropole der Neuzeit.* Hamburg 2003, S. 99–112. Zsolt Keller: »Jüdische Bücher und der Schweizerische Israelitische Gemeindebund (1930–1959): Anmerkungen zu einem bislang wenig beachteten Thema«. In: *Bulletin der Schweizerischen Gesellschaft für Judaistische Forschung* 14 (2005), S. 20–34; Guido Kisch (Hg.): *Das Breslauer Seminar. Jüdisch-theologisches Seminar (Fraenckel'scher Stiftung) in Breslau 1854–1938. Gedächtnisschrift. The Breslau Seminary: the Jewish-Theological Seminary (Fraenckel Foundation) of Breslau 1854–1938. Memorial Volume.* Tübingen 1963 (in dt., engl. und hebr. Sprache). — 14 Zur Sammlung Saraval vgl.: Nawojka Cieślińska-Lobkowicz: »Raub und Rückführung der

Leon Vita Saraval Sammlung der Bibliothek des Jüdisch-Theologischen Seminars in Breslau«. In: Regine Dehnel (Hg.): *Jüdischer Buchbesitz als Raubgut. Zweites Hannoversches Symposium.* Im Auftrag der Gottfried Wilhelm Leibniz Bibliothek und der Stiftung Preußischer Kulturbesitz. Frankfurt/M. 2006, S. 366–378. — **15** Paul Bredo war von 1945–1957 einer der (bis heute) fünf BibliotheksleiterInnen der Israelitischen Cultusgemeinde Zürich. — **16** Die drei jüdischen Gemeinden Zürich, Genf und Basel waren schon in den 1940er Jahren die größten Gemeinden der Schweiz und verfügen bis heute über eine eigene Bibliothek. — **17** Arendt und Scholem: *Der Briefwechsel* (s. Anm. 9). S. 354 f. (Hervorhebung im Original). — **18** Zum Begriff vgl.: Markus Kirchhoff: *Häuser des Buches: Bilder jüdischer Bibliotheken.* Leipzig 2002, insb. S. 143 ff. — **19** Israelitische Cultusgemeinde Zürich (im folgenden ICZ), Bibliothek: Rabbiner Zwi Taubes an den Präsidenten des Schweizerischen Israelitischen Gemeindebundes (im folgenden SIG) vom 24.11.1949. — **20** ICZ Bibliothek: Hannah Arendt an den Präsidenten des SIG vom 8.12.1949. — **21** Ebd. — **22** ICZ Bibliothek: Hannah Arendt an Zwi Taubes privat vom 26.12.1949. — **23** Ebd. — **24** ICZ Bibliothek: Zwi Taubes an Hannah Arendt vom 4.1.1950. — **25** Zwi Taubes bezieht sich hier möglicherweise u. a. auf den Basler Verleger Victor Goldschmidt sowie den Leiter des Kulturressorts des SIG, Jean Nordmann, bzw. auf den Bibliothekar der ICZ, Paul Bredo, oder den Präsidenten der ICZ-Bibliothekskommission Max Dreifuss. — **26** S. Anm. 24. — **27** Andererseits zog sich die konkrete Verteilung der Breslauer Bücher reichlich hin, denn der Präsident des SIG schrieb: »Die in Basel und Zürich bestehende Enttäuschung über die schleppende Erledigung ist der Geschäftsleitung bekannt.« ICZ Bibliothek: Georges Brunschvig an den Präsidenten der Basler Bibliothekskommission vom 26.11.1952. — **28** Hier sind zusätzliche Bücher aus einer anderen Sammlung gemeint. — **29** ICZ Bibliothek: Hannah Arendt an den SIG-Präsidenten Georges Brunschvig vom 21.1.1950. (Durchschlag mit handschriftlichem Vermerk von Hannah Arendt an Zwi Taubes: »Lieber Dr. Taubes, ich denke, es wird alles klappen. Dank für Ihren Brief. Beste Grüsse Ihre HA.«). — **30** ICZ der Bibliothek: Georges Brunschvig, SIG, an Hannah Arendt, Wiesbaden, vom 24.2.1950. — **31** ICZ Bibliothek: Georges Brunschvig, SIG, an die Bibliothekskommissionen der jüdischen Gemeinden Basel, Genf und Zürich vom 16.11.1949. — **32** Ebd. (Hervorhebungen Vf.in). — **33** Der Schweizer Historiker Zsolt Keller berichtet in seinem Beitrag (s. Anm. 13) besonders auf den Seiten 32 ff. über den Zwist zwischen Genf und Zürich und bezieht sich hierbei auf Dokumente, die im Archiv für Zeitgeschichte in Zürich einsehbar sind. — **34** In einem der vier Geschäftberichte (1950–1954) der Bibliotheks- und Kulturkommission der ICZ, die Breslauer Bibliothek betreffend, wird im Bericht von 1952 auf die problematische Situation der Verteilung eingegangen: »Wie vorgesehen begann im Berichtsjahre die Verteilung der von der Jewish Cultural Reconstruction Inc., New York, dem Schweiz. Israel. Gemeindebund zur Verfügung gestellten Restbestände der ehemaligen Breslauer Seminarbibliothek. Unter dem Vorsitz des Ressortleiters für Kulturelles des SIG, Herrn Jean Nordmann, Fribourg, fanden einige Sitzungen statt, in denen der Verteilungsmodus und die damit zusammenhängenden schwierigen Probleme eingehend beraten wurden. (…) Es ist anzunehmen, dass die Verteilung im kommenden Jahre ihren Abschluss finden wird.« Israelitische Cultusgemeinde Zürich: *90. Geschäftbericht 1952: IX. Bericht der Bibliotheks- und Kulturkommission*, S. 21. — **35** Keller: »Jüdische Bücher und der Schweizerische Israelitische Gemeindebund (1930–1959)« (s. Anm. 13), S. 33. — **36** An der Breslauer Bibliothek hatte nicht nur die Schweiz gesteigertes Interesse; die Jerusalemer Hebrew Library unter Leitung des damaligen Bibliothekars Shlomo Shunami setzte durch, dass die in Deutschland verbliebenen Restbestände aufgeteilt (sic!) werden sollten: Die USA, Israel – und die Schweiz – sollten gemäß diesem Teilungsplan jeweils einen – unterschiedlich großen – Teil erhalten. In der Schweiz wurde die Breslauer Sammlung dann, wie gezeigt, abermals geteilt. Teile der »Breslauer« waren auch in andere Länder gelangt: Carsten Wilke, der frühere Bibliothekar der jüdischen Gemeinde von Mexiko-Stadt berichtet, dass sich in dieser Bibliothek ein Bestand der Breslauer Bibliothek, nämlich um die tausend (sic!) Bände, befindet: Vgl. dazu: Carsten Wilke: »Von Breslau nach Mexiko. Die Zerstreuung der Bibliothek des Jüdisch-

theologischen Seminars«. In: Birgit E. Klein und Christiane E. Müller (Hg.): *Memoria –
Wege jüdischen Erinnerns: Festschrift für Michael Brocke zum 65. Geburtstag.* Berlin 2005,
S. 315–338. Die wertvollsten Breslauer Bestände wanderten jedoch nach Israel und in die
USA. — **37** Die ICZ Bibliothek wurde – nicht zuletzt aufgrund ihres Breslauer Bestandes
– 2009 zum Kulturgut von nationaler Bedeutung erhoben. — **38** 2004 gab es einen erfolg-
reichen Anlauf in Richtung Rückerstattung, und die berühmte wertvolle Saraval'sche
Sammlung, die sich seit 1945 in der Nationalbibliothek Prag befunden hatte, wurde an
Breslau zurückgegeben. Vgl.: Cieślińska-Lobkowicz: »Raub und Rückführung der Leon
Vita Saraval Sammlung der Bibliothek des Jüdisch-Theologischen Seminars in Breslau« (s.
Anm. 14), bes. S. 375; Gabriele Lesser: »Heimkehr der Bücher. Die berühmte Saraval-
Sammlung des Jüdischen Theologischen Seminars ist wieder in Breslau«. In: *Jüdische All-
gemeine: Wochenzeitung für Politik, Kultur, Religion 51,* 23.12.2004, S. 10; http://www.ha-
galil.com/archiv/2004/12/saraval.htm (14.7.2011).

Sylvia Asmus

Von der Emigrantenbibliothek zum Deutschen Exilarchiv

Brita Eckert gewidmet

»Eine Bibliothek der deutschen Emigration! Gewiss, unter denen, die in den Jahren 1933–1939 Deutschland verliessen, befanden sich viele geistige Menschen und eine erhebliche Anzahl von Schriftstellern, deren Namen und Werk in der Welt bekannt sind. Ihre Buecher gehoeren zur Welt-Literatur unserer Zeit und sind in viele Sprachen uebersetzt, so dass sie in fast allen oeffentlichen Bibliotheken zu haben sind. (…) Unter den Schriften jener Zeit, die man nicht in fremden Bibliotheken findet und die nicht nachtraeglich in Deutschland publiziert werden, mag gewiss manches von literarischem Wert sein; von solcher Bedeutung, dass es sich lohnte, deshalb eine ›Bibliothek der Emigration‹ zu errichten (…) ist es nicht. (…) Was fehlt und nottut, ist ein Archiv der Emigration, das alles zusammensucht und ordnet, was mit ihr zusammenhaengt (…). Das (…) waere eine Aufgabe, nicht aber die Schaffung einer Bibliothek, in die sich nach 3 Jahren kein Hund mehr verlaeuft.«[1]

Wilhelm Sternfeld, der nach London emigrierte Journalist und Publizist schätzte die Verfügbarkeit der Exilliteratur in Deutschland im Januar 1950 zu optimistisch ein. Die Einrichtung einer Bibliothek der Emigration war ein berechtigtes Desiderat, da viele Texte der deutschsprachigen Emigration 1933 bis 1945 im Deutschland der frühen Nachkriegszeit nicht verfügbar waren. Dennoch wurde die ursprünglich nur als Emigrantenbibliothek konzipierte Einrichtung im Laufe der Zeit mit der Aufnahme von ungedruckten Unterlagen zum heutigen Deutschen Exilarchiv 1933–1945 erweitert. Wie sich diese Sammlung in den mehr als 60 Jahren ihres Bestehens nicht nur quantitativ, sondern auch konzeptionell verändert hat, und welche Hintergründe dabei eine Rolle spielten, ist Gegenstand dieses Beitrags.

Die Gründungsgeschichte des Deutschen Exilarchivs reicht bis ins Jahr 1948 zurück.[2] Für das Selbstverständnis der Sammlung war es bestimmend, dass ihre Gründung von exilierten Schriftstellern und Publizisten mit initiiert wurde. Der Schutzverband deutscher Schriftsteller in der Schweiz, der sich im Mai 1945 in Zürich gegründet hatte, war maßgeblich an der Einrichtung der Emigrantenbibliothek an der damaligen Deutschen Bibliothek beteiligt. Die Hauptakteure des

Unternehmens waren der einstige SAP-Politiker und Publizist Walter Fabian und die Schriftstellerin Jo Mihaly, beide Vorstandsmitglieder des Verbandes. Gemeinsam mit dem Direktor der damaligen Deutschen Bibliothek, Hanns Wilhelm Eppelsheimer, versuchten sie, die Idee von einer Bibliothek der Emigrationsliteratur in Deutschland zu realisieren. Die Unterlagen zur Gründung der Emigrantenbibliothek, die in den Akten des Deutschen Exilarchivs und in dem Ende der 1980er Jahre in das Exilarchiv gelangten Nachlass von Walter Fabian überliefert sind, geben Einblick in die Motive der Akteure. Sie zeugen aber auch von Kontroversen um die Gründung einer Sammlung von Exilliteratur in der jungen Bundesrepublik.

Das Interesse des Initiators der Sammlung auf Seiten der Deutschen Bibliothek, des Literaturwissenschaftlers und Bibliotheksdirektors Hanns Wilhelm Eppelsheimer, war ein vorwiegend bibliothekarisches. Die Sammlung von Exilliteratur – primär verstanden als Belletristik – sollte die Grundlagen für die Erarbeitung einer Literaturgeschichte der Emigration schaffen: »Es ist in Deutschland fast unmöglich, ein Buch der Emigrationsliteratur zu bekommen. (...) Solange es aber nicht möglich ist, die Bücher in Deutschland einzusehen, werden wir die vielen Fehler in den literarischen Aufsätzen und den Bibliographien nicht los. Auch kann man sich schwer vorstellen, wie einmal die wirkliche Geschichte dieses doch sehr interessanten Stückes deutscher Literatur geschrieben werden kann, ohne dass die Werke selbst studiert werden können. Es scheint mir deshalb richtig, dass wir zunächst eine Sammlung anlegen und von dieser Sammlung, wenn sie einigermassen vollständig ist, eine fachmännisch gearbeitete Bibliographie veranstalten, die sich jeder kaufen oder in der Bibliothek einsehen kann«.[3] Eppelsheimers Schreiben wurde als Teil eines Aufrufs des Schutzverbandes deutscher Schriftsteller in der Schweiz vom November 1949 vervielfältigt und in Umlauf gebracht. Gerichtet war er an die Mitglieder und Freunde des Schutzverbandes, aufgerufen wurde zur Unterstützung der Emigrantenbibliothek an der damaligen Deutschen Bibliothek. Der Vorstand des Schutzverbandes nennt in diesem Appell die Unterstützung der Emigrantenbibliothek eine Aufgabe von »großer und bleibender Bedeutung« und eine »ehrenvolle Verpflichtung«[4], sah in der Bibliothek aber auch ein Mittel der politischen Aufklärung.

Wie erwähnt, belegen die im Nachlass Fabian überlieferten Korrespondenzen auch Kontroversen. Welche Bedenken wurden also gegen die Gründung einer Emigrantenbibliothek vorgebracht und wer waren die Bedenkenträger? Kritik richtete sich gegen die Mithilfe des Schutzverbandes am Aufbau einer Emigrantenbibliothek in Deutschland, das – so beispielsweise die Einschätzung Kurt Kläbers – noch immer antisemitisch sei und in dem von einem wirklichen Interesse an Exilliteratur nicht ausgegangen werden könne.[5] Auch Lisa Tetzner kritisierte, dass das Interesse an der Exilliteratur nicht von Deutschland ausgehe, eine Nachfrage nicht bestehe. Ihre Bedenken bestanden zusätzlich in der durch eine Emigrantenbibliothek vorgenommenen Zuordnung von Autoren zu einer Gruppe, der sie sich aufgrund ihrer Biografie und Lebensumstände nicht zugehörig fühlte, sie befürchtete eine Stigmatisierung: »(...) ich lese Kurts Brief und bin noch aus ganz anderen Gründen viel schroffer gegen die unglückliche Idee der Emigrantenbibliothek. Das Wort ist sehr zeitbedingt, wandelbar und sollte überwunden sein. (...) Man schafft ausserdem dadurch nur eine Art ›Gettho‹ [sic!]. (...) Vor allem aber erscheint es mir wie eine Eitelkeit, ein ganz falsches Geltungsbedürfnis, sich zu werten und seinen ›Ruhm‹ festzulegen. Ganz anders wäre es, würden die ›Drinnen‹ uns so achten, anerkennen und uns so dankbar sein, dass sie uns deshalb damit ein Denkmal bauen wollten. Dann allerdings könnte es eine ›Wertbezeichnung‹ werden. So ist es falsche Propaganda, die nur trennt.«[6]

Vorgebracht wurden aber auch Bedenken gegen Hanns Wilhelm Eppelsheimer. Eppelsheimer, der kurz nach dem Machtantritt der Nationalsozialisten als Direktor der Hessischen Landesbibliothek in Darmstadt zwangspensioniert worden war[7], hatte 1937 ein *Handbuch der Weltliteratur*[8] in Deutschland veröffentlicht, das durch die Auswahl der darin behandelten oder eben gerade nicht behandelten Schriftsteller ebenso Gegenstand der Kritik wurde wie sein 1947 erschienenes Werk *Deutsche Bücher 1939–1945. Eine Auswahl.*[9]

Nach Diskussionen um die Leitung und den Status der Emigrantenbibliothek innerhalb des Schutzverbandes – besonders zwischen der Basler und der Züricher Gruppe – entschied sich der Vorstand zur Fortführung des Projekts. Die Bibliothek wurde, so heißt es im Protokoll der Hauptvorstandssitzung vom 21. Februar 1950, »nicht etwa nur als ein Hilfsmittel literarischer Forschung und Belehrung« gesehen, sondern auch als »eine Kundgebung für die in Deutschland 1933–1945 verbannte, verbrannte und unterdrückte Literatur und deren geistige Nachfolge, ein Kampfmittel gegen das sich von neuem erfrechende Nazitum, vor allem auch für die nach Deutschland zurückgekehrten und dort wirkenden, kämpfenden Kollegen und deren Kreise. Diesen Zweck (...) kann die Bibliothek nur erfüllen, wenn sie nach Deutschland hineingetragen und dort benutzt wird.«[10]

Aus der Sicht der ehemals Exilierten, der Zeitzeugen, scheint die Emigrantenbibliothek fast den Status eines Denkmals zu haben, das als Instrument der politischen Aufklärung fungieren, ein Interesse an den Themen Exil und Emigration entfachen und die Erinnerung daran aufrecht erhalten sollte. Man hoffte darauf, dass durch die Wirkung einer solchen Sammlung an der damaligen Deutschen Bibliothek, die für jedermann frei zugänglich sein sollte, ähnliche Sammlungen an anderen Institutionen in Deutschland angeregt würden. Es wurde aber festgelegt, dass die Emigrantenbibliothek, wie schon von Eppelsheimer im ersten Brief 1949 zugesichert, nur als Dauerleihgabe des Schutzverbandes in der Deutschen Bibliothek aufgestellt werden solle. Bei »Gefahr im Verzug«[11] sollte die Bibliothek jederzeit zurückverlangt werden können. Man scheute sich wenige Jahre nach dem Ende der NS-Diktatur offenbar davor, die Sammlung der Exilliteratur offiziell einer in Deutschland ansässigen Institution zu überlassen.

Der Aufbau der Sammlung verlief ebenfalls nicht problemlos. Das erwartete Interesse und die Unterstützung der Mitglieder und Freunde des Schutzverbandes waren zunächst geringer als von Walter Fabian eingeschätzt. Als Resonanz auf den Aufruf des Schutzverbandes im Mitteilungsblatt trafen nur wenige Büchersendungen bei Walter Fabian ein, der die Zusendungen für die Bibliothek sammelte. Nachdem Jo Mihaly begonnen hatte, die Mitglieder des Schutzverbandes mit persönlichen Anschreiben direkt anzusprechen, gingen Büchersendungen und Schreiben mit bibliografischen Angaben und positivem Zuspruch ein, die Resonanz blieb aber immer noch hinter den Erwartungen des Schutzverbandes zurück. Im April 1952 zog Fabian Zwischenbilanz: »Bei der Sammlung für diese Bibliothek hat der SDS trotz aller Anstrengungen, die von Kollegin Mihaly und mir viele Monate lang unternommen wurden, in kläglicher Weise versagt. Nur wenige Kollegen haben ihre oder andere Bücher zur Verfügung gestellt, alles in allem vielleicht 50 Bücher. Etwa weitere 50 habe ich aus meiner eigenen Bibliothek dazu gegeben. (…) Ausser diesen insgesamt rund 100 Büchern (…) hat Professor Eppelsheimer bereits viele hundert weitere Bände gesammelt und gekauft.«[12]

Für die Zurückhaltung unter den Mitgliedern des Schutzverbandes[13] sind unterschiedliche Gründe vorstellbar. Nach Jahren des Exils verfügten viele der ehemals Exilierten nicht über Exemplare oder Doppelstücke ihrer Publikationen, sie hätten sich von vorhandenen Einzelexemplaren vielleicht getrennt, wenn die Möglichkeit des Ankaufs bestanden hätte. Beides geht aus Zuschriften hervor. Aber auch die Unterstützung der Sammlung durch Mitteilung bibliografischer Angaben, um die in dem Aufruf des Schutzverbandes deutscher Schriftsteller in der Schweiz ausdrücklich gebeten worden war, war hinter den Erwartungen zurückgeblieben. Ob der Vorstand des Schutzverbandes den Einfluss und das Netzwerk des Verbandes und das politische Engagement der Mitglieder überschätzt hatte, ob die angesprochenen Autoren schlicht andere, auch Alltagsprobleme zu bewältigen hatten, ob die Zurückhaltung als Reaktion auf das Desinteresse der bundesdeutschen Öffentlichkeit und Wissenschaft an den Themen Exil und Emigration zu interpretieren ist oder ob auch ideologische Gründe vorlagen und die damalige Deutsche Bibliothek als westdeutsche Einrichtung in Zeiten des Kalten Krieges nur von einem Teil der ehemals Exilierten Unterstützung erfuhr, muss vorerst unbeantwortet bleiben. Eine gründliche Auswertung des Materials auf diese Fragen hin steht noch aus. Erstaunlich ist hingegen, dass Wilhelm Sternfeld, der in London besonders bei Mitgliedern des PEN-Clubs deutscher Autoren im Ausland um Unterstützung für die Emigrantenbibliothek warb, offenbar erfolgreicher war.

Trotz der Schwierigkeiten war das Engagement Fabians und Mihalys sowie das erste Echo in Form von Einsendungen und Zuschriften ausreichend, um als Impuls und Legitimation zu wirken. Von 1953 an verfügte die damalige Deutsche Bibliothek zunehmend über Erwerbungsmittel und die Emigrantenbibliothek wurde stärker aus Ankäufen aufgebaut. Am nun einsetzenden aktiven Aufbau der Sammlung waren wiederum ehemalige Emigranten maßgeblich beteiligt, hervorzuheben sind Wilhelm Sternfeld in London und Walter A. Berendsohn in Stockholm. Dessen Bibliothek mit insgesamt 160 Büchern und seine ca. 2.100 Einheiten umfassende Korrespondenz zu seinem Buch *Die humanistische Front* konnten 1953 mit Unterstützung des Bundesinnenministeriums angekauft werden. Beide, Sternfeld und Berendsohn, standen einer Bibliothek der Emigrationsliteratur zunächst kritisch gegenüber, die Sammlung von Exilpublikationen allein schien ihnen nicht weitreichend genug zu sein. Berendsohn forderte eine Forschungsstelle für Exilliteratur, Sternfeld, wie bereits zitiert, ein Archiv der Emigration. Obwohl Eppelsheimer schon im Februar 1950 auch die Sammlung von Daten und Handschriften erwog und er in der Diskussion mit Berendsohn in der Sache auch der Idee einer Forschungsstelle für Exilliteratur durchaus positiv gegenüberstand, blieb die Emigrantenbibliothek zunächst auf die Sammlung von Exilpublikationen beschränkt.[14]

Warum griff die damalige Deutsche Bibliothek die Anregungen zur Gründung eines Archivs oder einer Forschungsstelle also nicht konkret auf? Aus den Briefen Eppelsheimers gehen vor allem pragmatische Gründe, Raumnot, Personalmangel, fehlende finanzielle Mittel hervor, die einer Forschungsstelle entgegenstanden. Auch lag sein primäres Interesse in der Sammlung und bibliografischen Verzeichnung der Publikationen. Eppelsheimer nahm aber zugleich das damals generell fehlende Interesse der Wissenschaft und der Öffentlichkeit an der Emigrantenbibliothek und am deutschsprachigen Exil allgemein wahr.

Bekannt ist, dass bis in die 1960er Jahre Exil und Emigration sowohl in der Forschung als auch im öffentlichen Bewusstsein der Bundesrepublik so gut wie keine Rolle spielten.[15]

Wenngleich keine Forschungsstelle eingerichtet wurde, so ist immerhin das kontinuierliche Festhalten am Thema Exil und Emigration hervorzuheben. Dem mangelnden öffentlichen Interesse und dem Desinteresse der Wissenschaft zum Trotz baute die damalige Deutsche Bibliothek die Sammlung von Exilpublikationen weiter aus und arbeitete dabei mit emigrierten Antiquariatsbuchhändlern wie Walter Zadek in Israel, Mary Rosenberg in den USA, Susanne Bach in Brasilien und Theo Pinkus in der Schweiz zusammen. Auch Geschenke von Emigranten waren immer wieder zu verzeichnen. Bis Ende 1964 war die Sammlung auf 3.856 Monografien und 4.170 Zeitschriftenbände und -hefte angewachsen, Grund genug, diese 1965 in einer ersten Ausstellung *Exil-Literatur 1933–1945* der Öffentlichkeit vorzustellen und die Erforschung des Materials anzuregen.[16]

1971, um noch einmal einen Zwischenstand zu geben, umfasste die Sammlung 6.884 Monografien sowie 6.019 Zeitschriftenbände und -hefte. Mit der Ausweitung der Sammlung entwickelten sich die Sammelkriterien, nicht zuletzt waren es Anfragen von Emigranten, die dazu Anlass gegeben hatten. Der Übersetzer Hans Kauders beispielsweise brachte die Frage auf, ob Übersetzungen zur Emigrationsliteratur zu zählen seien, und der Jurist Alfred Karger betonte, dass die Sammlung wissenschaftlicher Werke von besonderer Relevanz sei. Beides wurde in den Anfangsjahren noch kaum gesammelt. Werner Berthold, von 1959 bis 1984 Leiter der Exilsammlung, fasste 1959 die Sammelkriterien folgendermaßen zusammen: »Nicht aufgenommen werden Werke, die auch in Deutschland zwischen 1933 und 1945 hätten erscheinen können, wenn der Verfasser nicht Emigrant gewesen wäre, also etwa Titel aus der Naturwissenschaft usw. Aber wir sind auch der Meinung, dass man die Grenzen nicht zu eng ziehen und eher zu viel als zu wenig aufnehmen sollte.«[17]

Angeregt von den beginnenden Entwicklungen der Exilforschung und dem wachsendem Interesse der breiteren Öffentlichkeit an der Thematik wurde die Sammlung von Exilpublikationen auf die gesamte im Exil entstandene Buch- und Periodikaproduktion ausgeweitet. Zusätzlich zu Werken der Belletristik und der politischen Publizistik wurden Übersetzungen und seit den 1980er Jahren in breitem Umfang wissenschaftliche Werke in die Sammlung aufgenommen. Auch kleine Druckschriften, Beiträge in Sammelwerken und Zeitschriften, von Emigranten mit Vorworten versehene und gestaltete Publikationen sowie Flugblätter und Tarnschriften wurden Bestandteil der Sammlung.

Das Deutsche Exilarchiv 1933–1945 ist eine Sondersammlung der Deutschen Nationalbibliothek und durch diese Zugehörigkeit geprägt.[18] Obwohl der ursprüngliche und in der Satzung der damaligen Deutschen Bibliothek von 1952 fixierte Auftrag, nämlich »die vom 8. Mai 1945 an erscheinende deutsche und fremdsprachige Literatur des Inlandes und die deutschsprachige des Auslandes«[19] zu sammeln und bibliografisch zu verzeichnen, die Exilpublikationen nicht umfasste, wurden sie dennoch als Sammelgebiet der Bibliothek definiert. Begründet wurde dies mit dem Verständnis von der Exilliteratur als Teil der nationalen Literatur Deutschlands, damals als »Stimme des anderen, besseren, des wahren Deutschlands«[20] bezeichnet. Einmal als Bestandteil des Sammelauftrags definiert, wurde bei den Exilpublikationen ebenso nach den allgemeinen Sammelgrundsätzen verfahren: Sowohl für das Hauptsammelgebiet der damaligen Deutschen Bibliothek als auch für die Sammlung der Exilpublikationen galt der Grundsatz der nicht wertenden Sammlung. Alle ins Sammelgebiet fallenden Publikationen, unabhängig von ihrer Qualität, Gestaltung, politischen Richtung oder sonstigen Kriterien, waren zu sammeln, keine weitere Selektion fand statt.

Die Sammlung von Exilliteratur wurde mit dem Bundesgesetz über die Deutsche Bibliothek 1969 als gesetzlicher Auftrag festgeschrieben. Diese Festlegung blieb auch nach der 1990 erfolgten Zusammenführung der Deutschen Bücherei in Leipzig mit der Deutschen Bibliothek in Frankfurt am Main zur heutigen Deutschen Nationalbibliothek bestehen. Die damalige Deutsche Bücherei brachte eine zweite Sondersammlung an Exilliteratur mit ein, die eine eigene Darstellung verdiente, auf die in diesem Zusammenhang nicht näher eingegangen werden kann.[21]

In den Sammelrichtlinien der Deutschen Nationalbibliothek[22] wird der Sammelauftrag auch für den Bereich Exilpublikationen spezifiziert. Er umfasst alle Publikationen, an denen deutschsprachige Emigranten z. B. in der Funktion als Autor, Herausgeber, Übersetzer, Beiträger, Illustrator, Typograf, Gestalter des Schutzumschlages mitgewirkt haben. »Die Publikationen werden ab dem Emigrationsjahr des Autors gesammelt, es sei denn, die Veröffentlichung in Deutschland war bereits vor der Emigration verboten (...). Gesammelt werden auch im Ausland erschienene Veröffentlichungen von 1945 bis 1950, wenn der Autor in diesem Zeitraum nicht nach Deutschland zurückgekehrt ist. Als obere Zeitgrenze innerhalb dieses Zeitraums gilt das Jahr der Rückkehr.«[23]

Diese Kategorisierung und Zuordnung erfolgte aus einer bibliothekarischen Perspektive und über formale Gesichtspunkte. Über die gesetzten zeitlichen Grenzen – insbesondere das Abschlussdatum 1950 –

ließe sich diskutieren. So wäre vorstellbar, auch Publikationen, die nach 1950 erschienen sind, in die Sammlung aufzunehmen und damit die gesetzte Grenze, die suggeriert, dass die Exilphase 1950 vorüber war, aufzuheben. Aufgenommen werden könnten dann zum Beispiel in der Exilzeit entstandene, aber erst nach 1950 zur Veröffentlichung gelangte Werke, wie z. B. die Werke Soma Morgensterns.

Liegt es für die Exilpublikationen nahe, auf eine – innerhalb der vorgestellten Kategorien – vollständige Sammlung zu zielen, ist das für den Bereich der Nachlässe und Archivalien nur exemplarisch möglich. Dennoch ist auch die Nachlasssammlung des Deutschen Exilarchivs von diesem Grundsatz beeinflusst. Angesichts Sternfelds früher Mahnung, ein Archiv der Emigration einzurichten, und Eppelsheimers Interesse daran ist zunächst zu fragen, wie – und warum erst vergleichsweise spät – es zur Aufnahme von Nachlässen und Autografen im Deutschen Exilarchiv kam. Denn mit der Sammlung von ungedruckten Unterlagen zur deutschsprachigen Emigration wurde, mit Ausnahme der Sammlung Berendsohn, erst relativ spät ab Anfang der 1970er Jahre begonnen. Die Ausweitung des Sammelspektrums auf ungedruckte Unterlagen und die Entwicklung zum heutigen Deutschen Exilarchiv 1933–1945 – ebenso die Namensänderung von der Bibliothek der Emigrationsliteratur über die Abteilung Exilliteratur zum Deutschen Exilarchiv – stehen mit der Entwicklung der Exilforschung in Zusammenhang. Nicht nur die Anerkennung ungedruckter Unterlagen als historische Quellen, auch die von der Wissenschaft diskutierten Grenzen des Forschungsgegenstands spiegeln sich hier wider. Die Ende der 1960er Jahre beginnende Förderung der Grundforschung[24], d. h. der Sicherung und Erschließung von Quellen als Voraussetzung für eine spätere weiterführende Forschung, durch die Deutsche Forschungsgemeinschaft und die dadurch ermöglichten Gemeinschaftsprojekte zur Erschließung ungedruckter Quellen waren für außeruniversitäre Einrichtungen von großer Relevanz. An der *Dokumentation II – Die Erschließung ungedruckter Quellen zur deutschen Emigration 1933–1945 in Literaturarchiven* waren neben dem Deutschen Exilarchiv auch das Deutsche Literaturarchiv Marbach und das Archiv der Akademie der Künste beteiligt.[25]

Im Exilarchiv stand zunächst die Erwerbung von Archiven von Exilorganisationen im Vordergrund der Sammeltätigkeit. Beispiele für diese Bestandsgruppe sind das Archiv der Deutschen Akademie im Exil/ American Guild for German Cultural Freedom, mit dessen formaler und inhaltlicher Erschließung das Exilarchiv an der *Dokumentation II* beteiligt war, das Archiv des Emergency Rescue Committee und das Archiv des Deutschen PEN-Clubs im Exil. Angeboten oder vermittelt wurden diese Bestände wiederum von ehemaligen Emigranten selbst,

z. B. Prinz und Prinzessin zu Löwenstein, Gabriele Tergit, Will Schaber, Wilhelm Sternfeld.

Persönliche Nachlässe blieben zunächst – bis auf wenige Ausnahmen – von der Sammlung ausgenommen. Begründet wurde dieses Profil damit, dass man den bestehenden Literaturarchiven, insbesondere dem Deutschen Literaturarchiv in Marbach, keine Konkurrenz machen und zusätzliche Nachlasszersplitterung vermeiden wollte und außerdem die Akten von Exilorganisationen für besonders informationsreich und »exil-spezifisch« hielt.[26]

Emigranten, die ihre literarischen Nachlässe dem Deutschen Exilarchiv anboten, wurden an das Deutsche Literaturarchiv Marbach verwiesen, so Max Zweig und Werner Bock, und auch der Nachlass Siegfried Kracauers wurde weitervermittelt.

Ende der 1970er Jahre begann das Deutsche Exilarchiv dann dennoch mit einer aktiven Nachlasserwerbung. Diese Ausweitung kann wiederum als Reaktion auf die Entwicklungen der Exilforschung gelesen werden. Durch das 1974 eingerichtete Schwerpunktprogramm Exilforschung der Deutschen Forschungsgemeinschaft beispielsweise verstärkte sich die Nachfrage nach ungedruckten Zeugnissen der deutschsprachigen Emigration – zunächst bezogen auf die Erforschung des politischen und literarischen Exils. Mit der Ausweitung der Exilforschung auf weitere Aspekte, zum Beispiel auf die Wissenschaftsemigration, seit 1987 Forschungsschwerpunkt der Deutschen Forschungsgemeinschaft, sowie die jüdische Emigration gewannen ungedruckte Unterlagen für diese Bereiche als Quellen zunehmend an Bedeutung.

Für die Aufnahme eines Bestandes in die Sammlung des Deutschen Exilarchivs 1933–1945 ist der Exilbezug wesentlich. Relevant ist jeder Nachlass eines deutschsprachigen Emigranten, wenn ein Teil des Materials aus der Exilzeit stammt oder der Bestandsbildner Forscher auf dem Gebiet der deutschsprachigen Emigration war. Durch diese Festlegung ergibt sich als Besonderheit der Nachlasssammlung, die zudem eine besondere Herausforderung für die Bestandserschließung darstellt, dass – analog zur Sammlung der gedruckten Exilliteratur – damit das gesamte Spektrum der deutschsprachigen Emigration dokumentiert werden soll. Nachlässe aller Berufsgruppen und Fachgebiete werden in die Sammlung aufgenommen. Primär werden die Unterlagen als zeitgeschichtliche Dokumente bewertet.

Der Sammlungsschwerpunkt liegt auf Beständen aus den Bereichen Publizistik, beispielsweise die Nachlässe von Margarete Buber-Neumann, Walter Fabian, Rudolf Olden und Karl Retzlaw, sowie Literatur-, Geistes- und Sozialwissenschaften, zum Beispiel die Nachlässe des Politologen Ossip K. Flechtheim, der Soziologen Joseph und Alice Maier, des Politikwissenschaftlers Sigmund Neumann, des Altphilologen Ernst Moritz Manasse und des Finanzwissenschaftlers Fritz Neumark. Ein besonderer Fokus liegt auf Schriftstellernachlässen, exemplarisch sind hier die Nachlässe bzw. Teilnachlässe von Leo Perutz, Soma Morgenstern, Ulrich Becher und Wilhelm Speyer zu nennen. Aus den Bereichen Naturwissenschaft, Verlagswesen und Buchhandel, künstlerische Berufe, Rechtswissenschaft, Medizin sowie anderen Fachrichtungen und Berufsgruppen besitzt das Deutsche Exilarchiv 1933–1945 ebenfalls Bestände.

Aufgenommen werden schließlich Nachlässe ohne wissenschaftlichen oder künstlerischen Hintergrund, z. B. von emigrierten Geschäftsleuten oder Familienpapiere. Auf die Zusammenarbeit mit dem emeritierten Germanistikprofessor John M. Spalek soll hier zumindest kurz hingewiesen werden.[27] Seit 1995 arbeitet das Deutsche Exilarchiv 1933–1945 mit John M. Spalek bei der Erwerbung von Nachlässen emigrierter deutschsprachiger Publizisten, Wissenschaftler, Schriftsteller und Künstler in den USA eng zusammen. Dies auch, weil die Sammelgrundsätze des Deutschen Exilarchivs und Spaleks Ansatz darauf zielen, die ganze Breite des Exils in der Sammlung abzubilden.

Insgesamt umfasst die noch wachsende Sammlung des Deutschen Exilarchivs heute 272 Nachlässe und Archive unterschiedlichen Umfangs, 18.373 Monografien und 10.844 Zeitschriftenbände bzw. -hefte. Gemessen am Angebot ist die Sammlung des Exilarchivs im Bereich der originalsprachigen Belletristik nahezu vollständig, während es bei der Wissenschaftsliteratur noch Bestandslücken gibt, ebenso bei den Übersetzungen. Im Bereich der Tonträger und Musikalien steckt die Sammlung noch in den Anfängen. Der Zugang an Nachlässen hat bisher noch nicht nachgelassen, etwa 10 Bestände unterschiedlichen Umfangs kommen jährlich zur Sammlung hinzu.

Neben der Erwerbung gehört die Erschließung zu den originären Aufgaben von Bibliotheken und Archiven. Als Informationseinrichtungen für die Forschung gehört es zu ihrem Aufgabenspektrum, Bestände auffindbar und zugänglich und so deren wissenschaftliche Auswertung möglich zu machen. Hinzu kommen kulturelle und bibliothekarische Sonderaufgaben, im Deutschen Exilarchiv sind dies zum Beispiel die Auswertung der Bestände für Ausstellungen und Publikationen sowie die Inhaltserschließung und Digitalisierung von Periodika.

Nicht zuletzt werden Archive, Bibliotheken und Museen als Gedächtnisinstitutionen, als Speicher des kulturellen Gedächtnisses bezeichnet[28], denen eine kulturelle Bedeutung zukommt, die über die Schaffung einer an aktueller Nachfrage orientierten Materialbasis für die Forschung hinausweisen muss. Aleida Assmann hat das Bild geprägt, dass die Vergangenheit »Asyl in Bibliotheken« erhält.[29] Gerade im Fall von singulär vorliegenden ungedruckten Zeugnissen, eingeschränkter auch im Fall von Exilpublikationen, entscheidet das Archiv durch Aufnahme oder Nichtaufnahme von Beständen in die Sammlung nicht selten mit über Vergessen oder Erinnern. Dabei liegt es in der Entscheidungsgewalt von Archiven, die Voraussetzung dafür zu schaffen, dass durch Exil und Emigration Vergessenes wieder ins kulturelle Gedächtnis zurückgeholt beziehungsweise erstmals darin aufgenommen werden kann.

Die so konservierte Vergangenheit über die bisherigen Ausstellungen des Deutschen Exilarchivs hinaus in einem Exilmuseum aktiv zu vermitteln und erfahrbar zu machen, wäre eine notwendige Aufgabe, deren Realisierung aktuell aufgrund der fehlenden personellen, finanziellen und räumlichen Ressourcen nicht angegangen werden konnte. Dass ein Exilmuseum ein wirkliches Desiderat ist, hat erneut die Schulbuchanalyse Gerhard Pauls »Leerstelle im kulturellen Gedächtnis« bestätigt, die 2010 im *Jahrbuch Exilforschung* veröffentlicht wurde. Der Autor kommt darin nicht allein für Schulbücher, sondern ebenso für andere Bereiche der Erinnerungskultur wie Museen und Ausstellungen zu dem ernüchternden Resümee, dass »Emigration, Exil und Remigration der nach 1933 aus Deutschland vertriebenen Menschen (...) im kulturellen Gedächtnis der Bundesrepublik nicht angekommen« sind.[30] Dazu passt, dass das Deutsche Exilarchiv bereits 1988, auch im Auftrag der Gesellschaft für Exilforschung, den leider vergeblichen Versuch unternommen hat, das Thema Exil und Emigration zumindest über ein Themenheft der Bundeszentrale für Politische Bildung zu verankern. Dies ist bis heute ein Desiderat.

1 Wilhelm Sternfeld an Walter Fabian, London, 14.1.1950. Deutsches Exilarchiv 1933–1945 der Deutschen Nationalbibliothek, Nachlass Walter Fabian, EB 87/112. — **2** Zur Geschichte des Deutschen Exilarchivs 1933–1945 siehe Werner Berthold und Brita Eckert: »Die Abteilung Exilliteratur«. In: Rolf-Dieter Saevecke (Hg.): *Die Deutsche Bibliothek.* Düsseldorf 1980 (= Ämter und Organisationen der Bundesrepublik Deutschland, Bd. 58), S. 109–115; *35 Jahre Exilliteratur 1933–1945 in der Deutschen Bibliothek, Frankfurt am Main. Ein Beitrag zur Geschichte der Exilforschung in der Bundesrepublik Deutschland.* Frankfurt/M. 1984 (= Sonderveröffentlichung der Deutschen Bibliothek, Bd. 13); Klaus Ulrich Werner: *Exil im Archiv. Das Deutsche Exilarchiv 1933–1945 der Deutschen Bibliothek.* Herzberg 1991 (= Bibliothemata, Bd. 4); Sylvia Asmus: »Ein Blick zurück und nach vorn – Das Deutsche Exilarchiv 1933–1945 und die Sammlung Exil-Literatur 1933–1945 der Deutschen Nationalbibliothek«. In: Andrea Hammel und Anthony Grenville (Hg.): *Refugee Archives. Theory and practice.* Amsterdam – New York 2007 (= Yearbook of the Research Centre for German and Austrian Exile Studies, Bd. 9), S. 1–15. — **3** Hanns Wilhelm Eppelsheimer an den Schutzverband Deutscher Schriftsteller in der Schweiz, Frankfurt/M. Der Brief ist Teil einer Mitteilung des Schutzverbandes Deutscher Schriftsteller in der Schweiz an Mitglieder und Freunde, November 1949, Deutsches Exilarchiv 1933–1945 der Deutschen Nationalbibliothek, EB Kb 2. — **4** Mitteilung des Schutzverbandes Deutscher Schriftsteller in der Schweiz an Mitglieder und Freunde, November 1949, Deutsches Exilarchiv 1933–1945 der Deutschen Nationalbibliothek, EB Kb 2. — **5** Kurt Kläber an Jo Mihaly, Carona, Lugano, 20.4.1950, Deutsches Exilarchiv 1933–1945 der Deutschen Nationalbibliothek, EB autograph 194 (74). — **6** Lisa Tetzner an Jo Mihaly, Carona, Lugano, 23.4.1950. Deutsches Exilarchiv 1933–1945 der Deutschen Nationalbibliothek, EB autograph 194 (76). — **7** Zur Biografie Hanns Wilhelm Eppelsheimers siehe: *Hanns W. Eppelsheimer (1890–1972). Bibliothekar, Literaturwissenschaftler, Homme de lettres.* Hg. von der Deutschen Bibliothek und der Stadt- und Universitätsbibliothek Frankfurt. Frankfurt/M. 1990. — **8** Hanns Wilhelm Eppelsheimer: *Handbuch der Weltliteratur von den Anfängen bis zum Weltkrieg. Ein Nachschlagewerk.* Frankfurt/M. 1937. — **9** Hanns Wilhelm Eppelsheimer: *Deutsche Bücher 1939–1945. Eine Auswahl.* Frankfurt/M. 1947. — **10** Protokoll der Hauptvorstandssitzung des Schutzverbands vom 21.2.1950. — **11** Ebd. — **12** Walter Fabian an Otto Zimmermann, o.O., 25.4.1952. Deutsches Exilarchiv 1933–1945 der Deutschen Nationalbibliothek, Nachlass Walter Fabian, EB 87/112. Die Angaben schwanken in der Korrespondenz, an anderer Stelle wird ein etwas höherer Eingang angegeben. — **13** Anfang November 1945 zählte der Schutzverband 111 Mitglieder und zusätzlich 70 weitere Schriftsteller, die vom Verband mit betreut wurden (Mitteilungsblatt des Schutzverbandes, Nr. 3, Anfang November 1945). — **14** Mit Ausnahme der erwähnten Korrespondenzen Berendsohns. — **15** Siehe dazu: Helmut Müssener: *Exil in Schweden. Politische und kulturelle Emigration nach 1933.* München 1974; Ursula Langkau-Alex: »Geschichte der Exilforschung«. In: Claus-Dieter Krohn u.a. (Hg.): *Handbuch der deutschsprachigen Emigration 1933–1945.* Darmstadt 1998, S. 1195–1209; Claus-Dieter Krohn: »John Spalek, Pionier der Exilforschung«. In: Wulf Koepke und Jörg Thunecke (Hg.): *Preserving the Memory of Exile. Festschrift for John M. Spalek on the Occasion of his 80ᵗʰ Birthday.* Nottingham 2008, S. 10–26. — **16** Siehe dazu: Sylvia Asmus und Brita Eckert: »Vermittelte Erinnerung. Zur Geschichte des Deutschen Exilarchivs und seiner Ausstellungen«. In: *Gedächtnis des Exils – Formen der Erinnerung.* München 2010 (= Exilforschung. Ein internationales Jahrbuch. Hg. v. Claus-Dieter Krohn und Lutz Winckler Bd. 28), S. 35–46. — **17** Werner Berthold an Alfred Karger, Frankfurt a.M., 27.10.1959, Deutsches Exilarchiv 1933–1945 der Deutschen Nationalbibliothek, Akten des Deutschen Exilarchivs 1933–1945, ohne Signatur. — **18** Siehe dazu: Werner Berthold und Kurt Köster: »Die Sammlung von Exil-Literatur als Aufgabe einer Nationalbibliothek, dargestellt am Beispiel der Abteilung Exil-Literatur 1933–1945 der Deutschen Bibliothek in Frankfurt am Main«. In: Mordekhai Nadav und Jacob Rothschild: *Essays and studies in librarianship presented to Curt David Wormann on his seventy-fifth birthday.* Jerusalem 1975, S. 134–145. — **19** Satzung der Deutschen Bibliothek vom 31. Juli 1952. In: Saevecke (Hg.): *Die Deutsche Bibliothek* (s. Anm. 2), S. 157. — **20** Vgl. dazu Berthold und Eckert: »Die Abteilung Exilliteratur« (s. Anm. 2), S. 109. — **21** Zur Sammlung Exil-Literatur 1933–1945 siehe: Horst Halfmann: »Das Schrifttum der Emigration in der Deutschen Bücherei«. In: Helmut Rötzsch (Red.): *Deutsche Bücherei 1912–1962. Festschrift zum fünfzigjährigen Bestehen der Deutschen Nationalbibliothek.* Leipzig 1962, S. 197–217; Jörg Räuber: »Exil-Literatur. Die Deutsche Bibliothek Frankfurt a.M. & Leipzig«. In: *Kulturen im Kontext. Zehn Jahre Sammlung Deutscher Drucke.* Hg. von der Staatsbibliothek zu Berlin im Auftrag der Arbeitsgemeinschaft Sammlung Deutscher Drucke. Wiesbaden 1999, S. 142–163. — **22** Deutsche Nationalbibliothek: *Sammelrichtlinien.* Stand: 1. Juni 2009. Leipzig u.a. 2009. — **23** Ebd., S. 61. — **24** Den Begriff hatte Walter A. Berendsohn geprägt. Grundforschung meint die Erschließung von Quellenmaterial als Grundlage der Forschung. — **25** 1969 begann die Zusammenarbeit des Bundesarchivs Koblenz, der damaligen Deutschen Bibliothek, des Forschungsinstituts der Friedrich-Ebert-Stiftung und des Archivs des Deutschen Gewerkschaftsbundes sowie des Instituts für Zeitgeschichte an dem von der Deutschen Forschungsgemeinschaft geförderten Projekt Dokumentation zur

Emigration 1933–1945 (Dokumentation I), in dem ungedruckte politische Quellen ausgewertet wurden. In der sich anschließenden Dokumentation II standen ungedruckte Quellen zur deutschen Emigration 1933–1945 in Literaturarchiven im Fokus, Bestände der Akademie der Künste, des Deutschen Literaturarchivs Marbach und des Deutschen Exilarchivs sollten koordiniert nach einem Schema von Sachkategorien erschlossen werden. — **26** Werner Berthold, Deutsches Exilarchiv 1933–1945, an Deutsche Forschungsgemeinschaft, [Frankfurt a. M.], 13.12.1976, Akten des Deutschen Exilarchivs 1933–1945, ohne Signatur. — **27** Siehe hierzu: Sylvia Asmus und Brita Eckert: »Aus John M. Spaleks Koffern. Die Nachlässe von Ernst Moritz Manasse und Philipp P. Fehl«. In: Koepke und Thunecke (Hg.): *Preserving the Memory of Exile.* (s. Anm. 15), S. 40–73. — **28** Siehe hierzu: Tanja Heber: *Die Bibliothek als Speichersystem des kulturellen Gedächtnisses.* Marburg 2009. — **29** Aleida Assmann: *Bibliotheken und Archive als Speicher des kulturellen Gedächtnisses.* Vortrag im Rahmen der Wiener Vorlesung am 19.10.2006 im Rathaus Wien. Zitiert nach Heber: *Die Bibliothek als Speichersystem des kulturellen Gedächtnisses* (s. Anm. 28), S. 194. — **30** Gerhard Paul: »Leerstelle im kulturellen Gedächtnis. Emigration, Exil und Remigration in deutschsprachigen Schulgeschichtsbüchern 1955–2007«. In: *Gedächtnis des Exils – Formen der Erinnerung* (s. Anm. 16), S. 1.

Für die Abdruckgenehmigungen danke ich Annette Antignac, Paris, Werner Berthold, Frankfurt am Main, sowie Hans Christof Sauerländer, Aarau.

Michaela Scheibe

NS-Raubgut in der Erwerbungspolitik der Preußischen Staatsbibliothek nach 1933 – eine Zwischenbilanz

I

Seit etwa fünf Jahren arbeitet die *Staatsbibliothek zu Berlin – Preußischer Kulturbesitz* intensiv an der systematischen Ermittlung, Erschließung und Restitution von NS-verfolgungsbedingt entzogenem Kulturgut in ihren Beständen und damit auch an der Aufarbeitung dieses Abschnitts ihrer Vergangenheit als Preußische Staatsbibliothek. 2007 wurde ein spezieller Aufgabenbereich für den rund drei Millionen Bände umfassenden historischen Druckschriftenbestand der Staatsbibliothek eingerichtet.[1] Seit September 2010 wird diese Arbeit von einer Projektkraft unterstützt, die durch die *Arbeitsstelle für Provenienzrecherche/-forschung am Institut für Museumsforschung der Staatlichen Museen zu Berlin (ASPRF)* finanziert wird. Damit kann die systematische Aufarbeitung besonders dringlicher Segmente innerhalb des als raubgutverdächtig eingestuften Bestandes der Staatsbibliothek erheblich beschleunigt werden.[2]

Eine wesentliche Grundlage für die Suche nach geraubten Büchern bildet eine 2006 als Magisterarbeit vorgelegte Analyse der Erwerbungspolitik der Preußischen Staatsbibliothek von 1933 bis 1945.[3] In diesem Zusammenhang wurde als Arbeitsinstrument die *Index-Datenbank zweifelhafter Zugänge (IDZZ)* eingerichtet. Diese Datenbank verzeichnet die Ergebnisse der Auswertung relevanter Erwerbungsakten und Akzessionsjournale der Preußischen Staatsbibliothek und erfasst so etwa 20.000 inkriminierte bzw. verdächtige Erwerbungen.[4]

Neue Erkenntnisse zur Erwerbung und Verteilung beschlagnahmter Literatur durch die Preußische Staatsbibliothek brachte inzwischen das von der Staatsbibliothek und dem Max-Planck-Institut für Geschichte initiierte, seit 2006 von Cornelia Briel bearbeitete Forschungsprojekt zur mit der Staatsbibliothek eng verflochtenen Reichstauschstelle. Im Rahmen ihrer Forschungen konnte Cornelia Briel eine systematische Durchsicht der relevanten Archivbestände vornehmen, die auch die Akten der kriegsbedingt ins damalige Hirschberg verlagerten Erwerbungsabteilung der Preußischen Staatsbibliothek einschließt (heute im *Archiwum Państwowe* in Jelenia Góra).[5]

Als besonders aufschlussreich hat sich bei den Erwerbungsakten ein Aktenkonvolut erwiesen, das auf ca. 800 Blatt Korrespondenz der Preußischen Staatsbibliothek mit preußischen Regierungspräsidien und ihren nachgeordneten Behörden für die Jahre 1934 bis 1939 enthält. Dem Schriftwechsel sind zahlreiche Titellisten beschlagnahmter Bücher aus dem Besitz politisch verfolgter Organisationen und Religionsgemeinschaften beigegeben. Diese Listen enthalten teilweise spätere Vermerke zur Übernahme in den Bestand der Preußischen Staatsbibliothek bzw. Empfehlungen zur Weitergabe der Bücher.[6] Damit geben die Akten auch Aufschluss über die von der Preußischen Staatsbibliothek mit ihrem nationalbibliothekarischen Anspruch ausgeübte Verteilerrolle für beschlagnahmte bzw. enteignete Bücher.

Bislang völlig unterschätzt wurden im Zusammenhang mit der Ermittlung von NS-Raubgut im Bestand der Staatsbibliothek die Zugänge über die Pflichtexemplarstelle. Die als Pflichtexemplare eingehenden Bücher bildeten eine ganz wesentliche Säule der Erwerbungspolitik der Preußischen Staatsbibliothek. Die intensive und zielgerichtete Kontrolle des Pflichtzugangs hatte traditionell einen hohen Stellenwert. Bereits das berühmte Schleiermacher'sche *Reglement für die Königliche Bibliothek* vom 30. April 1813 regelte in § 11 des Abschnitts zur Geschäftsverteilung die Überwachung des Eingangs der Pflichtexemplare als besonderes Geschäft und forderte, diesen »durch fleißiges Vigilieren auf den Meßkatalog und den Anzeigen in öffentlichen Blättern zu controlieren, die Säumigen zu mahnen und darauf zu halten, dass nur vollständige und wohlconditionierte Exemplare eingeliefert werden.«[7]

Gerade in diesem Bereich versuchten die zuständigen Mitarbeiter der Erwerbungsabteilung, insbesondere Bibliotheksrat Heinrich Feldkamp, aber auch der Abteilungsdirektor Alexander Schnütgen gezielt an beschlagnahmte und enteignete Verlags- bzw. Bibliotheksbestände zu kommen, um Bestandslücken gerade im Bereich des Pflichtzugangs, der die schwer zugängliche graue Literatur und auch die verbotene Literatur mit umfasste, zu schließen.

Die systematische Auswertung der Akzessionsjournale für den Pflichtzugang steht bislang noch aus und lässt interessante Erkenntnisse erwarten.[8] Erst bei der Vorbereitung dieses Beitrages ist noch eine weitere Quelle aus diesem Bereich in den Blick gerückt: die umfangreichen Journale der Pflichtexemplarstelle, die zur Überwachung der Pflichtlieferungen geführt wurden und im Gegensatz zu den Akzessionsjournalen, die chronologisch die Eingänge verzeichnen, in alphabetischer Reihenfolge die unter das Pflichtexemplarrecht fallenden Verlage – bei grauer Literatur auch Institutionen bzw. im Selbstverlag publizierende Autoren – mit den zugehörigen Neuerscheinungen für jeweils etwa 10 Jahre erfassen.[9] Neben handschriftlichen Titeleinträgen finden sich häufig eingeklebte Ausschnitte aus dem *Börsenblatt* bzw. auch aus den *Berliner Titeldrucken*, dazu in einer eigenen Spalte unter dem jeweiligen Jahr die Nummer des *Börsenblattes*, das die Anzeige der betreffenden Neuerscheinungen enthielt. In einer weiteren Spalte findet sich das Eingangsdatum des Pflichtexemplars, daneben Notizen über Mahnungen oder sonstige Korrespondenz mit den Verlagen sowie andere Geschäftsgangsvermerke, die sich auch auf polizeiliche Beschlagnahmungen und eingelieferte Dubletten beziehen.[10]

Die bislang vorgenommenen Recherchen haben gezeigt, dass der Auswertungszeitraum deutlich über 1945 hinaus zu erweitern ist. Auch im Bereich der Akzessionierung von unbearbeitet gebliebenen Beständen bzw. der Erwerbungen nach 1945 stehen die Forschungen noch am Anfang. Versucht man zum jetzigen Zeitpunkt, den Stellenwert von NS-Raubgut in der Erwerbungspolitik der Staatsbibliothek zu quantifizieren, so lässt sich festhalten: Die Sichtung von rund 375.000 Einzeleinträgen in den Zugangsbüchern der Preußischen Staatsbibliothek ergab etwa 20.000 inkriminierte bzw. verdächtige Erwerbungen. Damit dürfte der Anteil unrechtmäßiger Erwerbungen kaum mehr als 2 bis 5 Prozent des Gesamtzugangs in dieser Zeit ausgemacht haben.

Dieser relativ geringe Anteil hat wohl mehrere Ursachen: Trotz wiederholter Initiativen des damaligen Generaldirektors Hugo Andres Krüß, der Preußischen Staatsbibliothek einen privilegierten Zugriff auf beschlagnahmte Literatur zu sichern, erfolgte doch von bibliothekarischer Seite weiterhin eine strenge Auswahl nach den Erwerbungsgrundsätzen der Staatsbibliothek, sodass nicht relevante bzw. bereits vorhandene Werke in der Regel nicht in den Bestand eingearbeitet wurden. Daneben war die Staatsbibliothek bei ihren Aquisitionsversuchen von beschlagnahmten Bibliotheksbeständen, die sie als besonders relevant erachtete, zunehmend der Konkurrenz anderer Institutionen des NS-Regimes wie etwa der Zentralbibliothek des Sicherheitsdienstes der SS ausgesetzt.[11]

In den Kriegsjahren von der Wehrmacht oder anderen Organisationen erbeutete Bibliotheksbestände schließlich gelangten offenbar nur in Einzelfällen in den Bestand der Preußischen Staatsbibliothek. In diesem Punkt verfolgte Generaldirektor Krüß – ganz im Gegensatz zu den aus polizeilichen Beschlagnahmungen stammenden Beständen – eine deutlich zurückhaltende Politik, die von Bedenken im Hinblick auf die Legalität oder zumindest Opportunität dieser Erwerbungen geprägt war.[12]

In diesem Zusammenhang sind darüber hinaus die in den späten 1930er Jahren zunehmend spürbaren bibliotheksinternen Probleme bei der Bearbeitung der Neuzugänge von Bedeutung. Im Jahr 1937 hatten die Geschäftsgangsreste – das heißt die eingegangenen, aber unbearbeiteten Bücher – einen besorgniserregenden Umfang von 300.000 Bänden (darunter vor allem Pflichtexemplare) angenommen. Trotz verschiedener Initiativen, den Geschäftsgang zu beschleunigen, nahm die Restebildung in den folgenden Jahren noch zu.[13] Mit einem Vielfachen der tatsächlich akzessionierten Zugänge aus NS-Raubgut ist demnach zu rechnen, wenn man die an die Preußische Staatsbibliothek überwiesenen, auch eingegangenen, aber unbearbeitet gebliebenen bzw. weitergeleiteten Bestände hinzuzählt. Der Gesamtumfang dieser zumindest zeitweilig im Besitz der Preußischen Staatsbibliothek befindlichen Bestände an NS-Raubgut muss wohl eher im sechsstelligen Bereich (bei ca. 100.000 Bänden) angesiedelt werden.

Anhand ausgewählter Beispiele soll im Folgenden die Erwerbungspolitik der Preußischen Staatsbibliothek wie auch der bibliothekspraktische Umgang mit NS-Raubgut näher beleuchtet werden.

II

Der Malik-Verlag als einer der bedeutendsten linksgerichteten deutschen Verlage war auf politische und ästhetische Avantgardekunst sowie kommunistische Literatur ausgerichtet. Nach dem Reichstagsbrand musste der Verleger Wieland Herzfelde nach Prag fliehen. Bereits 1934 aus dem Firmenregister der Stadt Berlin gestrichen konnte die Verlagstätigkeit bis 1938 in Prag und dann noch bis 1939 in London fortgeführt werden.[14] Als Berliner Verlag fiel Malik unter das Pflichtexemplarrecht der Preußischen Staatsbibliothek und wurde dementsprechend in den Journalen der Pflichtexemplarstelle geführt.

Im 29. Band des Journals für die Jahre 1925 bis 1935, der den Buchstaben M und damit den Malik-Verlag umfasst, wurde unter den Verlagspublikationen des Jahres 1930 handschriftlich eine Neuauflage (18.–25. Tausend) des fünften Bandes der Upton Sinclair gewidmeten Werkausgabe, der den Roman *Samuel der Suchende* enthält, eingetragen (s. Abb. 1). Das Exemplar ist laut Journal am 29. November 1934 eingegangen. Vermerkt wurde darüber hinaus, dass die Ausgabe polizeilich beschlagnahmt wurde und das hier eingetragene Exemplar durch den Amtsvorsteher von Torgelow in Pommern zugesandt wurde.[15] Heute ist im Bestand der Staatsbibliothek nur ein Exemplar der 1928 erschienenen Ausgabe 12.–17. Tausend erhalten[16], das bereits am 23. Januar 1929 als Pflichtzugang akzessioniert wurde. Das 1934 in Torgelow beschlagnahmte und als Pflichtzugang an die Preußische Staatsbibliothek gelangte Exemplar der Ausgabe von 1930

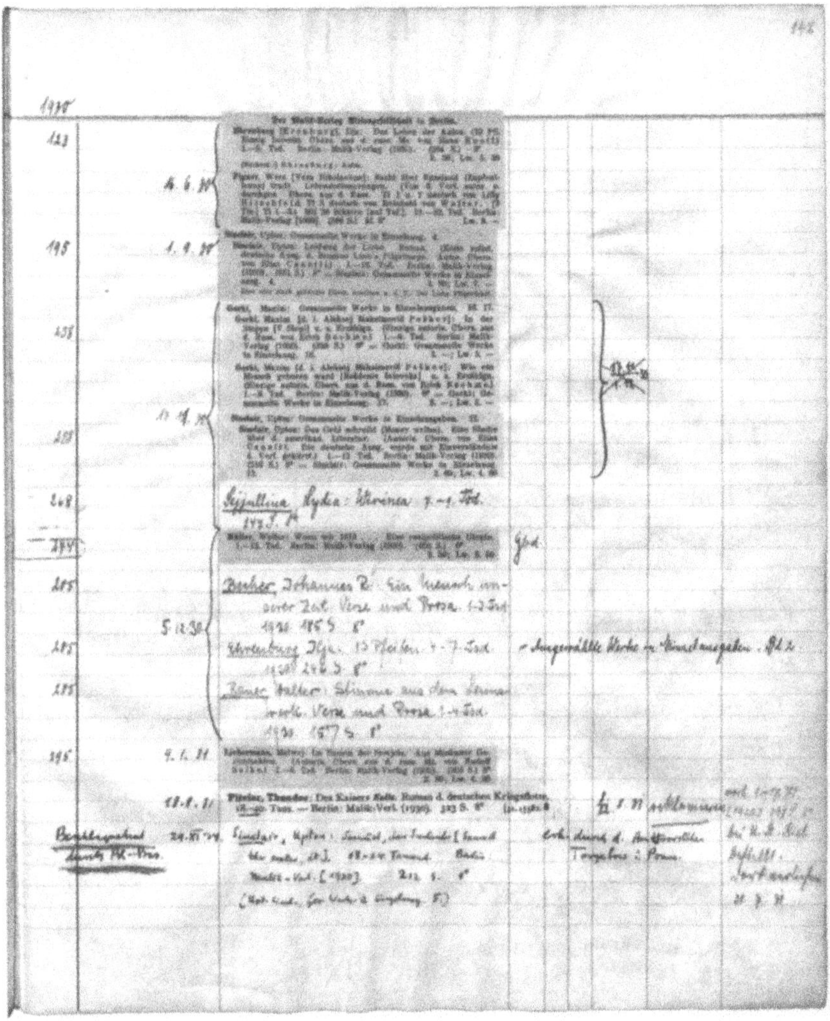

Abb. 1: Journal Pflichtexemplarstelle 1925–1935, Bd. 29, Bl. 142ᵣ (Staatsbibliothek zu Berlin – Preußischer Kulturbesitz, Archiv)

wurde wohl nie weiter bearbeitet, ein Eintrag in den Katalogen ist jedenfalls nicht erfolgt. Ob dieses Exemplar nachträglich doch noch als unveränderte Auflage in die Dubletten gegeben wurde oder bei den unbearbeiteten Resten verblieb und später verloren ging, lässt sich nicht entscheiden.[17]

Bei den Journalen der Pflichtexemplarstelle erweist es sich als lohnend, retrospektiv auch die Jahre weit vor 1933 zu betrachten, da später eingegangene beschlagnahmte Exemplare dort nachgetragen wurden.[18] So finden sich im Journal der Jahre 1911 bis 1924 verschiedene Einträge beschlagnahmter Werke aus dem Malik-Verlag, zum Jahr 1923 etwa von

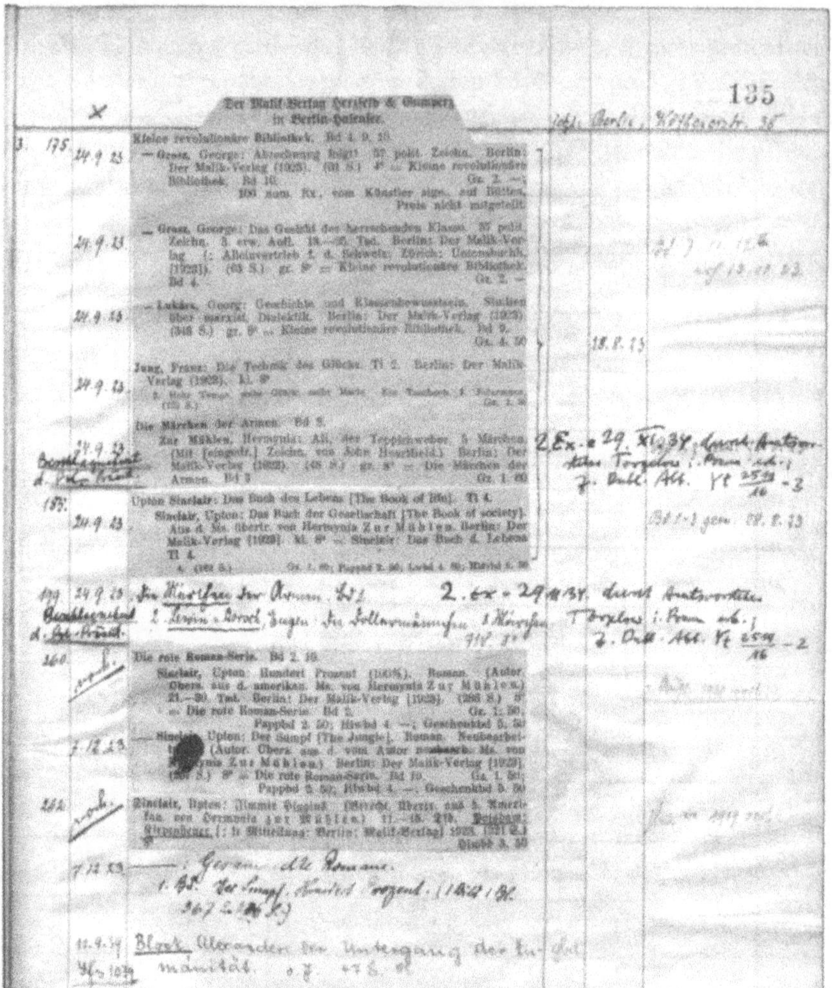

Abb. 2: Journal Pflichtexemplarstelle 1911–1924, Bd. 22, Bl. 135$_r$ (Staatsbibliothek zu Berlin – Preußischer Kulturbesitz, Archiv)

Band 2 und 3 der Reihe *Die Märchen der Armen*, die ebenfalls am 29. November 1934 durch den Amtsvorsteher von Torgelow in Pommern eingeliefert wurden (s. Abb. 2). Diese Exemplare wurden eingetragen, obwohl es sich um zweite Exemplare handelte[19], die gleichzeitig mit dem Vermerk »Zur Dubletten-Abteilung« versehen wurden. Damit finden sich in den Journalen der Pflichtexemplarstelle auch Nachweise über in der Preußischen Staatsbibliothek eingegangene, dann aber weitergegebene Exemplare aus NS-Raubgut.

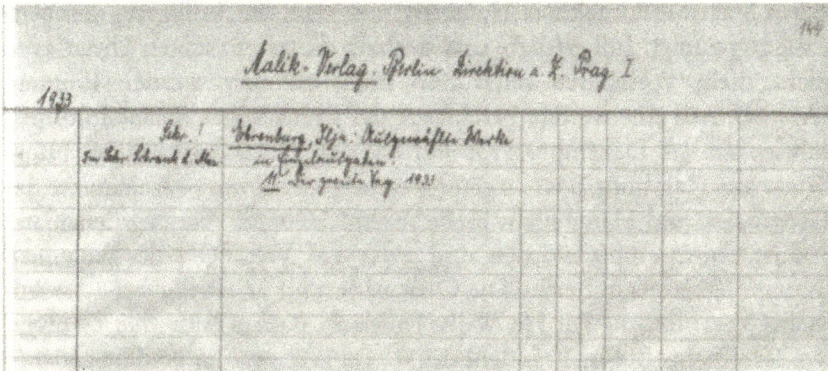

Abb. 3: Journal Pflichtexemplarstelle 1925–1935, Bd. 29, Bl. 144ᵣ (Staatsbibliothek zu Berlin – Preußischer Kulturbesitz, Archiv)

Der letzte Eintrag zum Malik-Verlag über den bereits in Prag erschienenen 11. Band der Gesammelten Werke von Ilja Ehrenburg, der laut Journal auch sofort sekretiert aufbewahrt wurde, notiert gleichzeitig zur Verlagsangabe eine Adressänderung: »Direktion zur Zeit Prag I« (s. Abb. 3). Spätere Publikationen des Malik-Verlages wurden durch Kauf erworben, zum Beispiel über den Prager Lieferanten Taussig & Taussig. Gelegentlich findet sich bei diesen Kauferwerbungen im entsprechenden Akzessionsjournal noch der Vermerk »für Pflicht«. Die Staatsbibliothek hielt demnach bei ins Exil getriebenen Verlagen noch weiterhin am Gedanken der »Pflichtabgabe« fest und ordnete die Zugänge dem entsprechenden Geschäftsgang zu.

III

In einem nur wenige Seiten umfassenden Adressverzeichnis der Vereinigung Deutscher Druiden e.V. findet sich vorgebunden die zugehörige Korrespondenz mit der Titeldruckstelle der Preußischen Staatsbibliothek, die ein interessantes Schlaglicht auf die Erwerbungspolitik der Preußischen Staatsbibliothek im Hinblick auf die nach 1933 aus politischen Gründen aufgelösten Vereinigungen wirft, auch wenn es sich hier nicht unbedingt um Raubgut im engeren Sinn handelt.

Der Deutsche Zweig des der Freimaurerbewegung nahestehenden Druiden-Ordens nahm seinen Anfang mit der Gründung der Dodona-Loge in Berlin. 1935 zwangen die Nationalsozialisten den Deutschen Druiden-Orden zur Selbstauflösung. Er wurde 1947 wiederbegründet und existiert bis heute.[20] Der Bundesschriftführer der Vereinigung Deutscher Druiden Ernst Meyer teilte am 28. Sept. 1935 der Preußischen Staatsbibliothek aus Hamburg mit, dass die Auflösung der Vereinigung zum 1. Juli erfolgte und deshalb die gewünschten Unterlagen nicht mehr vorhanden seien und nicht geliefert werden könnten (Abb. 4). Auf eine weitere Nachfrage der Preußischen Staatsbibliothek schrieb am 16. Dezember 1935 der ehemalige Bundespräsident Hugo Wiese aus Hamburg, dass »irgend welche gedruckten Verzeichnisse der Grosshaine und Haine nicht mehr vorhanden sind. Alles Ordensmaterial ist eingestampft worden und zwar auf Verlangen des geheimen Staatspolizeiamts in Berlin. Die Ordensliteratur ist abgeliefert. (...) Auf meine Veranlassung hat Hr. Willy Laurisch, Berlin-Britz (der Großerz des Großhains Berlin-Brandenburg) (...) ein Exemplar an die Staatspolizei abgegeben (...). Auch erkläre ich mich bereit, sofern es sich nur um die Namen der Großhaine und der bis zuletzt bestehenden Haine handelt, ein solches Verzeichnis anzufertigen.« (Abb. 5).

Bereits am 13. September 1935 wurde das vorliegende Verzeichnis als Geschenk des Großhains Berlin-Brandenburg, Berlin-Britz in das Akzessionsjournal *Dona deutsch* eingetragen – ein Eintrag, der bislang nicht als verdächtig eingestuft wurde. Ob es hier tatsächlich um dieses, von »Herrn Laurisch« bereits an die Preußische Staatsbibliothek abgegebene Exemplar ging oder ob die Nachfragen der Preußischen Staatsbibliothek auf ein weitergehendes Verzeichnis abzielten, wird nicht ganz klar.

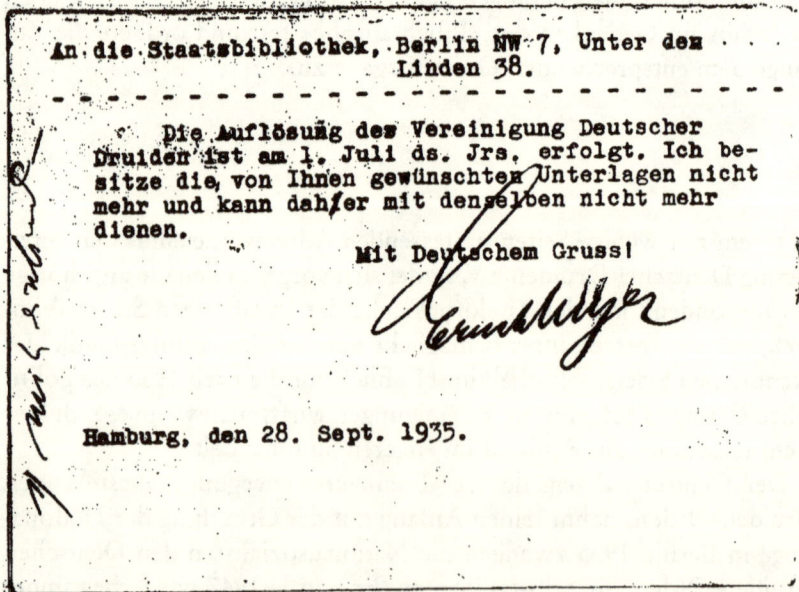

Abb. 4: Schreiben von Ernst Meyer vom 28.9.1935 (Staatsbibliothek zu Berlin – Preußischer Kulturbesitz, Signatur: Nb 10283)

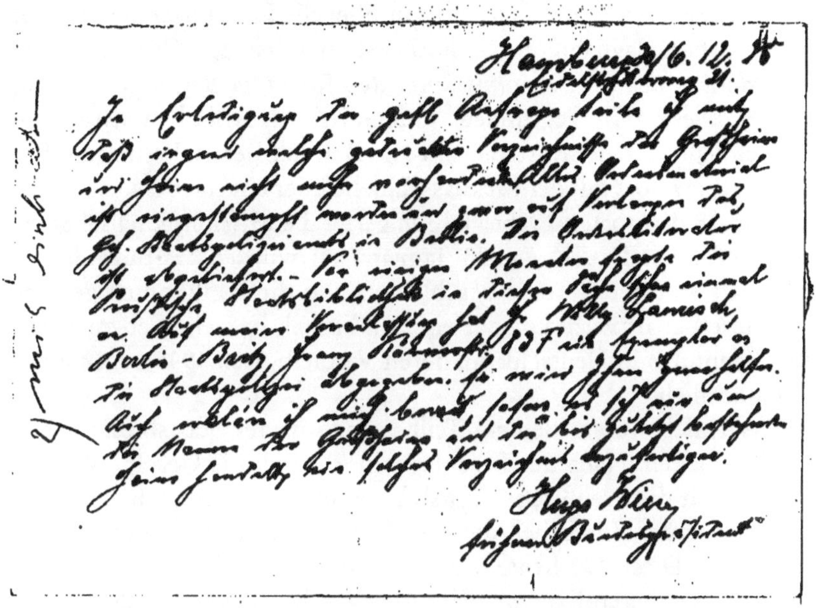

Abb. 5: Schreiben von Hugo Wiese vom 16.12.1935 (Staatsbibliothek zu Berlin –
Preußischer Kulturbesitz, Signatur: Nb 10283)

Deutlich wird an dieser Stelle das intensive Bemühen der Preußischen
Staatsbibliothek um Kleinschriftum und graue Literatur der aufgelösten
Freimaurerlogen und sonstigen Geheimgesellschaften, das im Falle verschiedener Logenbibliotheken auch durchaus erfolgreich war.[21] Allerdings bestand immer die Gefahr, dass verbotene bzw. unliebsame Literatur auf Anordnung der Gestapo oder anderer NS-Stellen vernichtet
wurde, bevor die Preußische Staatsbibliothek ihre Ansprüche geltend
machen konnte. Dass die Opfer der NS-Verfolgung durchaus Interesse
an einer Übergabe ihrer Buchbestände an die Preußische Staatsbibliothek haben konnten, um diese vor der Vernichtung zu bewahren, ist
nicht ganz von der Hand zu weisen. Dass allerdings der Betroffene an-
bietet, die Unterlagen für die vernichtete Literatur selbst wieder anzufertigen, wie das fragliche Verzeichnis der Vereinigung Deutscher Druiden, ist eher ungewöhnlich.

IV

Das Vorgehen der Preußischen Staatsbibliothek bei der Einarbeitung
beschlagnahmter Bibliotheken und die bei der heutigen Bestandsprü-
fung auftretenden Probleme durch Verlagerung und Teilung der Be-

stände nach 1945 lassen sich sehr gut über die Suche nach den von der Gestapo beschlagnahmten Bibliotheksbeständen der *Gesellschaft zur Beförderung des Christentums unter den Juden zu Berlin* deutlich machen.[22] Diese 1922 gegründete Judenmissionsgesellschaft hatte ihren Sitz schließlich in der Kastanienallee im Berliner Bezirk Prenzlauer Berg und verfügte dort mit der Messias-Kapelle über ein eigenes kleines Gotteshaus. In den späten 1930er Jahren geriet die Missionsgesellschaft zunehmend unter Druck. Am 23. Januar 1941 wurden das Büro der Gesellschaft von der Gestapo geschlossen und die Bankkonten gesperrt. Die Gesellschaft verfügte über eine Bibliothek vornehmlich zu Fragen des Judentums in Deutschland, deren Verbleib nach 1945 zunächst unbekannt blieb.

Tatsächlich waren kleinere Teilbestände in der Staatsbibliothek zu Berlin erhalten. Nach der Beschlagnahme durch die Gestapo im Jahre 1941 erhielt die Preußische Staatsbibliothek nachweislich mehr als 400 Bücher aus der Bibliothek der Gesellschaft, vornehmlich Judaica und Rabbinica. Diese 400 heute erhaltenen oder über die Akzessionsjournale nachweisbaren Exemplare wurden anschließend – wie der gesamte Bestand der Preußischen Staatsbibliothek – durch die Kriegswirren und die Teilung Deutschlands auseinandergerissen.

Bei der systematischen Überprüfung der Akzessionsjournale wurden in mehreren Unterabteilungen Einträge beschlagnahmter Bände aus der Bibliothek der Gesellschaft entdeckt. Der erste Eintrag erfolgte fast genau acht Monate nach der Beschlagnahmung am 19. September 1941. Zunächst wurden in den Journalen rund 40 Titel allgemeineren Inhalts verzeichnet, von November 1941 bis März 1942 folgte mit 320 Titeln der Hauptteil der heute bekannten Bände, die als Judaica bzw. Rabbinica über die Orientalische Abteilung inventarisiert wurden. Die weitere Bearbeitung geriet seit 1942 wegen der zunehmenden Auslagerung der Bestände ins Stocken. Dies hatte zur Folge, dass die bis Kriegsende nicht endgültig eingearbeiteten Bücher in den verschiedensten Bearbeitungsstadien stecken blieben: Für 25 Bände erfolgten Signaturenvergabe und Katalognachweis erst Jahre bzw. Jahrzehnte später. Weitere 50 Bücher gehören bis heute zu den nicht endgültig eingearbeiteten Beständen; die meisten dieser Titel waren zum damaligen Zeitpunkt bereits im Bestand der Preußischen Staatsbibliothek vorhanden.

Die Gesamtbilanz zeigt: 168 Exemplare konnten noch heute im Bestand der Staatsbibliothek ermittelt werden, die restlichen Bände müssen zu den Kriegsverlusten gerechnet werden oder sind als Dubletten an andere Institutionen übermittelt worden. Die alten Bibliothekssignaturen der Gesellschaft, die offenbar einer sachlichen Aufstellungssystematik mit einer aus ein bis zwei Buchstaben und Zahlen bestehenden Klassifikation folgten, zeigen dabei deutlich, dass es sich bei dem inzwischen restituierten Bestand nur um einen Bruchteil der ursprünglichen Bibliothek handeln kann.[23]

V

In einigen Fällen wurde NS-Raubgut nicht nur später eingearbeitet, sondern gelangte tatsächlich erst deutlich nach 1945 an die Staatsbibliothek, so etwa über die »Zentralstelle für Wissenschaftliche Altbestände« (ZWA), wie das folgende Beispiel zeigt. Bei der Bearbeitung von Geschäftsgangsresten der Staatsbibliothek sind 2009 zwei Bände aus dem 17. Jahrhundert aufgefallen, deren Pergamenteinbände das Supralibros von Sigismund Casimir zu Lynar (1648–1686) aufweisen. Die beiden Drucke stammen aus dem Alteigentum der Grafen zu Lynar. Wilhelm-Friedrich Graf zu Lynar war aufgrund seiner Beteiligung an dem Hitler-Attentat um Graf Stauffenberg am 20. Juli 1944 zum Tod verurteilt und hingerichtet worden. Seine Familie wurde von der NS-Regierung enteignet. Der Familiensitz Schloss Lübbenau im Spreewald musste geräumt werden, die dort vorhandenen Bibliotheksbestände wurden nach 1945 entfernt. Nach der Wiedervereinigung wandte sich die Familie zu Lynar an das Amt für offene Vermögensfragen, das ihr 1994 die Eigentumsrechte an den Liegenschaften in Lübbenau sowie an den Kunstgegenständen, die sich im Schlossmuseum befunden hatten, zurückübertrug.

Beide Bände wurden mit dem Stempel der Deutschen Staatsbibliothek versehen, der in den Jahren 1954 bis 1992 in Gebrauch war. Die weiteren Recherchen ergaben, dass sie über die ZWA in die Staatsbibliothek gelangten und 1972 akzessioniert, aber nicht im Katalog nachgewiesen wurden. Die ZWA, eingerichtet 1953, war seit 1959 bei der Deutschen Staatsbibliothek in Berlin angesiedelt. Sie hatte unter anderem die Aufgabe, durch Auflösung von Bibliotheken herrenlos geworodene Buchbestände wissenschaftlichen Bibliotheken anzubieten oder dem Zentral-Antiquariat Leipzig zur Verfügung zu stellen. Welchen Weg die Bände aus der Lynar'schen Bibliothek nach der Enteignung nahmen und wie sie an die ZWA gelangt sind, ist ungeklärt. Inzwischen konnten die Drucke restituiert werden.[24]

Weitere 27 Drucke dieser Provenienz konnten bis heute im Bestand der Staatsbibliothek identifiziert und restituiert werden. Soweit feststellbar sind diese Bände auf dem gleichen Weg in die Deutsche Staatsbibliothek gelangt und 1971/72 akzessioniert worden. Die Mehrzahl der Werke wurde jedoch lediglich als zweites Exemplar im *Alten Realkatalog* nachgetragen und erhielt keine neue Signatur (die dann auch als

Zugangsnummer nachgewiesen worden wäre). Durch diese in der Staatsbibliothek jahrelang geübte Praxis fehlt für erhebliche Teile der antiquarischen Zugänge ein genauer Nachweis.

VI

Auf noch verschlungeneren Wegen gelangten Bestände aus einer jüdischen Privatbibliothek in die Staatsbibliothek zu Berlin: Eine prominente Persönlichkeit im jüdischen Gemeindeleben Berlins, aber ebenso im kulturellen und wirtschaftlichen Leben der Stadt war Heinrich Stahl (1868–1942). Er war langjähriger Direktor der Viktoria-Versicherung und spielte nach seinem Eintritt in den Ruhestand eine wesentliche Rolle in der Jüdischen Gemeinde zu Berlin, deren Vorsitzender er von 1933 bis 1939 war. Stahls Versuch im Jahr 1940 zu emigrieren, wurde offenbar von der Gestapo verhindert. Am 11. Juni 1942 wurde er zusammen mit seiner Frau nach Theresienstadt deportiert, wo er am 4. November 1942 an einer Lungenentzündung starb. Stahl war leidenschaftlicher Kunstsammler und Bibliophiler. Bekannt ist seine Beteiligung an der Max-Liebermann-Ausstellung des Berliner Jüdischen Museums 1936, darüber hinaus seine Briefmarkensammlung, die als größte Privatsammlung Deutschlands galt. Über den Verbleib des Inventars seiner Dahlemer Villa, das eben auch seine kostbare Büchersammlung umfasste, war bislang nichts bekannt.[25]

Im Rahmen der Katalogisierung der Bibliothek Bruno Kaisers – mit ca. 40.000 Drucken eine der umfangreichsten Sondersammlungen der Abteilung Historische Drucke – wurden die Mitarbeiter vor kurzem auf das Exlibris Heinrich Stahls aufmerksam, das sich zunächst durch die Tektur beim Namen einer Identifikation entzog (Abb. 6). Weitere Exemplare tragen das gleiche Exlibris in unversehrter Form und machten so die Zuordnung möglich (Abb. 7).

Der Literaturwissenschaftler Bruno Kaiser (1911–1982) legte den Grundstock zu seiner Privatbibliothek bereits 1933 als Student und junger Journalist. 1938 musste er als Jude ins Exil gehen. Seine Bibliothek wurde durch die Initiative seiner Mutter gerettet und kehrte nach 1945 zu ihrem Eigentümer zurück. Seine Mutter allerdings starb 1943 in Theresienstadt. Im französischen Exil trug Kaiser wieder eine ansehnliche Sammlung zusammen, die er 1947 nach Berlin brachte und danach bis zu seinem Tode ergänzte, wobei die deutsche Literatur und bibliophile Ausgaben im Vordergrund standen. Die Bibliothek wurde von der Deutschen Staatsbibliothek 1967 nicht zuletzt unter dem Aspekt angekauft, Kriegsverluste im Bereich der deutschen Literatur auszugleichen.

Abb. 6: Exlibris Heinrich Stahl mit Tektur

1982 wurde noch ein Restbestand an die Staatsbibliothek geschenkt – verbunden mit der Verpflichtung diese Büchersammlung als geschlossene Sammlung zu erhalten.[26]

Die bisherigen Recherchen förderten auch einige Exemplare mit dem Exlibris Stahls zu Tage, die 1964/65 von der Deutschen Staatsbibliothek aus sogenanntem »Altem Bestand« akzessioniert, zum Teil aber bis heute nicht katalogisiert wurden. Insgesamt konnten inzwischen ca. 30 Drucke aus dem Besitz Heinrich Stahls nachgewiesen werden. Da auch die Exemplare aus der Bibliothek Bruno Kaisers den seit 1954 verwendeten Stempel der Deutschen Staatsbibliothek tragen, ist anzunehmen, dass alle Exemplare nach 1945 als unbearbeitete Bestände in der Öffentlichen Wissenschaftlichen Bibliothek bzw. dann der Deutschen Staatsbibliothek lagerten[27], wo Bruno Kaiser durch seine enge Verbindung mit der Staatsbibliothek Zugang zu diesen Beständen hatte.

In diesem Fall also finden sich geraubte Bücher aus der Sammlung eines im Konzentrationslager verstorbenen jüdischen Bibliophilen in der Bibliothek eines ins Exil getriebenen, aber nach Berlin zurückge-

Abb. 7: Exlibris Heinrich Stahl

kehrten jüdischen Bibliophilen wieder. Gleichzeitig wird deutlich, dass die Zugänge aus unbearbeiteten Beständen nicht nur in der unmittelbaren Nachkriegszeit, sondern tatsächlich bis heute kritisch zu sichten sind.

VII

Bislang konnten im OPAC der Staatsbibliothek[28] über 1.500 Exemplare als NS-Raubgut nachgewiesen und recherchierbar gemacht werden. Rund 870 dieser eindeutig identifizierten Exemplare wurden bereits restituiert. Die Restitution wird unter Angabe des Zeitpunktes der Rückübertragung und gegebenenfalls der Nennung des rechtmäßigen Eigentümers bzw. Rechtsnachfolgers im OPAC der Staatsbibliothek dokumentiert. Bereits zu über 2.700 inkriminierten Eintragungen in den Akzessionsjournalen wurden Recherchen angestellt und in diesem Zusammenhang 3.600 Exemplare auf Provenienzspuren geprüft.

Die weiteren Forschungen über die unrechtmäßigen Erwerbungen der Preußischen Staatsbibliothek nach 1933 werden sicher noch mehrere Jahre in Anspruch nehmen, lassen aber gleichzeitig zahlreiche weiterführende Erkenntnisse über das Schicksal einzelner Büchersammlungen, aber auch über den bibliothekspraktischen Umgang mit beschlagnahmter und verbotener Literatur erwarten. Manche Fragen werden jedoch angesichts der lückenhaften Überlieferung der Zugangsnachweise bzw. aufgrund der Kriegsverluste im historischen Druckschriftenbestand der Staatsbibliothek ungelöst bleiben müssen.

1 Barbara Schneider-Kempf: »Die Staatsbibliothek zu Berlin und ihr Umgang mit NS-verfolgungsbedingt entzogenen Büchern und Handschriften: eine Zwischenbilanz«. In: *Die Verantwortung dauert an. Beiträge deutscher Institutionen zum Umgang mit NS-verfolgungsbedingt entzogenem Kulturgut.* Magdeburg 2010 (=Veröffentlichungen der Koordinierungsstelle Magdeburg 8), S. 39–54; vgl. auch die Website der Abteilung Historische Drucke und die dort genannte Literatur: http://staatsbibliothek-berlin.de/die-staatsbibliothek/abteilungen/historische-drucke/aufgaben-profil/ns-raubgut/(15.7.2011). Zur Provenienzforschung an der Staatsbibliothek insgesamt Herrmann Parzinger: »Provenienzforschung in Museen, Bibliotheken und Archiven – Originäre Aufgaben und aktuelle Anforderungen«. In: Angelika Menne-Haritz u. a. (Hg.): *Archive im Kontext. Öffnen, Erhalten und Sichern von Archivgut in Zeiten des Umbruchs. Festschrift für Prof. Dr. Hartmut Weber zum 65. Geburtstag.* Düsseldorf 2010 (=Schriften des Bundesarchivs 72), S. 13–25; Michaela Scheibe und Heike Pudler: »Provenienzforschung/-erschließung an der Staatsbibliothek zu Berlin. Stand. Projekte. Perspektiven«. In: *Bibliothek. Forschung und Praxis* 34 (2010), S. 51–56. — **2** Vgl. die Projektbeschreibung unter: http://staatsbibliothek-berlin.de/die-staatsbibliothek/abteilungen/historische-drucke/aufgaben-profil/projekte/transparenz-schaffen/ (15.7.2011). — **3** Karsten Sydow: *Die Erwerbungspolitik der Preußischen Staatsbibliothek in den Jahren 1933 bis 1945.* Magisterarbeit Humboldt-Universität Berlin [masch.] 2006; vgl. auch Karsten Sydow: »Die Akzessionsjournale der Preußischen Staatsbibliothek im Hinblick auf NS-Raubgut und die Reichstauschstelle«. In: Hans Erich Bödeker und Gerd-J. Bötte (Hg.): *NS-Raubgut, Reichstauschstelle und Preußische Staatsbibliothek. Vorträge des Berliner Symposiums am 3. und 4. Mai 2007.* München 2008, S. 85–105; Ders.: »Die Erwerbungspolitik der Preußischen Staatsbibliothek in den Jahren 1933 bis 1945«. In: Regine Dehnel (Hg.): *NS-Raubgut in Bibliotheken. Suche, Ergebnisse, Perspektiven.* Drittes Hannoversches Symposium. Frankfurt/M. 2008 (=Zeitschrift für Bibliothekswesen und Bibliographie, Sonderhefte 94), S. 45–56. — **4** Vgl. Heike Pudler: »Geschäftsgänge zur Restitution von NS-Raubgut zur Staatsbibliothek in Berlin. Ein Bericht aus der Praxis«. In: Bödeker und Bötte (Hg.): *NS-Raubgut, Reichstauschstelle und Preußische Staatsbibliothek* (s. Anm. 3), S. 151–162. — **5** Cornelia Briel: »Zum Verhältnis von Reichstauschstelle und Preußischer Staatsbibliothek in den Jahren 1934 bis 1945«, In: Ebd., S. 45–84; vgl. auch die Projektbeschreibung unter: http://staatsbibliothek-berlin.de/die-staatsbibliothek/abteilungen/historische-drucke/aufgaben-profil/projekte/projekt-reichstauschstelle/(15.7.2011). Die Projektstudie selbst ist in Vorbereitung und wird voraussichtlich noch 2011 im Berliner Akademie-Verlag erscheinen. — **6** Heike Pudler: »Recherche und Nachweis von NS-Raubgut in der Staatsbibliothek zu Berlin. Ein Werkstattbericht«. In: Stefan Alker u. a. (Hg.): *Bibliotheken in der NS-Zeit. Provenienzforschung und Bibliotheksgeschichte.* Göttingen 2008, S. 75–88. — **7** Zitiert nach: Gustav Abb: *Schleiermachers Reglement für die Königliche Bibliothek zu Berlin vom Jahre 1813 und seine Vorgeschichte.* Berlin 1926, S. 96. — **8** Zur Geschichte und Organisation des Pflichtzugangs vgl. Oskar Tyszko: »Die Bestandsvermehrung der Hauptabteilung und ihre Organisation«. In: *Deutsche Staatsbibliothek 1661–1961*. Bd. 1. Leipzig 1961, S. 89–129. — **9** So umfasst das Journal für die Jahre 1901 bis 1910 47 Bände, 1911 bis 1924 42 Bände, 1925 bis 1935 58 Bände und 1936 bis 1944 34 Bände. — **10** Offenbar musste auch verbotene Literatur, deren Zugang nur in ein besonderes, leider nicht erhaltenes Sekretierten-Journal eingetragen werden sollte, zunächst in diesen Journalen vermerkt werden, wenn sie unter das Pflichtexemplarrecht fiel. — **11** Vgl. Briel: »Zum Verhältnis von Reichstauschstelle und Preußischer Staatsbibliothek in den Jahren 1934 bis 1945« (s. Anm. 5), S. 68 ff. — **12** Vgl. Sydow: *Die Erwerbungspolitik der Preußischen Staatsbibliothek in den Jahren 1933 bis 1945* (s. Anm. 3), S. 78 f. sowie demnächst ausführlich die Projektstudie von Cornelia Briel (s. Anm. 5). — **13** Vgl. Werner Schochow: *Die Preußische Staatsbibliothek 1918–1945.* Köln u. a. 1989 (=Veröffentlichungen der Archive Preußischer Kulturbesitz 29), S. 45 f. — **14** Aus der umfangreichen Literatur zu Wieland Herzfelde und dem Malik-Verlag sei an dieser Stelle nur verwiesen auf Ulrich Faure: *Im Knotenpunkt des Weltverkehrs. Herzfelde, Heartfield, Grosz und der Malik-Verlag. 1916–1947.* Berlin u. a. 1992 sowie: Frank Hermann: *Der Malik-Verlag 1916–1947. Eine Bibliographie.* Kiel 1989. — **15** Nach einer vom Amtsvorsteher am 28.5.1934 an die Preußische Staatsbibliothek übersandten Liste (weitere Listen aus Torgelow sind nicht erhalten) könnte es sich um 1933 bei der KPD und der Zentralbibliothek der organisierten Arbeiter in Torgelow beschlagnahmte Literatur handeln. Diese Liste enthält etliche Publikationen des Malik-Verlags und führt unter Nr. 52 auch ein Exemplar von *Der Suchende* (mit dem Erscheinungsjahr 1924) auf. Allerdings wurden nur acht Bände aus dieser 243 Titel umfassenden Liste von der Staatsbibliothek am 20.7.1934 angefordert, die meisten Titel waren bereits vorhanden und sollten der Universitätsbibliothek Greifswald angeboten werden (Staatsbibliothek zu Berlin – Preußischer Kulturbesitz, Akten A 62, Polizeipräsidium Stettin, Amtsvorsteher Torgelow). — **16** Staatsbibliothek zu Berlin – Preußischer Kulturbesitz, Abteilung Historische Drucke, Signatur: Zd 15070–5 R. — **17** Dies gilt auch für ein erst am 21.6.1939 eingegangenes Exemplar des 11. Bandes der Sinclair-Werkausgabe (1929 erschienen), das ohne Nennung des Lieferanten als zweites Exemplar eingetragen wurde und ebenfalls nie katalogisiert wurde. — **18** Eventuell deuten die mit dem Vermerk »Jfs« nachgetragenen Exemplare auf die beschlagnahmte Bibliothek des Instituts für Sozialforschung hin (s. Abb. 2). — **19** Die Signatur des bereits im Bestand vorhandenen Exemplars wurde jeweils daneben notiert. — **20** Vgl. Georg Schmid u. a. (Hg.): *Kirchen, Sekten, Religionen. Religiöse Gemeinschaften, weltanschauliche Gruppierungen und Psycho-Organisationen im deutschen Sprachraum.* 7. überarb. und erg. Aufl. Zürich 2003, S. 426. — **21** Der mit ca. 1.100 Bänden größte Bestand stammte aus der Loge *Teutonia zur Weisheit* in Potsdam und gelangte in den Jahren 1935/36 in den Bestand der Preußischen Staatsbibliothek, vgl. Sydow: *Die Erwerbungspolitik der Preußischen Staatsbibliothek in den Jahren 1933 bis 1945* (s. Anm. 3), S. 47 f. — **22** Zum Folgenden Michaela Scheibe u. a.: »Judenmission und Bücherraub«. In: *Bibliotheksmagazin. Mitteilungen aus den Staatsbibliotheken in Berlin und München* Nr. 2/2010, S. 69–74. — **23** Zwischenzeitlich konnten etwa 15 weitere Bände dieser Provenienz identifiziert werden, die nach 1945 aus unbearbeiteten Beständen bzw. auf Umwegen in den Bestand der Staatsbibliothek gelangten. — **24** Pressemitteilung der Staatsbibliothek vom 13.1.2010: http://staatsbibliothek-berlin.de/nc/aktuelles/presse/detail/article/2010–01–13–4232/(15.7.2011). — **25** Hermann Simon: *Heinrich Stahl (13. April 1868 – 4. November 1942).* Berlin 1993, S. 9 ff. Leider nicht zugänglich waren mir bisher die Memoiren von Stahls Großneffen Gert Lippman: *A link in the chain. Biographical notes.* Sydney 1990. — **26** Heidrun Feistner: »Die Bibliothek von Bruno Kaiser«. In: *Bibliotheksmagazin. Mitteilungen aus den Staatsbibliotheken in Berlin und München* Nr. 1/2011, S. 58–62. — **27** Diese Annahme wird noch verstärkt durch die im Aktenkonvolut A 62 enthaltene »Übersicht über die Bücherbestände im Keller der Staatsbibliothek«, die in Keller 18 eine nicht näher beschriebene »Briefmarkensammlung« verzeichnet (Staatsbibliothek zu Berlin – Preußischer Kulturbesitz, Akten A 62). Die Vermutung liegt nahe, dass es sich um die berühmte Briefmarkensammlung Heinrich Stahls gehandelt haben dürfte und sich unter den dort lagernden beschlagnahmten Büchern auch seine Bibliothek befand. — **28** http://stabikat.de (15.7.2011).

Christina Köstner-Pemsel

Österreichische Büchersammler und ihre Schicksale

Die aktuelle NS-Provenienzforschung an den österreichischen Bibliotheken gab den Ausschlag, sich eingehend mit dem Schicksal von
Büchersammlern in der NS-Zeit zu beschäftigen. Begonnen hat diese
intensive Auseinandersetzung mit dem Thema »Raub und Restitution«
mit der Washingtoner Erklärung 1998 und dem vom österreichischen
Parlament im Dezember 1998 einstimmig beschlossenen »Kunstrückgabegesetz«[1], das alle Bundesmuseen und die Österreichische Nationalbibliothek dazu verpflichtete, ihre Erwerbungen zwischen 1938 und
1945 zu untersuchen. Mittlerweile haben eine Reihe von österreichischen Bibliotheken wie die Österreichische Nationalbibliothek
(ÖNB) und die Wiener Universitätsbibliothek (UB Wien) ihre Bestände
gesichtet und Bücher restituiert. In den meisten dieser Fälle bekamen die
Nachkommen von Exilierten Teile ihres Besitzes zurück. Es sind vor
allem bekannte Namen, wie Schnitzler oder Bermann Fischer, die mittlerweile ausführlich aufgearbeitet und dokumentiert sind.

In allen Bibliotheken bedeutet NS-Provenienzforschung auch eine
Auseinandersetzung mit der Rolle der jeweiligen Institution in der NS-
Zeit bzw. in der Nachkriegszeit, die immer eine große Veränderung in
der Sicht auf die eigene Geschichte bringt. Gerade im Fall der ÖNB und
der UB Wien zeigt sich dieser Perspektivenwechsel anhand der sogenannten »Hausgeschichten«, die in den 1970er Jahren verfasst wurden
und das jahrzehntelang gepflegte (Selbst-)Bild der Institutionen reprä-
sentieren. Im Fall der ÖNB vermittelte der langjährige Mitarbeiter
Ernst Trenkler (1902–1982) in seiner Geschichte der Nationalbibliothek
(NB) in den Jahren 1923 bis 1967 das Bild einer staatlichen Institution,
die im Wesentlichen vom Staat losgelöst vor sich hin lebte. Den Generaldirektor der Nationalbibliothek zwischen 1938 und 1945, Paul Heigl
(1887–1945), sprach er von jeder persönlichen Schuld frei. Auch der
langjährige Mitarbeiter der UB Wien und ebenfalls Zeitzeuge des Bücherraubs, Walter Pongratz (1912–1990), der die Geschichte der UB
Wien 1977 veröffentlicht hat, attestiert seinem ehemaligen Direktor
Alois Jesinger (1886–1964)[2] eine »nachgewiesenermaßen korrekte und
menschliche Amtsführung.«[3] Die Ergebnisse der NS-Provenienzforschung an den zwei größten Bibliotheken Österreichs sprechen eine andere Sprache und zeigen, wie lange dieses Thema verdrängt wurde.

I NS-Provenienzforschung an der Österreichischen Nationalbibliothek

In der ÖNB wurde bereits im Dezember 2003 der Provenienzbericht präsentiert. Darin wurden 52.403 geraubte Objekte aufgelistet, die sich zu diesem Zeitpunkt nach wie vor im Besitz der ÖNB befanden. Im Rahmen der NS-Provenienzforschung waren an der ÖNB 200.000 Objekte (150.000 Bde. Druckschriften und 50.000 Sammlungsobjekte) autopsiert worden, außerdem noch der sogenannte »Altbestand«, in dem Bücher aufgenommen wurden, die teilweise seit der Monarchie nicht bearbeitet worden waren. Unter diesen ca. 52.500 Bänden fanden sich einige hundert Werke aus geraubten Bibliotheken, wie etwa aus der Bibliothek Roda Rodas.

Es wurde ein Verzeichnis von etwa 450 verschiedenen Eigentumszeichen von Privatpersonen und Institutionen angelegt, das als Grundlage für die weiteren Recherchen genutzt wurde. In 72 Fällen konnten die Entziehungsgeschichte und die damit verbundenen Schicksale der Verfolgten recherchiert werden.[4] Mit der Restitution an die Erben von Erich Wolfgang Korngold wurde im Frühjahr 2009 der letzte große Fall abgeschlossen und es wurden 2.122 Autografen, 45 Musikhandschriften, 59 Musiknotendrucke sowie vier Druckschriften zurückgegeben.[5] Bis Juni 2010 wurden 56 Fälle abgeschlossen und zusammen über 35.000 Objekte restituiert.[6]

Knapp 16.000 Objekte wurden als Raubgut identifiziert, mangels eindeutigen Besitzzeichens müssen sie aber als erblos eingestuft werden. Ein erster Teil dieser Bücher wurde am 1. Juni 2010 von Generaldirektorin Johanna Rachinger im Beisein der österreichischen Nationalratspräsidentin Barbara Prammer im Rahmen einer Gedenkfeier an den Nationalfonds der Republik Österreich für Opfer des Nationalsozialismus übergeben.[7] Für weitere 8.823 erblose Objekte ist eine Entscheidung des am Bundesministerium für Unterricht, Kunst und Kultur eingerichteten Beirats für Kunstrestitution noch ausständig. Um ErbInnen der Verfolgten die Möglichkeit zur Beanspruchung zu geben, wurden diese Werke in einer eigens für die Erfassung von Raubgut erstellten Online-Datenbank des Nationalfonds publiziert.[8] Mit Stand März 2011 sind 3.360 Objekte der ÖNB in der Kunstdatenbank aufgelistet. Gemeinsam mit den am 1. Juni 2010 an den Nationalfonds der Republik Österreich für Opfer des Nationalsozialismus übergebenen erblosen Druckschriften erhöht sich die Zahl auf 43.580 restituierte Werke.

Obwohl sich die NS-Provenienzforschung in Bibliotheken selten mit unverwechselbaren Einzelstücken beschäftigt, sondern meist mit Massenware, war es in der ÖNB aufgrund des umfangreichen, fast vollständig erhaltenen Archivs der Generaldirektion möglich, so viele Fälle zu dokumentieren. Außerdem gibt es in der ÖNB sozusagen eine Spezialität, die sich bislang in keiner anderen Bibliothek gefunden hat, nämlich die Provenienzangabe »P38« (das heißt Polizei 1938). Selbst wenn kein weiterer Hinweis auf den Vorbesitzer im Buch vorhanden ist, weiß man aufgrund dieses Kürzels zumindest, dass es sich um Raubgut handelt. Das Einlaufsbuch mit dem Signaturbereich 680.000 bis 690.000 wurde ausschließlich für geraubte Bücher reserviert, die alle mit der Provenienz »P 38« und als »Geschenk« eingetragen wurden. Man findet aber auch in den anderen Einlaufsbüchern aus der NS-Zeit diese Vermerke. Einer Schätzung zufolge kamen zwischen 1938 und 1945 bis zu 500.000 geraubte Objekte in die Nationalbibliothek.[9] Allein diese große Zahl belegt, dass die NB, *die* Anlaufstelle für Raubgut vor allem aus Privatbibliotheken in Österreich war.[10]

II NS-Provenienzforschung an der UB Wien

Im Rahmen der NS-Provenienzforschung an der UB Wien wurden zwischen 2004 und 2008 im Bereich der Hauptbibliothek knapp 350.000 Bände gesichtet und über 41.000 Bücher in einer Datenbank erfasst. Das Projekt wurde 2006 auch auf den Bereich der Fachbereichs- und Institutsbibliotheken erweitert und hier zwischen 2006 und 2008 mehr als 300.000 Bücher durchgesehen und gut 20.000 Bände zur weiteren Recherche aufgenommen. Mit Stand März 2011 wurden insgesamt 36 Bände restituiert, weitere 1.840 Bände wurden bereits von der Direktion als bedenkliche Fälle eingestuft und sind zur Restitution vorgesehen. Alle diese Bände sind im Online-Katalog[11] verzeichnet und auf diesem Weg veröffentlicht.

III Das Schicksal der Büchersammler

Durch Recherchen im Rahmen der NS-Provenienzforschung wurde dem Schicksal vieler bekannter, aber auch unbekannter Büchersammler nachgegangen und versucht, ihre Geschichte zu rekonstruieren. Aus den vielen Einzelfällen sollen im Folgenden die Handlungsstränge herausgefiltert und so das System »Bücherraub« dargestellt werden.

Der Bücherraub nahm seinen Anfang meist mit der Beschlagnahmung durch die Gestapo. Teilweise wurde dieser Vorgang publik gemacht, etwa in der *Wiener Zeitung* wie im Fall Heinrich Schnitzler.[12] Diverse Stellen, wie die Gestapo Wien, die Vugesta (Verwertungsstelle

für jüdisches Umzugsgut der Gestapo)[13], die Bücherverwertungsstelle[14], aber auch die Zentralstelle für Denkmalschutz (ZfD), boten in
erster Linie der Nationalbibliothek Bücher und andere beschlagnahmte
Objekte zur Übernahme an. Von der Gestapo wurden die zum Teil namenlosen Bestände öfters in Säcken in der NB abgegeben.[15]

Der Versuch der jüdischen Büchersammler, ihr Eigentum zu retten,
indem sie eine Speditionsfirma mit dem Versand ins Ausland beauftragten, scheiterte in den meisten Fällen. Die benötigte Ausfuhrbewilligung,
die nach dem 1918 bzw. 1923 unter ganz anderen Bedingungen be-
schlossenem Denkmalschutzgesetz[16] geregelt wurde, diente sowohl in
der NS-Zeit als auch nach 1945 dazu, vornehmlich jüdischen Sammlern
ihre Kunstobjekte abzunehmen oder sie zumindest zu erpressen. In der
NS-Zeit rief dieses Prozedere jedenfalls das ZfD und die NB auf den
Plan, denn beide Institutionen mussten ihre Zustimmung zur Ausfuhr
von Bibliotheken geben. Die bereits verpackten Kisten wurden in der
Folge aufgebrochen und geplündert, bevor der Rest meist versteigert
wurde. In einigen Fällen ist die Aufteilung dieser Objekte zwischen ZfD
und NB aktenkundig.

Selbst wenn das Umzugsgut schon bis Triest[17] gelangt war, war es
noch nicht in Sicherheit. Denn nach der Errichtung einer deutschen
Zivilverwaltung in Gebieten Norditaliens im Jahr 1943 bekam Paul
Heigl im Auftrag von Gauleiter Friedrich Rainer ungeahnte Möglichkeiten, Bücherraub im großen Stil zu betreiben und sich im Namen der
Nationalbibliothek und anderer Stellen im Gau Kärnten an der jüdischen Bevölkerung in Triest und Umgebung zu bedienen. Aber auch das
sogenannte »jüdische Umzugsgut«, das im Hafen von Triest für den
Weitertransport vorgesehen war, wurde aufgebrochen und geplündert.

In einigen Fällen lässt sich diese Vorgehensweise in den Akten zumindest teilweise nachvollziehen. Etwa im Fall des Wiener Rechtsanwalts Siegfried Fuchs (1883–1946), der seine wertvolle Sammlung von
Musikdrucken und Musikhandschriften unter normalen Umständen sicherlich nicht verkauft hätte. Ein undatierter Vermerk auf einem Akt
der ZfD von Waltraude Oberwalder deutet darauf hin, dass Fuchs Teile
seiner Sammlungen verkaufen musste, um andere Teile ins Exil nach
Shanghai mitnehmen zu können: »Die interessierten Stellen sind auf die
Slg aufmerksam gemacht worden und haben gekauft. Der Rest wurde
für die Ausfuhr freigegeben.«[18] Die Musiksammlung der Nationalbibliothek erwarb im Zeitraum vom März bis einschließlich November
1940 ca. 120 Signaturen Musikhandschriften sowie 175 Signaturen Musikdrucke von Siegfried Fuchs und zahlte laut Empfangsbestätigungen
in den Hausakten der ÖNB insgesamt RM 2.900.[19]

Otto Frankfurter (1875–1946) etwa »kostete« die Ausfuhrbewilligung für 350 Autografen die Hinterlegung seiner weit über 9.000 Stücke umfassenden Autografensammlung, die von der NB übernommen wurde. Doch gerade einen Tag nach der Erteilung der Ausfuhrbewilligung wurde er von der Gestapo verhaftet. Dem Lungenfacharzt (!) wurde vorgeworfen, er hätte eine illegale Abtreibung durchgeführt. Er konnte Ende August 1938 nach London emigrieren, doch seine Sammlung war für ihn verloren.

Das weitere Schicksal der Autografensammlung Otto Frankfurters ist in den Akten schwer nachzuvollziehen, doch letztendlich kaufte die NB die Sammlung Frankfurter 1941 um RM 900.[20] Nach dem Krieg einigten sich die Witwe Otto Frankfurters, Henriette, und die ÖNB auf einen Leihgabevertrag für 6.612 als Austriaca bezeichnete Autografen, die der ÖNB als »Leihgabe« überlassen wurden. An Henriette Frankfurter wurden 3.103 Autografen zurückgegeben. Von dieser Sammlung erwarb dann die Handschriftensammlung rechtmäßig im Dezember 1950 48 Autografen zum Preis von ATS 900,00. Im Mai 2005 wurden die 6.612 Autografen an die Erben von Otto Frankfurter restituiert und danach von der ÖNB angekauft.

IV Die Bringschuld der Opfer

Selbst wenn die österreichischen Büchersammler im Exil überlebt hatten, hieß es noch lange nicht, dass sie ihren Besitz nach 1945 zurückbekamen. Denn die Gesetzgebung in Österreich sah bis zum »Kunstrückgabegesetz« 1998 immer die Bringschuld auf Seiten der Opfer vor. Das heißt der Vorbesitzer musste in Erfahrung bringen, wo sich seine Bücher befanden und konnte erst dann mithilfe eines österreichischen Rechtsanwaltes sein Eigentum gemäß den Rückstellungsgesetzen[21] zurückfordern. In diesem Zusammenhang war es im Grunde Voraussetzung eine Titelliste vorlegen zu können, außerdem mussten die Bücher einen eindeutigen Eigentumsvermerk (Exlibris, Widmung, handschriftliche Vermerke) tragen. Bei Werken, die in nahezu jeder Privatbibliothek zu finden waren, wie Brehms Tierleben, war das selten der Fall und so konnten etliche geraubte Exemplare dieses Titels keinem Vorbesitzer eindeutig zugeordnet werden.

Diese Bedingungen waren für viele Opfer des Bücherraubs nicht zu erfüllen, weshalb es vergleichsweise wenige Rückstellungsanträge gab, mit denen sich die Bibliotheken auseinanderzusetzen hatten. Die öffentlichen Institutionen waren zwar verpflichtet gemäß der Vermögensentziehungs-Anmeldungsverordnung[22] (kurz: VEAV) die unrechtmäßigen

Erwerbungen an das zuständige magistratische Bezirksamt zu melden. Doch in der ÖNB wurden insgesamt nur 14 Meldungen[23] gemacht, in der UB Wien[24] überhaupt keine!

Berühmte Sammlungen, die in die NB kamen, sind jene von Heinrich Schnitzler, Erich Wolfgang Korngold oder Alphonse de Rothschild. Gerade diese großen und berühmten Sammlungen wurden meist nach dem Krieg großteils restituiert. In Zahlen heißt das, dass die ÖNB in der unmittelbaren Nachkriegszeit aus den einsignierten beschlagnahmten Buchbeständen ca. 5.420 Titel restituierte. Das ist allerdings nur etwa ein Drittel der entzogenen einsignierten Bestände. Die bereits inventarisierten Objekte, die über die Gestapo anonym in die NB gekommen waren und vorwiegend aus kleinen Privatbibliotheken stammten, blieben in der ÖNB, weil sich niemand die Arbeit einer Generalautopsie machte und versuchte, den Namen nachzugehen. 1950 war das Thema Restitution in der ÖNB abgeschlossen – und wurde erst 1998 durch das »Kunstrückgabegesetz« wieder aufgegriffen.

V Die Hürde Ausfuhrgenehmigung

Die Odyssee war für die Büchersammler aber noch nicht zu Ende, wenn sie herausgefunden hatten, wo sich ihre Sammlungsobjekte befanden. Sie mussten nun in Verhandlungen mit den jeweiligen Institutionen treten, um ihr Eigentum wiederzubekommen. Da wenige Exilanten nach Österreich zurückkehrten, mussten sie die restituierten Stücke erst außer Landes bringen dürfen und benötigten eine Ausfuhrgenehmigung. Damit kamen viele Institutionen zu »Geschenken«, wie aus den zahlreichen Fällen in der ÖNB, aber auch in der UB Wien, bekannt ist. Leider war diese Vorgehensweise die Regel und nicht die Ausnahme.[25] Sophie Lillie spricht in diesem Zusammenhang von einer »zweiten Arisierung«.[26] Auch die Überlegungen des Bundesministeriums für Vermögenssicherung und Wirtschaftsplanung Ende der 1940er Jahre, die Opfer für die von den Nazis verursachten Kosten für Transport und Lagerung zur Kasse zu bitten, passen in dieses Bild.

Im Fall des bekannten Wiener Musikwissenschaftlers Guido Adler wurde zum Beispiel ein Teil seines schriftlichen Nachlasses im Auftrag des Unterrichtsministeriums herausgelöst und von der ÖNB der Universität Wien (Rektorat) übergeben, als der literarische Nachlass von Guido Adler im Dezember 1950 an seinen in den USA lebenden Sohn Hubert-Joachim Adler restituiert wurde.[27] Das Nachlassfragment Guido Adlers, das sich bis heute im Archiv der Universität Wien befindet, beinhaltet in erster Linie Gutachten und geschäftliche Korrespondenzen Adlers. Man war damals der Ansicht, dass die Unterlagen der Universität Wien gehören. Wenngleich die Herausnahme des Nachlassteiles mit Zustimmung von Hans Wiala, dem Rechtsvertreter Hubert-Joachim Adlers, geschah, kann man davon ausgehen, dass Adler das Einverständnis zur Abtretung der Schriftstücke notgedrungen geben musste, um eine Ausfuhrgenehmigung für die restituierten Bücher und den restlichen Nachlass zu erhalten. Ein Unrechtsbewusstsein für diese gängige Praxis im Nachkriegs-Österreich ist aus den Unterlagen nicht herauszulesen.

Im Gegenteil, die Opfer mussten sich – aus heutiger Sicht – teilweise schikanöses Verhalten von Seiten der Bibliothekare gefallen lassen und waren eindeutig die Bittsteller. So etwa bei dem einzigen Fall der sowohl in der ÖNB als auch in der UB Wien schriftlich dokumentiert ist. Der Wiener Großindustrielle Oscar Leopold (Löwit) Ladner (1873–1963) hatte eine wertvolle Bücher- und Kunstsammlung, die wie seine Firma Löwit & Comp. im Jahr 1938 enteignet wurde. Da sich viele französische Originalausgaben aus dem 17. und 18. Jahrhundert darunter

Abb. 1: Exlibris Oscar Leopold Ladner

befanden, konnte er mithilfe des *Manuel de l'amateur de livres à gra-vures du XVIIIe siècle* von Cohen-Ricci den wertvollsten Teil seiner Büchersammlung rekonstruieren.[28] Außerdem hatte er einen Zettelka-talog, den er seinem Rechtsanwalt Gross anvertraute, der diesen wie-derum vor seiner Flucht nach London dem Rechtsanwalt und SA-Stan-dartenführer Georg Freiherr von Ettingshausen (1896–1958) bzw. dessen Partner Arnulf Hummer mit dem Auftrag, die Bücher zurück-zufordern, hinterließ.[29] Dieser Zettelkatalog tauchte 1946 in den Geschäftsräumen der Wiener Buchhandelsfirma Gilhofer & Ransch-burg wieder auf. Ladners jüngerer Sohn Georg (1909–1958) kam als amerikanischer Soldat 1945 nach Österreich und nahm bereits im Som-mer 1945 Kontakt mit der ÖNB auf. Mit der von Oscar Ladner erstell-ten 2.771 Titel umfassenden Liste setzte er sich für die Rückgabe der Bibliothek seines Vaters und seines Bruders Gerhart Ladner (1905–1993) ein, dem auch etwa 1.000 Bücher geraubt worden waren. Der Wie-ner Rechtsanwalt Ladners, Alfons Klingsland, wandte sich 1946 sowohl an die ÖNB als auch an die UB Wien.

Beide Bibliotheksleiter versuchten Ladner zuerst von einem Tausch-geschäft oder einer Geldablöse zu überzeugen. Doch Ladner bestand – verständlicherweise – auf der vollständigen Rückgabe seiner ihm ge-stohlenen Bücher. An seinen Wiener Rechtsanwalt Alfons Klingsland schrieb er Mitte März 1946: »Die National-Bibliothek wolle bedenken, dass meine Bibliothek von mir innerhalb eines Zeitraumes von fünfzig Jahren gesammelt wurde und welche Gefühle mich befallen haben, als die Beauftragten der Gestapo und des Sicherheitsdienstes in meinem Hause erschienen, die Räume, wo meine Bibliothek untergebracht war, absperrten und innerhalb dreier Tage alles wegschleppten.«[30]

Oscar Ladner erlebte die Rückgabe von etwa 2.500 Büchern der ur-sprünglich etwa 5.000 Bände umfassenden Bibliothek in den Jahren 1946 und 1948 aus der ÖNB. Er versuchte bis zu seinem Tod im De-zember 1963 in Wien seine Ansprüche geltend zu machen und stellte zu-letzt im August 1957 – erfolglos – einen Antrag auf Wiedergutmachung im Sinne der Artikel 25 und 26 des Staatsvertrages an das österreichische Finanzministerium.[31] Seine Erben erhielten im Jahr 2005 weitere vier Bücher von der ÖNB zurück, die bei der Nachkriegsrestitution über-sehen worden waren.

Die Vertröstung von UB Wien-Direktor Gans, man könne die ge-naue Überprüfung erst nach der Aufstellung der zurückgebrachten Bü-cher der UB Wien machen und es könnten derzeit (das heißt im Herbst 1946) »noch nicht alle Posten« überblickt werden[32], scheint dazu ge-führt zu haben, dass keine Bücher an Ladner restituiert wurden. Ein Blick in das Magazin der Hauptbibliothek zeigt, dass bei einer 1956 durchgeführten Revision bereits etliche der Ladner-Bücher in Verlust geraten waren.

Der Fall Ladner dokumentiert die enge Verbindung zwischen den Wiener Bibliotheken sehr gut. Die Autopsie in der Hauptbibliothek der UB Wien ergab, dass einige Bücher Oscar Ladners aus der Nationalbibliothek auf zwei verschiedenen Wegen an die UB Wien gelangten. Einerseits wurden im Jahr 1939 insgesamt 44 oder 45 Bücher[33] aus dem ehemaligen Besitz Oscar Ladners von der Nationalbibliothek an die UB Wien als »Geschenk« weitergegeben. Andererseits wurden weitere Bücher, die eindeutig mit dem Exlibris Oscar Ladners gekennzeichnet waren, im Zuge der Aufteilung der Bestände der Büchersortierungsstelle unter dem Sammelbegriff »Sammlung Tanzenberg« der Bibliothek 1951 zugeteilt. Im Rahmen der aktuellen NS-Provenienzforschung konnten insgesamt 13 Bände[34] ausgeforscht und im Oktober 2009 an die Erben Oscar Ladners restituiert werden.

Auch bei den bekannten großen Sammlungen wie Rothschild, Gutmann, Bondy oder Schnitzler sind »Schenkungen« im Zusammenhang mit der Ausfuhrbewilligung in den Akten nachzuverfolgen. Rudolf von Gutmann (1880–1966) etwa, dessen Sammlung mit wertvollen Büchern und grafischen Blättern unter dem sogenannten »Führervorbehalt« stand, da sie in die im Aufbau befindliche »Führerbibliothek« kommen sollte, »verzichtete« vor der Ausfuhr seiner 1947 restituierten Sammlung auf einige Handschriften und Gemälde. Die Bibliothek war in Gutmanns Wiener Stadtwohnung von der Gestapo beschlagnahmt, noch im März 1939 von der NB treuhändisch übernommen und zunächst ungeöffnet in der NB untergestellt worden. Generaldirektor Heigl hoffte, im Gegenzug für die Aufbewahrung einen Teil der Gutmann-Bibliothek übernehmen zu können. Doch die Bibliothek blieb unbearbeitet in der NB bis sie im Mai 1944 für einen Sammeltransport an den Bergungsort im Salzbergwerk Altaussee vorbereitet werden musste, wo von den Nationalsozialisten geraubte Kunstschätze aus ganz Europa in Sicherheit gebracht wurden.[35] Damit war für die NB in dieser Sache im wahrsten Sinne des Wortes der Zug abgefahren.

Trotzdem vermachte Rudolf von Gutmann im August 1947 als Gegenleistung für die Ausfuhrgenehmigung der ÖNB 13 Handschriften und fünf Musiknotendrucke[36], da er die gängige Praxis offensichtlich kannte und wusste, dass ohne die Zustimmung der ÖNB keine Ausfuhr der Bücher aus Österreich möglich war. In den Akten liest sich der Vorgang ganz harmlos, wenn Generaldirektor-Stellvertreter Josef Stummvoll schreibt: »Die Österr. Nationalbibliothek hat keine Einwendungen gegen die Ausfuhr der im beigelegten Verzeichnis enthaltenen Handschriften und Druckwerke. Herr Gutmann hat der Bibliothek eine Anzahl von Objekten, die in der Liste nicht verzeichnet sind, als Geschenk in Aussicht gestellt; die Generaldirektion der Nationalbibliothek würde es begrüssen, wenn das Bundesdenkmalamt die Bereitwilligkeit Herrn Gutmanns in dieser Sache unterstützen wollte.«[37]

Die Wortwahl in den Schreiben des Bundesdenkmalamtes erscheint aus heutiger Sicht voreingenommen. So heißt es etwa im Fall Paul Wittgenstein in einem Schreiben an Generaldirektor Josef Bick (1880–1952) aus dem Jahr 1947: »In der Beilage erlaubt sich das Bundesdenkmalamt (Ausfuhrreferat) den Akt Zl. 3312/47 betreffend Ausfuhrgenehmigung für die Bibliothek Paul Wittgenstein mit der Bitte vorzulegen, Werke, für die eine Ausfuhrgenehmigung vom Standpunkte der National Bibliothek (sic!) aus zu verweigern wäre, zu bezeichnen.«[38] Wittgenstein konnte sich glücklich schätzen, denn Bick hatte auch ohne Geschenke keine Bedenken gegen die Ausfuhr![39]

Es gibt weitere Fälle, die auf Seiten der UB Wien zwar nicht durch Akten dokumentiert sind, aber im Rahmen der NS-Provenienzforschung sowohl in der ÖNB als auch in der UB Wien aufgetaucht sind und aufgrund der Erwerbungshinweise Aufschluss über ihr Schicksal geben. Denn die UB Wien hat vielfach von den geraubten »Schätzen« der Nationalbibliothek etwas abbekommen und als Provenienz »Geschenk der NB« angegeben. Früher hätte man sich als Bibliothekar wohl nichts dabei gedacht, doch seitdem die Ergebnisse der aktuellen Provenienzforschung an der ÖNB bekannt sind, müssen solche Erwerbungen als möglicherweise bedenklich weiter bearbeitet werden. So ein Fall ist der von Jakob Persky.[40] Vermutlich kamen die Bücher[41] aus der »Verlagsbuchhandlung und Leihbibliothek für Werke in russischer Sprache« Jakob Persky in Wien im Spätherbst 1938 über die Bücherverwertungsstelle an die Nationalbibliothek. Sein Lager wurde Ende April 1938 von der Gestapo versiegelt, drei Tage später wurde der 1884 in der heutigen Ukraine geborene Persky verhaftet und Mitte Juni 1938 befand er sich im KZ Dachau.[42]

Im Rahmen der ÖNB-Provenienzforschung wurden in 23 Signaturen Druckschriften gefunden, die aufgrund des Besitzstempels der Leihbibliothek eindeutig Persky zugeordnet werden konnten und 2004 zur Restitution empfohlen wurden. An der Universität Wien versuchte man allerdings erst 1939 an die interessanten russischen Bücher Perskys heranzukommen. Rudolf Jagoditsch, Privatdozent am Seminar für Slawische Philologie und Altertumskunde, bat Anfang Juli 1939 das Dekanat der Philosophischen Fakultät, ihm bei der Beschaffung der beschlagnahmten Bücher Perskys für die Seminarbibliothek behilflich zu sein.[43] Er hatte gehört, dass auch der russische Klub in Wien Interesse an den Büchern zeigte und bat um »baldige Inangriffnahme dieser Angelegen-

Abb. 2: Exlibris Moriz Kuffner

heit«. Dekan Viktor Christian richtete in diesem Sinne eine Woche später ein Schreiben an die Geheime Staatspolizei in Wien.[44] Aber – wie in anderen Fällen auch – ohne Erfolg, denn Heigl war schneller und hatte die besseren Verbindungen.

So fanden sich unter 24[45] von der Nationalbibliothek Wien 1940 dem Seminar für Slawistik der Universität Wien geschenkten Titeln zwei Bücher aus der Leihbibliothek Persky, die im November 2009 zur Restitution empfohlen wurden.

Eine weitere Privatbibliothek, aus der sich sowohl in der ÖNB als auch in der UB Wien Bücher gefunden haben, ist jene von Moriz Kuffner. Die von der Gestapo beschlagnahmte Bibliothek des Wiener Industriellen und Brauereibesitzers kam Anfang Februar 1939 an die Nationalbibliothek. Immerhin ein Teil seiner umfangreichen Bibliothek wurde ihm mit Genehmigung der Gestapo (!) in die Schweiz nachgeschickt. Erst 1944 wurden einige Hundert Objekte aus der Provenienz Kuffner in die Bestände der NB einsigniert. Knapp 4.500 Bücher blieben jedoch bis zum Kriegsende unbearbeitet liegen. Im Juli 1948 wurden schließlich fast 4.600 Bücher an die Erben des im März 1939 in Zürich verstorbenen Moritz Kuffner restituiert. Weitere 64 Druckschriften aus dem ehemaligen Besitz Kuffners konnten im Rahmen der aktuellen Provenienzforschung ermittelt und restituiert werden.

In der UB Wien tauchten im Rahmen der NS-Provenienzforschung zwei Werke an der Fachbereichsbibliothek (FB) Astronomie auf, die handschriftliche Widmungen an Moriz Kuffner aufweisen. Im Inventarbuch sind beide Bücher als »Geschenk Kuffner« im Mai 1938 verzeichnet. Da Kuffner jedoch bereits zu diesem Zeitpunkt starkem Druck der Gestapo und der Verfolgung durch die Nationalsozialisten ausgesetzt war – so wurde etwa die Ottakringer Brauerei bereits am 8. April 1938 arisiert[46] – kann die Freiwilligkeit bei dieser Schenkung als äußerst unwahrscheinlich ausgeschlossen werden.

Bei einem weiteren Buch in der FB Geschichtswissenschaften, das aufgrund des Exlibris und der Prägung am Buchrücken eindeutig Moriz Kuffner zuzuordnen ist, gibt es keine weiteren Hinweise auf die Erwerbung. Trotzdem hat sich die UB Wien entschlossen, alle drei Bücher an die Erben von Moriz Kuffner zu restituieren. Die Rückgabe erfolgte im Dezember 2009.[47]

Einer der bekanntesten Namen unter den vielen Fällen in der NB ist Heinrich Schnitzler (1902–1982), über den schon mehrfach publiziert wurde.[48] Trotzdem sei er auch an dieser Stelle erwähnt, weil er ein sehr gutes Beispiel für die gesamte Problematik vor und nach 1945 ist. Denn schon vor 1938 verhandelte Heinrich Schnitzler mit dem Leiter der Theatersammlung Joseph Gregor (1888–1960) über die Autografensammlung seines Vaters Arthur Schnitzler. Als Schnitzlers Besitz 1939 beschlagnahmt wurde, richtete die NB schon wenige Tage später einen Brief an das Ministerium für innere und kulturelle Angelegenheiten, um die Einweisung in die NB zu erreichen. In einem Schreiben von Gregor an seinen Generaldirektor Heigl heißt es: »Obwohl jüdischen Ursprungs, ist diese Sammlung (...) von grösstem Interesse.«[49]

Die »60 Kisten und verschiedene Wohnungs-Einrichtungsstücke«, die bei der Speditionsfirma »Austrotransport« untergestellt waren, wurden – wie damals üblich – von Mitarbeitern der NB eingesehen. Dabei mussten sie feststellen, dass 45 Kisten die Bibliothek enthalten, aber von der wertvollen Autografensammlung keine Spur war.[50] Schnitzler hatte es mit Hilfe des englischen Konsulates geschafft, zahlreiche Autografen gemeinsam mit dem Nachlass seines Vaters außer Landes zu bringen.[51] Das war nur wenigen geglückt. Unter den Fällen der ÖNB bzw. UB

Wien ist das nur Erich Wolfgang Korngold gelungen, der noch in der Nacht nach der Beschlagnahmung seines Besitzes in Österreich an seinen Verleger Josef Weinberger telegrafierte und ihn um die Rettung der zurückgelassenen Manuskripte bat. Tatsächlich konnten zwei Mitarbeiter Weinbergers aus Korngolds Haus in der Wiener Sternwartestraße einen Großteil der Manuskripte holen. Weinberger schmuggelte sie aus Österreich, indem er sie zwischen Notendrucke legte, die exportiert wurden.[52]

Die in Österreich verbliebene Bibliothek Schnitzlers sowie persönliche Briefe und Fotografien wurden 1940 mit Einverständnis der Gestapo in die NB gebracht und gingen hier den üblichen Weg (das heißt Dublettenkontrolle, teilweise Einsignierung von Büchern in den Bestand der NB und Verteilung der Dubletten an andere Institutionen).

Als sich Ende Januar 1946 Schnitzlers Wiener Rechtsanwalt Gustav Rinesch an Gregor[53] wandte, versuchte Generaldirektor Bick wiederum, den Beraubten davon zu überzeugen, doch auf seine Bücher zu verzichten und dafür als Entschädigung eine Anzahl »von ihn interessierenden Werken aus den Doublettenbeständen der Nationalbibliothek« auszuwählen. Denn eine »Aussonderung« der eingearbeiteten

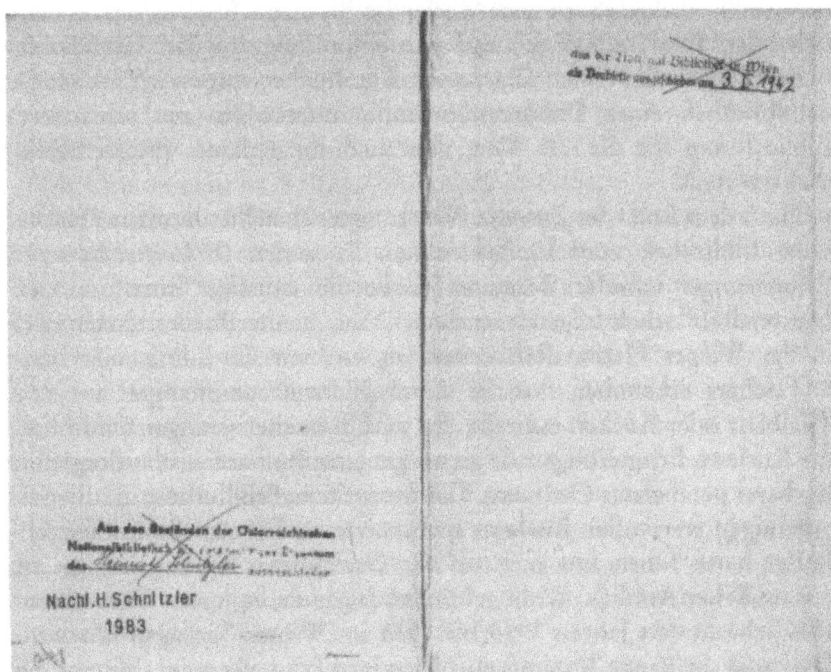

Abb. 3: Buch aus dem Besitz Heinrich Schnitzlers mit drei verschiedenen Stempeln

Bücher sei mit »außerordentlichen Schwierigkeiten« verbunden.[54] Schnitzler lehnte verständlicherweise ab und forderte von der ÖNB eine Liste der vorhandenen Bücher.[55] Von den etwa 12.000 Bänden, die 1940 in die NB gekommen waren, wurden zwischen 1947 und 1949 schließlich ca. 5.000 Bände und etwa 600 Musikalien zurückgegeben.[56] Allerdings wurden gerade mehrbändige Werke nur teilweise restituiert, was Schnitzler misstrauisch machte. In einem Brief an den Restitutionsbeauftragten Ernst Trenkler stellte Schnitzler verbittert fest, dass sich Gregor »sein Freund« genannt hatte »und dann die erste Gelegenheit benützte um seine intime Kenntnis meiner Bibliothek zur Inszenierung eines Diebstahls auszunützen.«[57]

Trotzdem vermachte Heinrich Schnitzler nach seinem Tod 1982 der ÖNB als Legat seine ca. 5.000 Bände umfassende Bibliothek und das Manuskript von Arthur Schnitzlers *Liebelei.* Unter diesen Büchern war auch ein Teil jener 1940 geraubten Werke aus seinem Besitz, die in der Nachkriegszeit restituiert worden waren, nun wieder in die ÖNB kamen und unter der gleichen Signatur neuerlich eingestellt wurden.

Abschließend sei noch der Fall des 1897 geborenen Verlegers Gottfried Bermann Fischer erwähnt, der bereits 1935 Deutschland in Richtung Österreich verlassen musste und unmittelbar nach dem »Anschluss« im März 1938 in die Schweiz flüchtete.[58] Sowohl seine Privatbibliothek als auch neue Werke des Bermann-Fischer Verlags verfielen dem Deutschen Reich und wurden in Folge von der Gestapo der Nationalbibliothek Wien überlassen. Die Bücher wurden in der Nationalbibliothek einer Dublettenkontrolle unterzogen und an andere Bibliotheken wie die UB Wien, aber auch die geplante »Führerbibliothek« verteilt.

Nach dem Ende des Zweiten Weltkrieges versuchte Bermann Fischer seine Bibliothek zurückzubekommen. In seinen 1971 erschienenen Erinnerungen schildert Bermann Fischer die damalige Situation in der Nationalbibliothek folgendermaßen: »Viele meiner Bücher fanden sich in der Wiener Nationalbibliothek, an meinem Ex Libris oder dem S. Fischers erkennbar, manche durch Hakenkreuz-Stempel auf dem Titelblatt oder Rücken entstellt. Sie sind in meiner jetzigen Bibliothek die Kuriosa, Erinnerungsmale an vergangene Barbarei –, allerdings eine Barbarei penibelster Ordnung. Die freundliche Bibliothekarin, die uns zu einigen wertvollen Büchern aus unserer verlorenen Bibliothek verholfen hatte, führte uns auch auf den Dachboden. Es bot sich uns ein erstaunlicher Anblick. Wohl gebündelt lagen da, in je vier Exemplaren, sämtliche in den Jahren 1936 bis 1938 im Wiener Verlag produzierte Titel und die ganze Kammermusik meiner Frau, die man, Stimme für Stimme, sorgfältig in Pappe gebunden hatte. Was mag wohl in dem

Abb. 4: Exlibris Gottfried Bermann Fischer

Manne vorgegangen sein, der, so sehr um die Erhaltung unserer Bücher und Noten besorgt, diese Anordnungen getroffen hatte? Ob ihn humane Gefühle geleitet hatten, die Voraussicht eines Endes mit Schrecken und unserer Wiederkehr – oder war es nur bürokratischer Ordnungstrieb?«[59]

Die Österreichische Nationalbibliothek restituierte im Laufe des Jahres 1947 mehr als 2.000 Bücher aus der Verlagsproduktion und seiner Privatbibliothek noch bevor die zuständige Finanzlandesdirektion für Wien im Januar 1948 den formellen Bescheid auf Rückstellung erließ.[60] 1949 wurden weitere 21 Bände aus dem Besitz Bermann Fischers von der Nationalbibliothek zurückgegeben.[61] Erst fünf Jahrzehnte später konnten im Rahmen der aktuellen NS-Provenienzforschung bei der Generalautopsie weitere zwölf Signaturen Druckschriften und 16 Signaturen der Musiksammlung im Bestand der ÖNB gefunden werden. Sie wurden im November 2004 an die Erben restituiert.

Auch in der UB Wien wurden insgesamt vier Signaturen gefunden, die eindeutig Gottfried Bermann Fischer zugeordnet werden können. Sie stammen aus geraubten Beständen der Nationalbibliothek Wien, die einerseits 1940 als Geschenk in die UB Wien kamen, andererseits 1951 als Teil der »Sammlung Tanzenberg«. Ein dreibändiges Werk »Briefe an Cotta«, das ebenfalls durch das Exlibris von Bermann Fischer eindeutig zuordenbar ist, wurde im Jahr 1974 von der Bibliothek des Instituts für Germanistik beim Antiquariat Friedrich Toda[62] in Wien gekauft. Wie Friedrich Toda zu den Büchern gekommen ist, lässt sich nicht mehr nachvollziehen. Sie sind aber nicht Teil der in der Nachkriegszeit von der ÖNB restituierten Bücher.[63] Eine Restitution der Bände an die Erben von Gottfried Bermann Fischer steht unmittelbar bevor.

Die Beispiele von beraubten Büchersammlern ließen sich noch lange fortsetzen. Jeder Fall ist auf seine Weise bedrückend, doch alle, die die nationalsozialistische Verfolgung im Ausland überlebt hatten und nach 1945 um die Rückgabe ihres Eigentums kämpften, mussten viele Hindernisse überwinden bis sie zumindest einen Teil ihrer Sammlung zurückbekamen. Die Gräuel der Nationalsozialisten sind bekannt, doch gerade auch die Vorgehensweise der staatlichen Bibliotheken sowie der öffentlichen Stellen im Zusammenhang mit Opfern des Nationalsozialismus nach 1945 ist aus heutiger Sicht unbegreiflich. Die übliche Praxis im Nachkriegs-Österreich für eine Ausfuhrbewilligung Objekte abzupressen, erscheint mehr als bedenklich. Mit dem »Kunstrückgabegesetz« wurde dieses Unrecht vom österreichischen Gesetzgeber anerkannt und in der Novelle 2009 auch auf abgeschlossene Vergleiche im Zusammenhang mit Restitution ausgeweitet. Spät, aber doch sind das Schritte in die richtige Richtung.

---

1 Ende 2009 wurde der Anwendungsbereich des Kunstrückgabegesetzes mit einer Novelle (BGBl. I Nr. 117/2009 vom 23.11.2009) erweitert und nun ist neben Kunstgegenständen auch sonstiges bewegliches Kulturgut zu prüfen, es sind nicht nur die Provenienzen von Beständen der Bundesmuseen und Sammlungen zu untersuchen, sondern auch jene aus dem sonstigen unmittelbaren Bundeseigentum und in territorialer und zeitlicher Hinsicht wurde eine Erweiterung der zu prüfenden Eigentumserwerbungen beschlossen. Nun sind auch Gegenstände zurückzustellen, die zwischen 1933 und 1938 im gesamten Herrschaftsgebiet des Deutschen Reiches entzogen wurden. — **2** Alois Jesinger, geb. 1886 in Weseritz (Böhmen, heute Tschechien), studierte Germanistik, Klassische Philologie, Philosophie und Pädagogik an der Univ. Wien, prom. 1910 zum Dr. phil., 1912 Praktikant der UB Czernowitz, ab 1914 an der UB Wien, 1929 Staatsbibliothekar und 1935 zum Oberstaatsbibliothekar ernannt. Mit Ende Juli 1938 provisorischer Leiter der UB Wien. Im Mai 1941 offiziell zum Direktor ernannt. Parteimitglied der NSDAP seit 1940 (Nr. 7,678.476). 1945 Enthebung Jesingers von der Führung der Direktionsgeschäfte und in den dauernden Ruhestand versetzt. 1949 bis 1951 Leiter der Büchersortierungsstelle in Wien. 1961 Großes Ehrenzeichen für Verdienste um die Republik Österreich. Gest. 1964 in Wien. — **3** Walter Pongratz: *Geschichte der Universitätsbibliothek Wien.* Wien – Köln – Graz 1977, S. 144. — **4** Margot Werner: »Die Österreichische Nationalbibliothek stellt sich ihrer Verantwortung gegenüber NS-Geschädigten.« In: Christian Gastgeber u. a. (Hg.): *Change! Zukunft gestalten.* Festschrift für Johanna Rachinger. Wien 2009, S. 129–138, hier S. 137. — **5** Ebd. — **6** Pressemeldung der ÖNB vom 1.6.2010 (http://www.onb.ac.at/services/pressefotos.php?foto=restitution) (27.3.2011). — **7** Ebd. — **8** http://www.kunstrestitution.at/index_de.html (27.3.2011). — **9** Murray G. Hall und

Christina Köstner: ... *Allerlei für die Nationalbibliothek zu ergattern ...: eine österreichische Institution in der NS-Zeit.* Wien 2006, S. 180–191, hier S. 184. — **10** Vorläufige Ergebnisse der Provenienzforschung an der Staatsbibliothek Berlin lassen schon jetzt vermuten, dass wohl keine öffentliche wissenschaftliche Bibliothek im Deutschen Reich so viele geraubte Bücher bekommen hat wie die NB in Wien. Vgl. den Beitrag von Michaela Scheibe in diesem Band. — **11** Im Online-Katalog der UB Wien (http://aleph.univie.ac.at/) sind unter Suchen→Thematische Suche→Provenienzforschung sämtliche abgeschlossenen Fälle dokumentiert. (Stand: 27.3.2011). — **12** *Wiener Zeitung,* Nr. 106, 30.4.1939, S. 2. — **13** Dazu Sabine Loitfellner: »Die Rolle der ›Verwaltungsstelle für jüdisches Umzugsgut der Geheimen Staatspolizei‹ (Vugesta) im NS-Kunstraub.« In: Gabriele Anderl und Alexandra Caruso (Hg.): *NS-Kunstraub in Österreich und die Folgen.* Innsbruck – Wien – Bozen 2005, S. 110–120. — **14** In der Bücherverwertungsstelle wurden geraubte Bücher aus ganz Wien gesammelt und »verwertet«, das heißt an Bibliotheken verteilt und der Rest verkauft oder vernichtet. Vgl. dazu Otto Seifert: »Bücherverwertungsstelle Wien, Dorotheergasse 12«. In: *Jahrbuch 1998.* Hg. vom Dokumentationsarchiv des österreichischen Widerstandes. Wien 1998, S. 88–94 sowie Ders.: *Die große Säuberung des Schrifttums. Der Börsenverein der Deutschen Buchhändler zu Leipzig 1933–1945.* Schkeuditz 2000; Grit Nitzsche: »Die Bücherverwertungsstelle Wien.« In: Murray G. Hall, Christina Köstner und Margot Werner (Hg.): *Geraubte Bücher. Die Österreichische Nationalbibliothek stellt sich ihrer NS-Vergangenheit.* Wien 2004, S. 61–70 und Hall und Köstner: ... *Allerlei für die Nationalbibliothek zu ergattern ...* (s. Anm. 9), S. 89–124. — **15** Vgl. dazu etwa ÖNB Archiv, Zl. 1532/1942, Schreiben von Heigl an Dr. Rosse, Gestapo Wien, 2.6.1942 bzw. Zl. 476/1943, Schreiben von Heigl an Gestapo Wien (Pressereferat), 3.7.1943. — **16** Bundesgesetz über das Verbot der Ausfuhr von Gegenständen von geschichtlicher, künstlerischer oder kultureller Bedeutung (StGBl. Nr. 90/1918) bzw. Bundesgesetz vom 25.9.1923 betreffend Beschränkungen in der Verfügung über Gegenstände von geschichtlicher, künstlerischer oder kultureller Bedeutung (BGBl. 533/1923). — **17** Zum Bücherraub in Triest vgl. Kapitel XII: » ›Für Jürgens bleiben auf jeden Fall Massen‹. Die NB und der Bücherraub in Triest.« In: Hall und Köstner: ... *Allerlei für die Nationalbibliothek zu ergattern ...* (s. Anm. 9), S. 427–457. — **18** Archiv Bundesdenkmalamt (BDA) Wien, GZ IV–5452/Dsch./ 1939. — **19** ÖNB Musiksammlung, Akten 1940/41 und 1941/42. Auch laut »Verzeichnis jener Handschriften und Musikdrucke, die in der Zeit vom 1. September 1939 bis 1. April 1945 von der Musik-Sammlung der Österreichischen Nationalbibliothek übernommen wurden und deren Wert 500 S übersteigt«; ÖNB Musiksammlung, Akten 1946–52. — **20** ÖNB Handschriftensammlung, Zuwachsbuch III der Handschriftensammlung. — **21** Die Rückgaben in der ÖNB erfolgten meistens gemäß dem 1. Rückstellungsgesetz (Rückstellung entzogenen Vermögens) von Juli 1946 über einen Bescheid der Finanzlandesdirektion. Aber auch das 3. Rückstellungsgesetz (Nichtigkeit von Vermögensentziehungen) von März 1947 kam zur Anwendung. — **22** Vermögensentziehungs-Anmeldungsverordnung ist die Verordnung des Bundesministeriums für Vermögenssicherung und Wirtschaftsplanung im Einvernehmen mit den beteiligten Bundesministerien vom 15.9.1946 zur Durchführung des Gesetzes über die Erfassung arisierter und anderer im Zusammenhang mit der nationalsozialistischen Machtübernahme entzogenen Vermögenschaften vom 10. Mai 1945 (BGBl. 166/1946). — **23** Es waren dies Stefan Auspitz, Marco Birnholz (Exlibrissammlung), Fritz Brukner (Theatersammlung), Viktor von Ephrussi, die Großloge Wien, Norbert Jokl, Gottlieb Kaldeck (Musiksammlung), der Komenský-Schulverein, Moriz Kuffner, Oscar Ladner, Alphonse Rothschild und Heinrich Schnitzler. In der Meldung an das Magistrat der Stadt Wien vom 9.11.1946 wurden außerdem noch eine Sammlung unbekannter Herkunft und eine »Altwiener Kulturgeschichtssammlung« gemeldet. Vgl. dazu ÖNB Archiv, Zl. 929/1946. — **24** Archiv UB Wien, Kt. 29, Akten 1946, Zl. 376/1946, Schreiben von Gans an BMU, 14.11.1946. — **25** So u. a. bei Rothschild, Heinrich Schnitzler und Oscar Ladner. Vgl. Hall und Köstner: ... *Allerlei für die Nationalbibliothek zu ergattern ...* (s. Anm. 9). — **26** Sophie Lillie: »Restitution in Österreich als zweite Enteignung.« In: *Raub und Restitution. Kulturgut aus jüdischem Besitz von 1933* *bis heute.* Hg. v. Inka Bertz und Michael Dorrmann im Auftrag des Jüdischen Museums Berlin und des Jüdischen Museums Frankfurt am Main. Berlin – Frankfurt/M. 2008, S. 245–251, hier S. 250. — **27** Universitätsarchiv Wien, Senat GZ 181 aus 1950/51 und Zl. 23 aus 1950/51. — **28** Gerhart B. Ladner: *Erinnerungen.* Hg. v. Herwig Wolfram und Walter Pohl. Wien 1994, S. 49. — **29** ÖNB Archiv, o. Zl. [ad Zl. 521/1945], Schreiben von Oscar Ladner an die GDion., 9.10.1945. — **30** ÖNB Archiv, Zl. 175/1946, Schreiben von Oscar Ladner an RA Dr. Alfons Klingsland, zit. in Schreiben von Alfons Klingsland an die GDion., 13.3.1946. — **31** Archiv BDA, Restitutionsmaterialien, Oscar Ladner, Antrag auf Wiedergutmachung im Sinne des Art. 25 und 26 des Staatsvertrages. — **32** Archiv UB Wien, Kt. 29, Akten 1946, Zl. 358/742/1946, Schreiben von Gans an Klingsland, 25.9.1946. — **33** Die Liste von Klingsland, die er der UB Wien vorgelegt hat, enthält 44 Titel (obwohl Klingsland in seinem Begleitbrief von 42 Titel spricht), Bick nennt in einem Brief an Klingsland aber 45 Druckschriften, die an die UB Wien abgegeben worden seien. Siehe Archiv UB Wien, Kt. 29, Akten 1946, Zl. 358/742/1946, Schreiben von Klingsland an Gans, 17.9.1946 und ÖNB Archiv, Zl. 521/693/1946, Schreiben von Bick an Klingsland, 23.3.1946. — **34** Darunter Anne Claude Philippe Cte de Caylus: *Oeuvres bandines complettes.* Paris 1787, Bd. 1–9, 11 und 12. — **35** ÖNB Archiv, Zl. 45/1944, Schreiben von Reimer an Heigl, 18.1.1944. — **36** Die 18 Objekte wurden Anfang 2006 an die Erben zurückgegeben. Auch im Fall von Gemälden, die Gutmann dem Kunsthistorischen Museum in Wien überlassen hat, sieht es der Beirat der Kommission für Provenienzforschung als erwiesen an, dass Rudolf von Gutmann im Zusammenhang mit der Erteilung von Ausfuhrbewilligungen auf die Geltendmachung seines offenbar berechtigten Rückstellungsanspruches verzichtete. Vgl. Beschluss des Dossiers »Nachtrag – Sammlung Rudolf Gutmann« vom 9.5.2008 (http://www.provenienzforschung.gv.at/index.aspx?ID=24&LID=1#F_G [14.3.2011]). — **37** ÖNB Archiv, Zl. 855/1947, Schreiben von Stummvoll an BDA, 24.7.1947. — **38** ÖNB Archiv, Zl. 702/1947, Schreiben BDA an Bick, 27.6.1947. — **39** ÖNB Archiv, Zl. 702/1947, Schreiben Bick an BDA, 28.6.1947. — **40** Auf diesen Fall wurde bereits mehrfach eingegangen; Vgl. zuletzt Monika Löscher: »Provenienzforschung an der Universitätsbibliothek Wien – Der dezentrale Bereich.« In: Stefan Alker, Christina Köstner und Markus Stumpf (Hg.): *Bibliotheken in der NS-Zeit. Provenienzforschung und Bibliotheksgeschichte.* Göttingen 2008, S. 257–271, hier S. 262. — **41** Es ist nicht bekannt, wie viele Bücher Perskys an die NB kamen. Rosalie Persky, die Frau Perskys, schätzte den Bestand der Leihbibliothek auf 4.000 Bände. — **42** Österreichisches Staatsarchiv, Archiv der Republik, 06, Vermögensverkehrsstelle, Vermögensanmeldung 33.745, 28.7.1938. Persky emigrierte später über Italien in die USA. — **43** Universitätsarchiv Wien, Dekanat der philosophischen Fakultät, Zl. 1311/1938–39, Schreiben von Rudolf Jagoditsch an das Dekanat der philosophischen Fakultät, 4.7.1939. — **44** Universitätsarchiv Wien, Dekanat der philosophischen Fakultät, Zl. 1311/1938–39, Schreiben von Viktor Christian an Gestapo Wien, 10.7.1939. — **45** Von den 24 im Inventarbuch der Fachbereichsbibliothek Slawistik genannten Bücher aus der Nationalbibliothek, konnten nur mehr 16 in der Bibliothek gefunden werden. — **46** Sophie Lillie: *Was einmal war. Handbuch der enteigneten Kunstsammlungen Wiens.* Wien 2003 (= Bibliothek des Raubes 8), S. 616. — **47** Vgl. dazu Markus Stumpf: » ›Die Bibliothek ist nicht mehr vollständig.‹ Ein Werkstattbericht zur Provenienzforschung und Restitution an der Universitätsbibliothek Wien.« In: *Bibliothek. Forschung und Praxis,* Vol. 34 (April 2010), S. 94–99, hier S. 96–98. — **48** Zuletzt von Margot Werner: »Die Bibliothek Arthur Schnitzler. Eine Enteignung.« In: *Raub und Restitution* (s. Anm. 26), S. 202–208. Siehe auch die Homepage zur Ausstellung »Raub und Restitution« http://www.jmberlin.de/raub-und-restitution/de/home.php (15.3.2011). — **49** ÖNB Archiv, Zl. 3654/1939, Schreiben von Gregor an Heigl, 10.5.1939. — **50** ÖNB Archiv, Zl. 3654/4227/1939, Schreiben von Heigl an Blaschko (Gestapo), 19.7.1939. — **51** ÖNB Archiv, o. Zl., Schreiben von Schnitzler an Trenkler, 15.1.1949. — **52** Jessica Duchen: *Erich W. Korngold.* London 1996, S. 178. — **53** ÖNB Archiv, Zl. 30/1946, Schreiben von Rinesch an Gregor, 28.1.1946. — **54** ÖNB Archiv, Zl. 30/1946, Schreiben von Bick an Rinesch, 1.3.1946. — **55** ÖNB Archiv, Zl. 30/392/1946, Schreiben von Rinesch an

Bick, 6.5.1946. — **56** Im Zuge der aktuellen ÖNB-Provenienzforschung wurden neben acht weiteren Druckschriften, auch sechs Bände mit Widmungen an Arthur Schnitzler gefunden, außerdem ein Musiknotendruck, ein Autograf, 84 Signaturen Negative und 27 Signaturen Fotografien, die im April 2005 an die Erben Heinrich Schnitzlers zurückgegeben wurden. — **57** ÖNB Archiv, o. Zl., Schreiben von Schnitzler an Trenkler, 19.2.1947. — **58** Siehe zur Verlagsgeschichte: Irene Nawrocka: *Der S. Fischer Verlag. Von der Auswanderung aus Deutschland bis zur Rückkehr aus dem Exil.* Dipl.-Arb. Univ. Wien 1994 sowie Dies.: »Verlagssitz: Wien, Stockholm, New York, Amsterdam. Der Bermann-Fischer Verlag im Exil (1933–1950). Ein Abschnitt aus der Geschichte des S. Fischer Verlages.« In: *Archiv für Geschichte des Buchwesens* 53 (2000), S. 1–216. Ausführliche Darstellung des Restitutionsfalles Bermann Fischer vgl. Hall und Köstner: ... *Allerlei für die Nationalbibliothek zu ergattern* ... (s. Anm. 9), S. 117–120. — **59** Gottfried Bermann Fischer: *Bedroht-Bewahrt. Der Weg eines Verlegers.* Frankfurt/M. 1971, S. 260. — **60** ÖNB Archiv, Zl. 183/1948, Bescheid der FLD vom 19.1.1948. — **61** Im Jahre 1997 – Bermann Fischer war am 17.9.1995 im Alter von 98 Jahren gestorben – hat das Wiener Antiquariat Georg Fritsch die Privatbibliothek Bermann Fischers verkauft. Manche Werke trugen noch die Signaturetiketten der Nationalbibliothek. Dazu: *Literatur 1586–1980 Gesellschaft.* Katalog 15. Georg Fritsch Antiquariat. Wien 1997. — **62** Friedrich Toda (1908–1993) arisierte im Oktober 1938 die Buchhandlung von Maximilian Ferber, vorm. Gottlieb Leichter, der nach Großbritannien emigrierte und dort als Hilfsarbeiter arbeiten musste. Ferber kehrte 1946 wieder nach Wien zurück und erhielt nach einem langwierigen Prozess seine nunmehr verwahrloste Buchhandlung zurück. Sie wurde 1954 mit der Buchhandlung Malota zusammengelegt. Weitere Informationen siehe: Georg Hupfer: *Zur Geschichte des antiquarischen Buchhandels in Wien.* Dipl.-Arbeit Univ. Wien 2003, S. 212 f. Friedrich Toda führte in den späten 1960er und in den 1970er Jahren mit seiner Frau Genovefa ein Antiquariat in der Mariahilferstr. 22–24. — **63** Auskunft von Dr. Gabriele Mauthe (ÖNB), 8.6.2010.

Brigitte Dalinger

Der »Komplex Mauerbach«:
Provenienz und Theatergeschichte
Ein Zwischenbericht

Der sogenannte »Komplex Mauerbach« (im folgenden KMB) ist eine
Sammlung von 2.972 Textbüchern, die ungefähr 3.500 Theatertexte und
Libretti enthalten, die von der Mitte des 18. Jahrhunderts bis in die
1930er Jahre erschienen sind.[1] Diese Theatersammlung wurde nach dem
Ende des Zweiten Weltkriegs in Salzburg bzw. Wien und von 1969 bis
1996 in der Kartause Mauerbach gelagert. 1996 wurde sie im Rahmen
des »Mauerbach Benefit Sale« vom jetzigen Eigentümer erworben, von
2003 bis 2006 war der Bestand zur Forschung dem Da Ponte Institut
Wien überlassen. 2007 wurde das Don Juan Archiv Wien mit der Aufarbeitung betraut, seit 2009 wird der Bestand systematisch erfasst und
katalogisiert, seit Februar 2010 auch wissenschaftlich bearbeitet.

Auffallend sind folgende Punkte: Der KMB ist eine Theatersammlung, es gibt nur wenig Prosa oder Lyrik, und wenn, dann meist in Bänden einer Gesamtausgabe. Außerdem enthält diese Sammlung Kuriosa
und Raritäten, die vor allem Theaterleute ansprechen. Es gibt darin
Exemplare, die Regisseuren und Theaterdirektoren, aber auch Souffleu-
rinnen als Arbeitsgrundlage dienten. Es gibt Textbücher, die mehrere
Zensureintragungen enthalten, aus Laibach, Klagenfurt und Triest etwa,
datiert gegen Ende des 19. Jahrhunderts. Es ist eine Sammlung, die einen
deutlichen Bezug zu Wien aufweist – viele Bücher sind hier erschienen,
viele enthalten ein Datum (handschriftlich eingetragen), das auf die Erstaufführung des jeweiligen Stückes am Burgtheater verweist. Die Zusammenstellung der Sammlung lässt darauf schließen, dass sie als Theatersammlung angelegt und bis 1942 oder 1943 weitergeführt wurde. Ob sie
von einer Einzelperson oder einer Institution wie einem Theater oder
Theaterverein stammt, konnte bis jetzt nicht eruiert werden.

I Zur Methodik und Problematik der Aufarbeitung

Die Forschung nach der Herkunft und Zusammensetzung dieser
Sammlung ist eine besondere. Provenienzforschung geht meist von Büchersammlungen aus, deren Zusammensetzung unklar ist. Es wird re-

cherchiert, wann die einzelnen Bücher in die untersuchte Bibliothek gekommen sind. Es wird ermittelt, ob es darin zu unrecht erworbene Bücher gibt, Bücher, die Menschen geraubt wurden, wobei besonders die Erwerbungen von 1933/1938 bis 1945 in den Fokus genommen werden. Als Quellen für diese Forschungen dienen etwa Eingangsbücher, Kataloge, Inventarlisten der Bibliotheken sowie Buchautopsien, bei denen Buchvermerke wie Ex Libris, Stempel, Inventarnummern herangezogen werden, um die Art des Ankaufs und eventuelle Vorbesitzer zu eruieren. Es setzt eine Vielfalt von Vorgängen ein, die Jürgen Babendreier in *Ausgraben und Erinnern. Raubgutrecherche im Bibliotheksregal* sehr bildhaft vor Augen führt.[2] Das »Ausgraben« ist einer dieser Vorgänge, der der »Wissenschaft des Spatens« bedarf. Babendreier führt aus, dass dieses Vorgehen »auf die Materialität der Objekte und dort auf deren semiotische Dimension« ziele, dass der sichtbare Gegenstand, »das geraubte Buch selbst also, in das Zentrum des epistemologischen Interesses rückt (...).«[3]

Im Fall des KMB müssen die Recherchen auf zwei Ebenen angesetzt werden: Das epistemologische Interesse gilt der Sammlung als solcher und den einzelnen Büchern. Es gilt die Herkunft der Sammlung zu eruieren, festzustellen, wer sie zusammengestellt hat. Die einzelnen Bücher beanspruchen eine weitere Forschungsebene: Darin finden sich Besitzvermerke, die ebenfalls Recherchen fordern. Es ist also die Herkunft der Sammlung sowie der einzelnen Bücher festzustellen.

II Zur Herkunft der Theatersammlung »Komplex Mauerbach«

II.1 Die Lagerungsorte
Fest steht, dass der »Komplex Mauerbach« 1996 im Rahmen des »Mauerbach Benefit Sale« vom jetzigen Eigentümer erworben wurde. Die erste Frage war, wann und warum diese Theatersammlung in Mauerbach eingelagert worden war. Die Recherchen, vor allem im Archiv des Bundesdenkmalamtes in Wien, führten in das Salzbergwerk Altaussee, das ab 1943 als Einlagerungsort für unterschiedlichste Kunstschätze verwendet wurde.

Im Lauf des Zweiten Weltkrieges wurde den NS-Behörden klar, dass die Bombardierungen auch die zusammengetragenen und geraubten Kunstwerke zerstören könnten, und es wurde begonnnen, diese aus den hoch gefährdeten Städten in Einlagerungsorte auf dem Land zu transportieren. »Am 25. Juni 1942 wurde der Jurist Dr. Ludwig von Berg (1905–1952) vom Reichsstatthalter Baldur v. Schirach mit der zentralen Leitung der Bergungsmaßnahmen für staatliches und privates Kunstgut in Wien betraut.«[4] Als ein für Kunstwerke gut geeigneter Ort wurde unter anderem das Salzbergwerk Altaussee ausgewählt, wo die Einlagerungen im Herbst 1943 einsetzten, anfangs auch aus privatem Besitz, wie Theodor Brückler beschreibt: »Ab Herbst begannen bisher ungeahnte Transporte nach Altaussee. Zunächst waren es hochrangige Kunstwerke aus freiwillig zur Bergung übergebenem *kirchlichem* (…), *öffentlichem* (…) und *privatem* Besitz. In der Folge wurden riesige Mengen von beschlagnahmten klösterlichen und jüdischen Kunstwerken und Sammlungen, die bisher durch das Institut für Denkmalpflege verwahrt worden waren, und ganze Eisenbahnzüge voll mit Beständen aus Hitlers ›Linzer Sammlung‹ und Rosenbergs Beutegut ebenfalls in Altaussee eingelagert. Erst diese trübe Mischung von Freiwilligkeit und Unfreiwilligkeit, Recht und Unrecht, Kauf und Raub ließ die gesamte Bergung in ein schiefes Licht geraten und etikettierte sie mit dem Odium, ausschließlich ein Geheimversteck organisierten Kunstraubes gewesen zu sein.«[5]

Gegen Ende des Krieges befanden sich mehr als 7.000 Gemälde der bedeutendsten europäischen Maler, Tausende Zeichnungen, Hunderte Skulpturen, ganze Bibliotheken, bedeutende Möbel und Juwelen in den Stollen des Salzbergwerks. »Der Gesamtwert der eingelagerten Kunstwerke würde nach den heutigen Wertmaßstäben 50 Milliarden Euro bei weitem überschreiten.«[6]

Im Allgemeinen kamen Bücher vor allem in Zusammenhang mit anderen großen geraubten Sammlungen (wie die Bibliothek aus der Sammlung Rudolf und Marianne Gutmann) ins Salzbergwerk Altaussee.[7] Auch ganze Bibliotheken wurden dort eingelagert, wie etwa die gesamten Buchbestände der Hertziana in Rom[8], ca. 1000–1500 Kisten umfassend[9], die im Winter 1944 im Salzbergwerk eintrafen. In den Akten des Bundesdenkmalamtes ist der Vorgang der Einlagerungen teilweise nachvollziehbar, etwa bei der Theatersammlung von Edward Gordon Craig.[10] 1941 beschrieb und schätzte Joseph Gregor (1888–1960, Theaterhistoriker und 1922 Begründer der Theatersammlung der Österreichischen Nationalbibliothek) die Sammlung Craig, Teile daraus waren für Hitlers Museum in Linz vorgesehen (den sogenannten »Sonderauftrag Linz«). Edward Gordon Craig dürfte Teile seiner Sammlung 1942 verkauft haben, ab 1943 wurde dieser Teilbestand im Salzbergwerk Altaussee eingelagert, auf Initiative des Bundesdenkmalamtes, weitere Teilbestände wurden aus Frankreich und Florenz direkt nach Altaussee gebracht. Gelagert war die Sammlung des prominenten Regisseurs und Theatertheoretikers Craig im Kammergrafenwerk, wie auch der »Komplex Mauerbach«, bei dem allerdings bis jetzt nicht festgestellt werden konnte, auf wessen Initiative oder Geheiß er ins Salzbergwerk Altaussee

gekommen war. Unklar ist auch, wann genau der KMB im Salzbergwerk eintraf, die Theaterbücher dürften sich aber bereits bei der Einlagerung in neun oder zehn Kisten mit der Aufschrift »Solo Schuhpasta«
befunden haben.[11] Fest steht, dass die Theatersammlung im Jahr 1949 in
diesen Kisten von den US-Behörden an die Österreicher übergeben
wurde.[12] Diese Art der Verpackung scheint während des Krieges aufgrund des Ressourcenmangels und der immer zwingender werdenden
Einlagerungen nicht ungewöhnlich gewesen zu sein. Ernst Kubin beschreibt etwa, dass Goldmünzen aus dem Besitz des Kunsthistorischen
Museums »in Zigarrenschachtel(n)« auf die Reise gegangen seien.[13]

Bei der Befreiung befand sich der KMB nach wie vor im Salzbergwerk Altausse, im Kammergrafenwerk. Nach einer Aktennotiz wurde
damals spekuliert, ob diese »Solo«-Kisten nicht ein Teil der Craig-
Sammlung seien.[14] Doch vermutlich aufgrund der unterschiedlichen
Kennzeichen auf den Kisten (die Craig-Kisten waren durch Buchstaben
gekennzeichnet, der KMB dagegen befand sich in den »Solo«-Schuh-
pasta-Schachteln) wurde dieser Vermutung nicht weiter nachgegangen,
zumindest gibt es keine Belege dafür. Nach der Öffnung dieses Einla-
gerungsortes durch die US-Army wurden die Kunstgegenstände in den
Central Art Collecting Point (CACP) in München gebracht, wo versucht wurde, ihre Herkunft zu eruieren und sie zu restituieren, was im
Falle der Craig-Sammlung auch (großteils) geschah. 1948 wurde diese
an die französischen Militärbehörden zur Restitution weitergegeben,
die »Solo«-Kisten – und die darin enthaltene Theatersammlung – aber
verblieben bis zum März 1949 unter amerikanischer Verwaltung. Im
März 1949 wurden sie in das Depot in der Salzburger Residenz gebracht; sie standen nun unter österreichischer Verwaltung, vorerst wurden sie im »Chorumgang der Franziskanerkirche« untergebracht.

Als der Collecting Point aufgelöst wurde, kamen rund 1.000 uniden-
tifizierte Gegenstände nach Österreich. Dazu Sophie Lillie: »Dieser umfasste hauptsächlich Bestände des sogenannten ›Sonderauftrag Linz‹,
aber auch Ausstattungsgegenstände der ›Führerresidenzen‹ auf Schloss
Posen und dem Obersalzberg sowie des ›Braunen Hauses‹ in München,
der Parteizentrale der NSDAP.«[15]

1966 schließlich wurden die diversen »Restbestände« in der Kartause
Mauerbach eingelagert.[16] Das eingelagerte Kunstgut setzte sich folgendermaßen zusammen:

»1. Der Restbestand 1952 aus dem CACP München, der etwa ¾ der
    Objekte umfasste: Es handelte sich dabei um Objekte, die auf
    Grund der Erhebungen der US-Forces vermutlich mit Österreich in
    Verbindung zu bringen waren, deren Herkunft aber auch von den
    Amerikanern letztlich nicht eruiert werden konnte;

2. Bestände aus dem SS-Depot Schloß Fischhorn in Bruck an der Glocknerstraße (Salzburg), jenem Schloß, in dem amerikanische Truppen am 8. Mai 1945 den dorthin geflüchteten ehemaligen Reichsmarschall Hermann Göring verhafteten;

3. Restbestände aus dem Bergungsort Salzberg Altaussee sowie aus den verschiedenen Depots in Wien, Linz und Salzburg;

4. Kunstgegenstände, die nach dem Abzug der Besatzungsmächte in alliierten Kommandanturen oder anderen Dienststellen vorgefunden wurden;

5. Restbestände, die in den Bergungsorten des Reichsstatthalters von Wien zurückgeblieben und von niemanden übernommen worden waren;

6. Herrenloses, in den Kriegs- und Nachkriegswirren gefundenes Kunstgut, das sich in einem Depot der Finanzlandesdirektion für Wien, Niederösterreich und Burgenland befunden hatte.«[17]

Diese »Restbestände« umfassten: »8422 Einzelstücke, darunter 657 Gemälde, 84 Aquarelle, 250 Zeichnungen etc., aber auch 3.343 Münzen und 2.981 Bücher und Broschüren in 10 Kisten, vor allem Theaterliteratur des Reclam-Verlages in Paperback.«[18] Hier wird der KMB erstmals in der Literatur erwähnt, wenn auch die Beschreibung nicht korrekt ist, da die einzelnen Theatertexte in sehr unterschiedlichen Verlagen erschienen sind, Reclam ist nur einer davon.

II.2 Behördliche Provenienzforschung in den 1960er Jahren

Folgende Stellen in Österreich waren mit der Materie befasst: das Bundesministerium für Finanzen, das Bundesministerium für auswärtige Angelegenheiten, das Bundesministerium für Unterricht, das Bundesdenkmalamt (als verwahrende Stelle) und die Finanzprokuratur.[19] Die zuständigen Beamten im Bundesdenkmalamt waren Ludwig von Berg und später Edith Podlesnigg. Wie oben erwähnt, war Ludwig von Berg während der NS-Zeit für Einlagerungen zuständig gewesen. Hammer schildert von Bergs weiteren beruflichen Werdegang nach dem Krieg folgendermaßen:

»Aber nicht nur das ›Fußvolk‹ unter den Beamten sorgte dafür, daß die Dinge so rasch wie möglich wieder ins Lot kamen. Manchmal bewährte es sich auch, einen früheren Exponenten nun in untergeordneter Position wieder zu verwenden, damit wenigstens jemand da war, der Bescheid wußte, weil er auch in ›geheime‹ Agenden eingeweiht gewesen war. So erhielt Dr. Ludwig von Berg, ›vorher‹ in der Reichsstatthalterei an maßgeblicher Stelle und mit der Kunstgüterbergung von Anfang an vertraut, nun im Bundesdenkmalamt einen Platz, von dem aus er – unermüdlich und in gleichbleibender Einsatzbereitschaft – aktiv und helfend eingreifen konnte.«[20]

Diese Einstellung Hammers hat eine gewisse Logik, ist aber sehr naiv, denn in gewisser Weise wurden Beamte, die an unrechten, ja verbrecherischen Vorgängen beteiligt gewesen waren, dazu eingesetzt, genau diese Vorgänge zu untersuchen. (Unter ähnlichen Prämissen kann Joseph Gregors Arbeit in der Nationalbibliothek während und nach der NS-Zeit eingeschätzt werden).

Die KMB-Theatersammlung dürfte ein Teil des oben unter Nr. 1 beschriebenen »Restbestand 1952 aus dem CACP München, der etwa ¾ der Objekte umfasste« gewesen sein, er zählte vermutlich zu den »Objekte(n), die auf Grund der Erhebungen der US-Forces vermutlich mit Österreich in Verbindung zu bringen waren, deren Herkunft aber auch von den Amerikanern letztlich nicht eruiert werden konnte (...).«[21]

Der laxe Umgang der österreichischen Behörden mit dem nun – 1966 – in Mauerbach gelagertem Gut ist bekannt, und zumindest was die Kunstgegenstände und Gemälde betrifft, auch wissenschaftlich aufgearbeitet, etwa von Sophie Lillie. Nach Lillie waren die Vorbesitzer teilweise bekannt: »Bei der Sammlung Mauerbach handelte es sich keineswegs um ›herrenlose‹ Kunstgegenstände, die von den Nationalsozialisten aus unbekanntem Besitz enteignet wurden. Im Gegenteil: Die EigentümerInnen von Mauerbach-Objekten waren den österreichischen Behörden in zahlreichen Fällen bekannt.«[22]

Nach der Aktenlage trifft dies für den »Komplex Mauerbach« nicht zu. Im Zuge der Vorläufe rund um den »Entwurf eines Kunst- und Kulturgut-Bereinigungsgesetzes« wird der weitere Umgang der Behörden mit der Theatersammlung deutlich. Am Montag, 11. Juli 1966, wurde eine Besprechung über den »Entwurf eines Kunst- und Kulturgut-Bereinigungsgesetzes« im Bundesministerium für Finanzen anberaumt. Ein Punkt auf der Tagesordnung hieß: »4.) Übertragung von 10 Kisten Theaterliteratur an die Österreichische Nationalbibliothek.«[23] In der Akte »Restitution Theaterliteratur«, Bundesministerium für Unterricht vom 27. April 1966, finden sich die nachstehenden Vorgänge dokumentiert.[24] Am 27. April 1966 erging vom Bundesministerium für Unterricht, Ministerialrat Dr. Karl Haertl, folgender Brief an Dr. Franz Hadamovsky:

»Sehr geehrter Herr Hofrat!
Dem Bundesministerium für Unterricht ist vor einiger Zeit zur Kenntnis gelangt, daß sich unter den derzeit noch vom Bundesdenkmalamt verwahrten Kunst- und Kulturgütern auch 10 Kisten mit Theaterliteratur befinden. Diese theaterwissenschaftliche Sammlung ist während der

NS-Zeit ihrem Eigentümer entzogen worden; wer dieser Eigentümer war, konnte jedoch bis jetzt nicht festgestellt werden.

Ich darf Sie daher, sehr geehrter Herr Hofrat, höflich bitten, sich mit dem Institut für Theaterwissenschaften (sic!) an der Universität Wien und der Österreichischen Nationalbibliothek in Verbindung zu setzen und eine genauere Überprüfung dieser Sammlung nach deren Überführung in die Obhut der Österreichischen Nationalbibliothek durchzuführen, damit deren Herkunft geklärt und ihr weiteres Schicksal festgelegt werden kann.«[25]

Ein sehr ähnlicher Brief ging ebenfalls am 27. April 1966 an die Österreichische Nationalbibliothek und an das Institut für Theaterwissenschaft. Also wurden im April 1966 der Theaterhistoriker Franz Hadamovsky, die Österreichische Nationalbibliothek und das Institut für Theaterwissenschaft damit beauftragt, die Herkunft der Theaterbücher (des KMB) zu untersuchen. Dabei gingen die Behörden von der Annahme aus, dass die Theatersammlung »während der NS-Zeit ihrem Eigentümer entzogen« worden war.[26] Wie diese Untersuchung verlief bzw. ob sie überhaupt durchgeführt wurde, ist unklar. Am Aktenumschlag jedoch findet sich folgender Eintrag:

»So weit der Gef. bekannt ist, hat der verstorbene Adm. Rat Dr. Ludwig Berg schon szt. die Theaterliteratur überprüfen lassen. Die Überprüfung erfolgte damals durch HR Dr. Joseph Gregor, der jedoch auf Grund einer stichprobenweisen Überprüfung keinen Hinweis auf eine bestimmte österr. Theatersammlung finden konnte. Auch die Überprüfung einer Widmung zur Identifizierung des Eigentümers verlief ergebnislos. Der häufig erwähnte Verlag Kosel wurde gleichfalls befragt, konnte aber auch keinen Hinweis auf die Herkunft der Literatur geben.«[27]

Nach diesen Dokumenten zu urteilen, wurde 1966 zwar der Versuch gemacht, die Herkunft der Theatersammlung zu eruieren, aber ohne Erfolg. Dieser Versuch wird ferner belegt durch den Inhalt der »Mappe 2: Depot Mauerbach Theaterliteratur«[28], die eine Liste der in den Büchern vorhandenen Besitzvermerke und Stempel enthält. Aus den Dokumenten wird weiters klar, dass der KMB nicht an die Nationalbibliothek ging. Er scheint vielmehr in Akten der Finanzlandesdirektion und dem Bundesdenkmalamts auf[29], bis er im Juli 1969 von der Finanzlandesdirektion an das Bundesdenkmalamt zur Einlagerung der Theaterbücher in Mauerbach übergeben wurde, noch immer in den »Solo«-Schuhpasta-Kartons.[30]

In den folgenden Jahren wurde – aufgrund eines gewissen Druckes, vor allem von Simon Wiesenthal – zumindest halbherzig versucht, die Eigentümer der Mauerbach-Gegenstände zu eruieren. Als Mittel hierzu diente ein im *Amtsblatt der Wiener Zeitung* am 2. September 1969 ver-öffentlichter Sonderdruck: *Liste mit einer Beschreibung des im Gewahr-sam des Bundesdenkmalamtes befindlichen und in der Anlage zum Bun-desgesetz vom 27. Juni 1969 (BGBl. Nr. 294 vom 14. August 1969) zahlenmäßig angeführten Kunst- und Kulturgutes, gemäß § 1 Abs. 2 die-ses Bundesgesetzes.* Unter der Rubrik »Bücher« findet sich als erster und größter Posten »Theaterliteratur«, als Nummer 1.123, mit 2.982 Subpo-sitionen. Diese Liste sollte den ehemaligen Besitzern ermöglichen, ihre Kunstgegenstände anzufordern.

Fast zehn Jahre später, am 12. März 1979, berichtete Edith Podlesnigg dem Bundesministerium für Finanzen von folgenden Rückgaben aus der Liste der Theaterbücher:

»Außerdem sind folgende *Sub*-Positionen der Wiener Zeitung-Post 1123 (Theaterliteratur) bereits zur Ausfolgung gelangt:
102, 1210, 2569, 2585, 2697, 2715 an Prof. Richard Paul Beck;
1773, 1774, 1775, 1776 an Emilie Graubard;
2663 an Oskar Zappert.«[31]

Wie die Restitution dieser wenigen Bücher verlief, wird im Folgenden am Beispiel der Forderung von Emily Graubard dargestellt. Am 23. No-vember 1971 meldete Emily Graubard, geb. Oppenheim, die zu dieser Zeit in den USA lebte, ihren Eigentumsanspruch auf acht Positionen in der Liste des Kunst- und Kulturgutes an, darunter auf vier Bücher aus der Theatersammlung.[32] Weitere Unterlagen finden sich nicht; aber es gibt eine Art Protokoll, in dem die Absprachen zwischen Frau Grau-bards Vertreter (Dr. Kurt Lindenthaler) und Frau Dr. Podlesnigg vom Bundesdenkmalamt wiedergegeben werden:

»AstV. (Antragstellervertreter) bringt vor: wie im Antrag (O)N 1 und ergänzt. Die gesuchten Gegenstände befanden sich im Jahre 1938 bei ei-ner Spedition Wanko und sollten nach Triest und von dort nach Ame-rika gebracht werden. Dabei seien 2000 Bücher gewesen, die nicht an-gekommen seien.

Es war sicherlich so, dass von diesen 2000 verloren gegangenen Bü-chern vier Bücher, nämlich die vier gesuchten nach der Überschrift der Titel mit den in der Wr. Zeitung unter Pos. 1123 Subzahlen 1173–76 ident waren. Die anderen Subzahlen (...)«[33] waren nicht interessant, da Frau Graubard diese Titel nicht besaß.

»Dr. Podlesnigg gibt dazu informativ an:

die Theaterliteratur war in 10 Kisten mit der Aufschrift Solo Schuh-pasta (.) In diesen 10 Kisten war, wie sich auch aus der Wr. Ztg. ergibt vorwiegend Theaterliteratur woraus der Schluss berechtigt ist, dass diese einzelnen Bücher aus einer Theaterliteratursammlung stam-men.«[34]

Obwohl Podlesnigg betonte, dass die angeforderten Bücher aus einer Theaterbuchsammlung stammten (was Emilie Graubards Büchersammlung nicht war), wurde ein Vergleich gezogen: Die Theaterbücher wurden der Antragstellerin z.H. Dr. Kurt Lindenthalers ausgefolgt. Am 5. Dezember 1974 unterschrieb Dr. Kurt Lindenthaler als Vertreter von Emilie Graubard eine Übernahmebestätigung betreffend die vier Bücher, die anderen Gegenstände wurden auf der Übernahmebestätigung nicht genannt.

Die Anmeldung Graubards existiert auch im Staatsarchiv, wenn sich hier der Vorgang auch etwas anders darstellt.[35] Laut diesen Akten füllte Emily Ortner Graubard, geb. E. Oppenheim, eine Anmeldung gemäß dem »Bundesgesetz vom 14. August 1969« aus, worin sie u. a. ein Auto, Gemälde und auch Bücher beanspruchte. Auf die Frage, wie das Gut geraubt wurde, schrieb sie: »Von Parteimitglied Peter Fischer, im April 1938 aus der Wohnung IX. Frankg. 10 abgeholt worden.« Nach dem Aktenverlauf wurde kaum etwas restituiert, da sie keine Besitzbelege vorweisen konnte, und auch die Forderung nach Rückgabe der Bücher wurde abgewiesen, noch im Mai 1974. Wie oben dargestellt, wurden den Dokumenten im Archiv des Bundesdenkmalamts zufolge aber die vier Theaterbücher Graubards Vertreter übergegeben. Trotz unklarer Besitzverhältnisse wurde der Forderung nach diesen vier Büchern nachgegeben – doch dies war die einzige Forderung Graubards, die erfüllt wurde. Im Vergleich zum ebenfalls zurückgeforderten Auto oder den Gemälden waren die Bücher zweifellos die Gegenstände, die den geringsten materiellen Wert darstellten – und nur sie wurden übergeben.

Aus einer 1999 veröffentlichten Statistik[36] geht hervor, dass zwischen 1969 und 1986 nur eine geringe Zahl von Restitutionen erfolgte. Betreffend die »10 Kisten Theaterliteratur« finden sich folgende Zahlen: 1969: 2.981; 1986: 2.972. Nach dieser Angabe wurden also neun Bücher restituiert; nach den oben zitierten Anträgen bzw. unterzeichneten Übernahmen waren es elf Titel. Die Differenz der Anzahl ist unklar, da die genannten Titel laut der Liste in der *Wiener Zeitung* vom 2. September 1969 selbstständig erschienen sind, und sich diese Titel nicht mehr im KMB befinden.

Die Geschichte der Sammlung kann bis ins Salzbergwerk Altaussee zurückverfolgt werden. Wann und auf wessen Initiative sie dorthin kam, konnte bis jetzt nicht eruiert werden, auch nicht der Sammler. Laut oben zitiertem Brief vom 27. April 1966 (vom Bundesministerium für Unterricht, Ministerialrat Dr. Karl Haertl, an Dr. Franz Hadamovsky) war die Theatersammlung »während der NS-Zeit ihrem Eigentümer entzogen«[37] worden; diese Angabe ist im Moment nicht verifizierbar. Möglich wäre auch, dass es sich um eine private Einlagerung handelte, wie Theodor Brückler dies beschreibt.

II.3 Zur Herkunft einzelner Theaterbücher

Im Umgang mit dem KMB wird schnell klar, dass ein Buch nicht unbedingt nur einen Vorbesitzer hat, sondern auch durch mehrere Hände gegangen sein kann. Private Einbände weisen darauf hin, dass einzelne Bücher – aber auch kleine Reihen – aus privaten Büchersammlungen stammten, bevor sie Teil des KMB wurden. Es finden sich werkfremde Zusätze wie diverse Signaturen[38], handschriftliche Widmungen und Namenseintragungen, Stempel und Ex Libris. Einzelne waren Teil von Theaterbibliotheken[39], viele hatten Vorbesitzer, die dem Theater praktisch verbunden waren, wie etwa Exemplare mit Zensureintragungen[40], Arbeitsexemplare von Schauspielern[41] und Theaterdirektoren.[42]

In diesem Rahmen wird nur auf einen kleinen Teil von persönlichen Besitzvermerken eingegangen. Wie schon anfangs erwähnt, dürfte die Sammlung bis ins Jahr 1942 oder 1943 betrieben worden sein. Darauf verweisen Daten von Vorbesitzern (soweit sie nachvollziehbar sind) sowie eine Widmung.[43]

Zu diesen Vorbesitzern gehören etwa die Schauspieler Otto Rub und sein Sohn Christian Rub sowie Ernst Moriz Kronfeld und dessen Sohn Curt (oder Kurt) Kronfeld.

Otto Rub (1856–1942) debütierte am Darmstädter Hoftheater und trat unter anderem in Lübeck, Graz, Brünn und Danzig auf. Er war Regisseur und erster Charakterdarsteller in Metz und Erfurt, 1899 Oberspielleiter am Jantsch-Theater in Wien, 1900 wurde er ans Burgtheater engagiert, wo er bis 1932 tätig war. Rub war auch Theaterhistoriker, er verfasste *Die dramatische Kunst in Danzig von 1615 bis 1893*, Danzig 1894, sowie *Das Burgtheater. Statistischer Rückblick*, Wien 1913. Otto Rub war mit der Schauspielerin Paula Groß verheiratet, ihre Kinder Marianne und Christian waren ebenfalls auf der Bühne tätig. Rub und seine Frau Paula lebten bis 27. Februar 1939 in Wien, danach in Edlitz-Grimmenstein, Thomasberg 92, Niederösterreich. Otto Rub ist als »konfessionslos« eingetragen.[44] Am 12. April 1942 starb Rub in Thomasberg.[45]

Wie die Theaterstücke aus seinem Besitz in den KMB kamen, ist bis jetzt nicht geklärt, auch nicht, wie weitere Bücher und Alben in andere Bibliotheken Wiens gekommen sind.[46]

Im KMB finden sich 18 Exemplare mit Besitzvermerken von Otto Rub, sechs Theatertexte enthalten Hinweise auf Rub ohne direkte Besitzvermerke.

Sein Sohn Christan Rub (1886–1956) war ebenfalls Schauspieler, er debütierte in Weimar und war »(...) der erste Knabe, der für Kinder-

rollen (bisher wurden nur Mädchen verwendet) an das Burgtheater engagiert wurde.«[47] Dort war er von 1901 bis 1903 in Kinderrollen bzw. als
Jugendlicher zu sehen, etwa 1902 als Freund in *Wallenstein*.[48] Schon
früh dürfte er in die USA gegangen sein, da er von 1910 bis in die frühen
1950er Jahre (oft ungenannt) in mehr als 100 Filmen zu sehen war. Erstmals trat er im Film *The Belle of New York* auf. »Then, he made one of
the biggest appearances in his acting career (uncredited), the voice of
Mister Geppetto in the animated Disney film *Pinocchio* (1940) (…).«[49]
Sein letzter Filmauftritt war in *Something for the Birds*.

Christian Rub war ein »Character actor in Hollywood for two de-
cades from the early 30's.«[50] Im KMB finden sich neun Exemplare mit
Besitzvermerken von Christian Rub. Stempel und andere Hinweise auf
den Vorbesitz von Otto und Christian Rub finden sich auch in Büchern
in der Österreichischen Nationalbibliothek.[51]

Ernst Moriz Kronfeld (1865–1942) war Biologe und publizierte auch
auf dem Gebiet der Kunst und des Theaters.[52] Er verfügte über eine
große Sammlung von Büchern, Bildern, Urkunden und Plänen zum
Schönbrunner Schlosspark. Außerdem war er journalistisch tätig, publizierte etwa langjährig im *Fremdenblatt*.[53] Dr. Kronfeld besaß eine
umfangreiche Sammlung von Theatralia, die sich heute im Schloss Wahn
in Köln befindet.[54] Im Zuge der Provenienzforschung an den Österreichischen Bundesmuseen und Sammlungen wurden weitere Besitztümer
aus Kronfelds Sammlungen festgestellt, etwa in der Handschriften-, Au-
tografen- und Nachlass-Sammlung der Österreichischen Nationalbibliothek, der Wienbibliothek, im Naturhistorischen Museum und am
Wien Museum. Daher wurde Ernst Moriz Kronfelds Lebensweg und
auch der Weg seiner Sammlungen von Seiten der Provenienzforschung
an diesen Häusern einer neuen Sichtung unterzogen.

Als Jude wurde Dr. Kronfeld vom NS-Regime verfolgt. Seine Sammlung bot er 1940 der Österreichischen Nationalbibliothek zum Kauf an,
der Kauf kam nicht zustande, auch nicht der Ankauf eines Teiles der
Sammlung über das Antiquariat Dr. Rudolf Engel. »Dr. Kronfeld starb
am 16. März 1942 in seiner Wiener Wohnung. In der Todesfallaufnahme
wurde festgehalten, dass er ›außer alter Kleidung und Wäsche und einigen Büchern im Höchstwerte von 300,– RM‹ kein Vermögen besaß.«[55]
Seine Witwe Rosalia Kronfeld wurde nach Theresienstadt transportiert
und im September 1942 in Treblinka ermordet. Die in der Nationalbibliothek vorhandenen Handschriften Kronfelds wurden entzogen. Was
in den Forschungen zu Kronfeld bis jetzt noch nicht eruiert werden
konnte, ist ein direkter Beleg der Ankäufe (oder eines Raubs) von Seiten
der Antiquariate.[56] Die Übereignung der Gegenstände an die Rechts-

nachfolger wurde nun empfohlen.[57] Im Moment wird versucht, die Rechtsnachfolger ausfindig zu machen.

Im KMB finden sich drei Exemplare mit Besitzvermerken von Ernst Moriz Kronfeld, und zwei mit Widmungen an dessen Sohn Curt (Kurt) Kronfeld, der nach einigen Hinweisen bereits um 1928 verstorben ist. Doch nicht alle werkfremden Zusätze sind eindeutig zuordenbar. So etwa bei häufig verwendeten Namen oder bei Namen, über deren Träger nichts bekannt ist. Beispiele sind etwa Robert Frank und Dr. Hans Wittak. In KMB 0040, Raoul Auernheimer: *Casanova in Wien*. München 1924, findet sich der Stempel »Robert Frank«. Angaben zu »Robert Frank« sind in der Opferdatenbank der Shoah-Opfer des Dokumentationsarchivs des österreichischen Widerstands vorhanden, sie lauten folgendermaßen: »Robert Frank, geb. 04.07.1873 in Lundenburg. Letzte bekannte Wohnadresse: Wien 3, Weissgerber Lände 12. Todesort: Wien, Todesdatum: 01.05.1938.«[58] Ob dieser Robert Frank auch Vorbesitzer des vorliegenden Buches ist und ob es aus dessen enteigneten oder geraubten Besitz stammt, kann nicht eindeutig eruiert werden.

Zu Dr. Hans Wittak, dessen Stempel in mehreren KMB Büchern zu finden ist, konnte bis jetzt nichts festgestellt werden – außer dass Bücher aus seinem Besitz auch in anderen Wiener und deutschen Bibliotheken zu finden sind.[59]

III Zum Stand der Forschung

Wie aus diesem Zwischenbericht ersichtlich, ist noch eine Fülle von Recherchen zur Herkunft und Zusammensetzung des KMB erforderlich. Im Moment wird eine genaue Inventarliste als Grundlage eines Kataloges erstellt, erfasst werden alle Daten zum Buch, aber auch äußere Kennzeichen und die eingetragenen Signaturen. In einem parallelen Arbeitsschritt wurden alle werkfremden Zusätze aufgenommen, und es wurde mit entsprechenden Recherchen begonnen. Sobald die Aufnahme abgeschlossen ist und die Forschungen eine gewisse Vollständigkeit erreicht haben, soll ein Katalog in Druck und online veröffentlicht werden. In der Online-Ausgabe werden auch die Covers und ausgewählte Seiten (etwa mit werkfremden Zusätzen) und für die Theaterwissenschaft besonders interessante Texte in digitalisierter Form zur Verfügung gestellt werden. Außerdem ist beabsichtigt, einen Band zur Geschichte dieser Theatersammlung sowie zu besonders interessanten Forschungsfragen zu publizieren.

1 Vgl. http://www.donjuanarchiv.at/archiv/bestaende/komplex-mauerbach.html (18.7. 2011). — **2** Vgl. Jürgen Babendreier: »Ausgraben und Erinnern. Raubgutrecherche im Bibliotheksregal«. In: Stefan Alker, Christina Köstner und Markus Stumpf (Hg.): *Bibliotheken in der NS-Zeit. Provenienzforschung und Bibliotheksgeschichte.* Göttingen 2008, S. 15 ff. — **3** Ebd., S. 23. — **4** Eva Frodl-Kraft: *Gefährdetes Erbe. Österreichs Denkmalschutz und Denkmalpflege 1918–1945 im Prisma der Zeitgeschichte.* Wien – Köln – Weimar 1997, S. 310. — **5** Theodor Brückler: »Kunstwerke zwischen Kunstraub und Kunstbergung: 1938–1945«. In: Theodor Brückler (Hg.): *Kunstraub, Kunstbergung und Restitution in Österreich 1938 bis heute.* Wien – Köln – Weimar 1999, S. 28. — **6** Wolfgang Weiß: »*Vorsicht Marmor – nicht stürzen!« Die wahre Geschichte über die Rettung der Kunstschätze in den Salinen von Altaussee 1945.* Graz 2009, S. 10. — **7** Vgl. dazu auch Katharina Hammer: *Glanz im Dunkel. Die Bergung von Kunstschätzen im Salzkammergut am Ende des 2. Weltkrieges.* Wien 1986, S. 114. — **8** Es handelt sich um die Bibliotheca Hertziana in Rom, die aus einer Stiftung von Henriette Hertz hervorging und 1913 eröffnet wurde. Vgl. http://www.biblhertz.it/default.htm (10.3.2011). — **9** Vgl. Frodl-Kraft: *Gefährdetes Erbe* (wie Anm. 4), S. 357. — **10** Der Regisseur, Bühnenbildner und Theatertheoretiker Edward Gordon Craig (1872–1966) hatte 1907 die Schrift *Der Schauspieler und die Über-Marionette* publiziert und wesentlichen Einfluss auf den schauspieltheoretischen Diskurs. — **11** Vgl. Bundesdenkmalamt (im Folgenden BDA), Archiv, Provenienz: Restitutionsmaterialien. In den Akten wird der Bestand mehrmals mit »9 Kisten ›Solo‹« benannt, etwa im Karton 33 (Craig), Zl. 4949/56 Abschrift einer Bestätigung des Empfangs von Kunstgegenständen im Salzberg, Alt-Aussee, am 14.7.1948, gez. Sgt. John J Erickson. Vgl. auch die Angabe von Edith Podlesnigg in: BDA Archiv, Provenienz: Restitutionsmaterialien, Karton 36/2/PM Graubard, Emilie. — **12** Vgl. die entsprechenden Dokumente in: BDA Archiv, Provenienz: Restitutionsmaterialien, Karton 27/1 (Bergung), Mappe 16, Blatt 21. — **13** Vgl. Ernst Kubin: *Sonderauftrag Linz. Die Kunstsammlung Adolf Hitler. Aufbau, Vernichtungsplan, Rettung.* Wien 1989, S. 95. — **14** Vgl. BDA Archiv, Provenienz: Restitutionsmaterialien, Karton 22 Altaussee II, Mappe 17: Liste »Im Salzberg Alt-Aussee vorhandene Kunstgegenstände am 28.11.1947«: »Nr. 775–783 nicht Eigentum Gutmann, sondern Gordon Craigh (sic!), 1 Kiste sign. I Theaterliteratur, wahrscheinlich Gordon Graigh [sic!], dazu noch 9 Kisten ohne Signatur, (Versandkisten der Fa. Solo, enthl. Theaterliteratur, wahrscheinlich auch Gordon Craigh (sic!) (…)«. Dabei weitere handschriftliche Notizen: »übergeben 14.VII. 1948, Zl. 276/49.« »Freigabe Zl. 5752/48« »Mit obigen 9 Kisten wurden noch 2 Kisten gleicher Groesse und Art freigegeben.« (Hervorhebung im Original) — **15** Sophie Lillie: »›Herrenlos?‹ Die ungekläre Akte Mauerbach«. In: Alexandra Reininghaus (Hg.): *Recollecting. Raub und Restitution.* Wien 2009, S. 211. — **16** Vgl. Gerhard Sailer: »Rückbringung und Rückgabe: 1945–1966«. In: Brückler (Hg.): *Kunstraub, Kunstbergung und Restitution in Österreich 1938 bis heute* (s. Anm. 5), S. 37. — **17** Ebd., S. 38. — **18** Ebd., S. 37. — **19** Vgl. Kurt Haslinger: »Mauerbach und der lange Weg bis zur Auktion: 1969–1996«. In: Brückler (Hg.): *Kunstraub, Kunstbergung und Restitution in Österreich 1938 bis heute* (s. Anm. 5), S. 40. — **20** Hammer: *Glanz im Dunkel* (s. Anm. 7), S. 184. — **21** Sailer: »Rückbringung und Rückgabe: 1945–1966« (s. Anm. 16), S. 38. — **22** Lillie: »›Herrenlos?‹ Die ungekläre Akte Mauerbach« (s. Anm. 15), S. 213. Vgl. ferner Hubertus Czernin: »Vorwort«. In: Gabriele Anderl und Alexandra Caruso (Hg.): *NS-Kunstraub in Österreich und die Folgen.* Innsbruck 2005, S. 8. Hubertus Czernin zur Mauerbach-Auktion: »Dort waren viele vorgeblich herrenlose Kunstwerke versteigert worden, deren einstige Besitzer ohne größeren Aufwand hätten ermittelt werden können.« — **23** BDA, Archiv, Provenienz: Restitutionsmaterialien, Karton 29, Mauerbach, Mappe 1b: Kunst- und Kulturgutbereinigungsgesetz, Restitutionen, Akten 1966, S. 75, 78. — **24** Vgl. BDA, Archiv, Provenienz: Restitutionsmaterialien, Karton 29, Mauerbach, Mappe 1b: Kunst- und Kulturgutbereinigungsgesetz, Restitutionen, Akten 1966, S. 116–119. — **25** BDA, Archiv, Provenienz: Restitutionsmaterialien, Karton 29, Mauerbach, Mappe 1b: Kunst- und Kulturgutbereinigungsgesetz, Restitutionen, Akten 1966, S. 119. In diesem Schreiben wurde Franz Hadamovsky vermutlich zu Wilhelm Hadamovsky. — **26** Vgl. BDA, Archiv, Provenienz: Restitutionsmaterialien, Karton 29, Mauerbach, Mappe 1b: Kunst- und Kulturgutbereinigungsgesetz, Restitutionen, Akten 1966, S. 119. — **27** BDA, Archiv, Provenienz: Restitutionsmaterialien, Karton 29, Mauerbach, Mappe 1b: Kunst- und Kulturgutbereinigungsgesetz, Restitutionen, Akten 1966, S. 116. — **28** BDA, Archiv, Provenienz: Restitutionsmaterialien, Karton 29, Mauerbach, Mappe 2: Depot Mauerbach Theaterliteratur. — **29** Vgl. BDA, Archiv, Provenienz: Restitutionsmaterialien, Karton 29, Mauerbach, Mappe 1b: Kunst- und Kulturgutbereinigungsgesetz, Restitutionen, Akten 1966, S. 120, 125, 133. — **30** Vgl. BDA, Archiv, Provenienz: Restitutionsmaterialien, Karton 29, Mauerbach, Mappe 7a: Kartause Mauerbach, Akten 1968–197, S. 111. — **31** BDA, Archiv, Provenienz: Restitutionsmaterialien, Karton 29/1, Mauerbach II, Mappe 4 B (Rückseite von Nr. 37): Brief von Edith Podlesnigg an das Bundesministerium für Finanzen, vom 12.3.1979 Kunst- und Kulturgut-Bereinigungsgesetz 1969, Akten 1974–1979 (Hervorhebung im Original). — **32** BDA, Archiv, Provenienz: Restitutionsmaterialien, Karton 36/2/PM Graubard, Emilie. — **33** BDA, Archiv, Provenienz: Restitutionsmaterialien, Karton 36/2/PM Graubard, Emilie, LGZRS Wien, 28.11.1974. — **34** Ebd. — **35** Vgl. Österreichisches Staatsarchiv, Akten der Finanzprokuratur, Abt. 6, Rückgabe von entzogenen Vermögen, VI-29766: Emily Ortner Graubard, geb. E. Oppenheim. — **36** Vgl. Brückler (Hg.): *Kunstraub, Kunstbergung und Restitution in Österreich 1938 bis heute.* (s. Anm. 5), S. 365. — **37** BDA, Archiv, Provenienz: Restitutionsmaterialien, Karton 29, Mauerbach, Mappe 1b: Kunst- und Kulturgutbereinigungsgesetz, Restitutionen, Akten 1966, S. 119. — **38** In einigen Exemplaren findet sich ein Einlagezettel mit einer Signatur, die identisch mit der heutigen Signatur des entsprechenden Theatertextes in der Nationalbibliothek Wien ist. Vgl. KMB 0001, 0057, 0243, 0609, 1249, 1582, 1743, 1973, 1978. — **39** Vgl. KMB 0141: Alois Berla: *Der Zigeuner,* Wien o. J. Stempel: »Wiener Stadttheater«, der Band enthält auch Regieanweisungen und handschriftliche Einträge. Das Wiener Stadttheater existierte von 1872 bis 1884, an der Stelle des heutigen Ronachers. *Der Zigeuner* wurde am 14. Mai 1877 im Wiener Stadttheater aufgeführt. — **40** Vgl. KMB 0138: Alois Berla: *Durchgegangene Weiber,* Wien 1874. Stempel: »Alfred Schreiber Theaterdirection«; Stempel am Textende: »Rosa Uhlich, Soufleuse«; Zensureintrag und Stempel der »K.K. Polizeidirection Gratz«, vom 31.8.1886. — **41** Vgl. etwa KMB 0077: Eduard von Bauernfeld: *Moderne Jugend,* Wien 1870. Auf dem Cover findet sich der handschriftliche Eintrag »Baudius« sowie das Datum 19.1.1869, das dem Datum der Erstaufführung am Hofburgtheater in Wien entspricht, beim Personenverzeichnis finden sich die Namen der SchauspielerInnen, darunter »Baudius«, in der Rolle der Elsa. Der Text enthält Striche und Ergänzungen. Vermutlich handelt es sich um das Rollenheft der Schauspielerin Auguste Wilbrand-Baudius (Zwickau 1843–1937 Wien). Sie war von 1861 bis 1878 »erste Liebhaberin« am Burgtheater und trat oftmals in Stücken ihres Intendanten Eduard von Bauernfeld auf, die für sie geschrieben wurden. 1889 ging sie an das Theater an der Wien, 1893 zum Raimundtheater, 1898 ans Burgtheater zurück. — **42** Vgl. KMB 0008, 0325, 0690, 0859, 1008 u. a. Stempel: »Theater-Direktion Franz Eglseer«. Franz Eglseer war von 1884 bis 1887 Direktor des Stadttheaters Passau (dieses war seit 1883 ein Stadttheater, vorher 1806–1883 das Königliche Theater). Vorher war Eglseer Direktor der Bühne in Landshut. Vgl. http://regiowiki.pnp.de/index.php/Stadttheater_Passau (17.3.2011). — **43** Von einem nicht mehr vorhandenen Exemplar des KMB (alte Signatur 1153), ist folgende Widmung notiert: »In herzlicher Erinnerung an die Begegnung in Wien«, »Hans Friedrich Blunck, 3.11.1943«. In: BDA, Archiv, Provenienz: Restitutionsmaterialien, Karton 29, Mauerbach, Mappe 2, Depot Mauerbach Theaterliteratur. Hans Friedrich Blunck (Altona 1888–1961 Hamburg), war Jurist und Autor. Er war der erste Präsident der Reichsschrifttumskammer von 1933 bis 1935, danach blieb er ein hochrangiger NS-Kulturfunktionär und stand auf der sogenannten »Gottbegnadetenliste«. Vgl. http://de.wikipedia.org/wiki/Hans_Friedrich_Blunck (14.3.2011). — **44** Vgl. Meldeunterlagen Otto Rub, Wiener Stadt- und Landesarchiv, MA 8 – B-MEW-501/2011. — **45** Vgl. Sterbebuch der Gemeinde Edlitz, Mail vom 21.2.2011 von Bernadette Baumgartner an die Verfasserin. — **46** So finden sich etwa zwei Alben mit Fotos und Widmungen zeitgenössischer SchauspielerInnen und AutorInnen in der Handschriftensammlung der Wienbibliothek. Sie wurden 1986 vom Dorotheum angekauft. — **47** Ludwig Eisenberg: *Großes Biographisches Lexikon der Deutschen Bühne im XIX. Jahrhundert.* Leipzig 1903, Lemma »Rub, Otto«. — **48** Vgl. *Burgtheater 1776–1976. Aufführungen und Besetzungen von zweihundert Jahren.* (2 Bde.) Hg. v. Österreichischen Bundesverlag. Sammlung und Bearbeitung des Materials Minna von Alth, Redaktion Gertrude Obzyna. Wien o. J., Bd. 1, S. 338. — **49** http://en.wikipedia.org/wiki/Christian_Rub (23.3.2010). — **50** http://www.imdb.com/name/nm0747759/bio (17.1.2011). — **51** Vgl. Margot Werner: *Abschlussbericht der Österreichischen Nationalbibliothek an die Kommission für Provenienzforschung.* Wien 2003, S. 60. Auch in der Trostel Collection der Milwaukee Public Library findet sich »Christian Rub« in einer Schauspielerliste (TC2636, Richard Fellinger: *Der Unsichere.* Berlin 1907). — **52** Vgl. Ernst Moriz Kronfeld: *Park und Garten von Schönbrunn.* Zürich – Leipzig – Wien 1923. Weiters publizierte Kronfeld in: Benno Deutsch (Hg.): *Josef-Kainz-Gedenkbuch.* Wien o. J. (um 1924) und in: Hans Landberg und Arthur Rundt (Hg.): *Theater-Kalender auf das Jahr 1912.* Berlin o. J. (um 1911). — **53** Vgl. »Bibliographie E. M. Kronfeld«. In: *Aus der alten Wiener Zeit. Der Teilnachlaß des Redakteurs Ernst F. Moriz Kronfeld. Eine Ausstellung der Theaterwissenschaftlichen Sammlung Universität zu Köln.* Schloß Wahn, 16. Februar bis 26. März 1997, Köln 1997, S. 13. — **54** Wie Kronfelds Theatralia nach Köln gelangt sind, ist unklar. »Leider konnte den Teilnachlaß von Ernst F. Moriz Kronfeld bis heute kein Eintrag in den alten Inventarbüchern zugeordnet werden, so dass vorläufig ungeklärt bleibt, wann das Material ins Haus gekommen ist.« »Vorwort«. In: *Aus der alten Wiener Zeit* (s. Anm. 53), S. 3. — **55** »E.M. Kronfeld«. In: http://www.provenienzforschung.gv.at/index.aspx?ID=24&LID=1#H_K S. 2 (21.6. 2010). — **56** Mündliche Auskunft von Dr. Claudia Spring, Provenienzforscherin im Nathurhistorischen Museum Wien, an die Verfasserin. — **57** Vgl. »E.M. Kronfeld«. In: http://www.provenienzforschung.gv.at/index.aspx?ID=24&LID=1#H_K S. 3 (21.6.2010). — **58** http://www.doew.at/ausstellung/shoahopferdb.html (8.3.2010). — **59** So finden sich etwa in der Fachbibliothek des Instituts für Theater-, Film- und Medienwissenschaft zwei Dramentexte aus der »Sammlung Dr. Hans Wittak«, die auf der Liste der Provenienzforschung stehen. Vgl. Mail vom 4.3.2010 von Martina Cuba (Leiterin der Fachbibliothek) an die Verfasserin.

Marje Schuetze-Coburn

Lion Feuchtwanger und seine Privatbibliothek
Eine Geschichte von Verlust und Überleben

Lion Feuchtwanger war passionierter Rechercheur und Bücherfreund. Seine literarischen Erfolge fußten auf profunder Kenntnis der Vergangenheit und auf der Fähigkeit, Geschichte zu interpretieren und sie seinen Lesern verständlich zu machen. Am Anfang der literarischen Arbeit Feuchtwangers stand stets eine umfangreiche Vorbereitung, die mit dem Lesen von Geschichten und Biografien aus dem jeweiligen Zeitraum, der als Fundament und Bezugsrahmen des Romans dienen sollte, begann. Da seine literarischen Themen häufig historische Persönlichkeiten behandelten, wie etwa Flavius Josephus, Benjamin Franklin und Francisco Goya, vertiefte sich Feuchtwanger in das Studium des Lebens und der Epoche dieser Persönlichkeiten, wobei er Primär- sowie Sekundärquellen nutzte. Da er Geschichtsforscher war, wusste Feuchtwanger um die Bedeutung akkurater Angaben und konnte in seiner Funktion als Schriftsteller historische Fakten und Details in sein Werk einarbeiten.

Da Feuchtwangers literarische Arbeit eng mit Büchern und Wissen verknüpft war, war er auf Bibliotheken und Archive angewiesen. Seine wichtigste Quelle war zuerst die Bayerische Staatsbibliothek. Obwohl er dankbar für die Möglichkeit der Nutzung dieser umfangreichen Sammlung war, hoffte er, eines Tages seine eigene Bibliothek aufbauen zu können. Als angehender Schriftsteller und während seiner Studienzeit in München konnte Feuchtwanger zunächst nur wenige Bücher aufstellen. In einem Zeitzeugengespräch beschrieb seine Frau Marta die Zeit in München folgendermaßen: »There was no room [for books]« und erklärte weiter: »His second apartment was still the State Library.«[1]

I Eine Leidenschaft für Bücher und Bildung

Feuchtwangers Liebe zu Büchern entwickelte sich schon früh. Weil er in einer streng jüdisch-orthodoxen Familie aufwuchs, begann er mit fünf Jahren Hebräisch zu lernen. Zusammen mit einem Hauslehrer verbrachte er mindestens eine Stunde pro Tag damit, die Bibel auf Hebräisch zu lesen. Dann kam die Lektüre der aramäischen Ausgabe des Talmud hinzu. Später würdigte er diese frühen sprachlichen Studien folgendermaßen: »Rückblickend finde ich übrigens, dass mir die frühe Erlernung des Hebräischen geholfen hat, vielfältig zu denken und zu reden, und dass das frühe Studium des fremdartigen Lebens, das sich in der Bibel und im Talmud entfaltet, mir Verständnis gab für viele Lebensäusserungen, die mir sonst unverständlich geblieben wären.«[2]

Die animierende kulturelle Atmosphäre in seiner Familie wird von Feuchtwanger so beschrieben: »Mein Vater war interessiert an Geschichte, an klassischer Literatur, am Theater, an bibliophilen Dingen, und es war ihm recht, dass ich schon sehr früh entschlossen war, kein Brot-Studium zu wählen, sondern Literaturgeschichte zu treiben.«[3] Als Kind war er schon ermutigt worden, seine Neugier mit Hilfe von Büchern zu befriedigen: »Ich erinnere mich, wie ungeheuer die Lektüre des Josephus auf mich wirkte, als ich in früher Jugend in der Bibliothek meines Vaters die Werke dieses Mannes fand, in einem alten, mächtigen Folianten, herrlich gedruckt, mit vielen Kupferstichen.«[4] Ohne Zweifel waren diese ersten Erfahrungen in der Bibliothek des Vaters prägend. In dem anregenden und zugleich sicheren Ort konnte er ungestört wertvolle Editionen anfassen, lesen und genießen. Marta bestätigt dies: »Oh, he always liked books, of course, and his father had a very beautiful library.«[5]

Während seiner Schulzeit auf dem Wilhelms-Gymnasium hatte Feuchtwanger nicht allein Latein- und Griechischunterricht, darüber hinaus lernte er verschiedene moderne europäische Sprachen. Auch auf der Ludwig-Maximilians-Universität fuhr er mit dem fremdsprachlichen Unterricht fort. Im ersten Jahr des Studiums lernte er zum Beispiel Sanskrit. Diese Jahre, die Feuchtwanger mit Lesen, wissenschaftlicher Arbeit und dem Erlernen von Sprachen verbrachte, zahlten sich bei seinem Übergang vom akademischen zum literarischen Bereich aus. Seine Kenntnisse stellten eine gute Grundlage für die Verwirklichung seiner künftigen Ideen dar und sie wurden zu einer Welt der Zuflucht, nachdem die Nationalsozialisten ihn aus seinem Heimatland vertrieben hatten: »Auch darf ich sagen, dass ich von frueh an zu Hause war in den lateinischen und griechischen Klassikern und in der hebraeischen Bibel, und eines Schriftstellers Heimat sind zweifellos auch die Buecher, die er liest.«[6]

Anders als während seiner Zeit in Deutschland, wo Feuchtwanger stärker am kulturellen Leben teilgenommen, regelmäßig das Theater besucht und Kritiken über neue Produktionen geschrieben hatte, zog er sich im Exil stärker auf sein Haus und seine Bibliothek zurück: »Ich versuche, ein ruhiges Leben zu fuehren, und gehe sehr selten aus. Oft verzichte ich auf den Besuch einer Theater- oder Filmauffuehrung oder eines Konzerts und nehme mir ein gutes Buch vor. Ich lese gern literaturwissenschaftliche und sprachkritische Werke.«[7] Als unersättlicher Leser notierte er in seinen Tagebucheinträgen, was er gerade las und wie er das Gelesene beurteilte. »Ich lese sehr gern, sehr viel, sehr gründlich und sehr langsam. Ich lege ungern ein Buch zur Seite, ehe ich es fertig gelesen habe, auch wenn die Lektuere nicht recht lohnt. Ich fuehle mich jedem Autor verwandtschaftlich verbunden, den antiken Autoren, auch den biblischen wie den zeitgenoessischen.«[8]

Seine Leidenschaft für das Lesen gepaart mit seiner Wertschätzung für wertvolle Bücher und seiner Entschiedenheit, Quellenmaterial für seine literarischen Projekte zu sammeln, machte ihn zu einem Büchersammler. Marta Feuchtwanger bestätigt dies: »Of course, he always had beautiful books and antique books – his favorite antique writers, and medieval writers, and also modern writers.«[9] Während er einen Buchbestand für seine Forschung aufbaute, der ihn bei seiner Tätigkeit als Schriftsteller unterstützen sollte, weitete er die Neuanschaffungen auf Sondereditionen und auf Werke, die sein Interesse weckten, aus. Marta beschrieb das mit folgenden Worten: »He could have had those books also in cheaper editions, not always in first editions. But in a way, also, around his books, what they say in Europe, he was bitten by the bug; when he got those [book] catalogs, he just ordered everything he wanted to have, and that had nothing to do with his work.«[10]

II Feuchtwangers Bibliothek in Berlin

Mit der Publikation von *Jud Süß* 1925, die alsbald in Übersetzungen in England, Frankreich und den Vereinigten Staaten von Amerika erschien, wurde Feuchtwanger auch international zu einem Bestseller-Autor. Dieser finanzielle Erfolg eröffnete Feuchtwanger die Möglichkeit einen Sekretär anzustellen und systematisch seine eigene Bibliothek aufzubauen, er blieb aber weiterhin auf wissenschaftliche Bibliotheken angewiesen. Als er begann *Der jüdische Krieg* zu schreiben, beauftragte er seinen Assistenten, Werner Cahn-Bieker, relevante Quellen über Josephus, den Protagonisten dieses historischen Romans, ausfindig zu machen. Feuchtwanger erhoffte sich von dieser Arbeitsteilung Zeitersparnis, um den Arbeitsprozess effizienter gestalten zu können. Diese Strategie stellte sich allerdings als recht frustrierend heraus, denn er beschwerte sich in seinem Tagebuch über den Verlust von wertvoller Zeit, da Cahn-Bieker mit brauchbarem Material auf sich warten ließ. Am 10. Januar 1931 notierte er zum Beispiel: »Ärger, daß von Cahn-Bieker keine Literatur gekommen ist.« Am folgenden Tag fuhr er fort die Situation zu beklagen: »Cahn-Bieker hat auf der Bibliothek noch nichts erreicht. Ich glaube, ich hätte besser einen anderen genommen.«[11]

Obwohl die Feuchtwangers nur relativ kurz in Berlin lebten, trug der Autor innerhalb dieser sieben Jahre eine Bibliothek zusammen, die er als »splendid« beschrieb.[12] Marta Feuchtwanger gibt mit ihrer Beschreibung einen Einblick über die Sammlung in Berlin: »(…) it was more or less a contemporary library. There were all the classics, of course, the German classics, but (…) very few in foreign literature.«[13] Die Machtübergabe an die Nationalsozialisten überraschte ihn in dieser Idylle: »Zwei Jahre, bevor Hitler zur Macht kam, fragte mich eine Berliner Zeitung, was die deutschen Intellektuellen von einer Hitler-Herrschaft zu erwarten haetten. Ich erwiderte: Ausrottung. (…) Ein halbes Jahr spaeter baute ich mir in diesem Berlin ein schoenes Haus, in welchem ich meine Tage zu beschliessen beabsichtigte. (…) Ich bewohnte das Haus weniger als ein Jahr lang, dann nahmen es die Nazis mit allem, was darin war, und wenn ich damals nicht fort von Berlin gewesen waere, haette ich meine Tage in der Tat in diesem Hause beschlossen, ein wenig fruehzeitig.«[14]

Aufgrund Feuchtwangers offener Kritik an Hitler, vor allem im Roman *Erfolg*, der 1930 erschienen war, wurde er vom Propagandaminister als »überaus gefährlicher Gegner« eingestuft und in Zeitungen und anderen nationalsozialistischen Medien heftig attackiert.[15] Nachdem Hitler Reichskanzler geworden war, plünderten die Nationalsozialisten Feuchtwangers Haus und konfiszierten seine umfangreiche Privatbibliothek. Glücklicherweise hatten Lion und Marta Feuchtwanger Ende 1932 Deutschland zu einer Vortragsreise verlassen.[16]

Werner Cahn-Bieker beschrieb am 23. März 1933 in einem Brief an Feuchtwangers Sekretärin Lola Sernau die Situation nach den ersten Razzien. Er erklärte, dass ihn Feuchtwangers Hausmeister angerufen habe, um ihn zu warnen, dass »die Freunde schon wieder dort waren.« Er schrieb: »Die Freunde sind nachts, (es waren dieselben wie das erste Mal) in sehr angeheitertem Zustand gekommen, haben wild in der Gegend herumgeschossen und wollten den Hausmeister mitnehmen.« Cahn-Bieker schlug vor, die Bücher zu schicken, falls er das nötige Geld dafür bekäme. »Mein Vorschlag geht dahin, einen Lieferwagen zu bestellen, alles was an wertvollen Büchern und leicht transportablen Gegenständen dort ist, einzupacken und unterzustellen.«[17] Wie sich herausstellen sollte, konnten nur einige von Feuchtwangers ersten Manuskripten, unter denen sich auch der Roman *Jud Süß* befand, und einige Familienfotos aus dem Haus geschmuggelt werden, bevor die Bibliothek und sein sonstiges Hab und Gut vollständig geplündert wurden. Einer der vielen zerstörten Gegenstände war das Manuskript *Die*

Söhne, der zweite Band der Josephus-Trilogie, an der Feuchtwanger zu der Zeit gearbeitet hatte. Feuchtwanger musste diesen Roman in Frankreich neu schreiben. Marta Feuchtwanger erinnert sich, »he said that in a way it was even lucky that it has been destroyed, because he added so many new things which he didn't think about before.«[18]

In einem autobiografischen Umriss, den Feuchtwanger 1935 geschrieben hatte, listete er seine Besitztümer auf. Er besaß, als die Nationalsozialisten an die Macht kamen, »28 Manuskripte, 10.248 Bücher, 1 Auto, 1 Katze, 2 Schildkröten, 9 Blumenbeete, und 4.212 andere Gegenstände (...).«[19] Marta Feuchtwanger gab weitere Details über die Verluste in Berlin preis: »Hitler's men took everything out of our home that was good – tapestries and rugs and heirlooms from the family. And they sold every book for one mark, even those that were worth $ 300 or $ 600.«[20]

Am Anfang des Jahres 1933 veröffentlichten nationalsozialistische Zeitungen, darunter der *Völkische Beobachter*, die Namen jener Autoren, deren Ideen vom neuen Regime bekämpft wurden und die deshalb auf eine Liste gesetzt worden waren. Lion Feuchtwangers Name stand sehr weit oben, was dazu führte, dass er ins Zentrum der Zensurwelle geriet. Diese Entwicklungen fanden in den Bücherverbrennungen, die am 10. Mai 1933 in ganz Deutschland in Universitätsstädten erfolgten, ihren Höhepunkt. Die Bücherverbrennungen vernichteten nicht weniger als 25.000 Bücher. Feuchtwangers Romane – *Jud Süß*, *Die häßliche Herzogin* und *Erfolg* – waren unter den Büchern, die öffentlich verurteilt und verbrannt wurden. Obwohl zahlreiche Exemplare von Feuchtwangers Werken in den Bücherverbrennungen vernichtet wurden, blieben einige Exemplare aber unbemerkt in den Büchereien kleinerer Städte.[21] Besonders schmerzlich sind die verkohlten Überreste einer Seite aus Feuchtwangers *Jud Süß*, die sich im Feuchtwanger-Archiv der University of Southern California befinden. Dieses makabre Andenken war von einem Anhänger Feuchtwangers aus einem Scheiterhaufen der Bücherverbrennungen gezogen worden und wurde ihm viele Jahre später zugesandt.

Lion Feuchtwanger verlor nicht nur die meisten seiner Besitztümer und sein Vermögen, er verlor darüber hinaus im Spätsommer 1933 seine Staatsangehörigkeit. »Albert Einstein und mir wurde als den Ersten angedroht, man werde uns die deutsche Staatsangehörigkeit aberkennen, am 23. August 1933 wurde ich denn auch zusammen mit einigen zwanzig andern ›der deutschen Staatsangehörigkeit für verlustig erklärt‹, weil ich durch mein Verhalten die deutschen Belange geschädigt hätte.«[22]

1935 veröffentlichte Feuchtwanger einen satirischen Essay in Form eines Briefes im *Pariser Tageblatt* an einen Herrn X, den fiktiven Bewohner seines Hauses in Berlin: »Was fangen Sie wohl mit den beiden Räumen an, die meine Bibliothek enthielten? Bücher, habe ich mir sagen lassen, sind nicht sehr beliebt in dem Reich, in dem Sie leben, Herr X, und wer sich damit befaßt, gerät leicht in Unannehmlichkeiten.«[23] Den Verlust seiner Privatbibliothek, der Feuchtwanger schwer getroffen hatte, kommentierte auch der amerikanische Journalist und Lyriker Lawrence Lipton: »I remember with what pain in his voice he told me (...) how [of] all of the personal possessions he had been forced to leave behind him in Germany what he missed most was his library, which Hitler's Kultur Kampfers had confiscated.«[24]

III Sanary-sur-Mer

Anfang des Jahres 1933 zogen die Feuchtwangers nach Südfrankreich, wo sie an der Küste erst in Bandol, dann in Sanary-sur-Mer ein neues Leben begannen. Dort entstand ihre zweite Bibliothek und damit eine zweite produktive Phase Feuchtwangers, während der er fortfuhr zu schreiben, zu veröffentlichen und Bücher zu kaufen. Während dieses siebenjährigen Exils in Frankreich wuchs die Sammlung auf mehrere tausend Bücher, so Martas Erinnerungen an die Bibliothek in Sanary: »Oh, that was a great library (...). My husband bought a lot of books (...) many French books. They usually were not bound in France; the paperback was the rule, and very cheap usually, and also the paper usually wasn't good. But I found a very old, retired bookbinder who worked for me; he was very rough and difficult and old and grouchy, and nobody could go along with him.«[25]

Im Mai 1940 wurde Lion Feuchtwanger erneut von seinen geliebten Büchern getrennt. Die Franzosen hielten ihn drei Monate lang im Internierungslager Les Milles gefangen, ehe Marta seine Flucht vorbereiten konnte. Während seiner Gefangenschaft fand er Trost bei einer Reiseausgabe von Balzac, wie er es im Buch *The Devil in France*, seinem autobiografischen Bericht über diese Zeit, beschrieb. Nach der Befreiung aus dem Lager flohen die Feuchtwangers nach Amerika und ließen ihre zweite Bibliothek zurück. Während sie sich auf ihre Flucht aus Frankreich vorbereiteten, konnten sie einige Dinge in Sicherheit bringen. Feuchtwangers Sekretärin kehrte einige Male in das Haus in Sanary zurück, um Bücher und persönlichen Besitz einzupacken. Diese Gegenstände wurden nach Portugal gesendet und dort am Hafen von Lissabon gelagert. Anfang 1942 konnten die Feuchtwangers dieses Gut aus Europa schaffen. Allerdings wurden die meisten Bücher dadurch beschädigt, dass die Transportkisten ungeschützt im Freien abgestellt worden waren. Marta erinnert sich an den Schreckensmoment, als sie die Kisten in Los Angeles öffneten: »Inside [the cases] they had black paper, and the black paper ran and spoiled the books; and then they were full of sulfur.«[26] Feuchtwanger selbst dramatisiert diesen Verlust in einem Interview noch weiter auf eine Frage nach seiner Privatbibliothek in Kalifornien: »(…) when I fled from France (…) [my library] was lost to me along with everything else that I owned in this world.«[27]

IV Pacific Palisades

Als Lion Feuchtwanger sich 1941 in Südkalifornien niedergelassen hatte, begann er seine größte und letzte Bibliothek aufzubauen. Die Sammlung wuchs rasant mit dem Kauf des Hauses in Pacific Palisades (520 Paseo Miramar) 1943. Endlich hatte er den Platz, den er brauchte, um seine Sammlung ohne Einschränkungen ausbauen zu können. Obwohl die Feuchtwangers moderner Architektur mit einfachen Linien und viel Glas den Vorzug gaben, erfüllte das Haus, das 1928 erbaut worden war, ein entscheidendes architektonisches Merkmal: genügend Wandfläche für Bücherregale.

Die ebenfalls emigrierte Drehbuchautorin Victoria Wolf beschrieb das Haus der Feuchtwangers am Paseo Miramar wie folgt: »Aber sobald man durch den Eingangspatio in die Halle und von dort in das große Empfangszimmer tritt, ist man überwältigt von der schloßartigen Weite und Großzügigkeit der Räume. Alle sind möbliert mit Büchern. (…) Nur Büchern – schönste, bestgebundene Bücher. Ich habe noch nie eine größere Privatbibliothek gesehen.«[28] Die Sammlung umfasste viele verschiedene Bereiche, wobei sie sich aber meistens auf Gebiete konzentrierte, die ihm bei der Arbeit an seinen Werken halfen. Die Sammlung, die er in Kalifornien aufbaute, spiegelt daher die Werke, an denen er in dieser Zeit arbeitete (oder die er hoffte, in der Zukunft zu schreiben), und sie spiegelt die Verluste der Bücher, die er in Europa zurückgelassen oder verloren hatte.

Dadurch, dass Feuchtwanger in Kriegszeiten vom sicheren Los Angeles aus Bücher kaufen konnte, hatte er Möglichkeiten, von denen die meisten Büchersammler nur träumen konnten. Der Markt war mit Büchern überfüllt, die von Emigranten verkauft wurden, um an Geld zu kommen. Diese Situation half Feuchtwanger beim Aufbau seiner dritten Bibliothek. In dieser Zeit war er stark an der Ära der Französischen Revolution interessiert, ein Themengebiet welches in den 1940er und

1950er Jahren nicht stark gesammelt wurde. Über die Jahre hinweg hat er eine ziemlich gute Sammlung zusammengetragen und nutzte viele dieser Materialien als er *Waffen für Amerika*, seinen Roman über Benjamin Franklin und dessen Bemühungen um französische Unterstützung während des amerikanischen Revolutionskrieges, schrieb, ebenso wie für seine Romane *Narrenweisheit oder Tod und Verklärung des Jean-Jacques Rousseau* und *Die Witwe Capet*.

Unter den Primärquellen zur Französischen Revolution befanden sich auch Flugblätter, Verteidigungsschriften und Attacken gegen die Jakobiner sowie politische Karikaturen. Seine Ausgabe des *Moniteur Universel* aus den Jahren 1792 bis 1813 stellte sich als eine der interessantesten Quellen heraus. Diese Zeitung, gegründet von dem Pariser Buchhändler Panckoucke, war das offizielle Staatsorgan unter Napoleon. Feuchtwangers Ausgabe des *Moniteur* gehörte einst Napoleons einzigem Sohn, dem Herzog von Reichstadt. Die Zeitung, welche sich heute in der Feuchtwanger Memorial Library befindet, bietet Einsichten in diese Zeit und berichtet über politische Geschehnisse, die Künste, den Aktienmarkt, Lebensmittelpreise und andere Aspekte des täglichen Lebens; sie enthält außerdem Abschriften von Gerichtsverfahren gegen die Aristokratie in der Nationalversammlung und bietet somit einzigartige historische Details aus der Ära der Revolution.

Während seiner Zeit in Los Angeles beendete Feuchtwanger den letzten Band seiner Josephus-Trilogie *Der Tag wird kommen*. Obwohl er den Großteil der Trilogie in Europa geschrieben hatte, kaufte er auch in Kalifornien weiterhin die Werke des jüdischen Historikers Josephus. Dabei erwarb er verschiedene Übersetzungen der Josephus-Werke, die über 400 Jahre reichen. Die früheste dieser Ausgaben ist eine florentinische Ausgabe aus dem Jahre 1493 auf Italienisch. Er kaufte außerdem sieben Drucke aus dem 16. Jahrhundert, darunter eine griechische Ausgabe von Froben, der bekannten Schweizer Druckerei. Die Sammlung Feuchtwangers enthält weiterhin zwei Ausgaben aus dem 17. Jahrhundert, fünf Drucke aus dem 18. Jahrhundert und eine Ausgabe aus dem 19. Jahrhundert. Die Fülle der Ausgaben in seiner Sammlung, darunter Übersetzungen ins Englische, Deutsche, Französische, Italienische und Latein, zeigt seinen Hang, viele verschiedene Ausgaben ein und desselben Werkes anzuschaffen. Unzweifelhaft verglich er die Texte der verschiedenen Übersetzungen miteinander, während er für sein Buch recherchierte.

Die Aufklärung war eine andere Periode, die Feuchtwanger faszinierte. Er schaffte sich eine bedeutende Sammlung erster Ausgaben und Sekundärliteratur von und über Voltaire, Rousseau, Diderot, Condorcet und Helvetius an. Von speziellem Interesse ist die 70-bändige erste Ausgabe von Voltaires Werken, herausgegeben von Beaumarchais und gedruckt in Deutschland, um die französische Zensur zu umgehen. Ferner baute er eine große Sammlung deutscher Erstausgaben der Sturm-und-Drang-Bewegung des 18. Jahrhunderts und der Bewegung des romantischen und poetischen Realismus im 19. Jahrhundert auf. Unter diesen seltenen ersten Ausgaben sind zahllose Werke Goethes, Grillparzers, Heines, Herders, Heyses, Jean-Pauls, Klopstocks, Lessings, Schillers und Wielands. Eines der seltensten Stücke ist die 60-bändige *Goethe-Ausgabe letzter Hand.*

Besonders stolz war Feuchtwanger auf die 18 Inkunabeln, die er während der Zeit in Los Angeles anschaffen konnte. Diese Werke sind besonders bedeutsam, da sie vor 1501 und somit innerhalb der ersten 50 Jahre nach Erfindung des Druckverfahrens erstellt wurden. Eines von Feuchtwangers Lieblingsstücken, welches er auch gerne stolz den Besuchern seines Hauses in Los Angeles präsentierte, ist die Inkunabel *Liber Chronicarum* (Nürnberg Chronik), geschrieben von Hartmann Schedel und gedruckt im Jahre 1493. Dieses wunderbare Werk beinhaltet mehr als 1000 Holzstiche von Michael Wolgemut. Dessen Talent war bekannt im Europa der Renaissance. Künstler wie Albrecht Dürer kamen in seine Werkstatt, um bei ihm zu lernen. Als klassisch Gebildeter widmete sich Feuchtwanger weiterhin mit besonderer Sorgfalt seiner Sammlung von griechischen und lateinischen Autoren. Er kaufte Werke von Cicero, Juvenal, Ovid, Sophokles, Thukydides, Vergil und Xenophon.

Ein letztes Gebiet in Feuchtwangers Bibliothek soll hier noch angesprochen werden: die Exil-Literatur. Im Gegensatz zu anderen Gebieten kam diese Sammlung von Exil-Literatur eher durch die Umstände als durch bewusste Bemühungen zustande. Als bekanntes Mitglied der Exil-Gemeinde in Los Angeles stand Feuchtwanger mit vielen seiner Kollegen im Exil in Kontakt und erhielt zahlreiche signierte Erstausgaben von Freunden wie etwa Alfred Döblin, Bruno Frank, Oskar Maria Graf, Heinrich Mann, Thomas Mann, Ludwig Marcuse, Franz Werfel und Arnold Zweig. Ein bekanntes Beispiel einer solchen persönlichen Widmung ist Feuchtwangers Ausgabe des Doktor Faustus. Thomas Mann, der in der Nähe der Feuchtwangers in Pacific Palisades lebte, schrieb:»Für Lion Feuchtwanger, der auch noch auf deutsch schreibt, von Burg zu Burg.«

Um in 17 Jahren nahezu 30.000 Bücher sammeln zu können, brauchte Feuchtwanger erstens viel Geld und zweitens eine offensive Strategie, um die Bestandsentwicklung seiner Sammlung voranzubringen. Das Geld kam aus Vorschüssen für seine Bücher, aus seinen Autorenhonoraren und aus dem Verkauf von Filmrechten. Feuchtwanger kontaktierte Buchhändler, um nach Katalogen zu fragen, und versandte Nachfragen über Bücher zu ihn interessierenden Themen, so zum Beispiel im September 1947 an Friedrich Krause Foreign Books in New York, wobei es um Bücher über die spanische Geschichte von 1750 bis 1800 ging. Feuchtwanger oder seine Sekretärin suchten außerdem Bücher aus gedruckten Katalogen aus und bestellten diese per Telefon, Telegramm oder Post. Einige Buchhändler, unter anderem Brentano's in Los Angeles, versandten Postkarten mit bibliografischen Informationen, um anzudeuten, dass ein gefragter Titel im Besitz eines anderen Bücherhändlers aufgespürt worden war.

Er ging aber auch den traditionellen Weg, um Bücher in den Buchhandlungen zu finden und zu erstehen. Von den vielen Händlern, die in den 1940er und 1950er Jahren in Los Angeles ansässig waren, war Dawson's Book Shop, der in Downtown Los Angeles zu finden war, der klare Favorit. Zwischen Feuchtwanger und den Angestellten dieses Familienbetriebes entwickelte sich eine enge Freundschaft, wie zum Beispiel ein Schriftsatz an Feuchtwanger vom 3. September 1947 zeigt: »We will be glad to have you come in and look over the shipment of about a dozen cases and several parcel post shipments which we have received from abroad in the last three or four weeks. These include many fine items which might very probably be of interest to you and have not as yet been greatly picked over – the University of California or Clark Library which are among the largest buyer (sic) in this field have not yet seen them.«[29]

Rechnungen über Bücherkäufe und Briefe an Buchhändler in der Feuchtwanger Gedenkbibliothek in der University of Southern California verdeutlichen die immense Geschwindigkeit, mit der Feuchtwanger seine Sammlung erstand. Die Anschaffungen waren bemerkenswert – nicht nur wegen der großen Anzahl von Büchern, die er auswählte, sondern auch im Hinblick auf die erforderlichen Geldbeträge. Nachdem der Schriftsteller Lawrence Lipton dem Haus der Feuchtwangers 1956 einen Besuch abgestattet hatte, beschrieb er die Bibliothek und ihren Aufbau voller Respekt: »I glance around me at the shelves of books, many of them rare editions in hand-tooled bindings, collector's items some of them, many of them virtually irreplaceable, multi-volumed encyclopedias in several languages. The livingroom, every inch of wall space shelved with books, classified by subject matter or by author, alphabetically as in a public library, room after room of the large house, two floors completely shelved with books. A private library matched by few on the West Coast perhaps for size and costliness and certainly one of the most intelligently selected.«[30]

Eine Beschreibung Marta Feuchtwangers macht deutlich, wie ihr Ehemann seine Sammlung geordnet hatte, damit sie seinen Bedürfnissen entsprach: »Upstairs in his study, there are two shelves which are always occupied by the research or by the books he needed for the novel he just was writing. And when he had finished this book, when he wrote another book, then everything had to go out; and the shelves for the new book, for the new research, have been filled out.«[31]

Die Herkunft vieler Bücher, die Feuchtwanger während seiner letzten Lebensjahre angeschafft hat, blieb ungewiss. Trotzdem hatte der Autor das bestimmte Gefühl, dass er einige unter ihnen früher schon in den Händen gehalten hatte. Marta Feuchtwanger erinnert sich an Folgendes: »Later on, when he began to collect here, he got some books, mostly classics which were first editions, German classics, and he said, ›I have the feeling I have possessed this already before. That was from my library in Berlin.‹ But since he had no [book]plate in it (...) he could not prove it. But he had the feeling those books were rare and not many other people had collected them. So he bought back his own library in part.«[32] Von Marta Feuchtwanger ist auch die Geschichte des ehemaligen Bundesrichters Justin Miller überliefert, der nach dem Krieg in Berlin als Präsident der National Association of Radio Broadcasters die Rundfunkübertragungen nach Europa beaufsichtigt hatte. Während dieses Aufenthalts besuchte er das Haus eines ehemaligen Nazi-Offiziers. Aus einer gewissen Neugier heraus betrachtete er die Bücherregale um herauszufinden, was Nationalsozialisten lasen. Und er fand das Exemplar einer frühen Ausgabe von *Jud Süß*, das er mit nach Amerika brachte. Miller überreichte das Buch Lion Feuchtwanger, das einen besonderen Platz in seiner Bibliothek erhielt, da so viele Exemplare der frühen Ausgaben seiner Werke zerstört worden waren.[33]

Mit jedem Buch, das er für seine dritte Bibliothek kaufte, fügte er sein Leben wieder zusammen und gab dem Chaos der Welt um ihn herum eine gewisse Struktur. Bücher in seiner Privatbibliothek waren für Feuchtwanger ein Schlüssel zu vergangenen Zeiten, sie dienten als eine intellektuelle Rettungsinsel und sie waren untrennbar mit seinem eigenen persönlichen Schicksal verbunden. In einem Artikel, der nach Lion Feuchtwangers Tod erschien, schrieb der Bibliothekar der University of Southern California, Dr. Lewis Stieg: Feuchtwanger »left Southern California a great legacy – his library. Before his death (...) he indicated to his wife that he did not want the library sold or dispersed. He wanted it to remain intact.«[34]

Feuchtwangers Wunsch, die Vollständigkeit seiner Privatbibliothek zu bewahren, bekommt eine besondere Bedeutung, wenn man die Zerstörung und den persönlichen Verlust betrachtet, den er in Deutschland und Frankreich erleiden musste. Sein Ziel als Schriftsteller war es, sein Verständnis der Welt mit seinen Lesern zu teilen. Das erklärt auch den

Wunsch, über sein eigenes Leben hinaus, seine Bibliothek, die die Weisheit der bedeutsamsten Denker der Welt umfasst, mit anderen zu teilen. Für ihn war die Sammlung ein geschützter Ort zur Erkenntnis, und die Bewahrung seiner Bibliothek für nachfolgende Generationen bekräftigt seine Ansicht, dass »reason will triumph over violence, and that civilization will overcome barbarism.«[35]

1 Marta Feuchtwanger: *An Émigré Life. Munich, Berlin, Sanary, Pacific Palisades.* Bd. 1. Los Angeles 1976, S. 147. — **2** Lion Feuchtwanger: »Aus meinem Leben«. Unveröffentlichtes Manuskript. Los Angeles 15 4. 1954, S. 3. — **3** Ebd., S. 2 f. — **4** Lion Feuchtwanger: »Was ist Wahrheit? Anmerkungen zu dem Roman *Rom und Jerusalem*«. In: *Vossische Zeitung* (21.10.1932) Nr. 293, Unterhaltungsblatt, S. 1. — **5** Feuchtwanger: *An Émigré Life* (s. Anm. 1), Bd. 2, S. 715. — **6** Lion Feuchtwanger: »I, Lion Feuchtwanger«. Unveröffentliches Manuskript. Los Angeles 23. März 1956, S. 1. — **7** Lion Feuchtwanger: »Antworten auf Ihren Fragebogen«. Unveröffentlichtes Manuskript. Los Angeles 16.6.1957, S. 4. — **8** Ebd., S. 3 f. — **9** Marta Feuchtwanger: *An Émigré Life.* (s. Anm. 1), Bd. 4, S. 1496. — **10** Ebd. — **11** Lion Feuchtwanger: *Tagebuch.* Berlin 1931, S. 3. — **12** Lion Feuchtwanger: »Meet the Author«. Unveröffentlichtes Manuskript. Los Angeles 1948, S. 7. — **13** Feuchtwanger: *An Émigré Life* (s. Anm. 1), Bd. 2, S. 713. — **14** Lion Feuchtwanger: »Zwei Jahre bevor Hitler«. Unveröffentliches Manuskript. Los Angeles o. J., S. 1. — **15** Lion Feuchtwanger: »Eine Aussage an Chairman John H. Tolan, Congressional Committee«. Unveröffentlichtes Manuskript. 5.3.1942, S. 1. — **16** »Ich sah mich denn auch gezwungen, infolge der Drohungen der Nazi Deutschland schon am Ende 1932 zu verlassen, mein Haus in Berlin wurde im Februar 1933 als eines der ersten geplündert, meine Bibliothek zerstört, meine Bücher verbrannt, mein Vermögen konfisziert«, Ebd., S. 1 f. — **17** Werner Cahn-Bieker: »Brief an Lola Sernau«. Unveröffentlichtes Manuskript. 23.3.1933. — **18** Feuchtwanger: *An Émigré Life* (s. Anm. 1), Bd. 2, S. 736. — **19** Lion Feuchtwanger: »Eine Bilanz«. In: *Die Neue Weltbühne.* 13. Juni 1935, S. 746. — **20** Ursula Vils: »Another chapter in the life of a busy book enthusiast«. In: *Los Angeles Times* (9.2.1966), S. C1. — **21** Feuchtwanger: *An Émigré Life* (s. Anm. 1), Bd. 4, S. 1517. — **22** Feuchtwanger: »Eine Aussage an Chairman John H. Tolan« (s. Anm. 15), S. 1 f. — **23** Lion Feuchtwanger: »Offener Brief an den Bewohner meines Hauses«. In: *Pariser Tageblatt,* III, Nr. 463, 20.3.1935, S. 4. — **24** Lawrence Lipton: »Well balanced man on a tight-rope: an interview with Lion Feuchtwanger«. In: *Intro bulletin: a literary newspaper of the arts* L 1 (Februar 1956) Nr. 5, S. 2. — **25** Feuchtwanger: *An Émigré Life* (s. Anm. 1), Bd. 3, S. 927. — **26** Ebd., S. 935 f. — **27** Feuchtwanger: »Meet the Author« (s. Anm. 12), S. 7. — **28** Victoria Wolf: »Vorleseabend bei Lion Feuchtwanger«. In: *Tages-Anzeiger für Stadt und Kanton Zürich,* 19.11.1957, Nr. 272, S. 1. — **29** Albert C. Read: »Brief an Lion Feuchtwanger«. Unveröffentlichtes Manuskript. 3 Sept. 1947. — **30** Lipton: »Well balanced man on a tight-rope: an interview with Lion Feuchtwanger« (s. Anm. 24), S. 2. — **31** Feuchtwanger: *An Émigré Life* (s. Anm. 1), Bd. 4, S. 1495 f. — **32** Ebd., Bd. 2, S. 714. — **33** Ebd., Bd. 4, S. 1600 ff. — **34** Charles E. Davis: »Author hails great L. A. cultural gain. City one of major book sales area, Irving Stone says«. In: *Los Angeles Times,* 21 May 1962, S. A1. — **35** Lion Feuchtwanger: »The reasons that made me write historical novels«. Unveröffentlichtes Manuskript. 17.12.1941, S. 4.

Rezensionen

Lexikon der Vertreibungen. Deportation, Zwangsaussiedlung und ethnische Säuberung im Europa des 20. Jahrhunderts. Hg. v. Detlef Brandes, Holm Sundhausen, Stefan Troebst. In Verbindung mit Kristina Kaiserová und Krzysztof Ruchniewicz. Redaktion: Dmytro Myeshkov. Wien – Köln – Weimar (Böhlau Verlag) 2010. 801 S.

2003 begannen Vorbereitungen zur Errichtung eines »Europäischen Zentrums gegen Vertreibung« (später: »Europäisches Netzwerk Erinnerung und Solidarität«), das als Alternative zu dem vom Bund der Vertriebenen gewollten Projekt eines nationalen Zentrums gedacht war. Es hatte die Unterstützung von Bundestag, Regierung und Bundespräsidenten gefunden, aber angesichts unterschiedlicher Vorstellungen in den zu beteiligenden Staaten ist es bisher über Absichtserklärungen nicht hinausgekommen. Immerhin ist die in diesem Zusammenhang entstandene Idee eines Überblicks über die Vertreibungen im Europa des 20. Jahrhunderts mit dem jetzt erschienenen Lexikon verwirklicht worden. Dieser Hintergrund bestimmt die mehr als 300 Artikel, die nach dem Willen der Herausgeber den vier Ordnungskategorien Ethnische Gruppen, zentrale Pläne und Konferenzen, Personen und Organisationen sowie Erinnerungskultur und Geschichtspolitik zuzuordnen sind. Die räumliche Begrenzung auf Europa ist weit ausgelegt, da auch das Osmanische Reich (Genozid an den Armeniern) sowie die asiatischen Territorien des Zarenreiches einbezogen werden, sie beschränkt sich andererseits aber vor allem auf Ost- und Südosteuropa.

Umfassend ist die Darstellung der mit der Balkankrise 1912/13 beginnenden, im und nach dem Ersten Weltkrieg fortgesetzten, dann vor allem von der NS-Herrschaft und der Sowjetunion brutal systematisierten, schließlich in der Gegenwart im Jugoslawien-Krieg vorläufig letzten Bevölkerungsverschiebungen. Der Leser erfährt etwas über kaum bekannte ethnische Minderheiten (Ashkali im Kosovo, Gagausen in Rumänien), über die gewalttätigen Planungen der Nationalsozialisten sowie der Nachkriegsstaaten in Osteuropa zur »ethnischen Homogenisierung«, über die bekannten Konfliktzonen seit den neuen Nationalstaatsbildungen nach dem Ersten Weltkrieg bis hin zu den weniger bekannten von Berg-Karabach nach 1988. Ausführlich werden juristische Aspekte und Kodifizierungen vorgestellt, so etwa die der Lausanner Konferenz 1923, auf der zwischen den Alliierten und der jungen Türkei erstmalig in der Geschichte des Völkerrechts ein Bevölkerungsaustausch vereinbart wurde. Artikel mit Begriffserklärungen wie Asyl, Deportation, Emigration, Flucht, dazu noch Flüchtling, Gulag etc. sind notwendige Ergänzungen; das Wort Exil allerdings kommt nicht vor. Im Wirrwarr und den Kontroversen der Erinnerungen sowie der wissenschaftlichen und juristischen Aufarbeitung sind schließlich Artikel zu einschlägigen Institutionen klärend, so etwa zur Deutsch-Polnischen Schulbuchkommission, zur (mehrbändigen) Dokumentation der Vertreibung der Deutschen aus Ostmitteleuropa, zum Haager Tribunal seit 1993 oder zur Denkmalskultur in Deutschland und Polen nach 1945. Diverse Namenseinträge zu Akteuren, u. a. Enver Pascha, Ante Pavelic, Reinhard Heydrich, Radovan Karadzic, runden die Übersicht ab.

So wichtig die Schneisen sind, die das Lexikon in der verminten Diskussion über Vertreibungsfragen schlagen kann, so problematisch ist die räumliche Konzentration auf den Osten und Südosten Europas. Diese Begrenzung tritt noch schärfer durch den zugrunde gelegten Vertreibungsbegriff hervor. Es erscheinen nämlich nur Fluchtbewegungen, die auf juristisch fassbaren äußeren Zwang beziehungsweise administrative »ethnische Säuberungen« zurückzuführen sind. Bedrohungen abwehrende oder gar lebensrettende Eigeninitiativen von Betroffenen wie etwa die Flucht aus Russland nach dem Bürgerkrieg 1920/22, nach Schätzungen zwischen 1,5 und 2 Millionen Menschen, oder aus Ungarn nach dem Aufstand 1956, etwa 200.000 Personen, werden daher nicht thematisiert. Diese Massenerscheinungen gehören aber nicht weniger zur Signatur der Zwangswanderungen während des gesamten 20. Jahrhunderts, sodass der Anspruch des Lexikons, den der Titel nahelegt, irreführend ist.

Der Komplex der von der NS-Herrschaft erzwungenen Emigration allein aus Deutschland mit rund einer halben Million Menschen kommt nur andeutungsweise vor. Die Flucht der spanischen Republikaner nach der Niederlage im Bürgerkrieg 1939 in etwa gleicher Größenordnung wird nicht einmal erwähnt. Verständlich ist zwar, dass der Völkermord an den Juden angesichts der Forschungslage nur in einem Artikel *Juden: Deportation und Vernichtung* erscheint, ihre vorgelagerte lebensrettende Flucht als Massenerscheinung wird jedoch nicht genannt, obwohl den Herausgebern klar ist, dass »Fluchtverursachung« heute ein völkerrechtliches Delikt ist. Es gibt sonst nur noch zwei Einträge über *Juden aus Polen im Ersten Weltkrieg* und *Juden aus Polen: Migration/Auswanderung infolge der antisemitischen Kampagne (1968)*. Diese Auswahl ist nicht einmal plausibel im Lichte der thematischen Selbstbeschränkung des Lexikons, sondern verdankt sich wohl eher der selektiven Sicht der Osteuropa-Historiker des Herausgeber-Kreises. Denn andererseits gibt es allein 11 Artikel zu den Aus- und Umsiedlungen Polens seit dem Ersten Weltkrieg.

Irritierend ist, die Emigration aus dem NS-Staat nach 1933 lediglich in einem Absatz des mehr als siebenseitigen Artikels zum Stichwort *Deutschland* marginalisiert zu sehen, Basisliteratur dazu – wie sonst üblich – wird nicht einmal erwähnt. Ähnliches bietet der Artikel *Dänemark als Aufnahmeland*, der mit zwei Zeilen die Flucht »einzelner Antifaschisten« nach 1933 dorthin vermerkt, und sagt »Juden benutzten D. als Transitland«, ehe auf den folgenden Seiten der »große Flüchtlingsstrom« nach dem »Führerbefehl« vom 4. Februar 1945 ausgebreitet wird, wobei terminologisch die allzu distanzlose Nähe zum darzustellenden Gegensatz nicht allein dieses Artikels auffällt. Für Schweden gibt es zwei Entries, die die

sudetendeutsche Wanderung dorthin 1938 und nach 1945 vorstellen; die zahlenmäßig ungleich größere Flucht aus Deutschland wird nicht erwähnt. Noch weniger wird zu Frankreich – wie anderen westeuropäischen Ländern mit starken Fluchtbewegungen – geboten. Es gibt zwar einen Artikel über *Franzosen aus Algerien*, die nach dem Unabhängigkeitskrieg Anfang der 1960er Jahre ins Mutterland geflohenen »Pieds Noirs«. Genannt werden auch die sogenannten »Harkis«, Algerier die auf Seiten der Franzosen gekämpft hatten und ebenfalls fliehen mussten, in Frankreich jedoch unerwünscht waren und deshalb unter erbärmlichen Umständen häufig in den Lagern untergebracht wurden, in denen einst die Verfolgten aus NS-Deutschland interniert gewesen waren. Diese Bezugsangebote werden jedoch nicht aufgegriffen und ebensowenig die Bewegung »France Libre« erwähnt.

Die räumliche und thematische Verengung wird verstärkt von einer Sicht auf die von den Vertreibungen betroffenen Bevölkerungsgruppen, welche als namen- und profillose, durch administrative Maßnahmen in ihr Schicksal gezwungene Massen wahrgenommen werden. Dieses Bild ist offenbar von der älteren Migrationsforschung beeinflusst, die im Wesentlichen die Arbeits- und Armutswanderung zum Gegenstand hat. Dafür sprechen etwa Artikel über *Integration* und *Migration*, die lediglich die überkommenen Stereotypen der einseitigen Anpassung von Zuwanderern zum erhofften sozialen Aufstieg nachzeichnen. Die Prozesse, die von der modernen Akkulturationsforschung etwa am Beispiel des von vertriebenen Intellektuellen eingeleiteten »brain drain« untersucht werden und die für eine große Zahl von Flüchtlingen im 20. Jahrhundert charakteristisch sind, geraten so nicht in den Blick der Lexikon-Autoren. Solche Fragen, die seit langem die Exilforschung umtreiben, dürften aber die Vertriebenenforschung nicht weniger berühren. Hier und da, etwa im Artikel über die jüdische Migration aus Polen 1968, werden diese Aspekte zwar angesprochen, jedoch ist das die Ausnahme und bleibt folgenlos für die methodische Konzeption des Lexikons. Das ist bedauerlich, denn gerade die Elitenmigration ermöglicht, in Flüchtlingen oder Zwangsmigranten nicht allein passive Objekte zu sehen, deren Identität meistens von regressiver Rückwärtsorientierung bestimmt wird. Eine genauere Betrachtung intellektueller Flüchtlingsgruppen – die nicht selten gerade wegen dieser Eigenschaften verfolgt wurden und werden – könnte zeigen, welche neuen Lebenschancen und Zukunftsmöglichkeiten sich diesen eröffnet haben und welche Bereicherung das für die Zufluchtsgebiete gewesen ist. Damit könnten zugleich die verbreitete Larmoyanz und die dazu gehörende irrationale Grundierung der häufig als Opferdiskurse geführten Vertreibungsdiskussionen überwunden werden.

Claus-Dieter Krohn

Ernst Fischer: *Verleger, Buchhändler & Antiquare aus Deutschland und Österreich in der Emigration nach 1933. Ein biographisches Handbuch.* Elbingen (Verband Deutscher Antiquare) 2011. 431 S.

Zur Signatur des von den Nationalsozialisten vertriebenen Geistes und der Kultur gehören natürlich auch deren Multiplikatoren. Daher erstaunt, dass über sie bisher nur wenig bekannt ist. Das jetzt erschienene Handbuch klärt schnell darüber auf, warum das so ist. Seine Entstehung fällt weitgehend in die frühe Phase der Grundforschung, wie die Datumshinweise zu den biografischen Einträgen erkennen lassen. Die Vorarbeiten der Materialsammlung gehen in die erste Hälfte der 1990er Jahre zurück. Während die ähnlich angelegten Datenerhebungen in den meisten Feldern der Exilforschung seit den 1970er Jahren mehr oder weniger vernetzt in verschiedenen Schwerpunktprogrammen der Deutschen Forschungsgemeinschaft erfolgten, verdankt sich das Handbuch einer anderen Forschungsgenealogie. Die Anstöße kamen nicht aus der Exilforschung, sondern vom Börsenverein des Deutschen Buchhandels, der eine umfassende *Geschichte des deutschen Buchhandels im 19. und 20. Jahrhundert* in Auftrag gegeben hatte. Die Bände bis zur Weimarer Republik sind bereits erschienen, der zum deutschen Buchhandel im Exil lässt aber noch auf sich warten; das von Ernst Fischer mit einigen

Mitarbeitern erarbeitete Handbuch bildet dafür lediglich die Vorstufe.

Wer nie selbst systematische Recherchen zu größeren, von den Nationalsozialisten vertriebenen Gruppen durchgeführt hat, wird die Arbeit und die Mühen, die in diesem Band stecken, kaum erkennen. Das für insgesamt 823 Personen zusammengetragene Material ist beeindruckend, obwohl es gelegentlich auf sichtbare Grenzen der fast 20-jährigen Informationsbeschaffungen verweist, so etwa bei vagen oder gar ganz fehlenden Lebensdaten. Gleichwohl gelingt es den Bearbeitern, in den meisten Fällen nicht nur detaillierte, sondern in vielem auch überraschende Zusammenhänge zu präsentieren. Die Biografien sind übersichtlich in vier Abschnitte gegliedert, in die Phase vor 1933, die Zeit der Vertreibung und Flucht, den Wiederaufbau neuer Existenzen in den Zufluchtsländern und schließlich in den Abschnitt der häufig beachtlichen Wirkungen nach 1945 bis in die jüngste Gegenwart. Die Rückkehr nach Deutschland lag deshalb unter dem Durchschnitt anderer Professionen. Ein Firmenregister erlaubt die schnelle Information über Verlage, Buchhandlungen und Antiquariate und ihre Zuordnung zu den vorgestellten Personen. Jene können ohne Übertreibung, so der Herausgeber, als wichtigste »Stützpunkte eines globalen Wissenstransfers« bezeichnet werden (391).

Die Namen der großen Exilverleger wie Gottfried Bermann-Fischer, Kurt und Helen Wolff oder Willi Münzenberg sind bekannt, ebenso einige der zweiten Reihe mit Frederick Ungar, Fritz Praeger und anderen. Dazu zählen auch prominente Antiquare wie Hans Peter Kraus, der nicht nur mit seinen Rarissima ein Vermögen verdiente, sondern auch mit einem lukrativen Reprint-Unternehmen, oder der lange als Institution in Paris tätige Fritz Picard. Dass aber der New Yorker Kunst-Verlag Wittenborn von einem Exilanten gegründet worden ist, dass der bei Barthold Fles 1942 in New York erschienene Gedichtband Hans Sahls *Die hellen Nächte* nur ein Beiprodukt im Selbstverlag war, Fles jedoch größere Bedeutung im Bereich der Literaturagentur gehabt hatte, dass die nicht unbedeutende Alliance Book Corp. in New York von dem einstigen Leiter der Deutschen Buch-Gemeinschaft gegründet worden ist oder dass Friedrich Krause, Verleger von Schriften vor allem des konservativen innerdeutschen Widerstands, als Repräsentant des Züricher Oprecht-Verlages nach New York gekommen war und nach der Remigration Inhaber des sozialdemokratisch orientierten Bollwerk-Verlags wurde, macht die Lektüre der einzelnen Beiträge so spannend, weil sie nicht nur Unbekanntes bringen, sondern auch erhellen, welche Beziehungsnetzwerke für die persönlichen Aktivitäten wirksam waren.

Das gilt nicht nur für die hier exemplarisch genannten New Yorker Akteure, sondern auch für andere Regionen und Kontinente. So konnte man sich zum Beispiel, wie der Rezensent in den 1970er Jahren in der Libreria Lehmann in Costa Rica mit der deutschen und internationalen Literatur versorgen, aber erst das Handbuch macht klar, dass dies weniger den lebhaften Aktivitäten der traditionellen dortigen deutschen Kolonie zu verdanken war, sondern dem Wirken eines ursprünglich nach Palästina emigrierten Buchhändlers und Bankiers, der später seine Aktivitäten in verschiedene lateinamerikanische Hauptstädte ausweitete. Ähnliches gilt für das Antiquariat Edgardo Henschel in Buenos Aires, dessen Kataloge bis vor wenigen Jahren eine Fundgrube nicht nur für bibliophile Exilforscher waren. Jetzt ist nachzulesen, welche lange Buchhändler- und Verlegertradition vor 1933 aus Hamburg dahinterstand.

Ein kurzes, aber präzises Nachwort Ernst Fischers, der vor einigen Jahren bereits eine ausstellungsbegleitende Übersicht zu *Buchgestaltern im Exil* vorgelegt hat, sucht anhand des zusammengetragenen Materials erste Zusammenhänge zu präsentieren. Es macht allerdings die ausstehende systematische Darstellung nicht überflüssig.

Claus-Dieter Krohn

Sammeln, Stiften, Fördern. Jüdische Mäzene in der deutschen Gesellschaft. Hg. von der Koordinierungsstelle für Kulturgutverluste Magdeburg. Bearbeitet von Andrea Baresel-Brand und Peter Müller. Magdeburg 2008. 321 S.

Die Koordinierungstelle für Kulturverluste in Magdeburg und die von ihr eingerichtete Datenbank »Lostart« sind die zentrale Instanz für die Dokumentation von im Nationalsozialismus geraubter Kunst. Daneben organisiert die Koordinierungsstelle Tagungen, die über Methoden, Ziele und Ergebnisse der bibliotheks- und kunstwissenschaftlichen Provenienzforschung informieren. Der vorliegende Band dokumentiert eine Tagung vom Dezember 2006 zum Thema jüdischer Mäzene und Stifter im späten 19. und 20. Jahrhundert. Die Beiträger untersuchen Geschichte, Auflösung und Raub, Vernichtung und Rettung bedeutender jüdischer Sammlungen und Stiftungen. Olaf Matthes entwirft ein Porträt des Berliner Industriellen und Sammlers James Simon und schildert die Geschichte seiner Renaisssance- und Orientsammlung, die als Stiftung den Grundstock des Berliner Bode-Museums und der ägyptologischen Sammlung des Berliner Neuen Museums bilden. Elisabeth Kraus schildert die sozialen Stiftungen der Familie Mosse; Martin Holländer erinnert an die Rolle Ludwig Darmstaedters als Förderer medizinischer Forschungen und Forschungsinstitutionen, als Sammler und Stifter einer bedeutenden Autografen- und einer Porzellansammlung, die bis heute im Besitz der Berliner Staatsbibliothek bzw. des Berliner Kunstgewerbemuseums sind. Heike Biedermann und Marius Winzeler gehen der Geschichte jüdischer Sammler und Mäzene in Dresden bzw. Breslau nach und schildern Aufbau und Zerstörung bedeutender Sammlungen der künstlerischen Moderne, wie derjenigen Ismar Littmanns in Breslau oder Georg Arnholds und Fritz Glasers in Dresden, sowie den Einfluss, den diese und andere Sammler über ihre Schenkungen auf den Ausbau der dortigen Museen und öffentlichen Kunstvereine ausgeübt haben. Mit dem Münchner Galeristen Heinrich Thannhauser stellt Emily D. Bilski einen wichtigen Vertreter des Kunsthandels vor. Seine der künstlerischen Moderne verpflichtete Galerie wich Ende der 1920er Jahre von München nach Berlin aus, der Sohn Justin K. Thannhauser verlegte das Geschäft nach 1933 nach Paris und später nach New York. Die Sammlung Thannhauser hat heute ihren Platz im dortigen Guggenheim-Museum.

Bemerkenswert ist die Geschichte der Judaika-Bibliothek in der Frankfurter Stadtbibliothek, die Rachel Heuberger beschreibt. Ihren Aufbau und Ausbau verdankt sie Spenden jüdischer Mäzene, insbesondere der Familie Rothschild. Als Teil der städtischen Sammlungen blieb sie nach 1933 erhalten, wenn auch jeder Hinweis auf die Stifter getilgt wurde. Die Bibliothek bildete den Grundstock des von Alfred Rosenberg 1939 gegründeten »Instituts zur Erforschung der Judenfrage« und verdankt paradoxerweiser dieser Tatsache ihre Konservierung und Rettung.

Aus den Einzelstudien ergibt sich ein Bild des »Sammelns als sozialer Tätigkeit« (Thomas W. Gaehtgens, 1993). Unterstrichen wird die Bedeutung privater jüdischer Sammler für die Entstehung bürgerlicher Kunstvereine und den Aufbau öffentlicher Sammlungen und Museen. Deutlich wird auch die Rolle des jüdischen Stiftungswesens bei der Gründung und Unterhaltung von Schulen, Krankenhäusern und Altersheimen, die über die Mitglieder der jüdischen Gemeinden hinaus der gesamten Bevölkerung zugänglich waren. Wichtig ist der Hinweis auf die Funktion des Sammelns und Stiftens für die gesellschaftliche Integration und bürgerliche Repräsentation, die für die jüdischen Bürger und Mäzene den Erfolg der Assimilation zu beglaubigen schienen. Der von Bourdieu so genannte Prozess der Verwandlung von wirtschaftlichem in kulturelles Kapital als Triebfeder gesellschaftlichen Aufstiegs galt auch für das jüdische Bürgertum, ebenso die große Nähe jüdischer Sammler und Stifter zum Nationalismus des deutschen Kaiserreichs. Die Verbindung von Provenienzforschung und Restitution, der wissenschaftlichen »Rekonstruktion von Sammlungen« mit einem politisch-moralischen »Wiedergutmachungsauftrag« (Andrea Baresel-Brand, S. 267) stellt die Forschung unter einen externen Anspruch, der sie motivieren und beflügeln kann. Dabei sieht sich die wissenschaftliche Arbeit aber mit dem Problem konfrontiert, wie Erinnerungskultur und moralischer Impuls mit den Methoden wissenschaftlicher Forschung in Einklang zu bringen und wie in der Sammlungsgeschichte strukturelle Zugriffe und Bewertungen mit biografischer Rekonstruktion

zu vermitteln sind. So ist festzustellen, dass einige Beiträge des Bandes allzu sehr ins Familiengeschichtlich-Biografische abgleiten, der sozialgeschichtliche Rahmen des Sammelns und Stiftens und die damit gegebenen sozialen Interessen zurücktreten. Simone Lässig, die häufig zitiert wird, aber nicht mit einem eigenen Beitrag vertreten ist, hat darauf hingewiesen, dass die »Analyse der neueren deutsch-jüdischen Geschichte ohne eine konsequente Einbeziehung in die moderne Bürgertumsforschung ein Torso« (1) bleibt. Das kluge Vorwort von Klaus-Dieter Lehmann, das »Sammeln und Stiften als zivilgesellschaftliches Engagement« beschreibt (S. 13–26), die Thesen von Annette Weber (S. 40–43), die Hinweise Constantin Goschlers auf Leistungen und Defizite zivilgeschichtlicher Momente in der Geschichte der Restitution nach 1945 sowie eine ausführliche Bibliografie am Ende des Bandes versuchen dieser Gefahr entgegenzusteuern.

(1) Simone Lässig: »Juden und Mäzenatentum in Deutschland. Religiöses Ethos, kompensierendes Minderheitsverhalten oder genuine Bürgerlichkeit?«. In: *Zeitschrift für Geschichtswissenschaft.* 46. Jg. (1998), H. 3, S. 211–236.

Lutz Winckler

Thomas Buchsteiner und Ursula Zeller (Hg.): *Andreas Feininger. Ein Fotografenleben 1906–1999.* Ostfildern (Hatje Cantz Verlag) 2010. 192 S.
Anton Holzer und Frauke Kreutler (Hg.): *Trude Fleischmann. Der selbstbewusste Blick.* Ostfildern (Hatje Cantz Verlag) 2011. 199 S.
Michel Frizot und Annie-Laure Wanaverbecq: *André Kertész.* Ostfildern (Hatje Cantz Verlag) 2010. 359 S.
Michael Omasta, Brigitte Mayr und Ursula Seeber (Hg.): *wolf suschitzky: films.* Wien (Synema) 2010. 224 S.
Eckhardt Köhn: *Rolf Tietgens – Poet mit der Kamera. Fotografien 1934 –1964.* Zell-Unterentersbach (Die Graue Edition, Prof. Dr. Alfred Schmid-Stiftung, Zug/Schweiz) 2011. 382 S.

Schon mehr als zehn Jahre liegt es zurück, dass Klaus Honnef und Frank Weyers die Ausstellung »Und sie haben Deutschland verlassen ... müssen« entwickelten und ein voluminöses Katalogbuch zu »Fotografen und ihren Bildern zwischen 1928 und 1997« vorlegten. Es war nicht zu erwarten, dass ihre wahrlich beachtliche »Steinsetzung« zur Fotografie und dem erzwungenen Exil ihrer Protagonisten einen Schlussstein bilden würde. Dem steht sowohl die kontinuierliche Ausstellungstätigkeit internationaler wie nationaler (Foto-)Museen als auch das Interesse der (Foto-)Kunstverlage entgegen.

Die Namen Feininger, Fleischmann, Kertész und Suschitzky finden sich zwar in Honnef/Weyers enzyklopädisch angelegtem Buch zu den aus Deutschland verdrängten Fotografinnen und Fotografen, doch liefern die hier angezeigten, neuen Monografien mehr als nur brillante Fotografien. An Büchern von und zu Andreas Feininger (1906–1999) besteht allerdings kein Mangel, zählt man ihn doch zu den berühmtesten Fotografen. Parallel zu einer im Zeppelin Museum Friedrichshafen gezeigten Ausstellung »Andreas Feininger. That's Photography« legt Thomas Buchsteiner, der sich nicht zum ersten Mal mit dem Sohn des nicht minder bekannten Malers Lyonel beschäftigt, eine flott geschriebene Biografie vor. In zwölf Kapiteln meistert Buchsteiner die Rekonstruktion des komplexen Fotografenlebens, ohne vordergründiger Geschwätzigkeit zu verfallen. Ein Text mit 105 Fußnoten reicht aus, um Feiningers (Emigrations-)Weg über Paris, Stockholm in die USA dar- und gleichzeitig die beiden Arbeitsschwerpunkte des Fotografen, das urbane Leben des 20. Jahrhunderts sowie die Formenwelt der Natur, vorzustellen. Zu dem deutsch-englischen Text gesellen sich hervorragend gedruckte Fotografien aus dem Privatleben und den Schaffenskreisen Feiningers. Im Anhang findet sich eine Übersicht über Ausstellungen, Preise und Auszeichnungen, eine Liste der Sammlungen, die seine Fotos archivieren, sowie eine komplexe Bibliografie, die die Nützlichkeit dieser kompakten Biografie erhöht.

Begleitend zu einer im Wien Museum in der ersten Jahreshälfte 2011 gezeigten Ausstellung veröffentlichten der Fotohistoriker Anton Holzer und die Kuratorin Frauke Kreutler eine Monografie zu Trude Fleischmann (1895–1990). Sie hatte sich vor allem einen Namen als Porträtistin von Theaterschauspielern, Tänzerinnen und Intellektuellen gemacht. Zu ihnen zählten u. a. der Dirigent Wilhelm Furtwängler, die Frauenrechtlerin Marianne Hainisch, der Schriftsteller Karl Kraus, der Architekt Adolf Loos. In der Zwischenkriegszeit arbeitete sie als Fotojournalistin für zahlreiche Magazine der illustrierten Presse, eine Tätigkeit, der im Katalogbuch ein eigenes Kapitel gewidmet ist. Doch mit der Machtübertragung an die Nationalsozialisten endete für die Fotografin jüdischer Herkunft der Kontakt zur deutschen Presselandschaft; nach dem »Anschluss« Österreichs war Trude Fleischmann zur Flucht gezwungen. Über London ereichte sie Anfang April 1939 New York. Schon bald gelang es ihr, privat wie beruflich erneut Fuß zu fassen, 1940 konnte sie mitten in Manhattan ein neues Fotostudio eröffnen, das sie bis 1969 betrieb. Für die Exilforschung sind die Kapitel »New York – als Fotografin im Exil« sowie »The mystery Lady. Auf den Spuren von Trude Fleischmann in New York« von besonderem Interesse. Mehr als 20 Jahre nach der ersten Ausstellung zu Trude Fleischmann erinnern Ausstellung wie deutsch/ englisches Katalogbuch an Leben und Werk einer selbstbewussten Fotografin.

Der in Budapest geborene André Kertész (1894–1985) zählt wie Feininger zu den »big shots« der internationalen Fotografie. Anlässlich einer großen Retrospektive, die in Paris eröffnet wurde, nach Winterthur und Berlin in Budapest enden wird, erschien eine großzügig gestaltete und prächtig illustrierte Monografie. Der erst Mitte der 1960er Jahre in Europa wiederentdeckte Kertész wird in dieser Veröffentlichung in all seinen drei Schaffensperioden – Budapest 1914–1925, Paris 1925–1936 und New York 1936–1985 – umfassend gewürdigt. Von Kertész stammen fotografische Stillleben wie »Die Gabel« oder Piet Mondrians »Brillen und Pfeife«, die Fotografie »Die burleske Tänzerin« oder Aufnahmen von der Place de la Concorde, später vom Washington Square in New York, die sich in unser Bildgedächtnis eingebrannt haben. Die neue Veröffentlichung würdigt Kertész, der sich selbst als »ewiger Amateur« verstand, als Pionier der Fotoreportage. Es zeichnet das Buch aus, diesen Kontext im Kapitel »Reportage und Illustration« eingehend und auf vorzügliche Weise veranschaulicht zu würdigen. Ebenso beeindruckend sind seine schon um 1933 entstandenen Verzerrungen, bewusst vorgenommenen Veränderungen von Formen, aber auch weiblichen Aktfotografien, die unter dem Titel »Distorions« erst 1976 erschienen. Die Abschnitte des Buches stellen Kertész als einen lebenslang schöpferischen, unangepassten Fotografen vor. Nicht zu Unrecht sprach Roland Barthes mit Blick auf Kertész von einer »nachdenklichen Fotografie«. Das Buch wartet zudem mit umfassenden biografischen, bibliografischen Angaben auf; ein detailliertes Verzeichnis der Fotografien und Dokumente sowie ein Personenregister bereichern die Monografie.

Auch zu dem 1912 in Wien geborenen, 1935 nach London emigrierten und dort lebenden Fotografen Wolf(gang) Suschitzky liegt eine neue deutsch/englische Veröffentlichung vor. Fünf Jahre nach ihrem ersten Buch zu seiner fotografischen Tätigkeit wendet sich das gleiche Autorenteam Suschitzkys 35 Jahre umfassende Arbeit als Kameramann zu. Kein leichtes Unterfangen, das aber mit Bravour gelöst werden konnte, hatte Wolf Suschitzky doch immer wieder Drehpausen genutzt, um Fotografien vom Set und dessen Protagonisten zu machen. Als Kameramann wurde »Su«, wie er von Freunden und Kollegen genannt wurde, zu einer der prägenden Figuren der britischen Dokumentarfilmbewegung. Es entsprach seinem Selbstverständnis, den Film nicht als reinen Job zu betrachten, sondern sich selbst als Teil einer Bewegung zu verstehen. So zählte er 1944 zu den Mitbegründern der »Documentary Technicians Alliance«, einer Kooperative britischer Dokumentarfilmer. Aus Suschitzkys fast 200 Spiel-, Dokumentar-, Werbe- und Kurzfilmen ragt gewiss die Kameraarbeit bei der Verfilmung von James Joyce' »Ulysses« (1967) heraus. Als 2009 Teile des fotografischen Werkes von ihm erstmals in Deutschland gezeigt wurden, erhielt die Präsentation in Hamburg den Titel »I am a lucky man«. Angesichts der gelungenen Emigra-

tion und seines wahrlich umfassenden Œuvres als »photographer« und »cameraman« eine zutreffende, nicht voneinander zu trennende Selbstbeschreibung.

Eine wahre Neuentdeckung präsentiert der Frankfurter Eckhardt Köhn mit seiner Monografie zu dem Fotografen Rolf Tietgens (1911–1984). Dass Tietgens nur wenigen Foto-Enthusiasten ein Begriff ist, lässt sich, wie Köhn richtig feststellt, »nur vor dem Hintergrund der nationalsozialistischen Gewaltherrschaft und der durch sie erzwungenen Emigration verstehen«. Tietgens, aus einer Hamburger Patrizierfamilie stammend, sollte nach einer kaufmännischen Lehre die Firma seines Vaters weiterführen. Eine Reise in die USA, der Besuch der Chicagoer Weltausstellung »A Century of Progress« sowie nachhaltige Begegnungen mit nordamerikanischen Indianergruppen in Reservaten im amerikanischen Südwesten führten dazu, dass er sich, auch beeinflusst durch seine Hamburger Freunde, den Maler Eduard Bargheer und den jungen Fotografen-Amateur Herbert List, für eine andere berufliche Laufbahn entschied.

1935 erschien im »Grauen Verlag« Tietgens erstes Fotobuch *Die Regentrommel*, eine Sammlung seiner in den USA entstandenen Indianerfotografien. Das Buch, für Tietgens »eine Art Gedicht von Text und Photos«, wurde schon 1936 als Lektüre für die Hitlerjugend verboten. Obwohl er im gleichen Jahr zu dem von Leni Riefenstahl geleiteten Filmteam gehörte, das deren Olympia-Film realisierte, konnte er seinen Wunsch, als freier Fotograf und Autor in Deutschland zu arbeiten, nicht realisieren. Seine Mitgliedschaft in der Reichsschrifttumskammer wurde im Januar 1938 aufgehoben. Da die Repressalien gegen Homosexuelle zunahmen, emigrierte Tietgens Ende Dezember 1938 in die USA. Aber noch im Mai 1939 erschien im Ellermann Verlag sein Buch *Der Hafen*, ein imposantes Fotobuch über den Hamburger Hafen mit einem Vorwort von Hans Leip. Tietgens Start in den USA war vielversprechend. Schon bald gelang es dem 28-jährigen Emigranten Fotografien wie theoretische Texte zu seinem Verständnis von Fotografie in amerikanischen Fachzeitschriften zu platzieren. Im Februar/März 1939 konnte er eine eigene Ausstellung in Princeton eröffnen, die 1940 auch an der New School for Social Research in New York gezeigt wurde. Tietgens wurde Mitglied in der »Photo League«, einer Organisation auch politisch engagierter Fotografen. Unter Verwendung von Tietgens Korrespondenz mit dessen europäischen Freunden gelingt es Köhn, Tietgens weiteren Werdegang zum »wellknown commerical photographer and writer« nachzuzeichnen. 1964 beendete Tietgens seine Arbeit als Fotograf und wandte sich der Malerei zu. Als er im Dezember 1984 starb, erschien ein kleiner Nachruf in der *New York Times*. Freunde bezeichneten ihn an gleicher Stelle als »poet with a camera«. Für Eckhardt Köhn wird diese Charakterisierung titelprägend; seine deutsch/englische, reich illustrierte, sehr gelungene Monografie entreißt einen faszinierenden Fotografen dem Vergessen.

Wilfried Weinke

Miriam Rürup (Hg.): *Praktiken der Differenz. Diasporakulturen in der Zeitgeschichte.* (= Veröffentlichungen des Zeitgeschichtlichen Arbeitskreises Niedersachsen, Bd. 26). Göttingen (Wallstein Verlag) 2009. 293 S.

Der Sammelband enthält die Beiträge der Jahrestagung des Zeitgeschichtlichen Arbeitskreises Niedersachsen 2008 in Göttingen. Motiv der Tagung war, den Diasporabegriff aus seinem ursprünglichen jüdisch-religiösen Kontext zu lösen und für andere Felder der Migrationsforschung fruchtbar zu machen. Dafür soll er von den essenzialistischen Ideen der Heimat, der damit verbundenen homogenen ethnischen Gruppe und des Nationalstaats gelöst werden. Nicht die Vertreibung ethnischer Gemeinschaften und deren Ansiedlung außerhalb des Heimatlandes bilden daher den Kern des so verstandenen Diasporabegriffs, auch müssen gemeinsame Identitäten sich nicht notwendigerweise aus Elementen der früheren Kultur herleiten, d. h. ständige Rückbezüge auf das verlassene Land aufweisen. Der Blick soll vielmehr auf ein mehrdimensionales Konzept mit heterogenen und multiplen Identifizierungen gerichtet werden. Statt na-

tional rückt transnational und statt ethnisch homogen rückt hybrid in den Mittelpunkt des Diasporabegriffs. Menschliche Identität wird somit nicht als vorgegeben, sondern als dynamisch veränderbares Konstrukt verstanden.

Nun ist der Gedanke, dass sich nationale und ethnisch homogene Zugehörigkeiten in Zeiten verstärkter Deterritorialisierung und Transnationalisierung von Kulturen auflösen, nicht neu und er wird längst ausführlich diskutiert. Originell ist allerdings der Ansatz, die diasporischen Gruppen als entschlossen handelnde und selbstbestimmte Akteure zu betrachten, die im Gegensatz zur passiven ethnischen Zugehörigkeit ein aktives »Programm« entwickeln, mit dem sie sich der umgebenden Gesellschaft präsentieren. Ein solcher Zugang legt beim Diasporabegriff den Akzent auf die kulturelle Differenz, die als offensive Praxis aufgefasst wird, eine Praxis der Vergemeinschaftung, die aber auch auf Abgrenzung und Unterscheidung besteht. Der Begriff beschreibt so die Dynamik eines Prozesses und weniger dessen Ergebnis.

Der Versuch des Bandes, den Diasporabegriff jenseits des jüdisch-religiösen Kontextes anzuwenden, zeigt allerdings ein Ungleichgewicht: Von den zehn Autorenbeiträgen über diasporische Kulturen beschäftigen sich acht mit dem deutschen Sprachraum und nur zwei gehen auf die internationalen Entwicklungen ein. Nach einem Überblick über die historische Entwicklung des Diasporabegriffes beginnen die thematischen Beiträge mit dem Komplex der DP-Lager als Orten der Diaspora, wobei die Diasporagemeinschaften als Konstruktionen der extremen Lagerbedingungen untersucht werden. Die analytische Kraft des neuen Diasporakonzepts wird sodann auf dem Feld der Vertreibungserfahrungen überprüft. Im Gegensatz zu den jüdischen Flüchtlingen hatten die Vertriebenen aus den deutschen Ostgebieten vor der Umsiedlung keine gemeinsame Gruppenidentität, was von der klassischen Vorstellung einer diasporischen Gemeinschaft abweicht. Auch der Beitrag zu den amerikanischen Besatzungssoldaten hebt hervor, dass diese durch ihren nahezu fehlenden Kontakt zur deutschen Gesellschaft quasi eine Parallelgesellschaft aufbauten und deshalb später keine Erinnerung an ihre Zeit in Deutschland entwickelten; die ursprüngliche Annahme einer diasporischen Gemeinschaft konnte hier nicht verifiziert werden. Für den weiteren Migrationsprozess sei die von dem Autor auch schon woanders präsentierte Gruppe von chinesischen Seeleuten und Migranten in den westeuropäischen Hafenstädten seit 1880 genannt. Ihre diasporische Gemeinschaft kennzeichnen weniger die Rückbindung an die »chinesische« Identität, sondern die Kommunikationsnetzwerke zwischen der Heimat und den europäischen Hafenstädten, also eine Art diasporischer Praxis des »Dazwischen«.

Der Sammelband liefert einen originellen Beitrag zur breiteren analytischen und fruchtbaren Anwendung des Diasporabegriffes in der zeitgeschichtlichen Forschung. Durch Konzentration auf die Akteure und ihre Handlungen wird außerdem eine interdisziplinäre Brücke zwischen den Geschichtswissenschaften, den Kulturwissenschaften und der Ethnologie geschlagen, die sich traditionell unterschiedlich auf die Erforschung der menschlichen Handlungspraxis konzentrieren. Eine solche Perspektive kann auch zu einem schärferen Blick auf die heutigen Migrationen beitragen.

Alina Gromova

Charmian Brinson and Richard Dove: *Politics by Other Means – The Free German League of Culture in London 1939–1945*. With a chapter by Anna Müller-Härlin. London – Portland, Oregon (Vallentine Mitchell) 2010. 253 S.

Am 1. März 1939, wenige Monate vor Kriegsausbruch, trafen sich eine Reihe prominenter Flüchtlinge aus Deutschland, Künstler und Intellektuelle, im Hause des emigrierten Stuttgarter Juristen und Malers Fred Uhlman in London, um den »Freien Deutschen Kulturbund« (FDKB) als ein Sammelbecken der deutschen Antifaschisten in Großbritannien zu gründen. In der bisherigen Forschung fehlte eine wissenschaftliche Gesamtdarstellung dieser bedeutendsten deutschen Exilorganisation. Charmian Brinson und Richard Dove legen diese jetzt vor.

Darin zeichnen sie die unterschiedlichen, konfliktreichen, durch die politische Entwicklung beeinflussten Phasen der Arbeit des Kulturbundes von seinen Anfängen Ende 1938 bis zu seiner Auflösung 1946 nach.

Der FDKB, in dem neben vielen unparteiischen Protagonisten wie Fred Uhlman, Hans Flesch, Oskar Kokoschka, zahlreiche Mitglieder der relativ kleinen illegalen Exil-KPD (so die Parteifunktionäre Wilhelm Koenen und Heinz Schmidt, die Wissenschaftler Jürgen Kuczynski und Alfred Meusel, der Schriftsteller Max Zimmering, der Musikwissenschaftler Ernst Hermann Meyer u. a.) eine wichtige Rolle spielten, verstand sich – entsprechend der Volksfrontstrategie der Komintern – als überparteiliche, antinationalsozialistische Flüchtlingsorganisation. Sie erklärte zu ihrem Hauptanliegen, die Tradition deutscher Kultur und Wissenschaft aufrechtzuerhalten, die sozialen Interessen der mehr als 40.000 deutschen Flüchtlinge in Großbritannien zu vertreten und das Verständnis zwischen den Emigranten und dem englischen Gastland zu fördern.

Da sich die deutschen Flüchtlinge in den ersten Kriegsjahren jeder politischen Betätigung in Großbritannien enthalten mussten, wurden die kulturellen Aktivitäten zu *Politics by other means*. Wie das Austrian Centre kämpfte der FDKB mit dem Problem, sich in dem den Flüchtlingen oft nicht freundlich gesonnenen Gastland zu behaupten und sah sich ständig mit dem Misstrauen der britischen Behörden gegenüber diesem vermeintlichen Ableger der KPD konfrontiert. Ein Großteil der Emigranten wurde zeitweilig in die Internierungslager gesperrt. Gegen alle Widerstände gelang es dem Kulturbund jedoch, durch eine Vielzahl bemerkenswerter kultureller Veranstaltungen nicht nur die zeitweise über 1.500 Mitglieder und viele weitere Interessenten aus dem Kreis der Flüchtlinge anzusprechen, sondern auch Teilen der britischen Öffentlichkeit das Bild von dem »anderen« Deutschland zu vermitteln. So sahen rund 30.000 Besucher die Ausstellung *Allies inside Germany*, die über den Widerstand gegen die Nazis in Deutschland aufklären sollte. Großen Zuspruch erfuhren internationale Konzerte mit deutsch-englischen Orchestern, Solisten und Chören in der Londoner Wigmore Hall.

Der Kulturbund verfügte über ein eigenes Haus im Londoner Stadtteil Hampstead, das zum sozialen und kulturellen Zentrum der deutschen Emigration wurde. Hier gab es eine Bibliothek, eine Theaterbühne und ein Restaurant; hier beriet die Sozialkommission die Flüchtlinge. Der FDKB gab einen eigenen Nachrichtenbrief heraus, publizierte Arbeiten seiner Mitglieder, veranstaltete Kurse, Vorträge, Lesungen, Konzerte, Theatervorstellungen, politisch-satirische Revuen, Ausstellungen, Konferenzen.

Von wesentlicher Bedeutung für die kontinuierliche und erfolgreiche Arbeit des Kulturbundes waren die fünf Sektionen der Schriftsteller, Theaterleute, Musiker, Maler, Wissenschaftler, deren Aktivitäten die Autoren ausführlich schildern, wobei die Kunsthistorikerin Anna Müller-Härlin die Sektion der Maler vorstellt. Die Sektionen verschafften den aus Deutschland vertriebenen Künstlern und Intellektuellen ein gemeinsames Forum, eine wichtige Erfahrung gerade für junge Künstler wie etwa den Lyriker Erich Fried oder den Musiker Norbert Brainin, den späteren Mitbegründer des weltberühmten Amadeus-Quartetts.

Aus der Wissenschaftler-Sektion ging 1942 die *Freie Deutsche Hochschule* hervor, die es vielen jungen Emigranten ermöglichte, ihre in Deutschland abgebrochene Ausbildung fortzusetzen. Das Ziel ihrer Leiter, der Professoren Alfred Meusel und Arthur Liebert, die deutsche Flüchtlingsjugend im Geiste der internationalen Verständigung zu erziehen, richtete sich vor allem an die Jugendgruppe des Kulturbundes, die *Freie Deutsche Jugend*, die unter der Leitung von Horst Brasch für viele der oft allein geflüchteten Jugendlichen zur Ersatzfamilie wurde. Ohne die aktive, materielle und moralische Unterstützung durch wichtige Repräsentanten der britischen Gesellschaft, wie etwa die Schauspieler Walter Hudd, Sybil Thorndike, den Schriftsteller J. B. Priestley, die Professoren Gilbert Murray, J. B. S. Haldane, den Bischof von Chichester, George Bell, sowie durch eine Reihe von Institutionen, von Labour bis zu kirchlichen Einrichtungen, wäre die Arbeit des Kulturbundes oft zum Scheitern verurteilt gewesen, wie die Autoren zeigen.

Seit dem Angriff Deutschlands auf die Sowjetunion, die nun zum Partner der Anti-Hitler-Koalition geworden war, konnte der FDKB die verordnete politische Abstinenz weitgehend aufgeben und offen für die Teilnahme deutscher Flüchtlinge am britischen *war effort*, für die Unterstützung der Sowjetunion sowie die Schaffung eines demokratischen Nachkriegsdeutschlands werben. Bei der verstärkt politischen Arbeit spielte die im September 1943 gegründete *Freie Deutsche Bewegung* eine entscheidende Rolle. Die politischen Kontroversen zwischen den aktiven kommunistischen und nicht-kommunistischen Mitgliedern führten allerdings zum Austritt einer Reihe von linksliberalen Emigranten, die im Januar 1943 den *Club 1943* gründeten.

Der Versuch des FDKB, alle deutschen Antifaschisten zu vereinen, scheiterte. Es gelang ihm ebenfalls nicht, die große Mehrheit der jüdischen Flüchtlinge für die Aktivitäten des Kulturbundes zu gewinnen. Seine Bemühungen um eine Mitsprache bei der Planung eines freien Gesamtdeutschlands stießen bei der britischen Regierung auf strikte Ablehnung.

Konnte der FDKB auch seine politischen Ziele nicht erreichen, so leistete er dennoch durch die soziale und kulturelle Arbeit einen wichtigen Beitrag zur Akkulturation der Flüchtlinge. Gestützt auf seit 1990 verfügbares deutsches und britisches Archivmaterial, autobiografische Zeugnisse und Interviews mit ehemaligen Mitgliedern der *Freien Deutschen Jugend* gelingt Brinson und Dove eine eindrucksvolle Schilderung der Arbeit der Sektionen und ihrer kulturellen und politischen Aktivitäten. Dabei heben sie insbesondere die Rolle der britischen Förderer und Freunde hervor. In ihrem Schlusskapitel verfolgen sie den weiteren Lebensweg der wichtigsten Protagonisten. Es entsteht so das Bild einer Organisation, die sich als Repräsentant des »anderen« Deutschland verstand und ihre Mitglieder zugleich mit der englischen Öffentlichkeit vertraut machte. Dies erklärt auch, dass viele politisch besonders aktive Mitglieder nach Deutschland und vorzugsweise in die spätere DDR gingen, ein großer Teil der Emigranten jedoch in England blieb.

Anke Winckler

Marlen Eckl: »*Das Paradies ist überall ver-*
loren.« *Das Brasilienbild von Flüchtlingen*
des Nationalsozialismus. Frankfurt/M. –
Madrid – Orlando (Vervuert) 2011. 600 S.

Die beachtenswerte Studie setzt sich das
Ziel einer »Analyse der im brasilianischen
Exil entstandenen Werke hinsichtlich des
darin gezeichneten Bildes von Brasilien«
(66), ein Desiderat der Exilforschung, zumal es darum geht, über Stefan Zweigs *Bra-*
silien. Ein Land der Zukunft hinauszuge-
langen, das bis dato die Untersuchungen
zum Exil in Brasilien bestimmt hat. Ausgangspunkt ist die grundlegende Forschungsarbeit von Izabela Maria Furtado
Kestler zum Thema; theoretisch eingerahmt
werden die Ausführungen von Erich Klein-
schmidts Bemerkungen zum Autobiografischen in der Exilliteratur und von der von
Ruth Klüger erörterten Beziehung zwischen Fakten und Fiktion. Literatur- bzw.
geschichtswissenschaftliche Ansätze werden interdisziplinär vereint, um der thematischen Vielschichtigkeit gerecht zu werden.
Nachdem die Lebenswege der behandelten
Publizisten nachgezeichnet worden sind,
stehen u. a. solche Romane wie *O J ver-*
melho und *Der Schmelztiegel* von Alfredo
Gartenberg und Marte Brill im Zentrum der
Betrachtung, ebenfalls Hugo Simons Ro-
manmanuskript »Seidenraupen«, die Brasi-
lienbücher von Richard Katz und Ernst
Feders »Brasilianisches Tagebuch«. Seiten-
blicke werden auf Werke von Wolfgang
Hoffmann-Harnisch, Frank Arnau, Karl
Lustig-Prean, Paul Frischauer und Moacyr
Scliar geworfen. Die Darstellung der Natur
Brasiliens, das Zukunftspotenzial des Landes, die Charakterisierung seiner Einwoh-
ner, »Rassendemokratie«, die Auseinandersetzung mit der Getúlio-Vargas-Diktatur
und der Einfluss von Zweigs Wirken und
Tod sind die Themen, unter denen die
Werke untersucht werden.
Eckls Studie ist beste Exilforschung im
Sinne des bewährten Ansatzes, der einerseits das Schicksal von Exilanten nachzeich-
net und andererseits ihre im Exil geschriebenen Werke untersucht. In methodologi-
scher Hinsicht sind in letzter Zeit Richtungen eingeschlagen worden, die ein bestimmtes Exil im größeren Kontext des Phänomens Exil oder von Migration betrachten

oder etwa Homi Bhabhas Theorien des
»Dritten Raumes« beziehungsweise der
»Hybridität« im interkulturellen Dialog
ausschöpfen. Eckls Studie zeigt, wie ergie-
big die eher tradierte Exilforschung noch
sein kann, besonders wenn geschichtswissenschaftliche Aspekte herangezogen werden. Lesenswert sind zum Beispiel die sehr
genau erforschten Details der widersprüchlichen Einwanderungspolitik unter Vargas.
Da Zweigs Schicksal und sein Brasilien-
Buch für die Exilforschung zu Brasilien von
zentraler Bedeutung sind, liest man mit
großem Interesse die Abschnitte über die
vielfältigen, differenzierten Wirkungen, die
Zweigs Selbstmord und Buch auf die behandelten Autoren und Werke hatten. Die
Kapitel zur Charakterisierung der Brasilia-
ner und zur »Rassendemokratie« zeigen,
wie tief die Autorin schöpft, wenn die erwähnten Werke gegen den Hintergrund
von Sérgio Buarque de Holandas *Raízes do*
Brasil und Gilberto Freyres *Casa-*
grande & senzala gelesen werden, wobei sie
ihrer Studie einen soziologischen Aspekt
hinzufügt. Überhaupt ist die lange Liste
von verarbeiteten Sekundärquellen beeindruckend. Kritisch ist lediglich anzumer-
ken, dass die erwähnten Theorien von
Kleinschmidt und Klüger zwar der Arbeit
zu unterliegen scheinen, sie aber nicht explizit die Studie durchziehen. Ein gelegent-
licher Rückbezug wäre angebracht gewesen.
Das vermindert aber keineswegs die hohe
Qualität dieser Veröffentlichung, die auf erhebliche Weise unseren Horizont zum
deutschsprachigen Exil in Brasilien erweitert. Deren Verdienst liegt darin, dass
sie zur weiteren Beschäftigung mit dem
Thema anregt, so im Hinblick auf eine Veröffentlichung von Primärtexten. Ein Desiderat der Exilforschung muss bleiben, dass
Simons »Seidenraupen« als Panoramabild
der Weimarer Republik und Feders »Brasilianisches Tagebuch« als historisches Dokument einen Verleger finden. Ebenfalls wäre
es Scaliars *Max e os felinos* zu wünschen,
dass diese Novelle aus dem Jahr 1981 eine
deutsche Übersetzung erfährt. Mit der Be-
handlung nicht nur eines Exilschicksals,
sondern auch wegen der Vielschichtigkeit,
die auf die damalige brasilianische Gegenwart der Militärdiktatur anspielt, ist es ein

Werk, das weit über seinen unmittelbaren Exilkontext hinauswirkt.

Reinhard Andress

Eugen Banauch: *Fluid Exile. Jewish Exile Writers in Canada 1940–2006.* Heidelberg (Universitätsverlag Winter) 2009. 260 S.

Kanada gehört zu den Exilländern, die in der Forschung bisher eine vergleichsweise geringe Beachtung fanden. So ist die Arbeit von Eugen Banauch ein wichtiges Unternehmen, das nicht nur Kanada als Exilland näher vorstellt. Wie so viele andere Länder vertrat Kanada in den 1930er und 1940er Jahren eine äußerst restriktive Immigrationspolitik, die sich insbesondere gegen Juden richtete. Ein Großteil der 4.000–5.000 Exilanten, die in jener Zeit nach Kanada kamen, waren rund 2.300 Männer, die in Großbritannien als »enemy aliens« interniert und im Sommer 1940 nach Kanada gebracht worden waren, wo sie teils bis zu dreieinhalb Jahren in weiteren Lagern festgehalten wurden.

Darüber hinaus zeigt Banauch anhand der Lebenswege und Werke von Henry Kreisel (1922–1991), Carl Weichselberger (1900–1972), Charles Ulrich Wassermann (1924–1978), dem Sohn von Jakob Wassermann, und Eric Koch (geb. 1919) vier unterschiedliche Werdegänge und literarische Auseinandersetzungen mit der Exilerfahrung in Kanada auf. Hierbei erläutert er auch die Gründe, weshalb Kanada und die dortigen Exilautoren selten zum Gegenstand der Untersuchung in der Forschung gemacht wurden. Im Wesentlichen liegen sie für ihn in der Tatsache, dass manche Ansätze für die kanadischen Verhältnisse zu kurz greifen. So wird deutlich, dass u. a. sowohl der Zeitrahmen 1933–1945 als auch eine Beschränkung auf deutschsprachige Literatur nicht die Besonderheiten des kanadischen Exils berücksichtigen, da viele Werke erst nach dem Krieg verfasst wurden und die untersuchten Schriftsteller mehrheitlich einen Sprachwechsel ins Englische vollzogen. Um den individuellen Charakteristiken der Lebenswege und Werke dieser Autoren im kanadischen Exil besser Rechnung tragen

zu können, entwirft Banauch das Konzept des »fluid exile«. Denn die Betonung des »fließenden« Elements des Exils vermag es, den vielfältigen, komplexen, wechselnden Konstruktionen und Erscheinungsformen transkultureller Identitäten innerhalb der verschiedenen kulturellen Welten, der österreichischen, deutschen, jüdischen und kanadischen, gerecht zu werden, die sich dadurch kennzeichnen, dass sie nichts Statisches sind, sondern vielmehr immer wieder veränderbar.

Die Werke werden im Hinblick auf ihre literarische Verarbeitung des Holocaust, des Exil- und der jüdischen Erfahrung sowie auf den Aspekt der Inter- und Transkulturalität eingehend analysiert. Dem letzten Aspekt kommt insofern ein besonderes Gewicht zu, weil die Autoren im Rahmen ihrer beruflichen Tätigkeiten als Literaturprofessor, Kunstkritiker oder Radio- und Fernsehjournalist in Kanada als Kulturvermittler zwischen ihrer alten und neuen Heimat fungierten und sie alle, bis auf Wassermann, der nach Österreich zurückkehrte, dort ein neues Zuhause fanden.

Mit seiner Untersuchung leistet Banauch nicht nur einen wichtigen Beitrag, um Kanada als Exilland und vier bisher kaum beachtete Exilautoren bekannter zu machen und der Vergessenheit zu entreißen. Indem er überdies am Ende seiner Studie mittels Kurzbiografien weitere Autoren vorstellt, zu deren Lebenswegen und Werken in Kanada ebenfalls eine nähere Betrachtung lohnenswert wäre – so z. B. Marta Karlweis, Hans Eichner, Harry Seidler, Peter Heller und Peter C. Newman –, gibt er zugleich einen Ausblick auf noch nicht abgeschlossene Fragen in der deutsch-kanadischen Exilforschung.

Marlen Eckl

Glaube und Wissen. Der Briefwechsel zwischen Eric Voegelin und Leo Strauss von 1934 bis 1964. Unter Mitwirkung von Emmanuel Patard. Hg. v. Peter J. Opitz. München (Wilhelm Fink Verlag) 2010. 208 S.

Die Voegelin-Strauss-Korrespondenz erhellt einen Bereich, der in der bisherigen

Exilforschung nur wenig Aufmerksamkeit gefunden hat, obwohl die beiden konservativen politischen Philosophen gegen Ende ihrer wissenschaftlichen Karriere, vor allem aber nach ihrem Tode in den USA beachtenswerte Resonanz gefunden hatten. Der Kelsen-Doktorand Voegelin und der Heidegger-Schüler Strauss waren langjährige Stipendiaten der Rockefeller Foundation schon vor 1933 gewesen, sodass ihnen die USA und die andere Sprache bei ihrer »geräuschlosen« Emigration vertraut waren. Strauss, einst Mitarbeiter der Berliner Akademie für die Wissenschaft des Judentums, war nach Ablauf seiner Stipendien an der Emigrantenuniversität der New School for Social Research in New York untergekommen, ehe er Ende der 1940er Jahre eine Professur für Politische Philosophie an der Universität Chicago bekam. Dort wurde er später zum einflussreichen Stichwortgeber der amerikanischen Neokonservativen. Voegelin hatte seine Professur 1938 in Wien verloren und fand im liberalen New Deal-Amerika immerhin eine akademische Position in den Südstaaten, zunächst an der University of Alabama und dann an der Louisiana State University in Baton Rouge. 1958 folgte er einem Ruf an die Universität München, wo er Gründungsdirektor des neu einzurichtenden Instituts für Politische Wissenschaften wurde. Nach seiner Emeritierung ging er Ende der 1960er Jahre zurück in die USA und wirkte dort als Senior Research Fellow der Hoover Institution in Stanford. Hier vollendete er neben anderen Schriften sein schon in Baton Rouge begonnenes vielbändiges Werk *Order and History* (1956–1974), das allerdings nur einen kleinen Teil seines 34-bändigen Gesamtwerks umfasst.

Auffallend für den recht erratischen, bereits 1993 in den USA zum ersten Mal publizierten Briefwechsel ist das Fehlen jeder Hinweise auf die Emigration und die Lebenswelt der Briefschreiber. Hier korrespondieren zwei Elfenbeinturm-Gelehrte, deren gemeinsames existenzielles Problem die Ordnung der Geschichte und die sokratische Frage nach der Wahrheit und dem guten Leben ist. Die Gegenwart, ja die Moderne überhaupt gewahrten sie als pathologische Entartung, Verlust von Transzendenz beziehungsweise Absterben der

religiösen Wurzeln. In seiner 1939 erschienenen Schrift *Die politischen Religionen* hatte Voegelin beispielsweise eine tiefgreifende Krise der modernen Welt ausgemacht, die ihre »Ursache in der Säkularisierung des Geistes« habe. Das war allerdings nicht sehr originell, Max Weber hatte das Gleiche bereits in seinem berühmten Diktum von der Entzauberung der Welt gefasst und damit fast alle kritischen Intellektuellen der 1920er Jahre beeinflusst. Während diese aber den Prozess der Aufklärung und Ratio vorantreiben wollten, sah Voegelin eine »Gesundung« allein in der religiösen Erneuerung. Ein 1941 publizierter Beitrag von Strauss über »Persecution and Writing« war ähnlich angelegt. Darin geht es nicht etwa um die Analyse der damals aktuellen Probleme, sondern um eine Phänomenologie der Verfolgungen, die am Beispiel des griechischen Ostrakismos bis hin zur spanischen Inquisition als typische Erscheinung des historischen Prozesses betrachtet werden.

Obwohl beide bei der Suche nach neuen Gewissheiten auf die griechische Philosophie fixiert waren, für beide wurden Platon und Aristoteles zu Gewährsleuten einer als Geisteswissenschaft neu zu konzipierenden Gesellschaftslehre, ergaben sich große Differenzen zwischen Strauss und Voegelin in der Frage der religiösen Rekurse, also der Beziehung von Athen und Jerusalem, in der Strauss viel kompromissloser war. Grundsätzlich aber, das zeigt der Briefwechsel klar, richtete sich beider Denken gegen jede Form von Pragmatismus, Szientismus oder Positivismus – der Schicksalsgefährte und Voegelins Wiener Ex-Kollege Karl Popper war ihr besonderer Gegner – kurz, gegen jede handlungspraktischen Interventionsansprüche. Gekoppelt war das mit elitärem Dünkel gegenüber der intellektuellen Vermassung (»Jeder Kaffer ein Ph.D.«), wobei Strauss gelegentlich aber die Selbstdistanz hatte, von seinen »rücksichtlos reaktionären Äußerungen« zu sprechen.

Kein Wunder, dass ihre gegenaufklärerische, als noetische Ordnungswissenschaft angelegte sowie ihre universale Geltung beanspruchende philosophische Anthropologie später die amerikanischen »Neo Cons« faszinieren sollten; viele Schüler von Leo Strauss sollten seit der Ära Ronald Reagans in Spitzenpositionen der amerikanischen

Politik einrücken. Das kritische Organ der Ostküsten-Intellektuellen – die *New York Review of Books* – bezeichnete ihn allerdings anlässlich einer seiner neu edierten Studien nicht ohne Ironie als »Sphinx without a Secret« (Vol. 32, No. 9, 30.5.1985). An autochthonen Interpretationen des Voegelin- und des Strauss-Werkes besteht mittlerweile kein Mangel, ein Desiderat bleibt aber die Beantwortung der Frage, wie sich solche konservativen Denker in den USA etablieren konnten, bei wem sie Gehör und Förderung fanden und was ihre jeweils nicht kleinen Schülerkreise im Einzelnen faszinierte, denn es erklären ist, wie dieses hermetische, rückwärtsorientierte Denken zum fortschrittsgläubigen Amerika passt.

Max Stein

Robert Chr. van Ooyen und Frank Schale (Hg.): *Kritische Verfassungspolitologie. Das Staatsverständnis von Otto Kirchheimer* (= Staatsverständnisse, Bd. 37). Baden-Baden (Nomos Verlag) 2011. 251 S.

Der Jurist Otto Kirchheimer gehörte nicht wie die meisten seiner Profession zu denjenigen, die nach der Emigration in die USA wegen des dort herrschenden anderen Rechtssystems zum Politikwissenschaftler wurden, sondern von Beginn an begriffen seine Studien das Recht immer politisch als Reflex der herrschenden sozialen und politischen Verhältnisse. Heute ist er nur noch Spezialisten bekannt, denn ein grundlegendes Lehrgebäude hat er nicht geschaffen, sondern sich eher an praktischen Problemen orientiert. Dies machte ihn auch zum Außenseiter während seiner Jahre als Mitglied des nach New York emigrierten Frankfurter Instituts für Sozialforschung. Eine Besonderheit ist, dass der in der Weimarer Republik linke Sozialdemokrat Kirchheimer 1928 in Bonn bei Carl Schmitt promoviert hat, dem konservativen Rechtsphilosophen und späteren Kronjuristen der Nationalsozialisten, der trotz fundamentaler weltanschaulicher und theoretischer Unterschiede die große wissenschaftliche Begabung Kirchheimers gesehen hatte.

Wenn beide in einigen Fragen übereinstimmten, etwa den binären Freund-Feind-Kategorien ihres Gesellschaftsbildes, so gingen sie allerdings von diametral unterschiedlichen Positionen aus. Vor allem galt das für ihre Beurteilung der Verfassungsordnung. Sah Schmitt darin lediglich ein technisches Instrument, das allein durch autoritäre Dezision erfolgreich gehandhabt werden könne, so ordnete ihr Kirchheimer immerhin bestimmte Wertentscheidungen zu. In der Weimarer Verfassung sah er vor allem die Beharrungskräfte der bürgerlich-formalen Rechtsstaatsnormen aus dem 19. Jahrhundert. Ihr zweiter Teil über die »Grundrechte und Grundpflichten der Deutschen« sprach zwar den sozialen Bereich an, für Kirchheimer war das aber viel zu unverbindlich; eine funktionierende Demokratie und republikanische Verfassung setze viel mehr ein gewisses Maß an tatsächlich vorhandener sozialer Gleichheit voraus. Der Sozialdemokratie warf er deshalb ihre illusionären Erwartungen vor, über die politische Demokratie die soziale erreichen zu wollen. Seine berühmte Schrift *Weimar ... und was dann?* von 1930 sagte bereits das Scheitern der Weimarer Republik voraus und schrieb dafür der Tolerierungspolitik der SPD eine erhebliche Mitverantwortung zu.

Über die Verfassungspolitologie Kirchheimers, in deren Zentrum die sozialwissenschaftlich unterlegte Kritik des funktionalistischen Staatsverständnisses sowie die des normativen Anspruchs der bürgerlichen Rechts- und Staatsvorstellungen im Kontext der modernen Massengesellschaft steht, ist bereits viel diskutiert und geschrieben worden. Hier interessiert nur die Frage, wie sich Kirchheimers in den 1920er Jahren geformtes linkssozialistisches Denken durch die Emigration und die Akkulturation in den USA gewandelt hat, vor allem während seiner Mitarbeit im Office of Strategic Services (OSS) nach 1941. Darüber geben die Beiträge des vorliegenden Bandes jedoch nur eingeschränkt Auskunft. Der Beitrag über Kirchheimers Analyse des NS-Herrschaftssystems ist ein alter, leicht überarbeiteter Text aus dem Jahre 1987. Er wiederholt nur die bekannte Tatsache, dass er ähnlich wie seine emigrierten ehemaligen Berliner Anwaltskollegen und politischen Mitstreiter Franz Neumann und Ernst Fraenkel den Faschismus als nur scheinbar monolithische, das Recht suspendierende chaotische Kompromissbildung bewertete. Unergiebig ist ebenfalls die Darstellung seiner OSS-Aktivitäten im Kreis der anderen dort tätigen Emigranten, da der Autor mehr an Herbert Marcuse interessiert ist.

Immerhin lässt sich aus den weiteren Beiträgen, so zu Kirchheimers Sicht auf den Begriff der Souveränität, auf die moderne Parteienherrschaft und zu seinem magnum opus *Political Justice. The Use of Legal Procedure for Political Ends* von 1961, vier Jahre vor seinem Tode, herleiten, zu welchen Revisionen seines Denkens die amerikanischen Erfahrungen geführt haben. Anstelle der einstigen Ablehnung des Rechtsstaats und der evolutionären rechtsreformerischen Entwicklung in der gesellschaftlichen Dynamik zugunsten voluntaristisch erwarteter revolutionärer Rechtsumwälzungen erklärte er in den USA – ähnlich wie auch andere Emigranten des linken Spektrums – die plurale Schichtung der Gesellschaft, konkurrierende Interessen und die Fähigkeit zum Kompromiss zu Kernbedingungen der nunmehr affirmierten Rule of Law. Seiner kritischen Analyse der Gesellschaft und der Sozialordnung ist er dabei aber insofern treu geblieben, als er die historische Sicht nicht aufgegeben hatte und jetzt die ständigen Gefährdungen der Demokratie aus sich selbst heraus im dynamischen Prozess zum Thema machte, so etwa mit seiner Konzeption der nachideologischen Catch-All-Party (1954/1965), die zur immer profilloseren Signatur der entwickelten Wohlstandsgesellschaften gehört und deren Entleerung des politischen Wettstreits zur Schwächung der parlamentarischen Repräsentation und damit zur Politikverdrossenheit beitragen würde. Deutlicher aber wurde er in seiner *Politischen Justiz*, die dialektisch die dunkle, unaufhebbare Begleiterscheinung jeden Rechtsstaats darstelle und deren Botschaft deshalb so provozierend wirke, weil sie die grundlegenden Überzeugungen der westlichen Gesellschaften von der Trennung der juristischen und der politischen Sphäre infrage stellt.

Claus-Dieter Krohn

Pem. Der Kritiker und Feuilletonist Paul Marcus. Mit Aufsätzen Reportagen und Kritiken von Pem und einem Essay von Jens Brüning. (= Film & Schrift. Hg. v. Rolf Aurich und Wolfgang Jacobsen, Bd. 10). München (edition text + kritik) 2009. 339 S.

Der im Februar 2011 viel zu früh verstorbene (Rundfunk-)Journalist und Publizist Jens Brüning war unter Exilforschern vor allem als Herausgeber und Spezialist zu Gabriele Tergit bekannt. Es war Gabriele Tergit, die im Januar 1971 in der »AJR Information« dem ebenfalls in London lebenden, 70-jährigen Paul Marcus zum Geburtstag gratulierte. Ihr Artikel trug die Überschrift »Ein Chronist unserer Zeit«. Und so werden ihn wohl die meisten kennen und schätzen gelernt haben: als Verfasser der von 1936 bis 1939 herausgegebenen »Pem's Privat-Berichte« resp. der nach Kriegsende und bis zu seinem Tod 1972 unter dem Titel »Pem's Personal Bulletins« erschienenen Nachrichten über das künstlerische und literarische Exil. Der 1901 geborene Paul Marcus veröffentlichte 1939 *Strangers Everywhere*, ein Buch über »Refugees from Central Europe«. Jens Brüning unterstreicht durch die von ihm kommentierte Auswahl von Kritiken und Feuilletons aus Pems Feder auf eindrucksvolle Weise, dass er zugleich ein umtriebiger Journalist war. Nur diejenigen, die auch Paul Marcus'‹ Bücher *Heimweh nach den Kurfürstendamm* (1952) sowie *Und der Himmel hängt voller Geigen* (1955) kennen, wussten, dass deren Autor ein wahrer Kenner der Film-, Theater-, Kabarett- und Literaturszene der 1920er Jahre in Berlin gewesen ist; und eben nicht nur Kenner, sondern zugleich Akteur. Seit 1926 schrieb er für die Berliner Wochenzeitung *Der Junggeselle*, für den *Berliner Börsen-Courier*, den *Berliner Herold* und ab 1929 als fester freier Mitarbeiter für die *Neue Berliner Zeitung, Das 12 Uhr Blatt*, zeitweilig auch den *Film-Kurier*. Paul Marcus, der Mitte der 1920er Jahre zum lebenden Inventar der Berliner Film- und Theaterszene zählte, lieferte unter seinem Kürzel »Pem«, dessen Schreibweise variierte, stets informative Filmkritiken wie flott geschriebene Porträts von Filmschaffenden. Nach dem Reichstagsbrand floh er über Prag nach Wien, von dort im September

1936 über Genf und Paris nach London. Es zeichnet die Veröffentlichung Jens Brünings aus, dass er dem neugierigen Leser nicht nur die rührige journalistische Arbeit Pems in der Weimarer Republik, sondern auch im Exil vorstellt. So versammelt der Band Pems Artikel für *Den Morgen* – *Wiener Montagsblatt*, das *Pariser Tageblatt/Pariser Tageszeitung, Die Neue Weltbühne*, den New Yorker *Aufbau* ebenso wie seine Beiträge in der »AJR Information«, die er dort in der Kolumne »Old Acquaintances« veröffentlicht. Nach 1945 besuchte er regelmäßig die Berlinale, die Internationalen Filmfestspiele Berlin; im Juni 1963 eröffnete deren filmhistorische Retrospektive, nicht ohne zu erwähnen, dass die Regisseure aller gezeigten Filme Deutschland verlassen mussten, als den Nationalsozialisten die Macht übergeben worden war.

Als Paul Marcus am 24. April 1972 starb, charakterisierte Gabriele Tergit den verstorbenen Kollegen als »unpaid public relations officer«. Ihr Artikel endete mit den Worten: »A great loss. A good man has died. An epoch has closed.« Nach Thomas Willimowskis Biografie *Emigrant sein ist ja kein Beruf. Das Leben des Journalisten Pem* (Berlin 2007) erinnert Jens Brünings verdienstvolle Zusammenstellung der Filmkritiken von Paul Marcus an einen engagierten Vertreter einer vergangenen Epoche.

Wilfried Weinke

Jochen Voit: *Er rührte an den Schlaf der Welt. Ernst Busch. Die Biographie*. Berlin (Aufbau Verlag) 2010. 515 S.

Bekannt geworden ist Ernst Busch (1900–1980) als Sänger des sozialistischen Liedes. In der DDR galt er schon zu Lebzeiten als Denkmal – aus einer Arbeiterfamilie stammend, schon in jungen Jahren Mitglied der KPD, Verfolgter des NS-Regimes, Exilant, Spanienkämpfer, KZ-Überlebender, alles schien bei Ernst Busch zu passen. So gehen bisherige Lebensbeschreibungen vor allem auf Buschs Funktion als prominenter DDR-Künstler und seine Bedeutung für das sozialistische Liedgut ein.

Jochen Voit schreibt seine Biografie ganz aus der Sicht des Nachgeborenen. *Als Ernst Busch starb, war ich acht Jahre alt*, beginnt er sein Vorwort. Aus der zeitlichen Distanz hält so manches Ernst-Busch-Klischee nicht mehr Stand. Der Zugang zu Dokumenten aus allen Lebensphasen des Künstlers ermöglichte es dem Autor, eine äußerst detaillierte Biografie vorzulegen, die sowohl genau recherchiert als auch angenehm zu lesen ist. Die verschiedenen Lebensphasen bestimmen auch die Kapiteleinteilung – allerdings nicht chronologisch geordnet. Das Werk beginnt mit Buschs Entlassung 1945 aus dem Zuchthaus Brandenburg-Görden, sozusagen dem Anfang seines zweiten Lebens, in dem er zum »Sänger des Volkes« aufsteigen sollte. Buschs Kindheit in Kiel wird dagegen erst relativ spät im Buch thematisiert.

Als aktiver Sozialist gehörte Busch zu den Exilanten der ersten Stunde. Seine glänzende Karriere als Sänger (man nannte ihn scherzhaft *Barrikaden-Tauber),* Schauspieler und Kabarettist im Berlin der späten 1920er und frühen 1930er Jahre endete mit dem Reichstagsbrand. Anfang März 1933 flüchtete er in die Niederlande, wo er beim sozialistischen Rundfunk VARA Unterschlupf fand. Auch wenn er mit solcher Anlaufstelle auf den ersten Blick mehr Glück hatte als andere Emigranten, die sich erst mühsam einen Weg im Exilland suchen mussten, konnten die Niederlande für einen Vortragskünstler mit eindeutig politischer Botschaft nur vorübergehende Station sein. Von dort ging er weiter nach Belgien mit Abstechern nach London und Paris. Zusammen mit seinem Freund und Kollegen Hanns Eisler plante er eine Tournee durch die USA, entschloss sich dann aber, in die Sowjetunion zu reisen. Was uns heute als eine radikale Kehrtwende erscheint, war für Busch wohl nur eine nüchterne Entscheidung. Der Autor lässt – im Gegensatz zu früheren Biografen und Busch selber – auch keinen Zweifel darüber aufkommen, dass die deutschen Emigranten im Moskau der 1930er Jahre fast ebenso gefährdet waren wie in Nazideutschland. Selbst Busch, der offiziell als »Gast der Sowjetunion« einreisen und sich ein recht luxuriöses Leben erlauben konnte, geriet schnell unter Verdacht. Trotz dieser bedrückenden Verhält-

nisse und des späteren Todes seiner Geliebten Maria Osten im Rahmen der Säube-
rungsaktionen sprach Busch später immer
nur positiv über seine Zeit in der Sowjetunion. Von Moskau aus ließ sich Busch
nach Spanien abordnen, um dort die internationalen Brigaden mit seinen Kampflie-
dern zu unterstützen. Die Spanien-Lieder
brachte er 1938 auf Schallplatte heraus, sie
prägen die »Legende Busch«.

Jochen Voit zeigt auch deutlich, dass Busch
nicht ständig mit sozialistischer Agitation
beschäftigt war, sondern sich auf die Ver-
marktung seiner Platten konzentrierte und
sich außerdem um ein Visum für die USA
bemühte. 1940 landete er jedoch als feindli-
cher Ausländer in Gurs. Sein Exil endete
spätestens 1943, als er von den Deutschen
verhaftet und in ein deutsches Zuchthaus
gesperrt wurde.

Katja B. Zaich

Kurzbiografien der Autorinnen und Autoren

Sylvia Asmus, geb. 1966, Studium der Germanistik, Kunstgeschichte und Kunstpädagogik in Frankfurt am Main, M.A. 1992. Studium der Bibliothekswissenschaft an der Humboldt-Universität Berlin; 2010 Promotion über Nachlasserschließung im Deutschen Exilarchiv 1933–1945. Seit 1994 in der Deutschen Nationalbibliothek in Frankfurt tätig, seit 2006 stellvertretende Leiterin des Deutschen Exilarchivs 1933–1945. Veröffentlichungen zur Emigrationsgeschichte und Exilliteratur.

Brigitte Bruns, arbeitet als Kulturwissenschaftlerin und Autorin in München. Nach dem Modegrafik-Diplom und Studium der Kunstgeschichte, wissenschaftliche Mitarbeiterin am Institut für Zeitgeschichte in München, Fachhochschuldozentin in Augsburg, Ausstellungskuratorin. Buchveröffentlichungen, Aufsätze zur Rundfunkgeschichte, Exil, Fotografie und Film.

Brigitte Dalinger, geb. 1961, Studium der Theaterwissenschaft und Geschichte in Wien, während des Studiums verschiedene Tätigkeiten im Theaterbereich; Promotion 1995, Habilitation 2004. Seit 1990 Beschäftigung mit dem Thema *Jüdisches Theater in Wien*. Forschungsaufenthalte in den USA und Israel. Freie Wissenschaftlerin und Lehrbeauftragte am Institut für Theater-, Film- und Medienwissenschaft der Universität Wien; derzeit wissenschaftliche Aufarbeitung des »Komplex Mauerbach« am Don Juan Archiv Wien. Arbeitsschwerpunkt: Jiddische und deutschsprachig-jüdische Dramen. Zahlreiche Publikationen, zuletzt erschienen: *Trauerspiele mit Gesang und Tanz. Zur Ästhetik und Dramaturgie jüdischer Theatertexte*. Wien – Köln – Weimar 2010.

Regine Dehnel, geb. 1962, 1980–1985 Studium der Kunstgeschichte in Leningrad (St. Petersburg); 1990 Promotion im Fach Kunstgeschichte an der Ernst-Moritz-Arndt-Universität Greifswald. Seit Herbst 1998 u.a. wiss. Mitarbeiterin und stellv. Leiterin der Koordinierungsstelle für Kulturgutverlust in Magdeburg, Projektverantwortliche für das Zweite Hannoversche Symposium »Jüdischer Buchbesitz als Raubgut« (2005), das Dritte Hannoversche Symposium »NS-Raubgut in Bibliotheken« (2007) und das Projekt »NS-Raubgut an der Gottfried Wilhelm Leibniz Bibliothek« (2008–2010). Derzeit Projektverantwortliche für das Vierte

Hannoversche Symposium »NS-Raubgut in Museen, Bibliotheken und Archiven« (Mai 2011).

Yvonne Domhardt, geb. 1960, Studium der Romanistik, Judaistik, Anglistik in Freiburg/Br. M.A. 1986, dort Mitarbeit am Romanischen Seminar 1986–1990. Dissertation zum jüdischspanischen Kommentar Me'am Lo'ez 1990. Parallel Studium der Volkswirtschaftslehre und der Jurisprudenz. Seit 2007 Habilitationsprojekt und Lehrauftrag im Fach Judaistik in Freiburg. Seit 1992 Leiterin der Bibliothek der Israelitischen Cultusgemeinde Zürich (ICZ) und Verwalterin eines Teils der Breslauer Seminarbibliothek. Berufsbegleitend Ausbildung zur wissenschaftlichen Bibliothekarin BBS an der Zentralbibliothek Zürich. Seit 2009 Prüfungsbeisitzerin beim Master-Studiengang »Bibliotheks- und Informationswissenschaften« an der Universität Zürich. Mitglied in der Redaktionskommission der Fachzeitschrift *Judaica* sowie Mitherausgeberin des *Bulletins der Schweizerischen Gesellschaft für Judaistische Forschung*. Herausgeberin u. a. von Büchern zu jüdischen Frauenthemen, zahlreiche Publikationen zu jüdisch-judaistischen Themen.

Manuela Günter, geb. 1964, studierte Neuere deutsche Literatur, Philosophie, Soziologie und Geschichte in München, Promotion 1995 mit einer Arbeit über Subjektkonzeptionen in der Moderne (*Anatomie des Anti-Subjekts. Zur Subversion autobiographischen Schreibens bei Siegfried Kracauer, Walter Benjamin und Carl Einstein*, Würzburg 1996); seit 1997 zunächst wiss. Assistentin, dann Akademische Rätin bzw. Oberrätin in Köln; 2007 Habilitation über Medien der Literatur im 19. Jahrhundert. Forschungsschwerpunkte: Theorie und Praxis literarischer Unterhaltung, Autobiografie, gender/cultural studies, Shoah-Literatur. Wichtige Veröffentlichungen: *Im Vorhof der Kunst. Mediengeschichten der Literatur im 19. Jahrhundert*, Bielefeld 2008; Hg: *Überleben Schreiben. Zur Autobiographik der Shoah*, Würzburg 2002; zus. mit Günter Butzer (Hg.): *Kulturelles Vergessen. Medien, Rituale, Orte*, Göttingen 2004.

Günter Häntzschel, geb. 1939, Professor em. für Neuere deutsche Literaturwissenschaft an der Universität München. Forschungsschwerpunkte: Literatur des 18. und 19. Jahrhunderts, Sozialgeschichte, die 1950er Jahre. Buchpublikationen über Annette von Droste-Hülshoff, Johann Heinrich Voß, Gottfried August Bürger, Lyrikanthologien des 19. Jahrhunderts, Bildung und Kultur bürgerlicher Frauen, Wolfgang Koeppen (mit Hiltrud Häntzschel); Deutschsprachige Buchkultur der

1950er Jahre. Mitherausgeber von *Treibhaus. Jahrbuch der Literatur der 50er Jahre.*

Anja Heuß, geb. 1964, Studium der Germanistik und Philosophie in Frankfurt am Main, Promotion 1999 mit einer Arbeit über den Kunst- und Kulturgutraub der Nationalsozialisten. Provenienzforscherin an der Staatsgalerie Stuttgart und dem Landesmuseum Württemberg. Wichtigste Veröffentlichungen: *Kunst- und Kulturgutraub. Eine vergleichende Studie zur Besatzungspolitik der Nationalsozialisten in Frankreich und der Sowjetunion*, Heidelberg 2000; zusammen mit Esther Tisa Francini und Georg Kreis: *Fluchtgut-Raubgut. Der Transfer von Kulturgütern in und über die Schweiz 1933–1945 und die Frage der Restitution*, Zürich, 2001.

Caroline Jessen, geb. 1980, Studium der neueren dt. Literatur, der deutschen Sprache und älteren dt. Literatur sowie der Kunstgeschichte in Bonn. M. A. 2005 mit einer Arbeit zur Kanonforschung. Nach einem Forschungsaufenthalt an der University of Wisconsin seit 2008 Fellow am Rosenzweig Minerva Research Center der Hebrew University Jerusalem mit einem Dissertationsprojekt zur literarischen Kultur deutsch-jüdischer Immigranten in Palästina/Israel. Forschungsinteressen: Literatursoziologie und literarische Wertung.

Christina Köstner-Pemsel, 1995–2001 Studium der Germanistik und Romanistik an den Universitäten Wien und Turin. 2003–2005 Mitarbeiterin im Forschungsprojekt zur Geschichte der Österreichischen Nationalbibliothek unter der Leitung von Murray G. Hall; hierzu Promotion zum Thema »Geschichte der Österreichischen Nationalbibliothek in der NS-Zeit«. Seit 2006 Mitarbeiterin der Universitätsbibliothek Wien (u. a. NS-Provenienzforschung).

Thomas Richter, geb. 1964, Studium der Germanistik, Anglistik und Alten Geschichte in Münster. Promotion 1997 mit einer Arbeit über den Briefwechsel zwischen Goethe und Zelter. Lehre u. a. an den Universitäten München, Bern und Fribourg. Forschungsschwerpunkte: Editionswissenschaft, Literatur der Goethezeit und der Moderne, Harry Graf Kessler.

Michaela Scheibe, geb. 1968, Studium der Mittelalterlichen und Neueren Geschichte, der Historischen Hilfswissenschaften und der Polonistik in Bamberg und Marburg. Veröffentlichungen zur Mentalitätsgeschichte im Bereich der Germania Slavica und zur Provenienzforschung, u. a. zur

Rekonstruktion der Bibliothek des Pietisten Johann Heinrich Ruopp (2005). Seit 2009 stellvertretende Leiterin der Abteilung Historische Drucke der Staatsbibliothek zu Berlin – Preußischer Kulturbesitz.

Marje Schuetze-Coburn, geb. 1959 in Concord, California, M. A. in Geschichte und M. L. S. in Bibliotheks- und Informationswissenschaft an der University of California, Los Angeles. Feuchtwanger Librarian und Senior Associate Dean der USC Libraries.

Julia Scialpi, geb. 1974, Studium der Geschichte, Germanistik und Kunstgeschichte in Marburg und Heidelberg. Promotion zum Thema »Der Heidelberger Kulturhistoriker Richard Benz (1884–1966). Eine Biographie« (2008), gefördert durch ein Stipendium der Deutschen Schillergesellschaft Marbach. Unternehmensberaterin und freiberufliche Historikerin.

Regina Weber, geb. 1942, Studium der Germanistik, Romanistik und Kunstgeschichte in Bonn und Tübingen, Promotion 1983. Von 1986 bis 1993 wissenschaftliche Mitarbeiterin am Deutschen Literaturarchiv in Marbach. Zahlreiche Veröffentlichungen zu emigrierten Wissenschaftlern.

Exilforschung. Ein internationales Jahrbuch
Herausgegeben von Claus-Dieter Krohn und Lutz Winckler

Band 1/1983
Stalin und die Intellektuellen und andere Themen
391 Seiten

»… der erste Band gibt in der Tat mehr als nur eine Ahnung davon, was eine so interdisziplinär wie breit angelegte Exilforschung sein könnte.«
Neue Politische Literatur

Band 2/1984
Erinnerungen ans Exil – kritische Lektüre
der Autobiographien nach 1933
415 Seiten

»Band 2 vermag mühelos das Niveau des ersten Bandes zu halten, in manchen Studien wird geradezu außergewöhnlicher Rang erreicht …«
Wissenschaftlicher Literaturanzeiger

Band 3/1985
Gedanken an Deutschland im Exil und
andere Themen
400 Seiten

»Die Beiträge beschäftigen sich nicht nur mit Exilliteratur, sondern auch mit den Lebensbedingungen der Exilierten. Sie untersuchen Möglichkeiten und Grenzen der Mediennutzung, erläutern die Probleme der Verlagsarbeit und verfolgen ›Lebensläufe im Exil‹.«
Neue Zürcher Zeitung

Band 4/1986
Das jüdische Exil und andere Themen
310 Seiten

Hannah Arendt, Bruno Frei, Nelly Sachs, Armin T. Wegner, Paul Tillich, Hans Henny Jahnn und Sergej Tschachotin sind Beiträge dieses Bandes gewidmet. Ernst Loewy schreibt über den Widerspruch, als Jude, Israeli, Deutscher zu leben.

Band 5/1987
Fluchtpunkte des Exils und andere Themen
260 Seiten

Das Thema »Akkulturation und soziale Erfahrungen im Exil« stellt neben der individuellen Exilerfahrung die Integration verschiedener Berufsgruppen in den Aufnahmeländern in den Mittelpunkt. Bisher wenig bekannte Flüchtlingszentren in Lateinamerika und Ostasien kommen ins Blickfeld.

Band 6/1988
Vertreibung der Wissenschaften und andere Themen
243 Seiten

Der Blick wird auf einen Bereich gelenkt, der von der Exilforschung bis dahin kaum wahrgenommen wurde. Das gilt sowohl für den Transfer denkgeschichtlicher und theoretischer Traditionen und die Wirkung der vertriebenen Gelehrten auf die Wissenschaftsentwicklung in den Zufluchtsländern wie auch für die Frage nach dem »Emigrationsverlust«, den die Wissenschaftsemigration für die Forschung im NS-Staat bedeutete.

Band 7/1989
Publizistik im Exil und andere Themen
249 Seiten

Der Band stellt neben der Berufsgeschichte emigrierter Journalisten in den USA exemplarisch Persönlichkeiten und Periodika des Exils vor, vermittelt an deren Beispiel Einblick in politische und literarische Debatten, aber auch in die Alltagswirklichkeit der Exilierten.

Band 8/1990
Politische Aspekte des Exils
243 Seiten

Der Band wirft Schlaglichter auf ein umfassendes Thema, beschreibt Handlungsspielräume in verschiedenen Ländern, stellt Einzelschicksale vor. Der Akzent auf dem kommunistischen Exil, dem Spannungsverhältnis zwischen antifaschistischem Widerstand und politischem Dogmatismus, verleiht ihm angesichts der politischen Umwälzungen seit 1989 Aktualität.

Band 9/1991
Exil und Remigration
263 Seiten

Der Band lenkt den Blick auf die deutsche Nachkriegsgeschichte, untersucht, wie mit rückkehrwilligen Vertriebenen aus dem Nazi-Staat in diesem Land nach 1945 umgegangen wurde.

Band 10/1992
Künste im Exil
212 Seiten. Zahlreiche Abbildungen

Beiträge zur bildenden Kunst und Musik, zu Architektur und Film im Exil stehen im Mittelpunkt dieses Jahrbuchs. Fragen der kunst- und musikhistorischen Entwicklung werden diskutiert, die verschiedenen Wege der ästhetischen Auseinandersetzung mit dem Faschismus dargestellt, Lebens- und Arbeitsbedingungen der Künstler beschrieben.

Band 11/1993
Frauen und Exil
Zwischen Anpassung und Selbstbestimmung
283 Seiten

Der Band trägt zur Erforschung der Bedingungen und künstlerischen wie biografischen Auswirkungen des Exils von Frauen bei. Literaturwissenschaftliche und biografische Auseinandersetzungen mit Lebensläufen und Texten ergänzen feministische Fragestellungen nach spezifisch »weiblichen Überlebensstrategien« im Exil.

Band 12/1994
Aspekte der künstlerischen Inneren Emigration
1933 bis 1945
236 Seiten

Der Band will eine abgebrochene Diskussion über einen kontroversen Gegenstandsbereich fortsetzen: Zur Diskussion stehen Literatur und Künste in der Inneren Emigration zwischen 1933 und 1945, Möglichkeiten und Grenzen einer innerdeutschen politischen und künstlerischen Opposition.

Band 13/1995

Kulturtransfer im Exil

276 Seiten

Das Jahrbuch 1995 macht auf Zusammenhänge des Kulturtransfers aufmerksam. Die Beiträge zeigen unter anderem, in welchem Ausmaß die aus Deutschland vertriebenen Emigranten das Bewusstsein der Nachkriegsgeneration der sechziger Jahre – in Deutschland wie in den Exilländern – prägten, welche Themen und welche Erwartungen die Exilforschung seit jener Zeit begleitet haben.

Band 14/1996

Rückblick und Perspektiven

231 Seiten

Methoden und Ziele wie auch Mythen der Exilforschung werden kritisch untersucht; der Band zielt damit auf eine problem- wie themenorientierte Erneuerung der Exilforschung. Im Zusammenhang mit der Kritik traditioneller Epochendiskurse stehen Rückblicke auf die Erträge der Forschung unter anderem in den USA, der DDR und in den skandinavischen Ländern. Zugleich werden Ausblicke auf neue Ansätze, etwa in der Frauenforschung und Literaturwissenschaft, gegeben.

Band 15/1997

Exil und Widerstand

282 Seiten

Der Widerstand gegen das nationalsozialistische Herrschaftssystem aus dem Exil heraus steht im Mittelpunkt dieses Jahrbuchs. Neben einer Problematisierung des Widerstandsbegriffs beleuchten die Beiträge typische Schicksale namhafter politischer Emigranten und untersuchen verschiedene Formen und Phasen des politischen Widerstands: z. B. bei der Braunbuch-Kampagne zum Reichstagsbrand, in der französischen Résistance, in der Zusammenarbeit mit britischen und amerikanischen Geheimdiensten sowie bei den Planungen der Exil-KPD für ein Nachkriegsdeutschland.

Band 16/1998

Exil und Avantgarden

275 Seiten

Der Band diskutiert und revidiert die Ergebnisse einer mehr als zwanzigjährigen Debatte um Bestand, Entwicklung oder Transformation der historischen Avantgarden unter den Bedingungen von Exil und Akkulturation; die Beiträge verlieren dabei den gegenwärtigen Umgang mit dem Thema Avantgarde nicht aus dem Blick.

Band 17/1999
Sprache – Identität – Kultur
Frauen im Exil
268 Seiten

Die Untersuchungen dieses Bandes fragen nach der spezifischen Konstruktion weiblicher Identität unter den Bedingungen des Exils. Welche Brüche verursacht die – erzwungene oder freiwillige – Exilerfahrung in der individuellen Sozialisation? Und welche Chancen ergeben sich möglicherweise daraus für die Entwicklung neuer, modifizierter oder alternativer Identitätskonzepte? Die Beiträge bieten unter heterogenen Forschungsansätzen literatur- und kunstwissenschaftliche, zeithistorische und autobiografische Analysen.

Band 18/2000
Exile im 20. Jahrhundert
280 Seiten

Ohne Übertreibung kann man das 20. Jahrhundert als das der Flüchtlinge bezeichnen. Erzwungene Migrationen, Fluchtbewegungen und Asylsuchende hat es zwar immer gegeben, erst im 20. Jahrhundert jedoch begannen Massenvertreibungen in einem bis dahin unbekannten Ausmaß. Die Beiträge des Bandes behandeln unterschiedliche Formen von Vertreibung, vom Exil aus dem zaristischen Russland bis hin zur Flucht chinesischer Dissidenten in der jüngsten Zeit. Das Jahrbuch will damit auf Unbekanntes aufmerksam machen und zu einer Erweiterung des Blicks in vergleichender Perspektive anregen.

Band 19/2001
Jüdische Emigration
Zwischen Assimilation und Verfolgung, Akkulturation und jüdischer Identität
294 Seiten

Das Thema der jüdischen Emigration während des »Dritten Reichs« und Probleme jüdischer Identität und Akkulturation in verschiedenen europäischen und außereuropäischen Ländern bilden den Schwerpunkt dieses Jahrbuchs. Die Beiträge befassen sich unter anderem mit der Verbreitungspolitik der Nationalsozialisten, richten die Aufmerksamkeit auf die Sicht der Betroffenen und thematisieren Defizite und Perspektiven der Wirkungsgeschichte jüdischer Emigration.

Band 20/2002
Metropolen des Exils
310 Seiten

Ausländische Metropolen wie Prag, Paris, Los Angeles, Buenos Aires oder Shanghai stellten eine urbane Fremde dar, in der die Emigrantinnen und Emigranten widersprüchlichen Erfahrungen ausgesetzt waren: Teilweise gelang ihnen der Anschluss an die großstädtische Kultur, teilweise fanden sie sich aber auch in der für sie ungewohnten Rolle einer Randgruppe wieder. Der daraus entstehende Widerspruch zwischen Integration, Marginalisierung und Exklusion wird anhand topografischer und mentalitätsgeschichtlicher Untersuchungen der Metropolenemigration, vor allem aber am Schicksal der großstädtischen politischen und kulturellen Avantgarden und ihrer Fähigkeit, sich in den neuen Metropolen zu reorganisieren, analysiert. Ein spezielles Kapitel ist dem Imaginären der Metropolen, seiner Rekonstruktion und Repräsentation in Literatur und Fotografie gewidmet.

Band 21/2003
Film und Fotografie
296 Seiten

Als »neue« Medien verbinden Film und Fotografie stärker als die traditionellen Künste Dokumentation und Fiktion, Amateurismus und Professionalität, künstlerische, technische und kommerzielle Produktionsweisen. Der Band geht den Produktions- und Rezeptionsbedingungen von Film und Fotografie im Exil nach, erforscht anhand von Länderstudien und Einzelschicksalen Akkulturations- und Integrationsmöglichkeiten und thematisiert den Umgang mit Exil und Widerstand im Nachkriegsfilm.

Band 22/2004
Bücher, Verlage, Medien
292 Seiten

Die Beiträge des Bandes fokussieren die medialen Voraussetzungen für die Entstehung einer nach Umfang und Rang weltgeschichtlich singulären Exilliteratur. Dabei geht es um das Symbol Buch ebenso wie um die politische Funktion von Zeitschriften, aber auch um die praktischen Arbeitsbedingungen von Verlagen, Buchhandlungen etc. unter den Bedingungen des Exils.

Band 23/2005

Autobiografie und wissenschaftliche Biografik

263 Seiten

Neben Autobiografien als Zeugnis und Dokument sind Erinnerung und Gedächtnis in den Vordergrund des Erkenntnisinteresses der Exilforschung gerückt. Die »narrative Identität« (Paul Ricœur) ist auf Kommunikation verwiesen, sie ist unabgeschlossen, offen für Grenzüberschreitungen und interkulturelle Erfahrungen; sie artikuliert sich in der Sprache, in den Bildern, aber auch über Orte und Dinge des Alltags. Vor diesem Hintergrund stellt der Band autobiografische Texte, wissenschaftliche Biografien und Darstellungen zur Biografik des Exils vor und diskutiert Formen und Funktionen ästhetischen, historischen, fiktionalen und wissenschaftlichen Erzählens.

Band 24/2006

Kindheit und Jugend im Exil – Ein Generationenthema

284 Seiten

Das als Kind erfahrene Unrecht ist vielfach einer der Beweggründe, im späteren Lebensalter Zeugnis abzulegen und oft mit Genugtuung auf ein erfolgreiches Leben trotz aller Hindernisse und Widrigkeiten zurückzublicken. Kindheit unter den Bedingungen von Verfolgung und Exil muss also einerseits als komplexes, tief gehendes und lang anhaltendes Geschehen mit oftmals traumatischen Wirkungen über mehrere Generationen gesehen werden, andererseits können produktive, kreative Lebensentwürfe nach der Katastrophe zu der nachträglichen Bewertung des Exils als Bereicherung geführt haben. Diesen Tatsachen wird in diesem Band konzeptionell und inhaltlich anhand neu erschlossener Quellen nachgegangen.

Band 25/2007

Übersetzung als transkultureller Prozess

293 Seiten

Übersetzen ist stets ein Akt des Dialogs zwischen dem Selbst und dem Anderen, zwischen kulturell Eigenem und Fremdem. Übersetzen bedeutet insofern auch deutende Vermittlung kultureller Verschiedenheit im Sinne einer »Äquivalenz des Nicht-Identischen« (P. Ricœur). Ein kulturtheoretisch fundierter Übersetzungsbegriff ist daher geeignet, die traditionelle Exilliteratur aus den Engpässen von muttersprachlicher Fixierung und der Fortschreibung von Nationalliteraturen herauszuführen. Er regt dazu an, das Übersetzen als Alternative zu den Risiken von Dekulturation bzw. Akkulturation aufzufassen und nach Formen der Lokalisierung neuer Identitäten zu suchen, welche in der Extraterritorialität der Sprache und in der Entstehung einer interkulturellen »Literatur des Exils« ihren Ausdruck finden.

Der Band präsentiert Überlegungen und Analysen zu Übersetzern und Übersetzungen von bzw. durch Exilautorinnen und -autoren (u. a. Hermann Broch, Heinrich Mann, Hans Sahl, Anna Seghers). Er enthält Studien zu Sprachwechsel und Mehrsprachigkeit sowie Beispiele eines Schreibens »zwischen« den Sprachen (Walter Abish, Wladimir Nabokov, Peter Weiss), die eine geografische und zeitliche Entgrenzung der »Exilliteratur« nahelegen.

Ein Register aller Beiträge der Bände 1 bis 25 des Jahrbuchs rundet den Band ab und gibt einen Überblick über den Stand der Exilforschung.

Band 26/2008
Kulturelle Räume und ästhetische Universalität
Musik und Musiker im Exil

253 Seiten

Das Themenspektrum des Bandes reicht von allgemeinen Überlegungen zum Doppelcharakter von Musik als »Werk und Zeugnis« über Musik in Exilzeitschriften, die Migration von Musiker/Komponisten-Archiven, die Frage nach »brain drain« und »brain gain« in der Musikwissenschaft bis zum Beitrag von Musikern in der Filmindustrie und einer Fallstudie zum Exil in Südamerika.

Band 27/2009
Exil, Entwurzelung, Hybridität

244 Seiten

Vor dem Hintergrund des Begriffs Hybridität, einem der Schlüsselbegriffe in den Kulturwissenschaften, versammelt der vorliegende Band Beiträge, die dazu anregen sollen Vertreibungen und Entwurzelungen sowie die damit verbundenen Integrationsprozesse unter differenten gesellschaftspolitischen Verhältnissen, insbesondere auch im Zeichen der heutigen Massenwanderungen zu vergleichen.

Band 28/2010
Gedächtnis des Exils
Formen der Erinnerung
260 Seiten

Mit dem Zurücktreten der Zeitzeugen haben sich die Formen der Wahrnehmung des Exils verändert: Gedächtnis und Erinnerung bilden Ausgangspunkt und Rahmen der wissenschaftlichen Auseinandersetzung. Der Band
stellt Institutionen des kulturellen Gedächtnisses wie Archive und Bibliotheken vor und untersucht Formen der Erinnerung und des Vergessens am
Beispiel von Ausstellungen, Schulbüchern und literarischen Texten.

Ausführliche Informationen über alle Bücher des Verlags im Internet unter:
www.etk-muenchen.de

* 9 7 8 3 1 1 2 4 2 3 0 5 9 *